新编应用文写作教程

第2版

主编◎王玉琴
副主编◎洪婧 袁凤琴 李玉荣

图书在版编目(CIP)数据

新编应用文写作教程/王玉琴主编. —2版. —合肥:安徽大学出版社,2021.8(2023.8重印)

ISBN 978-7-5664-2273-6

Ⅰ.①新… Ⅱ.①王… Ⅲ.①汉语－应用文－写作－高等学校－教材 Ⅳ.①H152.3

中国版本图书馆 CIP 数据核字(2021)第 153641 号

新编应用文写作教程（第 2 版） 王玉琴 主编

出版发行：	北京师范大学出版集团 安 徽 大 学 出 版 社 (安徽省合肥市肥西路 3 号 邮编 230039) www.bnupg.com www.ahupress.com.cn
印　　刷：	合肥远东印务有限责任公司
经　　销：	全国新华书店
开　　本：	787 mm×1092 mm　1/16
印　　张：	24.25
字　　数：	502 千字
版　　次：	2021 年 8 月第 2 版
印　　次：	2023 年 8 月第 2 次印刷
定　　价：	49.00 元

ISBN 978-7-5664-2273-6

策划编辑：姜　萍　王　黎	装帧设计：孟献辉　李伯骥
责任编辑：李晨霞　王　晶	美术编辑：李　军
责任校对：姜　萍	责任印制：陈　如　孟献辉

版权所有　侵权必究

反盗版、侵权举报电话：0551－65106311
外埠邮购电话：0551－65107716
本书如有印装质量问题，请与印制管理部联系调换。
印制管理部电话：0551－65106311

第❷版 前言

本教材自出版以来,得到了安徽省应用型本科高校中应用文写作教师和学生的普遍认可,同时,也获得了良好的社会效果。本着与时俱进、精益求精的精神,我们对教材进行了认真的修订和完善。

本次修订,主要体现在以下几个方面:

1. 对全书的体例进行了更改和完善

第一,将原先的"模块"和"任务一"等更名为"章"和"节";第二,每一章的先导内容,在保留"能力目标"的基础上,增添了"知识目标"和"学习方法";第三,每一节标题下,都统一增设了具有针对性的"任务设计""案例解析",做到了全书体例的统一和完整;第四,考虑到版面精简,每一节的范文示例均呈现一个;第五,删除了"制度"一节的内容。

2. 范文示例全面更新和补充,更加体现出时代感和新颖性

大量更新了范文示例,突出范文的新颖、深刻、典型等特点,从而实现范文的最优化,使之充分展现时代性和应用性;在介绍理论知识的过程中,相应补充和完善了举例说明,使理论学习变得更加直观有效。

3. 根据新法典,更新了合同写作的理论依据

2020年5月28日,第十三届全国人民代表大会第三次会议表决通过了《中华人民共和国民法典》,该法自2021年1月1日起施行。《中华人民共和国婚姻法》《中华人民共和国继承法》《中华人民共和国民法通则》《中华人民共和国收养法》《中华人民共和国担保法》《中华人民共和国合同法》《中华人民共和国物权法》《中华人民共和国侵权责任法》《中华人民共和国民法总则》

同时废止。因此,第六章经济文书写作"第四节合同"的教学内容,必须及时更新和修改完善,本教材依照《中华人民共和国民法典》的内容,将合同的种类由原先的15种"经济合同"更新为19种"典型合同"。再一次体现了本教材"新编"的意义。

4.修订人员以及分工进行了部分调整

此次参与修订的人员及分工如下:王玉琴(合肥学院语言文化与传媒学院、副教授)负责全书修订工作,并承担第一章、第二章、第六章的修订工作;洪婧(合肥学院语言文化与传媒学院、副教授)负责组织协调工作,并承担第五章的修订工作;袁凤琴(巢湖学院文学传媒与教育科学学院、副教授)承担第三章的修订工作;李玉荣(蚌埠医学院、讲师)承担第四章的修订工作;章杏玲(巢湖学院文学传媒与教育科学学院、副教授)承担第八章的修订工作;徐小平(合肥学院语言文化与传媒学院、副教授)承担第九章的修订工作。

本教材也是继前期教研成果之后的一次新的研究成果,是合肥学院振兴计划项目《秘书学专业改造》(2016年)、合肥学院质量工程项目《秘书学专业人才培养模块化探讨与实践》(2018年)、合肥学院质量工程教学研究重点项目《应用型本科高校现代汉语课程群思政建设路径研究》(2020hfujyxm04)的研究成果之一。

特别感谢北京师范大学出版集团安徽大学出版社的大力支持,感谢审核专家提出的指导意见以及编辑们为本书修订付出的辛勤劳动。同时,也衷心地感谢为本书修订提供各种意见和建议的应用文写作教师们。

本教材的修订虽力图更加精确和完美,但我们深知,世界上没有十全十美的事物,唯愿我们的努力能带给您学习和实践应用文写作的快乐,希望您通过我们的教材,能收获一份耕耘后的甜蜜果实。本教材一定会有不少不足之处,敬请广大读者提出宝贵意见。

编　者

2021年5月

第❶版 前言

在现代社会,应用文写作水平的高低已经成为竞争能力的一种体现。

无论是就职于国家行政机关还是企事业单位,或是一名在校学生;无论是处理机关公务还是个人事务,或是参加国考;无论是解决法律纠纷还是经济问题,或是求职面试,都需要借助应用文写作技能来完成并达到目的。因此,应用文写作技能在某种程度上已经成为你生存必备的本领和竞争的筹码,对你个人顺利开展工作乃至今后的升迁,或者在求职、考试和处理生活矛盾时,都将发挥重要作用,成为你职场或生活中的有力"武器"。

本教材本着与时俱进、紧跟时代步伐和社会需要的精神,及时追踪新理论、新办法,研究新规定,以求达到更新知识、拓展技能和满足实战需要的目的。

本教材公文写作部分不仅包括行政机关公文,还补充完善了党的机关公文,解决了长期存在的公文主体内容欠缺及偏废的问题。2012年4月16日,中共中央办公厅、国务院办公厅联合发布《党政机关公文处理工作条例》(以下简称《条例》),《条例》从2012年7月1日起实施。同时1996年5月3日中共中央办公厅发布的《中国共产党机关公文处理条例》和2000年8月24日国务院发布的《国家行政机关公文处理办法》停止执行。紧接着,2012年6月29日出台了公文格式新的国家标准,即《中华人民共和国国家标准——党政机关公文格式》(GB/T 9704—2012),从2012年7月1日起实施。在这种新形势下,各高校的公文教学内容必须及时更新。

作为基础性的应用文写作教学，尤其是大学人文素质课程教学，将公文写作由单一的行政公文写作完善为党政机关公文写作，显得十分必要。同时，将申论知识和技巧、求职等礼仪文书编写进教材，也有着相当重要的意义，为准备申论考试、求职和其他礼仪性交往的人们提供了帮助。

本教材全体编写人员都是多年从事"大学写作"和"应用文写作"教学的第一线专业教师，时刻关注学科的发展，能在第一时间掌握学科动态和国家有关方针政策、法律法规的变化，研究应用文写作的规律，获取最新资料，进行教学内容的更新和教学方法的改进。我们本着认真负责和敬业精神，投入编写工作中，务真求实、精益求精，力求满足人们在职场、求学、考试和生活中应用文写作的需要，希望本教材能成为广大应用文写作爱好者的良师益友。

本教材注重应用性，以模块化教学体例编写，将常见应用文写作分为若干个模块，每个模块都有需要达到的"能力目标"，通过"任务设计"的方式，运用"案例解析"法，引出该模块的课程教学内容；每个模块均设有"范文示例"（大多采用最新文本）和"评析"部分，将理论化为可把握的实际篇章并对其进行剖析，将抽象的理论落实到具体的写作过程中，以利于学习者消化吸收；课后的"思考与训练"将知识与技能训练紧密结合。本教材通过任务驱动教学法和案例解析法，以能力训练为核心，改变了传统的填鸭式教学模式。每一个模块的技能，既是独立存在的，又与应用文写作系统技能紧密相关。教师可以根据不同专业、不同学生群体和各类人员的实际需要，进行自由组合和灵活运用，真正做到因材施教。

本教材具体内容包括：应用文基础理论、党政机关公文写作、事务文书写作、规章文书写作、礼仪文书写作、经济文书写作、法律文书写作、论文写作、申论写作。其中，为了教学的完整性和可操作性，"应用文基础理论"模块、"法律文书写作"模块和"申论写作"模块在"能力目标""任务设计""案例解析"和"思考与训练"等方面进行了体例上的调整。党政机关公文写作模块以最新规定的15种党政公文的格式和要求进行全方位技能训练；事务文书写作之任务六弥补了升职过程中"述职报告"写作的缺失；规章文书写作模块严谨、规范；礼仪文书写作模块满足社会交际的礼仪需要；经济文书写作模块紧

第1版前言

贴生活,实用、有效;法律文学写作模块提供了规范的文本参照;论文写作模块有利于帮助广大学生完成学位毕业论文的写作;申论写作模块能够有效提高申论应试技巧和写作能力。

本教材编写人员分工如下:王玉琴(合肥学院中文系、副教授)负责大纲设计、组织协调、全书统稿工作,并承担模块一、模块二、模块六之任务四、任务五的编写工作;袁凤琴(巢湖学院文学与传媒系、副教授)承担组织协调工作和模块三的编写工作;洪婧(合肥学院中文系,讲师)承担组织协调工作和模块五的编写工作;王仕伦(合肥学院中文系、副教授)承担模块六之任务一、任务二和任务三以及模块七的编写工作;陈海银(巢湖学院文学与传媒系、讲师)承担模块四的编写工作;章杏玲(巢湖学院文学与传媒系、讲师)承担模块八的编写工作;徐小平(合肥学院中文系、副教授)承担模块九的编写工作。

本教材也是合肥学院院级教研项目《应用型本科院校人才培养中写作课程实践教学体系建构研究》(2010jyyb32,王玉琴主持)、《应用型人才培养中〈秘书写作〉课程实践教学内容与方法研究》(2012jymx,洪婧主持)的研究成果之一。

特别感谢北京师范大学出版集团安徽大学出版社的大力支持,感谢编辑们为本书出版付出的辛勤劳动。同时,也要衷心地感谢为本书编写工作提供各种帮助的领导、同仁和朋友们。

本教材在编写的过程中,参考了最新的资料和写作教材或专著,在此衷心向各位作者和专家表示诚挚的谢意。有些资料由于转引较多,难以查找,未能一一注明,敬请谅解并表示真诚的感谢。由于编者水平有限,书中一定还存在不少问题,希望能给我们提出宝贵意见。

编　者
2013年5月

目录
CONTENTS

第一章 应用文基础理论 ·········· 001
   第一节　应用文的基本概念 ·········· 002
   第二节　应用文的基本要素 ·········· 005
   第三节　应用文的学习方法 ·········· 012

第二章 党政机关公文写作 ·········· 015
   第一节　党政机关公文写作概述 ·········· 016
   第二节　决定、命令（令） ·········· 028
   第三节　决议、公报、纪要 ·········· 039
   第四节　公告、通告、通知、通报 ·········· 055
   第五节　报告、请示、批复 ·········· 075
   第六节　议案、意见、函 ·········· 090

第三章 事务文书写作 ·········· 107
   第一节　事务文书写作概述 ·········· 108
   第二节　计划 ·········· 110
   第三节　总结 ·········· 116
   第四节　调查报告 ·········· 122
   第五节　会议记录、简报 ·········· 128
   第六节　述职报告 ·········· 139

第四章 规章文书写作 …… 147

- 第一节 规章文书写作概述 …… 148
- 第二节 条例 …… 150
- 第三节 办法 …… 154
- 第四节 规定 …… 159
- 第五节 章程 …… 163

第五章 礼仪文书写作 …… 169

- 第一节 礼仪文书写作概述 …… 170
- 第二节 会务礼仪文书 …… 172
- 第三节 社交礼仪文书 …… 191
- 第四节 求职礼仪文书 …… 204
- 第五节 祭奠礼仪文书 …… 215

第六章 经济文书写作 …… 229

- 第一节 经济文书写作概述 …… 230
- 第二节 广告文案 …… 232
- 第三节 商品说明书 …… 239
- 第四节 合同 …… 244
- 第五节 招标书、投标书 …… 254

第七章 法律文书写作 …… 269

- 第一节 法律文书写作概述 …… 270
- 第二节 起诉状 …… 273
- 第三节 上诉状 …… 279
- 第四节 申诉状 …… 286
- 第五节 答辩状 …… 292

第八章 论文写作 …… 301

- 第一节 论文写作概述 …… 302
- 第二节 毕业论文 …… 304
- 第三节 学术论文 …… 316

第九章　申论写作 ·· 327

　　第一节　申论的概念 ·· 328
　　第二节　申论考试的特点 ·································· 331
　　第三节　申论应试能力的培养 ···························· 340

参考文献 ··· 374

第一章 应用文基础理论

知识目标

了解应用文的基本概念和基本要素,充分认识应用文写作在社会各领域活动中的重要价值和意义。

能力目标

通过学习应用文写作理论,准确把握不同文种的特点、写作要领等,从而掌握应用文的写作方法,增强自身在所从事领域的竞争力。

学习方法

应用文写作是一项实践性很强的技能表达,要想学会和掌握各类不同文种的应用文写作方法,就必须在充分掌握理论的基础上,进行大量的有针对性的写作训练,需要自觉将理论与实践高度结合。学习者应在实践中深入体会理论的指导作用,又在理论的探讨和研究中领悟其精髓,并娴熟自如地运用到写作实践中去。

第一节　应用文的基本概念

李明亮和王小芳是一所大学的同班同学,都是校学生会负责人。学生会组织和开展的全校元旦晚会、新生篮球联谊赛、寝室文化评比、"一二·九"辩论赛等活动的稿件都由他们组织撰写。请问,他们需要撰写的稿件分别属于哪一类文体?这一类文体有什么特点和作用?

案例解析

李明亮和王小芳应该根据活动的不同时间段,安排学生会成员撰写不同类别的稿件。比如,活动前撰写活动计划、经费请示、海报等;活动结束后撰写新闻稿、表彰通报和工作总结等。这些文体属于常用应用文,旨在解决活动过程中的实际问题。因此,李明亮和王小芳需要认真了解和掌握应用文的写作知识和写作技能。

一、含义

应用文,顾名思义,是为了实际应用而写成的文章。应用文写作活动是伴随着文字的产生和人类交流的需要产生的。

目前,"应用文"这个概念在学术界还没有一个统一的、严格的定义。但不少学者认为,应用文就是为解决实际问题而撰写的有着特定用途的各类文章,它们在社会生活中扮演着十分重要的角色。

具体地说,在现代社会,应用文是指党政机关、社会团体、企事业单位和个人在日常工作、学习、生活中,处理公私事务时,运用的具有一定规范体式和实用价值的文字信息载体。它是人们传递信息、处理事务、交流感情的重要工具。

在我国改革开放不断深入,与各国交往越来越频繁的大背景下,为传递信息,各行各业需要进行大量的文字处理工作,而信息的处理,文字的运用,涉及各个行业、各个领域。因此,学习和运用好应用文写作的方法和技能,在当下竞争日益激烈的国内外社会活动中,有着十分重要的意义。

二、特点

(一)实用性

这是应用文最根本的特点。能否解决实际问题是衡量一篇应用文优劣的标准和尺度,也是应用文区别于其他文体的根本属性。比如,部署工作的通知、买卖商品房的合同、慰问或求职的信件、法院起诉状、结婚请柬、环保倡议书等,实用性十分明显。

(二)真实性

真实是应用文最重要的特点。它绝不允许丝毫的虚假,小到时间、地点、数字、细节,大到观点、态度、方案、原则等都必须据实表达。如果虚构事实、编造谎言,就会造成不良影响,给工作、学习和生活带来难以预料的损失。

(三)针对性

应用文一般都有明确的对象和特定受众,作者写给谁以及为什么写,都有很强的针对性。人们根据不同场合的需要、不同的具体业务和不同的行文目的而选用不同的文种。比如,为了召开某个会议而撰写的会议通知就是针对需要参会的单位和相关人员;为了邀请亲朋好友参加婚礼而发出的结婚请柬,其行文对象就是新郎和新娘的亲朋好友。

(四)规范性

这是应用文区别于其他文体十分鲜明的特点。它能提高处理实际问题的效率。应用文一般都有长期的、约定俗成的写作格式,如计划、总结、调查报告等事务文书;也有一些是由国家统一规定的,如党政机关的通知、通报、通告、公告、请示、批复、决定等法定公文。在应用文写作过程中,撰写者要严格遵守这些规范,不可标新立异、"创造发明"。

(五)简明性

应用文为解决实际问题而作,因此,在语言运用和文章结构的安排上,要求做到言简意赅、简明扼要,条理分明、结构清晰。越是条理清晰、简明的文章,越是能准确无误地传递信息。

(六)时效性

任何机关单位和个人,都希望问题能在第一时间得到最好的解决,比如,工作计

划总要在年初及时制定;工作总结总应在年末及时完成;会议通知总要在会议召开之前一定时间内发出;通报总要在事故发生最短时间内下发以示警戒。只有及时、有效,方能解决问题。这就充分体现了应用文写作的时效性特点。

三、分类

应用文的种类很多,分类的标准也各有不同,如果按照其领域和作用来划分,则可分为:

(一)法定公文

所谓法定公文,是指由国家党政机关最高办事机构,即中共中央办公厅、国务院办公厅颁布的相关条例规定的公文。2012年4月16日,中共中央办公厅、国务院办公厅以"中办发〔2012〕14号"文件联合印发了《党政机关公文处理工作条例》,该条例自2012年7月1日起施行,规定了党政机关公文共有15种,本教材将在第二章"党政机关公文写作"作专门介绍。

(二)事务文书

此类应用文,属于各类机关、企事业单位、社会团体等使用的文书,如计划、总结、调查报告、简报、述职报告等。它们有约定俗成的格式和写法。在机构事务的处理过程中,也起着十分重要的交流、沟通、协调等作用。

(三)规章文书

此类应用文,属于各类机关、企事业单位、社会团体等使用的文书,如条例、办法、规定、章程等。它们有十分规范的写作格式和要求,其内容是该类文种,意在对一定范围内人们的行为作出约束性要求,不得违反,因此,条理性和规定性特征明显。

(四)礼仪文书

此类应用文,各类机关、单位、团体都可以使用。它强调的是行文必须符合礼仪要求,如慰问信、感谢信、求职(自荐)信、倡议书、贺信、邀请函、开幕词、闭幕词、欢迎词、欢送词、海报等。一般要求行文礼貌、周全、得体。

(五)经济文书

此类应用文,在当今的时代背景下,在商业领域正发挥着重要的作用。无论是国内经济活动,还是对外贸易活动,都需要运用经济类文书为经济活动服务。如商业广告、商品说明书、经济合同、招标书与投标书等。

(六)法律文书

此类应用文,在我国法制化进程不断推进的背景下,在人们的日常工作、学习和生活中发挥着越来越重要的作用。很多人开始懂得运用法律武器来保护自己的合法权益,捍卫自己的人格尊严。如离婚协议书、产权公证书、民事起诉状等,都是常用的法律文书。

(七)论文

习近平总书记强调:"中国要强盛、要复兴,就一定要大力发展科学技术,努力成为世界主要科学中心和创新高地。"

随着科学研究的不断深入和科学技术的不断发展,各类论文层出不穷。比如,各类高校毕业生的学位论文(学士、硕士、博士论文),各专业领域的学术论文(包括文学、艺术、哲学、医学、法律、经济、机械工程、电子设计……)等,为科学事业的进一步发展作出了贡献。此类应用文注重理论联系实际,将实践内容上升到理论高度,为科学和技术的发展提供理论保障。

(八)申论

申论不属于应用文的常规类别,但考虑到高校毕业生和社会人员参加公务员考试的需要,本书特设专门章节介绍申论的相关知识和考试技巧,希望帮助广大考生了解和掌握相关技能。

第二节 应用文的基本要素

任务设计

张文是一位刚入职不久的办公室文员,应用文写作实践经验不足,撰写文稿不能得心应手,面对众多材料时往往心慌意乱,不知道从何下手。请问,张文应该从哪里入手,来解决自己的问题?

案例解析

张文在进行应用文写作时,首先要想清楚,领导的要求是什么?单位的实际情况又是怎样的?动笔前,必须将两者紧密结合,才能获得所需撰写文本的材料,并在材料的基础上提炼出正确的主题等内容要素。之后,根据撰文的目的来安排文本的结构,考虑文本的语言等形式要素。因为应用文有相对固定的格式和写法,张文经过多次实践之后,熟能生巧,在以后的应用文写作中,对应用文的主题、材料、结构、语言就能正确运用。

应用文的基本要素包括内容要素和形式要素。内容要素是指应用文的主题和材料,形式要素是指应用文的结构和语言。主题、材料、结构、语言四大要素是所有文章的基本要素,作为应用文的要素,它们又与其他类别的文章要素有着较大差异。

下面具体介绍应用文的四个基本要素。

一、主题

(一)主题的概念

主题,是作者通过全文所表达出来的中心思想或基本观点,是作者的意图、主张或看法在文章中的体现,是对文章所写内容最本质的概括。它是统帅全文的灵魂,是衡量写作是否成功的重要标尺。

应用文的主题,就是应用文写作目的的具体体现,就是对要解决的实际问题的意见、态度和解决办法、措施及方案等的表达。

(二)主题的要求

应用文一般要求开门见山、开宗明义,亮出观点,让阅文者在最短的时间内掌握文章的要旨。行文力求做到主题正确、鲜明、集中、深刻。

1. 主题正确

应用文的主题正确,是指文章的主题符合党和国家的方针政策,符合客观事物的发展规律,能够揭示客观事物的本质。如果是党政机关公文,其主题还得符合领导意图,符合单位的实际情况。

2. 主题鲜明

应用文的主题要让人一目了然,开门见山,开宗明义。全文肯定什么、否定什么,支持什么、反对什么,提倡什么、禁止什么,都应准确无误,绝不含糊。比如,批复的写作,在标题和正文中,常用"×××同意×××"字样,旗帜鲜明地表明上级机关的态度。

3. 主题集中

应用文是为了解决实际问题的,因此,无论是材料的运用,还是结构的安排,或者是语言的选择,都要紧紧围绕主题进行,也就是要突出重点,不蔓不枝,才能达到行文的目的和效果。古人所说"立意要纯,一而贯摄",党政机关公文强调的"一文一事",都是对主题集中的具体要求。

4. 主题深刻

对于篇幅较长、内容较复杂的应用文,其主题不能停留在对事实的罗列上,应该有一定深度,能在事实的基础上,归纳出观点、提炼出思想、反映出规律,以帮助人们达到对某一客观事物的深刻认识。

(三)主题的表现方法

1. 标题显旨

标题体现主旨。在法定公文写作中,其标题中的"事由"就是对公文主要内容的提炼。比如,《国务院办公厅关于坚决制止耕地"非农化"行为的通知》(国办发明电〔2020〕24号)一文,其事由就是"关于坚决制止耕地'非农化'行为",是对公文主要内容的高度提炼,可以说,该文的标题就是主题,语气坚定,亮明了主旨。

2. 开篇明旨

在文章的开头,写明主题,表明态度。比如:《安徽省人民政府关于安徽省怀洪新河灌区工程占地范围内停止新增建设项目和控制人口迁入的通告》(皖政秘〔2021〕103号)的开篇,就写明了发通告的理由和目的:"安徽省怀洪新河灌区工程是根据《全国现代灌溉发展规划》要求确定实施的工程。根据国务院《大中型水利水电工程建设征地补偿和移民安置条例》(中华人民共和国国务院令第679号)有关规定,为确保工程建设顺利进行,保障工程占地范围内人民群众的合法权益,现通告如下:"

3. 篇中立旨

利用小标题和在段落的开头表明观点。比如,调查报告,常常采用小标题法表明"调查过程""调查结果""问题和措施"等主旨;法定公文纪要的写作,常常采用段旨法写明观点,如"会议认为""会议强调""会议决定"等。这种写法,使行文条理清楚,层次明确,内容有序,主次分明。

4. 篇末结旨

在结尾处点明或强调文章的主旨。在应用文写作中,结尾常常用来发出号召,提出要求和希望,再一次强调意义等。如《中共中央关于印发〈习近平新时代中国特色社会主义思想学习纲要〉的通知》结尾,就以篇末结旨结束全文:"要通过广泛的学习宣传阐释工作,推动习近平新时代中国特色社会主义思想进一步深入人心、落地生根,引导广大干部群众增强'四个意识'、坚定'四个自信'、做到'两个维护',在思想上政治上行动上同以习近平同志为核心的党中央保持高度一致,为决胜全面建成小康社会、夺取新时代中国特色社会主义伟大胜利、实现中华民族伟大复兴的中国梦不懈奋斗。"

二、材料

(一)材料的概念

材料,是指作者为完成写作目的而搜集、摄取的信息。

在应用文写作活动中,材料是指作者在工作、学习和生活中积累的或经过选择提炼后写进具体文章中的一系列事实根据和理论依据。事实根据如典型事例、基本情况、统计数字、报刊图片等;理论依据如国家的方针政策、法律法规、某些原理、人物观点、定理规律等。

(二)选材的要求

1. 真实

材料必须真实,即要求写进应用文中的材料实事求是,做到确有其人、确有其事,符合客观事实,不弄虚作假,不夸大其词。只有真实的材料,才能为解决实际问题提供帮助。

2. 典型

典型的材料,是指具有代表性和普遍性的材料,材料能反映问题的本质和规律,对解决实际问题起到以点带面的作用。该类材料,突出主旨的效果明显,具有较强的说服力。无论是表彰先进还是批评落后,在选择通报对象时,都是抓典型事例,以起到示范教育或惩戒引导作用。

3. 切题

应用文的目的性十分明确,因此,应用文的材料必须有很强的针对性,能紧扣写作主旨。不符合写作目的的材料,都应该大胆舍弃。所有材料都应紧紧围绕文章主旨选择。

4. 新颖

新颖的材料是指能够反映客观事物的新面貌,呈现客观事物发展变化趋势的材料。作为应用文的写作者,必须紧跟时代步伐,与时俱进,及时发现工作、学习和生活中的新事物、新现象、新经验和新问题,及时做好调查研究工作,将新颖的材料写进应用文中,便于及时解决新问题。

(三)材料的安排

在应用文写作中,材料与观点要形成一个有机的整体。可以说,观点是灵魂,材料是血肉,两者相互依存。

1. 观点在前，材料在后

即先写出观点，后给出材料。用事实材料或理论材料来佐证、充实前面的观点。这样的写法能使文章观点鲜明，引人注目。如指导意见、调查报告的写作。

2. 材料在前，观点在后

即先写出材料，再亮出观点。由事实到说明理由，水到渠成，顺理成章，增强文章的说服力。如通报的写作。

3. 夹叙夹议

即一边举材料，一边亮观点。既摆事实，又讲道理，行文层层深入，便于理解和掌握。如总结的写作。

三、结构

(一)结构的概念

结构，就是文章的组织形式和内部构造，是作者按照主题的需要对材料进行的有机组合和编排。作者的思路越清晰，文章的结构就会越严密。对应用文而言，好的结构就是逻辑力量的完美体现。

(二)结构的要求

1. 表现主题

结构是为完成写作目的而对材料按先后、主次、详略要求所作出的安排。具体表现为对段落和层次、过渡和照应、开头和结尾的安排。写作时，要紧紧围绕主题进行。

比如，法定公文"通知"的写作，一般先写明发出通知的根据、目的，然后用一个过渡句"现将有关事项通知如下"引出下面要通知的具体事项；之后，分条列项地写出通知的具体内容和相关要求；最后，以"特此通知"结束全文。这样的文章结构层次分明，条理清晰，事项明确，要求具体，能有效达到行文目的。

2. 反映规律

应用文的结构，有的是约定俗成的写法，有的是法定格式。无论是哪一种结构方式，都必须反映客观事物的本质联系和规律。

比如，述职报告要围绕"德、能、勤、绩"四个方面来写作，汇报自己对工作岗位的认识、工作能力的表现、出勤情况、工作业绩等。严格遵循先思想、后行动、再结果的事物发展规律进行文章结构的安排。

3. 层次分明

应用文的写作，强调条理清晰，层次分明。要解决实际问题，就应该条分缕析，层次分明，将问题逐一呈现，逐一解决。这是应用文不同于其他文章结构的突出特点。

如条例、章程、合同的写作,逐条逐款,分层写作,清晰明确。

(三)结构的表现方式

应用文的结构一般分为开头、主体和结尾三部分。

1. 开头

应用文的开头以开门见山最为多见,简洁、明了,直奔主题。

(1)概括基本情况。开头交代基本情况、基本问题或工作的大致过程等。如通报、报告、总结等常用这种开头方式。

(2)说明根据、目的。开头说明行文根据、目的、宗旨等,比如,在公告、批复、通知、函、规章等文种的写作中常常引用上级文件名称、法律法规及其精神或指示,或者是将有关单位的来文作为行文的依据,常以"为了""根据""遵照""按照"等词语引领下文。

(3)交代行文原因。开头交代行文原因,常用"由于""因为""鉴于"等词语引领下文。在请示、报告等公文中常见。

(4)阐明观点、提出问题。开头先提出观点,接着加以解释,或者提出问题,引起阅文者的注意和思考。比如,调查报告常用这种方式开头。

2. 主体

应用文的主体,就是应用文的核心内容所在,是全文的重点和中心。主体部分的结构,往往以逻辑层次来考虑材料的先后、主次关系。

常见的主体部分的结构安排:

(1)以事物的发展顺序展开。即以事物发生、发展、变化过程为结构顺序,就是以时间的先后为主体的结构顺序。

(2)以提出问题、分析问题、解决问题的逻辑顺序展开。说理性文章较多使用这种结构。

(3)以事物的不同方面来安排结构。这种结构呈现出的逻辑关系是并列式关系,内容较复杂、涉及面较广的应用文往往会这样来安排结构。

(4)时空交叉的结构。内容复杂、时空变化大、篇幅大的应用文,可以采用这种较为复杂的结构方式。

3. 结尾[①]

结尾,就是收束全文。常见的应用文结尾,有以下几种方式。

(1)总结性结尾。在结尾处对全文的主要内容或主要观点进行总结、归纳和升华,使读者有一个更加完整和清晰的印象。报告、总结的结尾常用此法。

---

① 杨靖、傅样编著:《新编应用写作实训教程》,合肥:安徽大学出版社,2012年,第8~9页。

（2）展望性结尾。在结尾处用富有鼓动性的语言展望未来，表达良好的祝愿或希望。礼仪文书当中的欢迎词、欢送词、贺信等，重要会议上的报告等的结尾常用此法。

（3）请求性结尾。请求批准的函和请示等法定公文，在结尾处常用表示请求批准的语言结束全文，如"敬请函复""妥否，请批示"等。

（4）指示性结尾。在结尾处提出希望、要求，传达精神、部署工作等公文中常用，如决定、批复、通报、通知、纪要等的结尾。

（5）说明性结尾。在结尾处说明生效时间、何时废止，解释修改权归属等问题。在条例、规章、协议、合同等文书中常用。

（6）自然结尾。结尾处没有特殊标志，事完而文止，如计划、规章、新闻等。

四、语言

(一)应用文的语言特点

应用文与文学、新闻、理论等文体在语言特点和风格上，有着明显的差异。文学语言讲究含蓄、形象；新闻语言讲究概括、客观；理论语言讲究条理、逻辑等，而应用文的语言则讲究平实、简洁、明确、得体。

1. 平实

即自然、朴实，不哗众取宠，写作时着力运用通俗易懂、切实平和的语言，不滥用修辞手法等，使阅文者易于接受。现代应用文的写作，一般使用常用词语和书面语，慎用古语，不用口语、俚语等。

2. 简洁

即表达时不说空话、套话、大话、废话，所用语言简洁精练，词语精当准确。简洁的语言可以使内容变得简单明快，便于阅读和理解。在表达时，运用数字、图表、缩略、文言词语等方法，可以使文章言简意赅，庄重典雅。

3. 明确

写作应用文的目的是为解决实际问题，因此，语言的指向必须明白无误，不得含糊或有歧义，表态语、祈请语、指令语等都要十分明确。如"同意""原则同意""如无不当，敬请批准""请遵照执行"等用语，就旗帜鲜明地表明了行文者的立场和态度，表明了写作者的希望、目的及要求等。

4. 得体

应用文因文种多样，各自有着一定的写作习惯或规定，由于要解决的问题不同，写作时则应根据不同情况，采用不同的语言方式。比如，请求性公文常会使用表示礼貌或商量的祈请语，语气诚恳谦逊；指挥性公文常使用指令性语言，语气坚定，不容置疑；调查研究类文章常使用客观性语言，语气中肯、不夸张，符合客观实际。

(二)应用文专用词语

为便于记忆,以表格形式将应用文专用词语表述如下:

名称	常用词语	作用
称谓词	我厅(局、委)、本(厂、公司、人), 你部(委、局、处、股)、贵国(公司), 该公司(部门、商品、同志)	表示称谓关系的词语
引叙词	根据、依照、遵照、按照、为、为了、随着、由于、悉、收悉、惊悉、欣悉、近接、前接、现据	引出撰写该文的根据、理由或具体内容
经办词	已经、业经、经、兹经、均经、复经、业已、早已、业于	表明处理进程
承转词	为此、据此、故此、对于、鉴于、有鉴于此、为使、综上所述、总之、总而言之	过渡词、承接上文转入下文
祈请词	上行:请、恳请、拟请、特请、报请 平行:请、拟请、特请、务请、烦请、如蒙、即请 下行:希、希望、尚望、切望、勿误、务求	表示请求和希望,营造相互敬重的和谐氛围
递送语	上行:报、呈 平行:送 下行:发、颁发、颁布、发布、印发、下达	表示文件、物件的递送方向
商洽词	当否、妥否、可否、是否可行、是否妥当、是否同意	征询对方意见,具有探寻之意
谦敬词	蒙、承蒙、不胜感激	表示感谢、感激
命令词	着令、令、命令、特命、责成、着即、切切、毋违、严格办理	表示命令或告诫,引起高度警惕
表态词	同意、原则同意、可行、照办、不可、不宜、不同意、遵照执行	回复性用语,表示明确意思时使用
结尾词	请审核、请批准、为此函达、为荷、为盼、敬礼、谨致谢忱、现予公布、特此报告、特此通知、特此公告、特此函复、特此证明	表示正文结束

第三节 应用文的学习方法

任务设计

龚玲玲是单位办公室主任,手下有几位新来的办公室文员。为了让这些新文员迅速成长,尽早挑起公文撰写的大梁,她决定在星期五下午开展一次公务文书写作培训会。如果你就是龚玲玲,请问,你在培训会上,会讲哪些内容呢?

案例解析

龚玲玲作为办公室主任,担负起了培养新人的重任。为此,她应该从理论学习的高度和实践操作的意义等角度,对新来的办公室文员进行思想意识的教育、实践写作的训练以及写作技能的传授。同时,要强调新文员的自我学习和自我修炼。

一、提高理论水平

写作者的理论水平,是指写作者个人具有的政治理论、思想水平等。应用文的写作内容往往涉及党和国家的方针政策、法律法规,写作者这些知识的多寡,会直接影响其应用文写作是否具有理论深度和观点的正确与否。

应用文写作者要想不断提高自己的理论政策水平,在当前形势下,就必须努力学习马列主义、毛泽东思想、邓小平理论和"三个代表"重要思想、科学发展观、习近平新时代中国特色社会主义理论等,认真学习党和政府在各个历史时期重要的方针、政策,掌握科学的世界观和方法论,做到去粗取精、去伪存真,能透过现象看本质,揭示事物的客观规律。

同时,要加强调查研究。许多问题,只有经过周密细致的调查研究,才能看清它的本来面目,从而制定出相应的对策,解决实际问题。

二、加强业务学习

应用文写作者的知识结构要合理,其知识要既广博又精深。因为现实生活中的问题涉及方方面面,需积累各种知识,摄取多类信息。这样,在写作时,就能做到有事实、有理论、有广度、有深度、有条理、有层次。

比如,党政机关办公室秘书人员,就应该对党和国家的方针政策、法律法规等了如指掌,对单位的实际情况有清楚的认识,在撰写法定公文时,才能将领导的意图正确地贯彻到公文中,才不会写出违反国家法律法规的文件来。而财经应用文的写作者,就应该充分了解和掌握财经知识,熟悉财经业务,懂得宏观经济学、微观经济学,懂得经济法学、会计学等诸多专业理论知识和技能,成为财经方面的专家类人物,才不会在应用文中说外行话并影响工作、造成损失。公关部门的秘书人员,则要认真掌握社交礼仪知识,在撰写礼仪文书时,需要将礼仪知识运用到文书中,使礼仪文书合理周到、诚恳真挚,从而达到交流和沟通情感的作用。

三、锤炼写作技能

应用文具有特定的语言风格和特定的行文格式,要写好应用文,就必须掌握这些知识,锤炼写作技能。

首先,要掌握汉语语法、逻辑学、修辞学和写作学等方面的知识。没有掌握正确的汉语语法,则会语意不通,语焉不详;没有良好的逻辑学知识,就可能条理不清,逻辑混乱;不懂得修辞学,就可能表达错位。而没有写作知识的支撑,就难以懂得如何立意、如何选材、如何布局、如何谋篇、如何遣词造句、如何修改等。这些都是写作应用文最基本的技能,应该认真对待。

其次,要模仿和学习规范的应用文,学习领悟其语言风格,遵守其格式要求。因为许多范文都是经过实践检验的,是前人宝贵经验的呈现。在学习过程中,要用心揣摩其结构、用语技巧等,认真领会其精髓。只有这样,才能从感性认识上升到理性认识,真正提高自己的应用文写作能力。

最后,主动承担撰写应用文写作的工作。实践出真知,所有的知识和技能只有在操作中实践、体会,才能化为自己的东西。写作是一项技术活,需要写作者保持清醒的头脑和有过硬的写作本领,一个好的写作者可以战胜一切困难去完成规定的写作任务。

思考与训练

一、问答题
1. 应用文有什么特点?
2. 应用文有哪些类别?

二、选择题
1. 应用文的主题要求是(　　)。
　A. 正确　　　　　B. 真实　　　　　C. 集中　　　　　D. 深刻
2. 应用文写作中,选材的要求是(　　)。
　A. 典型　　　　　B. 虚构　　　　　C. 切题　　　　　D. 主观
3. 应用文结构中的开头部分,常用(　　)之法。
　A. 开门见山　　　B. 曲径通幽　　　C. 引用诗词　　　D. 提出问题
4. 与文学语言的华美绚丽不同,应用文的语言要求(　　)。
　A. 平实　　　　　B. 明确　　　　　C. 模糊　　　　　D. 得体
5. "令""责成""毋违"等词语属于应用文专用词语中的(　　)。
　A. 引叙词　　　　B. 商洽词　　　　C. 命令词　　　　D. 敬语词
6. "根据""为了""惊悉"等词语属于应用文专用词语中的(　　)。
　A. 引叙词　　　　B. 结尾词　　　　C. 祈请词　　　　D. 表态词
7. 应用文中常用的商洽词可以是(　　)。
　A. 是否可行　　　B. 严格执行　　　C. 妥否　　　　　D. 原则同意
8. 下列"请示"结束语表达得体的是(　　)。
　A. 妥否,请批复　　　　　　　　　　B. 请务必在本周内答复
　C. 如果不同意,请来文商量　　　　　D. 以上所请事项,请尽快批准
9. 下列"函"的结尾语表达得体的是(　　)。
　A. 特别写了一份函,告知你们　　　　B. 特此函达
　C. 敬请函复　　　　　　　　　　　　D. 请尽快答复我们
10. 最新商务活动报告参加人员以不超过30人(　　)。
　A. 最好　　　　　B. 为宜　　　　　C. 比较合适　　　D. 为盼

三、写作实践题
章涛是一位年轻人,大学毕业到机关办公室工作,不久在工作中就遇到了困难。他向机关王秘书求教怎样才能写好机关应用文,王秘书语重心长地告诉他:"机关应用文与一般应用文有较大的差异,要好好学习才是啊!这样吧,这是本单位这个月的主要工作资料,你回去整理一下,先试着写一份工作报告,练练笔,如何?"章涛很愉快地接受了这个建议,回去练笔去了。请问,工作报告应该怎么写?请将你知道的有关工作报告的写作知识告诉我们。

第二章

党政机关公文写作

知识目标

了解党政机关公文丰富而深刻的含义,充分认识党政机关公文的七大特性,弄懂弄清党政机关公文不同文种的意义及其作用,能正确区分公文的通用格式和特定格式。

能力目标

熟练掌握党政机关公文的格式和写法,能严格按照党政机关公文写作的相关条例规定和国家标准的要求,撰写准确规范的党政机关公文。

学习方法

党政机关公文写作,是一项十分严肃而重要的写作任务,写作者应认真学习和掌握《党政机关公文处理工作条例》《中华人民共和国国家标准——党政机关公文格式》中所提出的各项要求,本着高度负责的态度,在党和国家的方针政策的引领之下,在法律的框架体系内,按照单位的实际情况,撰写相关文件。在学习的过程中,为提高自己阅读和欣赏规范公文的水平和能力,建议多阅读中央门户网站以及各省、自治区、直辖市的门户网站中公布的各类规范性公文范本。

第一节 党政机关公文写作概述

任务设计

周斌是某市政府办公室秘书,在机关工作五年了。他工作的大部分内容是撰写公文,由于功底较扎实,他撰写的文件均得到领导的认可。由于党政机关公文"合二为一",《党政机关公文处理工作条例》颁布并执行,他打算好好学习,严格按照新规定来进行公文写作。于是,《党政机关公文处理工作条例》成了他案头重要的指导文件。如果你将来也是一名机关办公室秘书,您该怎么做?

案例解析

周斌作为市政府机关办公室秘书,熟悉和掌握机关公文处理的法规是其职责所在。由于《党政机关公文处理工作条例》的出台,作为机关秘书人员必须与时俱进,责无旁贷地严格按照规定的格式和写作要求调整自己的写作活动。因此,学习和掌握《党政机关公文处理工作条例》的相关规定和要求,就成为周斌的工作任务之一。

一、党政机关公文概念

(一)含义

2012年4月16日,中共中央办公厅、国务院办公厅以中办发〔2012〕14号文件联合印发了《党政机关公文处理工作条例》,自2012年7月1日起施行。同时宣布1996年5月3日中共中央办公厅发布的《中国共产党机关公文处理条例》和2000年8月24日国务院发布的《国家行政机关公文处理办法》停止执行。从此,党的机关公文和行政机关公文有了统一的、规范化的标准和要求。

《党政机关公文处理工作条例》第一章第三条规定:"党政机关公文是党政机关实施领导、履行职能、处理公务的具有特定效力和规范体式的文书,是传达贯彻党和国家的方针政策,公布法规和规章,指导、布置和商洽工作,请示和答复问题,报告、通报和交流情况等的重要工具。"

党政机关公文的定义,告诉我们①:

第一,公文的法定作者是各级党政机关。公文是各级党政机关在处理公务和行使职权中形成的文书,既不同于办理私人事务的文字材料,也与其他常规公文有所不同,其制发机关必须是各级党政机关,包括政治组织、经济组织、司法组织等,它们才是公文的法定作者,而撰写公文的秘书人员只是机关公文的执笔人。

第二,公文体现机关的法定权威和意志,一旦发布,必须执行。由于党政机关是根据党和国家有关法律、章程、条例、决定等建立的正式组织,它所发布的公文体现着制发单位的法定权威和意志,因此被称为法定公文,具有极强的合法性和行政效力,因此,有关单位和部门必须遵照执行。

第三,公文是党政机关实施领导、履行职能、处理公务的重要工具。党政机关通过公文管理党务、政务、组织工作;或传达、贯彻党和国家的方针政策;或公布法规和规章;或指导、布置、商洽工作,或请示、答复问题,报告、通报和交流情况等。

第四,公文必须严格按照规范体式和程序撰写。公文与其他文章、文学作品、科技资料有所不同,它有法定的体式,需要经过一定的处理程序,而且只能在特定范围内使用。因此,撰写党政机关公文,必须严格按照《党政机关公文处理工作条例》进行。

需要说明的是,机关事务文书、规章类文书等,如计划、总结、简报、调查报告、述职报告、典型材料、领导讲话稿、章程、制度、细则等,被称为广义的公文,是在其他公务活动中经常使用的文种,它们不是法定公文。如简报,因有红色报头,形似法定公文,也只能被称为"准公文"。

(二)特性

党政机关公文按照规范的程序、方法制发,具有特定的内容、格式、作用等。具体地说,它有以下几种特性。

1. 内容的策令性②

党政机关公文担负着其他文体都不能担负而且不允许担负的特殊使命。通过公文指令形态传递党和国家的方针政策、法律规章等,发挥领导和指挥作用,把各级党政机关紧密联结在一起,统一思想,统一认识,使政令畅通。

2. 工作的指导性

公文在各项事业中发挥着阐明事理、启发觉悟和提高认识的作用,是治国理政的重要工具。党政机关公文,不仅要体现上级机关的精神,而且要结合本地本部门实

---

① 魏建周编著:《新编党政机关公文写作》,北京:红旗出版社,2012年,第2页。
② 张保忠编著:《党政机关公文处理工作条例释义与实务全书》,北京:人民出版社,2012年,第12页。

际,针对全局或局部的工作,对布置的任务、安排的工作、规定的事项、提出的要求,都要交代得比较具体、明确,有鲜明的针对性和指导性。只有有的放矢,受文者才能知道劲往哪里使,才能在实际工作中取得成效。

3. 严密的程序性

公文的制发和处理,必须严格按照《党政机关公文处理工作条例》的规定进行。从起草、审核、签发、校印、发出,到拟办、批办、承办、归档、清退、销毁,环环相扣、步步相接,这些工作都有明确的要求,不得擅自行事。

4. 格式的规范性

党政机关公文的撰拟,必须严格按照《党政机关公文处理工作条例》第三章"公文格式"以及《中华人民共和国国家标准——党政机关公文格式》(GB/T 9704—2012)进行。公文的种类名称、发文字号、公文标题、体式结构、用纸幅面等都必须执行具体的规定,不得随意更改。

5. 撰写的专任性

党政机关公文均由相应机关秘书机构中的专职秘书人员撰写,他们既是领导及机关的参谋和助手,更是机关、部门或单位领导的执笔写作人,通常被称为单位的"笔杆子"。因此,机关、单位的专职文字秘书要努力提高个人素养和写作功底,以适应新形势下党政机关公文撰写的需要。

6. 阅读的定向性

党政机关公文的发文机关和主送机关必须根据隶属关系和职权范围来确定,公文由什么单位制发,又由该单位的哪一级机关制发,发往哪一级机关、哪一个部门,都有具体、明确的对应关系。如请示,必须是向有直接隶属关系的上级行文;而批复,则是针对请示机关行文,表明上级机关对下级请示的态度和处理意见。不同的公文,都会根据行文目的和行文内容,对"读者范围"进行规定,即通过"主送机关""抄送机关"和"传达范围"("附注"中表明)等指定阅读对象。尤其是一些涉及党和国家机密或暂时不得公开的重要事项,有保密的要求,其"传达范围"更加严格,定向性显而易见。

7. 严格的时效性

公文是解决公务实际问题的手段之一,它的实用性决定了公文的起草、撰写、办理等都要快速、高效,以提高机关工作和管理效率。公文必须在规定的时间内,及时撰写、审核、校印、分发等,才能保证党务、政务的畅达和顺利完成。同时,任何一份文件都有一定的时效性,其时效的产生,除文件中明确规定的生效时间外,所有文件都以"成文日期"为生效时间。另外,《党政机关公文处理工作条例》第三十三条规定:"公文被撤销的,视为自始无效;公文被废止的,视为自废止之日起失效。"

(三)种类

《党政机关公文处理工作条例》规定,党政机关公文主要有15种:决议、决定、命令(令)、公报、公告、通告、意见、通知、通报、报告、请示、批复、议案、函、纪要。

序号	种类	用途
1	决议	适用于会议讨论通过的重大决策事项
2	决定	适用于对重要事项作出决策和部署、奖惩有关单位和人员、变更或者撤销下级机关不适当的决定事项
3	命令(令)	适用于公布行政法规和规章、宣布施行重大强制性措施、批准授予和晋升衔级、嘉奖有关单位和人员
4	公报	适用于公布重要决定或者重大事项
5	公告	适用于向国内外宣布重要事项或者法定事项
6	通告	适用于在一定范围内公布应当遵守或者周知的事项
7	意见	适用于对重要问题提出见解和处理办法
8	通知	适用于发布、传达要求下级机关执行和有关单位周知或者执行的事项,批转、转发公文
9	通报	适用于表彰先进、批评错误、传达重要精神和告知重要情况
10	报告	适用于向上级机关汇报工作,反映情况,回复上级机关的询问
11	请示	适用于向上级机关请求指示、批准
12	批复	适用于答复下级机关请示事项
13	议案	适用于各级人民政府按照法律程序向同级人民代表大会或者人民代表大会常务委员会提请审议事项
14	函	适用于不相隶属机关之间商洽工作、询问和答复问题、请求批准和答复审批事项
15	纪要	适用于记载会议主要情况和议定事项

另外,从不同的角度,按照不同的标准,公文可以划分为不同的类型。

1. 按公文来源划分,可分为发文、收文、内部公文

发文,是指本机关本部门向外发出的公文。

收文,是指上级机关或下级机关、平级机关向本机关本部门发来的公文。

内部公文,是指本机关本部门制发并仅供内部阅知和执行的公文。

2. 按行文关系划分,可分为上行文、下行文、平行文

《党政机关公文处理工作条例》规定,行文关系根据隶属关系和职权范围确定,一般不得越级行文。

上行文,是指下级机关向隶属的上级机关的行文,如,报告、请示等。

下行文,是指上级机关向隶属的下级机关的行文,如,决议、决定、命令(令)、批复、公报、公告、通报、通告、通知等。

平行文,是指平级机关之间或不相隶属机关之间的行文,如,议案、函等。

需要注意的是,在实际工作中,意见、纪要根据内容的不同,可以上行、下行和平行。

3. 按机密程度划分,可分为绝密公文、机密公文、秘密公文和普通公文[①]

《党政机关公文处理工作条例》第三章"公文格式"中规定:"涉密公文应当根据涉密程度分别标注'绝密''机密''秘密'和保密期限。"

绝密公文,是指秘密等级最高的文件,它反映的通常是党和国家的核心秘密。如果失密,将会对党和国家造成特别重大的损失。

机密公文,是指秘密等级较高的文件,它反映的通常是党和国家的重要秘密。如果失密,将会对党和国家造成重大损失。

秘密公文,是指秘密等级较低的文件,它反映的通常是党和国家的一般秘密,但其内容也不允许泄密。

普通公文,也称非保密文件,是指没有标注涉密等级的文件。但是,这一类公文常常有一定的阅知范围,有自己的主送机关,不可随意扩大发文范围,即使是需要通过传播工具向社会公布周知的,也应注意内外有别,把握传播的时机。

4. 按时限要求划分,可分为特急公文、加急公文、常规公文

紧急程度,是指公文送达和办理的时限要求。《党政机关公文处理工作条例》规定:"根据紧急程度,紧急公文应当分别标注'特急''加急',电报应当分别标注'特提''特急''加急''平急'。"

紧急公文应随到随办,时限要求越高,传递、办理的速度也就要求越快。即使是常规公文,也应尽力随到随办,以提高办文效率。

(四) 作用

党政机关公文在实际的公务工作中,发挥着重要的作用。《党政机关公文处理工作条例》对党政机关公文的作用有明确的解释。具体如下:

1. 领导管理作用

《党政机关公文处理工作条例》明确了党政机关公文是"党政机关实施领导、履行职能、处理公务的具有特定效力和规范体式"的文书。它是各级各类领导机关发号施令的手段,在实施领导和管理中能够发挥规范控制、令行禁止、组织协调的作用。

如,命令(令)是用来"公布行政法规和规章、宣布施行重大强制性措施、批准授予和晋升衔级、嘉奖有关单位和人员"时使用的文种。在抗洪抢险、紧急救援、调动军队

[①] 魏建周编著:《新编党政机关公文写作》,北京:红旗出版社,2012年,第6页。

等关键时刻,命令起着重要的指挥和保障作用。下级机关向上级机关请示时,上级机关必须及时表态,作出"同意""原则同意",甚或"不同意"的答复意见,便于下级机关及时安排下一步的工作。

2. 公务联系作用

上下级机关之间、不相隶属机关之间,常常会因为工作上遇到一些问题需要进行沟通、了解、协助等,为了使工作尽快落到实处,提高效率,就必须运用规范的公文进行沟通协调、互通信息。如,单位与单位之间的商洽函,在相关公务的顺利开展上起到桥梁作用。单位与单位联合行文时,也需要对行文的相关主题、内容以及亟待解决的问题进行会商和讨论,为此而发出的会议通知就起到联络各相关单位负责人的重要作用。

同时,《党政机关公文处理工作条例》在公文定义中规定,公文是"指导、布置和商洽工作,请示和答复问题,报告、通报和交流情况等的重要工具"。

3. 宣传教育作用

公文在"传达贯彻党和国家的方针政策,公布法规和规章"等方面,发挥着十分重要的作用。如,通报常常用来进行表彰或批评,它或将对表彰的事迹进行总结并推广,或就恶劣事件的发生原因、结果、影响作出深刻的分析和评判,达到警示、惩戒和教育的作用。如《国务院安委会办公室关于山西太原台骀山滑世界农林生态游乐园有限公司"10·1"火灾事故的通报》(安委办明电〔2020〕27号),就2020年国庆节期间山西发生的重大火灾事故进行全国通报,目的是警示、惩戒和教育全国相关部门做好节日期间的安全工作,坚决遏制各类生产安全事故的发生。

4. 行为规范作用

党政机关公文中的有些文种内容对工作人员的行为和工作程序作出了严格的规定。如,2020年4月9日,中华人民共和国公安部发出《关于新冠肺炎疫情期间依法严厉打击跨境赌博和电信网络诈骗犯罪的通告》一文,对"凡是在境外从事有关犯罪活动的,公安机关将'回国必查',逐一调查,一查到底,依法打击处理";2020年6月24日,国家监察委员会办公厅、公安部办公厅联合发出《关于规范公安机关协助监察机关在涉案财物处理中办理机动车登记工作的通知》一文,要求机关部门,严格按照"依法规范做好公安机关协助监察机关在涉案财物处理中办理机动车登记工作"的十二条来规范相关工作。

5. 凭证依据作用

上级机关来文中的指示或精神、意见或建议是下级机关执行工作的重要依据和参考,必须严格依照上级机关制定的方针政策来撰写具体的实施办法。另外,党政机关公文在完成了它的现行作用之后,需要整理归档,归档后的文件成为重要的历史文献资料。而诸如"嘉奖""通报表彰""开除党籍决定"等内容,都会随着"嘉奖令""通报""决定"等归档公文的查阅而得以确认。

二、党政机关公文的格式

(一)文件的通用格式

按照《党政机关公文处理工作条例》第三章"公文格式"第九条规定：

公文一般由份号、密级和保密期限、紧急程度、发文机关标志、发文字号、签发人、标题、主送机关、正文、附件说明、发文机关署名、成文日期、印章、附注、附件、抄送机关、印发机关和印发日期、页码等组成。

格式要素的具体应用，按照《中华人民共和国国家标准——党政机关公文格式》(GB/T 9704—2012)规定执行：

本标准将版心内的公文格式各要素划分为版头、主体、版记三部分。

公文首页红色分隔线以上的部分称为版头；公文首页红色分隔线(不含)以下、公文末页首条分隔线(不含)以上的部分称为主体；公文末页首条分隔线以下、末条分隔线以上的部分称为版记。

1. 版头

份号：公文印制份数的顺序号。涉密公文应当标注份号。如需标注份号，一般用6位3号阿拉伯数字，顶格编排在版心左上角第一行。

密级和保密期限：公文的秘密等级和保密的期限。涉密公文应当根据涉密程度分别标注"绝密""机密""秘密"和保密期限。

如需标注密级和保密期限，一般用3号黑体字，套红，顶格编排在版心左上角第二行；同时标识时用"★"隔开；保密期限中的数字用阿拉伯数字标注。

紧急程度：公文送达和办理的时限要求。根据紧急程度，紧急公文应当分别标注"特急""加急"，电报应当分别标注"特提""特急""加急""平急"。

如需标注紧急程度，一般用3号黑体字，顶格编排在版心左上角；如需同时标注份号、密级和保密期限、紧急程度，按照份号、密级和保密期限、紧急程度的顺序自上而下分行排列。

发文机关标志：由发文机关全称或者规范化简称加"文件"二字组成，也可以使用发文机关全称或者规范化简称。

发文机关标志居中排布，上边缘至版心上边缘为35mm，推荐使用小标宋体字，颜色为红色，以醒目、美观、庄重为原则。

联合行文时，如需同时标注联署发文机关名称，一般应当将主办机关名称排列在前；如有"文件"二字，应当置于发文机关名称右侧，以联署发文机关名称为准上下居中排布。

发文字号：由发文机关代字、年份、发文顺序号组成。联合行文时，使用主办机关的发文字号。编排在发文机关标志下空二行位置，居中排布。年份、发文顺序号用阿拉伯数字标注；年份应标全称，用六角括号"〔〕"括入；发文顺序号不加"第"字，不编虚位（即1不编为01），在阿拉伯数字后加"号"字。

上行文的发文字号居左空一字编排，与最后一个签发人姓名处在同一行。

签发人：上行文应当标注签发人姓名。由"签发人"三字加全角冒号和签发人姓名组成，居右空一字，编排在发文机关标志下空二行位置。"签发人"三字用3号仿宋体字，签发人姓名用3号楷体字。

如有多个签发人，签发人姓名按照发文机关的排列顺序从左到右、自上而下依次均匀编排，一般每行排两个姓名，回行时与上一行第一个签发人姓名对齐。

版头中的分隔线：发文字号之下4mm处居中印一条与版心等宽的红色分隔线。

2. 主体

标题：由发文机关名称、事由和文种组成。一般用2号小标宋体字，编排于红色分隔线下空二行位置，分一行或多行居中排布；回行时，要做到词意完整，排列对称，长短适宜，间距恰当，标题排列应当使用梯形或菱形。

主送机关：公文的主要受理机关，应当使用机关全称、规范化简称或者同类型机关统称。

标题下空一行，居左顶格，回行时仍顶格，最后一个机关名称后标全角冒号。如主送机关名称过多导致公文首页不能显示正文时，应当将主送机关名称移至版记。

标注方法：《党政机关公文处理工作条例》第四章"行文规则"第十五条规定："向上级机关行文，应当遵循以下规则：（一）原则上主送一个上级机关，根据需要同时抄送相关上级机关和同级机关，不抄送下级机关"；第十六条规定："向下级机关行文，应当遵循以下规则：（一）主送受理机关，根据需要抄送相关机关。重要行文应当同时抄送发文机关的直接上级机关。"

正文：公文的主体，用来表述公文的内容。公文首页必须显示正文。一般用3号仿宋体字，编排于主送机关名称下一行，每个自然段左空二字，回行顶格。文中结构层次序数依次可以用"一、""（一）""1.""（1）"标注；一般第一层用黑体字、第二层用楷体字、第三层和第四层用仿宋体字标注。数字、年份不回行。

附件说明：公文附件的顺序号和名称。如有附件，在正文下空一行左空二字编排"附件"二字，后标全角冒号和附件名称。如有多个附件，使用阿拉伯数字标注附件顺序号（如"附件：1.××××××"）；附件名称后不加标点符号。附件名称较长需回行时，应当与上一行附件名称的首字对齐。

标注方法：附件：1.××××××××

　　　　　　2.××××××××

不用"附件"二字说明的有:用"命令""决定"等发布的行政法规和规章;用"通知"等转发的文件;议案之后的具体方案等。因为它们是正文的组成部分,内容十分重要,效用与正文相同。

发文机关署名、成文日期和印章:

(1)加盖印章的公文。成文日期一般右空四字编排,印章用红色,不得出现空白印章。

单一机关行文时,一般在成文日期之上、以成文日期为准居中编排发文机关署名,印章端正,居中下压发文机关署名和成文日期,使发文机关署名和成文日期居印章中心偏下位置,印章顶端应当上距正文(或附件说明)一行之内。

联合行文时,一般将各发文机关署名按照发文机关顺序整齐排列在相应位置,并将印章一一对应、端正、居中下压发文机关署名,最后一个印章端正、居中下压发文机关署名和成文日期,印章之间排列整齐、互不相交或相切,每排印章两端不得超出版心,首排印章顶端应当上距正文(或附件说明)一行之内。

(2)不加盖印章的公文。单一机关行文时,在正文(或附件说明)下空一行右空二字编排发文机关署名,在发文机关署名下一行编排成文日期,首字比发文机关署名首字右移二字,如果成文日期长于发文机关署名,应当使成文日期右空二字编排,并相应增加发文机关署名右空字数。联合行文时,应当先编排主办机关署名,其余发文机关署名依次向下编排。

(3)加盖签发人签名章的公文。单一机关制发的公文加盖签发人签名章时,在正文(或附件说明)下空二行右空四字加盖签发人签名章,签名章左空二字标注签发人职务,以签名章为准上下居中排布。在签发人签名章下空一行右空四字编排成文日期。

联合行文时,应当先编排主办机关签发人职务、签名章,其余机关签发人职务、签名章依次向下编排,与主办机关签发人职务、签名章上下对齐;每行只编排一个机关的签发人职务、签名章;签发人职务应当标注全称。签名章一般用红色。

(4)成文日期中的数字。用阿拉伯数字将年、月、日标全,年份应标全称,月、日不编虚位(即1不编为01)。

(5)特殊情况说明。当公文排版后所剩空白处不能容下印章或签发人签名章、成文日期时,可以采取调整行距、字距的措施解决。

附注:公文印发传达范围等需要说明的事项。如有附注,居左空二字加圆括号编排在成文日期下一行。

附件:公文正文的说明、补充或者参考资料。附件应当另面编排,并在版记之前,与公文正文一起装订。"附件"二字及附件顺序号用3号黑体字顶格编排在版心左上角第一行。附件标题居中编排在版心第三行。附件顺序号和附件标题应当与附件说明的表述一致。附件格式要求同正文。

如附件与正文不能一起装订,应当在附件左上角第一行顶格编排公文的发文字号并在其后标注"附件"二字及附件顺序号。

3. 版记

(1)版记中的分隔线。版记中的分隔线与版心等宽,首条分隔线和末条分隔线用粗线(推荐高度为 0.35mm),中间的分隔线用细线(推荐高度为 0.25mm)。首条分隔线位于版记中第一个要素之上,末条分隔线与公文最后一面的版心下边缘重合。

(2)抄送机关。除主送机关外需要执行或者知晓公文内容的其他机关,应当使用机关全称、规范化简称或者同类型机关统称。如有抄送机关,一般用 4 号仿宋体字,在印发机关和印发日期之上一行、左右各空一字编排。"抄送"二字后加全角冒号和抄送机关名称,回行时与冒号后的首字对齐,最后一个抄送机关名称后标句号。

如需把主送机关移至版记,除将"抄送"二字改为"主送"外,编排方法同抄送机关。既有主送机关又有抄送机关时,应当将主送机关置于抄送机关之上一行,之间不加分隔线。

(3)印发机关和印发日期。即公文的送印机关和送印日期。印发机关和印发日期一般用 4 号仿宋体字,编排在末条分隔线之上,印发机关左空一字,印发日期右空一字,用阿拉伯数字将年、月、日标全,年份应标全称,月、日不编虚位(即 1 不编为 01),后加"印发"二字。

版记中如有其他要素,应当将其与印发机关和印发日期用一条细分隔线隔开。

(4)页码。公文页数顺序号。一般用 4 号半角宋体阿拉伯数字,编排在公文版心下边缘之下,数字左右各放一条一字线;一字线上距版心下边缘 7mm。单页码居右空一字,双页码居左空一字。公文的版记页前有空白页的,空白页和版记页均不编排页码。公文的附件与正文一起装订时,页码应当连续编排。

(二)文件的特定格式

1. 信函格式

(1)发文机关标志。使用发文机关全称或者规范化简称,居中排布,上边缘至上页边为 30mm,推荐使用红色小标宋体字。联合行文时,使用主办机关标志。

(2)红色分割线。发文机关标志下 4mm 处印一条红色双线(上粗下细),距下页边 20mm 处印一条红色双线(上细下粗),线长均为 170mm,居中排布。

(3)份号、密级和保密期限、紧急程度。如需标注,应当顶格居版心左边缘编排在第一条红色双线下,按照份号、密级和保密期限、紧急程度的顺序自上而下分行排列,第一个要素与该线的距离为 3 号汉字高度的 7/8。

(4)发文字号。顶格居版心右边缘编排在第一条红色双线下,与该线的距离为 3

号汉字高度的7/8。

(5)标题。居中编排,与其上最后一个要素相距二行。第二条红色双线上一行如有文字,与该线的距离为3号汉字高度的7/8。

(6)页码。首页不显示页码。

(7)版记。版记不加印发机关和印发日期、分隔线,位于公文最后一面版心内最下方。

2. 命令(令)格式

(1)发文机关标志。由发文机关全称加"命令"或"令"字组成,居中排布,上边缘至版心上边缘为20mm,推荐使用红色小标宋体字。

(2)令号。发文机关标志下空二行居中编排令号。

(3)正文。令号下空二行编排正文。

(4)签名章。正文下空二行右空四字编排签发人签名章,签名章左空二字编排签发人职务,相对于签名章上下居中;联合发出的命令,应先编排主办机关签发人职务、签名章,其余机关签发人职务、签名章依次向下编排;签发人职务应标注全称。签名章一般用红色。在签发人签名章下空一行右空二字编排成文日期。

(5)主送机关。命令(令)的主送机关置于版记中,抄送机关之上。

3. 纪要格式

(1)纪要标志。由"××××纪要"组成,居中排布,上边缘至版心上边缘为35mm,推荐使用红色小标宋体字,字号大小由发文机关酌定。

(2)纪要编号。纪要标志下空二行居中编排纪要编号"第×号",并用圆括号括入,不受年度限制;也可按年度编排,如"〔2012〕×号"。

(3)发文机关和成文日期。纪要编号下空一行编排发文机关和成文日期,发文机关居左空一字,成文日期居右空一字。

(4)分割线。在发文机关和成文日期下印一条与版心等宽的红色分割线。

(5)标题和正文。在红色分割线下依次标注纪要的标题和正文。

(6)出席、列席、请假人。标注出席人员名单,一般用3号黑体字,在正文或附件说明下空一行左空二字编排"出席"二字,后标全角冒号,冒号后用3号仿宋体字标注出席人单位、姓名,回行时与冒号后的首字对齐。

标注列席人员和请假人名单,除依次另起一行并将"出席"二字改为"请假"或"列席"外,编排方法同出席人员名单。

(7)其他。纪要不加盖印章,纪要的格式可以根据实际制定。

三、党政机关公文的语言要求

(一)用语规范

以书面语为主,不用方言、俗语、俚语,词语的概念要清楚,概括性强,词义准确,不刻意追求辞藻华丽、声调节律,少用或不用描绘性、比喻性词语。比如,"……收悉,现批复如下"之"收悉"和"现",都是书面语,规范、简洁;形容交通堵塞、人员拥挤,必须是具体的状貌,如"整个街道水泄不通,车辆无法通行,人员无法通过",而不用"摩肩接踵""车水马龙"这样的形容词。

(二)简明扼要

公文有很多专用语词,如,"已经×××会议通过""现予公告""妥否,请批示""特此函达""如无不妥,请转发并遵照执行"等。适当使用,可以使公文显得简洁确切,严谨平实,容易被机关业务人员理解、领会,不致产生歧义,同时增强公文的庄重感,使公文表达周全、严密。

(三)符合逻辑

以明确的概念、准确的判断、严密的推理来表达思想,传达信息,分析事理,提出办法,解决问题。严密的逻辑表达,可以增强公文在奖惩缘由、计划安排、决定事项等方面的说服力,从而使公文的执行效力得到保障。公文的逻辑力量往往通过公文的层次性和条理性来体现,而环环相扣的逻辑,则使得公文的制发和内容的执行无可争辩。

(四)表达准确

准确是对公文语言最基本的要求,它包括用词无歧义、多义等问题,句子无语法错误,句与句之间的逻辑关系紧密,概念准确、明晰,从而能准确阐述观点,表明态度,说明情况等。只有表达准确,才能更好地表达公文的政策性和思想性,才能说明事理,阐明缘由,晓以利害,给予鞭策或批评教育,才能更好地传达党和国家的政策法令,才有利于秘书人员和秘书机构快速有效地办理公文。

第二节 决定、命令(令)

任务设计

赵毅然是某市反贪局机关文字秘书,是单位的"笔杆子"。在一次办公会议上,领导宣读了群众实名举报该市某局副局长贪污腐败的来信,并说明已经有机关调查,发现多数情况属实且较为严重,现决定将该副局长移交司法机关立案侦查。赵毅然需要根据会议精神和领导授意撰写相关文件,将会议决定的重要事项公布出来。请问,赵毅然需要撰写哪一类公文?

案例解析

赵毅然作为某市反贪局机关文字秘书,应该根据会议精神和领导授意,撰写一份关于将该副局长贪污腐败一案实行移交司法机关立案侦查的决定,表明该市政府反贪的决心和公布对群众实名举报来信的处理结果。

决　定

一、含义

《党政机关公文处理工作条例》规定,决定"适用于对重要事项作出决策和部署、奖惩有关单位和人员、变更或者撤销下级机关不适当的决定事项"。

也就是说,决定的适用范围较为广泛,有高级别的"决策和部署",有较高级别的"变更或撤销下级机关不适当的决定事项",还有各层次单位的"奖惩"事宜。

比如,《中共中央关于坚持和完善中国特色社会主义制度　推进国家治理体系和治理能力现代化若干重大问题的决定》(2019年10月31日中国共产党第十九届中央委员会第四次全体会议通过)、《国务院关于2019年度国家科学技术奖励的决定》(国发〔2020〕2号)、《安徽省人民政府关于宣布失效、废止和修改一批省政府文件的决定》(皖政〔2020〕34号)。

二、特点

(一)政策性

从决定的"决策和部署"的意义来看,决定就是上级机关作出的政策性和法规性非常强的行政安排。因此,决定本身就是一个政策,需要执行部门贯彻执行。如,《国务院关于实施金融控股公司准入管理的决定》(国发〔2020〕12号)。

(二)强制性

决定是上级机关作出的,代表的是上级机关的意志和思想。因此,凡是决定中写明的决定事项,对有关组织、单位和人员都有很强的约束力,必须认真遵照执行,不可抗拒或阳奉阴违。如,《国务院关于修改〈行政执法机关移送涉嫌犯罪案件的规定〉的决定》(中华人民共和国国务院令第730号,2020年8月7日)。

(三)周密性

由于决定的事项是重大事项,决定下发,就会影响全局。因此,对涉及的方方面面,要考虑周全,对诸如相关政策的衔接、配套及执行的时间、范围、对象、程序等的确定,以及具体的实施意见和措施、步骤等,要合理恰当安排,以保证决定的价值得以实现。如,《国务院关于修改〈烈士褒扬条例〉的决定》(中华人民共和国国务院令第718号,2019年8月1日)对《烈士褒扬条例》作出修改,并在决定的结尾写明:"根据本决定作相应修改并对条文序号作相应调整,重新公布。"

三、分类

决定按照其适用范围,可以分为:

(一)决策性决定

即对某一方面的工作作出政策性规定的决定,宣告对某一重大问题的处理结果,或对某项工作作出重要安排。这类决定大部分是由会议讨论通过颁布的,也有直接公布某机构对某问题处理结果的决定。如,《中共中央关于坚持和完善中国特色社会主义制度 推进国家治理体系和治理能力现代化若干重大问题的决定》(2019年10月31日中国共产党第十九届中央委员会第四次全体会议通过)。

(二)奖惩性决定

此类决定主要用于奖惩有关单位和人员。对有突出贡献的先进集体、个人进行

奖励，对发生重大事故的单位和有严重违纪行为的人员进行惩罚。如，《中共中央 国务院 中央军委关于表彰全国抗击新冠肺炎疫情先进个人和先进集体的决定》（2020年9月8日）。

（三）变更性决定

即对机构设置、撤销或重要的人事任命、免除以及撤销下级机关不适当的决定事项所作出的决定。如，《国务院关于取消和下放一批行政许可事项的决定》（国发〔2020〕13号）。

四、写作

（一）基本结构与写法

通常由标题、发文字号、正文、落款组成。

1. 标题

通常只有一种写法，即公文标题三要素法，由发文机关名称、事由、文种组成。比如，《国务院关于修改〈信息网络传播权保护条例〉的决定》，发文机关为"国务院"，事由是"修改《信息网络传播权保护条例》"，文种为"决定"。

2. 发文字号

一般情况下，决定的发文字号由发文机关代字、年份、序号组成。比如，"皖政发〔2021〕22号""国发〔2021〕3号""国函〔2021〕21号""国办发〔2021〕5号"等。

如果是随着命令等公文公布的决定，令号即为发文字号。比如，前面提到过的《国务院关于修改〈烈士褒扬条例〉的决定》（2019年8月1日），就是由《中华人民共和国国务院令》（第718号）发布。

如果是重要会议上讨论通过所制发的决定，则不用发文字号，而是在标题下加题注的方式。比如，《全国人民代表大会常务委员会关于修改〈中华人民共和国国旗法〉的决定》（2020年10月17日第十三届全国人民代表大会常务委员会第二十二次会议通过）。

3. 正文

一般由开头、主体、结尾组成。

（1）开头。开门见山、简明扼要地交代决定的缘由。如果是对重大行动作出安排，还要写明作出决定的目的、意义及根据（包括理论根据、政策法律根据、事实根据），以便执行者能够充分认识实施这一重大行动的重要性。

比如，《国务院关于授权和委托用地审批权的决定》（国发〔2020〕4号）提及，"为贯彻落实党的十九届四中全会和中央经济工作会议精神，根据《中华人民共和国土地管理法》相关规定,在严格保护耕地、节约集约用地的前提下,进一步深化'放管服'改革,改革土地管理制度,赋予省级人民政府更大用地自主权,现决定如下"。

(2)主体①。常见的有篇段结合式、多段组合式、条款分列式、条块结合式等。

篇段结合式。即整篇决定只有一个自然段,适用于内容单一、文字很少的决定。如,《安徽省人民政府关于宣布失效、废止和修改一批省政府文件的决定》(皖政〔2020〕47号)。

多段组合式。即由若干个自然段构成一篇决定,适用于内容简单、篇幅较短的决定。如,《中共中央 国务院关于表彰全国劳动模范和先进工作者的决定》(2020年11月24日)

条款分列式。适用于涉及事项较多、内容较为庞杂的决定。如,《全国人民代表大会关于修改〈中华人民共和国全国人民代表大会组织法〉的决定》(2021年3月11日第十三届全国人民代表大会第四次会议通过),共三十八条,若干款。

条块结合式。决定的事项,采取部分和条款相结合的结构。这种结构既可以使决定事项在表达上做到问题相对集中,又可以使文章条理清楚。如,《国务院关于实施金融控股公司准入管理的决定》(国发〔2020〕12号),就是采用这种结构,决定的全文一共三大块,每一块下面有若干个小块和分项内容。

(3)结尾。一般以独立自然段的形式发出号召、提出希望或要求。

4.落款

写明发文机关名称(全称或规范化简称)、发文日期(决定的发布日期),并加盖公章。如果是会议通过的决定,可以在标题之下写明什么时间在什么会议上通过,用圆括号括入。

(二)写作要领

第一,把握决定事项的历史背景和现实情况。撰写决定,要注重政策的连贯性,把握其历史背景和现实情况,并对其进行分析,才能抓住问题的实质,据此作出的判断和决策,才能符合工作实际需要,才能有利于受文者遵照执行。

第二,决定的事项要具体、明确。决定的事项是决定的主要内容,因此,要具体、明确,有较强的针对性,措施要得当,要讲清楚如何贯彻执行,使执行机关和人员明明白白、认认真真地贯彻执行。如果内容比较复杂,则建议分条列项表述,把主要的、重要的放在前面,次要的放在后面,做到层次分明,内容合乎逻辑。

第三,弄清决定与决议、通知的区别。

决定的写法与决议大不相同,它不多说理论上的道理,往往着重提出开展某项工

---

① 张保忠编著:《党政公文写作规范技巧范例全书》,北京:研究出版社,2012年,第26~27页。

作的步骤、措施、要求等，行政约束力强，它要求各项内容必须写得明确、具体，可以贯彻落实，直接成为下级机关行动的准则；而决议往往原则性条文多，写得比较概括，下级机关在贯彻执行时，多数还要根据决议制定相应的具体办法或实施措施。

决定与通知的区别在于，一般事关全局、政策性强、任务艰巨、执行时间长的重要工作，用决定；时效性强，使用面广，执行期相对较短的工作部署，用通知。

全国人民代表大会关于建立健全香港特别行政区
维护国家安全的法律制度和执行机制的决定

（2020年5月28日第十三届全国人民代表大会第三次会议通过）

第十三届全国人民代表大会第三次会议审议了全国人民代表大会常务委员会关于提请审议《全国人民代表大会关于建立健全香港特别行政区维护国家安全的法律制度和执行机制的决定（草案）》的议案。会议认为，近年来，香港特别行政区国家安全风险凸显，"港独"、分裂国家、暴力恐怖活动等各类违法活动严重危害国家主权、统一和领土完整，一些外国和境外势力公然干预香港事务，利用香港从事危害我国国家安全的活动。为了维护国家主权、安全、发展利益，坚持和完善"一国两制"制度体系，维护香港长期繁荣稳定，保障香港居民合法权益，根据《中华人民共和国宪法》第三十一条和第六十二条第二项、第十四项、第十六项的规定，以及《中华人民共和国香港特别行政区基本法》的有关规定，全国人民代表大会作出如下决定：

一、国家坚定不移并全面准确贯彻"一国两制"、"港人治港"、高度自治的方针，坚持依法治港，维护宪法和香港特别行政区基本法确定的香港特别行政区宪制秩序，采取必要措施建立健全香港特别行政区维护国家安全的法律制度和执行机制，依法防范、制止和惩治危害国家安全的行为和活动。

二、国家坚决反对任何外国和境外势力以任何方式干预香港特别行政区事务，采取必要措施予以反制，依法防范、制止和惩治外国和境外势力利用香港进行分裂、颠覆、渗透、破坏活动。

三、维护国家主权、统一和领土完整是香港特别行政区的宪制责任。香港特别行政区应当尽早完成香港特别行政区基本法规定的维护国家安全立法。香港特别行政区行政机关、立法机关、司法机关应当依据有关法律规定有效防范、制止和惩治危害国家安全的行为和活动。

四、香港特别行政区应当建立健全维护国家安全的机构和执行机制，强化维护国家安全执法力量，加强维护国家安全执法工作。中央人民政府维护国家安全的有关机关根据需要在香港特别行政区设立机构，依法履行维护国家安全相关职责。

五、香港特别行政区行政长官应当就香港特别行政区履行维护国家安全职责、开展国家安全教育、依法禁止危害国家安全的行为和活动等情况,定期向中央人民政府提交报告。

六、授权全国人民代表大会常务委员会就建立健全香港特别行政区维护国家安全的法律制度和执行机制制定相关法律,切实防范、制止和惩治任何分裂国家、颠覆国家政权、组织实施恐怖活动等严重危害国家安全的行为和活动以及外国和境外势力干预香港特别行政区事务的活动。全国人民代表大会常务委员会决定将上述相关法律列入《中华人民共和国香港特别行政区基本法》附件三,由香港特别行政区在当地公布实施。

七、本决定自公布之日起施行。

这是一份决策性决定(选自共产党员网)。由全国人民代表大会宣告关于建立健全香港特别行政区维护国家安全的法律制度和执行机制的决定。标题三要素齐全,写明了发文机关、事由、文种;发文文号以题注的方式,写明决定通过的时间、会议。正文,由开头段加七项决定事项构成,开头段分三个层次,第一层写明审议的主体对提请审议的议案"审议"通过;第二层以"会议认为",表达国家对香港乱象定性并表明立场;第三层写决定的目的和依据,然后,以"全国人民代表大会作出如下决定"过渡到下文的决定事项。决定事项以分条式(七条)表达,全文逻辑严密,格式规范,语言庄重,主体突出,具有不可辩驳的政策性、强制性和周密性。

命　令(令)

一、含义

《党政机关公文处理工作条例》规定,命令(令)"适用于公布行政法规和规章、宣布施行重大强制性措施、批准授予和晋升衔级、嘉奖有关单位和人员"。

根据《中华人民共和国宪法》《中华人民共和国地方各级人民代表大会和各级人民政府组织法》等法律规定,只有国家主席、人大常委会委员长、国务院总理及各部部长、各委员会主任、各级人民代表大会及其常委会、县级以上地方各级人民政府才有发布命令的权力,且都要根据有关法律、法规、决定或命令来发布。另外,军事领导机关及其军事首长可以发布命令。其他单位或个人无权发布命令。

二、特点

(一)强制性

命令的内容直接体现了国家机关及其执行机关的指挥意图,不论在何种情况下,所属单位与人员必须无条件地服从和执行,不得作任何变更或变通处理,不能讨价还价,更不能公然违抗,必须"令行禁止",否则将受到应有的制裁或惩罚。如,《中华人民共和国国务院令》(第729号)正文只有一句话:"现公布修订后的《中华人民共和国预算法实施条例》,自2020年10月1日起施行。"行文干脆利落,态度坚定。

(二)权威性

命令的发布机关级别高、权力大,一般由专门的国家行政机关或权力机关发布,社会团体、企事业单位不能使用。虽然它本身不是法律法规,但可以确定法律法规的生效日期、施行范围等,因而具有法律的效应和法规的权威性。如,《中华人民共和国主席令》(第七十七号),全文只有一个句号,干脆利落地表达了国家意志:"《中华人民共和国乡村振兴促进法》已由中华人民共和国第十三届全国人民代表大会常务委员会第二十八次会议于2021年4月29日通过,现予公布,自2021年6月1日起施行。"该命令由国家主席习近平签署发布。

(三)严肃性

由于命令表现了至高无上的权威,所以命令的使用必须非常慎重,不能随意制发,更不能朝令夕改。命令的语言不能含糊其辞,语气应坚定、不容置疑,便于人们坚定地贯彻执行。如,《中华人民共和国国务院令》(第719号),全文只有四句话:"依照《中华人民共和国澳门特别行政区基本法》的有关规定,根据澳门特别行政区行政长官选举委员会选举产生的人选,任命贺一诚为中华人民共和国澳门特别行政区第五任行政长官,于2019年12月20日就职。"从"依据"到"根据",再到"任命""就职",充分体现了命令的权威性和严肃性。

(四)载体性

命令除单独行文外,还可以成为法规性文件公布的载体,实行复体行文。如,《中华人民共和国国务院令》(第717号)就是用来公布《中华人民共和国人类遗传资源管理条例》(自2019年7月1日起施行)的,此时的国务院令就是该条例公布的载体。

三、分类

按照命令的作用,可将命令分为公布令、行政令、授衔令、嘉奖令、特赦令、任免令等。

(一)公布令

公布令是依照有关法律公布行政法规和规章的命令,它包括各级人大经过立法程序通过的法规、规章,各级人民政府制定的法律法规。这种公布令的内容涉及全国或某一地区带有全局性的工作。如,《中华人民共和国国务院令》(第725号)公布了《农作物病虫害防治条例》,并宣布"自2020年5月1日起施行"。

(二)行政令

公布带有强制性的重要的行政措施的命令为行政令。国务院及其部门、县级以上地方政府在采取重大强制性行政措施时(抗灾救灾、全城戒严、战时或平时全民动员等)使用。如,《中华人民共和国国务院令》(第740号)公布了修订后的《粮食流通管理条例》,自"2021年4月15日起施行"。

(三)授衔令

主要针对军、警、海关等特定岗位人员批准授予或晋升衔级时使用。如,公安部《关于晋升高荣等同志为人民警察警督警衔的命令》(公衔令字〔2020〕74号);福建省公安厅《关于授予和晋升詹益良等同志人民警察警司警衔的命令》(闽公衔令〔2020〕37号)、《关于授予和晋升杨煜权等同志人民警察警员警衔的命令》(闽公衔令〔2020〕5号)。

(四)嘉奖令

即用于表彰、奖励为国家和人民作出显著贡献的有功单位和个人的命令。如,《中华人民共和国主席令》(第五十三号),就是"为了隆重表彰在抗击新冠肺炎疫情斗争中作出杰出贡献的功勋模范人物,弘扬他们忠诚、担当、奉献的崇高品质"而发布的命令,是"根据第十三届全国人民代表大会常务委员会第二十一次会议的决定"作出的,其中,钟南山被授予"共和国勋章",张伯礼、张定宇、陈薇(女)被授予"人民英雄"国家荣誉称号。而通报用于一般的先进单位和个人的表彰和奖励,决定则用于较为重要的表彰和奖励,与嘉奖令在级别的使用上有差异。

(五)特赦令

特赦令是关于"特赦"的命令。特赦指以行政权免除罪犯全部或部分的服刑,但不赦罪,也就是赦邢不赦罪。如,2019年6月29日,国家主席习近平根据第十三届全国人民代表大会常务委员会第十一次会议的决定,对九类服刑罪犯实行特赦而签署发布了《中华人民共和国主席特赦令》。

(六)任免令

任免令,是国家机关及领导人用于宣布人员任免的命令。如,《中华人民共和国主席令》(第八十三号)"任命黄明为应急管理部部长",就是由国家主席习近平"根据中华人民共和国第十三届全国人民代表大会常务委员会第八十二次会议于2021年4月29日的决定",签署宣布的任命令。

四、写作

(一)基本结构与写法

一般由标题、发文字号或令号、正文、落款组成。
《党政机关公文格式》(GB/T 9704—2012)规定,命令采用特殊格式撰写。

1. 标题

(1)发文机关全称+"命令"或"令"组成,如,《中华人民共和国主席令》。

(2)发文机关+事由+文种,如,《国务院、中央军委2011年冬季征兵的命令》。

(3)发文机关+授予内容+文种,如,《国务院、中央军委关于授予钱学森同志"国家杰出贡献科学家"荣誉称号的命令》。

标题要求"居中排布,上边缘至版心上边缘为20mm,推荐使用红色小标宋体字"。

2. 发文字号或令号

行政令、嘉奖令一般标示发文字号,如"国发〔2013〕3号";发布令只标示令号,如"第623号"。

令号是从国家领导人任职开始编排流水号,至任职期满为止。如果政府换届但领导人连任,则不换令号。若政府换届则从下届新领导人任职开始,重新编号。国家机关命令的编号与此相同。

《党政机关公文格式》(GB/T 9704—2012),发文机关标志下空二行居中编排令号,令号下空二行编排正文。

3. 正文

正文由发布命令的缘由、事项、执行要求组成。

(1)发布命令的缘由。简明扼要说明为什么发布命令以及发布命令的依据,然后以"根据……为……特发布此令"或"为此,发布命令如下"等语句引出下文。

(2)事项。这是正文的主体内容。不同类型的命令,主体内容不同。

公布令写作要求言简意赅,往往简单到全文只有一句话或一段文字,如,《中华人民共和国国务院令》(第736号),只有一句话:"《排污许可管理条例》已经2020年12月9日国务院第117次常务会议通过,现予公布,自2021年3月1日起施行。"写明了被公布的法规的名称、经过什么会议通过、施行时间等。

行政令或嘉奖令等较为复杂,一般要求分层次写作,需要用准确简练的语言写出具体的决断性、强制性的规定或措施,充分说明颁布命令的理由,使行文条理清晰、层次分明,达到令人信服的效果。

(3)执行要求。指要求有关单位和人员在执行命令时必须遵守的规定。发布令常用"自××××年×月×日起施行";行政令常用"以上各项,希遵照执行"。

4. 落款

落款包括签发人职务、签名章和成文日期。

《党政机关公文格式》(GB/T 9704—2012)规定:"单一机关制发的公文加盖签发人签名章时,在正文(或附件说明)下空二行右空四字加盖签发人签名章,签名章左空二字标注签发人职务,以签名章为准上下居中排布。在签发人签名章下空一行右空四字编排成文日期。"如,主席令的落款,先写"中华人民共和国主席",空二字,然后写"习近平"。日期"2021年×月×日"在"习近平"三字下空一行,右空四字编排。

《党政机关公文格式》(GB/T 9704—2012)规定:"联合行文时,应当先编排主办机关签发人职务、签名章,其余机关签发人职务、签名章依次向下编排,与主办机关签发人职务、签名章上下对齐;每行只编排一个机关的签发人职务、签名章;签发人职务应当标注全称。"

签名章一般用红色。

(二)写作要领[①]

第一,用语要特别精确。"精"指言简意赅,文约事丰,要使用一些意义凝练的浓缩式语言;"确"指的是所言之事要严丝合缝,语气十分肯定,不容置疑。命令担负着统一行动的使命,传递的都是国家重大使命,事关重大,因此,精确地使用语言具有特别重要的意义。

---

① 张保忠编著:《党政公文写作规范技巧范例全书》,北京:研究出版社,2012年,第34~36页。

第二,辩证把握内容结构。"令行禁止",令与禁、行与止是辩证统一的。在实际生活中,只令不禁,令则难行;只禁不令,则禁难止。比如,发布命令"进军",而"按兵不动"乃至"后缩",其行动与命令内容相反,则将受到严厉的惩处;发布命令对某一先进人物的模范事迹进行嘉奖,同时就要禁止和排斥与之相悖的错误行为等。也就是说,命令在写作时一定要明确可以做什么,不可以做什么。申明不能做什么,是为了突出应该做什么。申明应该做什么,又需要以不能做什么来保证。

第三,体现排山倒海的气势。在结构上,通过开头、过渡、转折、收合、结尾以及文字的详略安排,造成一种排山倒海的气势,从而体现命令特有的文种气势,以显示命令的特殊权威。比如,毛泽东、朱德签署的《向全国进军的命令》一文,充分体现了命令排山倒海之气势。

中华人民共和国国务院令

第 727 号

《化妆品监督管理条例》已经2020年1月3日国务院第77次常务会议通过,现予公布,自2021年1月1日起施行。

总理 李克强
2020年6月16日

化妆品监督管理条例
第一章 总 则

第一条 为了规范化妆品生产经营活动,加强化妆品监督管理,保证化妆品质量安全,保障消费者健康,促进化妆品产业健康发展,制定本条例。

第二条 在中华人民共和国境内从事化妆品生产经营活动及其监督管理,应当遵守本条例。

……

这是一份国务院的公布令(选自中华人民共和国中央人民政府网)。该令以单段开门见山法,言简意赅地写明了公布的条例名称以及条例通过的时间等;用"现予公布"一句表明是公布令,并写明施行的具体日期。落款以命令特有的要求,写签发人职务(总理)、盖签名章(李克强)、注成文日期;然后,以规范公文的排版形式,将所要公布的条例排布于命令之下,体现了命令的权威性和令行禁止的特点。

第二章　党政机关公文写作

第三节　决议、公报、纪要

任务设计

魏军是某省人大办公厅秘书处秘书长，经常参加人大会议及其常务委员会会议，会议期间，不仅要做大量的会议记录，还要针对会议上的重要决定或对重大事项的审批等撰写相关文件予以公布。请问，魏军等人需要运用哪一类公文文种的知识和技能？怎样才能更好完成该类公文的撰写任务？

案例解析

魏军作为某省人大办公厅秘书处的秘书长，撰写会议有关文件，是职责所在。对由大会或大会常委会、主席团讨论并通过的法律法规等重大决策性内容或重要决定事项，魏军需要安排相关秘书或亲自执笔撰写会议决议、公报、纪要等公文进行公布。

决　议

一、含义

《党政机关公文处理工作条例》规定，决议"适用于会议讨论通过的重大决策事项"。

在实际工作中，党的机关、各级人大、政协等，在许多重大的会议之后都有可能作出决议；一些企业，也会在重大会议结束时发布决议以指导今后的工作。在行政机关的日常工作中是不使用决议的。

二、特点

（一）程序性

决议是典型的会议文件，没有会议，就没有决议，决议以会议的名义发布。必须按照一定组成程序和需要贯彻执行的决策事项，经过大会集体讨论和表决后通过，才能形成决议。如，2021年3月11日《第十三届全国人民代表大会第四次会议关于最高人民检察院工作报告的决议》，就是第十三届全国人民代表大会第四次会议讨论表决通过后形成的决议。

(二)权威性

决议是经过会议讨论通过才能生效并由领导机关发布的,是领导机关意志的反映。决议的内容针对某一重要工作或重大事项,因此,它是用来统一组织、个人思想和行为的号令,具有绝对的权威性,一经发布,必须坚决执行,不得违背或抵制,对个人和组织有很强的强制性和约束力。

(三)指导性

决议表述的观点和对事项的评价都具有指导意义。比如阐述性决议,除指出指令性意见外,还要对决议事项本身的有关问题作若干必要的论述或说明,即作一些理论上的阐述,其指导性显而易见。如,毛泽东亲自起草了《古田会议决议》,并以古田会议的精神来指导党和军队的建设。

三、分类

决议分为:审批性决议、方针政策性决议、专门问题性决议。

(一)审批性决议

即为审议批准法律、法规、文件、组织等而公开发布的决议。如,《第十三届全国人民代表大会第四次会议关于2020年中央和地方预算执行情况与2021年中央和地方预算的决议》(2021年3月11日第十三届全国人民代表大会第四次会议通过),写明会议审查了国务院提出的《关于2020年中央和地方预算执行情况与2021年中央和地方预算草案的报告》及2021年中央和地方预算草案,同意全国人民代表大会财政经济委员会的审查结果报告,并明确表态"批准《关于2020年中央和地方预算执行情况与2021年中央和地方预算草案的报告》,批准2021年中央预算"。

(二)方针政策性决议

即用以传达党和国家对重大问题的主张或发布重要方针政策而使用的决议。如,《第十三届全国人民代表大会第四次会议关于国民经济和社会发展第十四个五年规划和2035年远景目标纲要的决议》(2021年3月11日第十三届全国人民代表大会第四次会议通过),其中写道:"'十四五'时期要高举中国特色社会主义伟大旗帜,深入贯彻党的十九大和十九届二中、三中、四中、五中全会精神,坚持……全面贯彻党的基本理论、基本路线、基本方略,统筹推进经济建设、政治建设、文化建设、社会建设、生态文明建设的总体布局……推进国家治理体系和治理能力现代化,实现经济行稳致远、社会安定和谐,为全面建设社会主义现代化国家开好局起好步。"

(三)专门性问题决议

即集体就某一专门性问题作出决定后发布的决议。如,《第十三届全国人民代表大会第三次会议关于政府工作报告的决议》(2020年5月28日第十三届全国人民代表大会第三次会议通过)。其中,开头写道:"第十三届全国人民代表大会第三次会议听取和审议了国务院总理李克强所作的政府工作报告。会议充分肯定了国务院过去一年多的工作,同意报告提出的2020年经济社会发展的总体要求、主要目标和重点任务,决定批准这个报告。"

四、写作

(一)基本结构与写法

一般由标题、题注、正文、结尾几个部分组成。

1. 标题

由发文机关名称、事由、文种组成。如,《中国共产党第十七次全国代表大会关于中央纪律检查委员会工作报告的决议》。

2. 题注

将通过决议的时间、通过决议的会议名称,用圆括号括起来,标注在标题的下一行。如,《第十三届全国人民代表大会第三次会议关于最高人民法院工作报告的决议》,标题下用小括号标注什么时间什么会议通过,即"(2020年5月28日第十三届全国人民代表大会第三次会议通过)"。

3. 正文

(1)"撮要分条式"写法。在开头部分进行中心内容介绍,如同消息的导语,然后分条列段展开,将会议讨论通过的事项一一列出来。常常采用"会议认为""会议强调""会议指出"等作为每一段落的起始语。

(2)"分条列段式"写法。把正文主体并列分成几个段落,段落之间既各自独立表达一个完整的意思,又互相依存、相辅相成。这种写法比较适用于专门性问题的决议。

(3)"块状式"写法。空间辐射面宽、时间跨度大的决议,常常采用这种写法。比如,《关于建国以来党的若干历史问题的决议》,全文由八大部分组成,各部分独立存在,每一部分都有一个揭示中心内容的小标题。

4. 结尾

决议的结尾通常是发出希望和号召,以有利于决议内容的宣传贯彻与执行;也可以首尾照应,加深印象;还可以主体结束,全文就自然结束,不再专门拟定结尾。

(二)写作要领[①]

第一,把握会议中心内容。决议是会议的成果之一,体现会议的中心思想及结论性意见,代表的是与会者的集体态度。因此,要写好决议就必须吃透会议精神,了解会议的背景、形势及目的;理解会议的主旨,掌握会议的肯定性意见和其他不同意见及要求,知晓会议的多种状态及其中的最佳方案。

第二,注意成文的时效性。有的决议时效性很强,要求成文迅速、及时。有些大型会议即使事先拟出提交会议进行讨论的决议稿,也要在会议进行期间不断修改、补充和调整,以便按时提交会议讨论和通过。

第三,讲究技法。决议是重要会议对重大事项讨论通过后形成的文件,因此,在行文时,要讲究叙议结合,评价恰当,定性准确,富有逻辑力量,以激发人们执行决议的积极性和自觉性。

杭州市人民代表大会常务委员会关于开展第七个五年法治宣传教育的决议

(2016年8月23日杭州市第十二届人民代表大会常务委员会第三十九次会议通过)

2011年至2015年,杭州市普法教育依法治市第六个五年规划顺利实施,法治政府建设稳步推进,依法治理和法治创建活动不断拓展,杭州特色法治文化逐步培育,公共法律服务体系基本建成,法治宣传对杭州经济、政治、文化、社会、生态文明等方面的助推作用更为明显。为全面贯彻依法治国基本方略和习近平总书记关于全面依法治国的重要论述,保障"法治杭州"各项任务的落实,推进我市治理体系和治理能力现代化,促进"十三五"规划顺利实施,进一步提高城市国际化水平,有必要从2016年至2020年,在全市公民中开展第七个五年法治宣传教育工作。根据全国人大常委会、浙江省人大常委会关于开展第七个五年法治宣传教育的决议精神,结合我市实际,特作决议如下:

一、把握方向,深入学习宣传宪法和国家基本法律。坚持把学习宣传宪法摆在首要位置,宣传宪法确立的我国的国体、政体、基本政治制度、基本经济制度、公民的基本权利和义务等,弘扬宪法精神,树立宪法权威。落实宪法宣誓制度,深入开展"12·4"国家宪法日暨全国法制宣传日集中宣传活动,教育引导一切组织和个人以宪法为根本活动准则。充分发挥"五四宪法历史资料陈列馆"作用,打造宪法教育基地。结合

---

① 张保忠编著:《党政公文写作规范技巧范例全书》,北京:研究出版社,2012年,第21页。

学习贯彻创新、协调、绿色、开放、共享发展理念,宣传宪法相关法、民法商法、行政法、经济法、社会法、刑法、诉讼与非诉讼程序法等法律法规的基本知识,在全社会培育法治理念,树立法治信仰,推动法治实践。

二、紧贴需求,突出学习宣传重点工作重点领域的法律法规。围绕杭州市城市国际化发展目标,深入宣传"一号工程""两会两区""三改一拆""四换三名""五水共治"以及创新驱动、特色小镇建设、小微企业成长等相关法律法规,学习宣传我市相关地方性法规,助力经济转型升级,推进美丽杭州建设。引导全社会善于运用法律手段、依照法律程序,把推进重点工作的过程变成深化法治宣传教育、增强全民法治观念的过程,以法治思维和法治方式推动我市相关重大决策部署的贯彻落实。加强交通安全、食品安全、教育就业、医疗卫生、社会保障等民生领域法律法规的宣传,引导公民依法维护自身合法权益。

三、突出重点,推进全民普法。以国家工作人员、青少年、企事业单位经营管理人员、外来务工人员、农村居民为普法重点对象,带动和引导全体公民努力学法、自觉守法、遇事找法、解决问题靠法。深入推进科学立法、民主立法,拓宽公民有序参与地方立法的途径。贯彻落实国家工作人员学法用法制度,进一步提升国家工作人员特别是领导干部运用法治思维和法治方式解决问题的能力,推动行政机关依法行政,促进司法机关公正司法。教育引导党员领导干部增强党章党规党纪意识,自觉远离违纪红线。探索建立领导干部法治素养和法治能力测评指标体系。落实《青少年法治教育大纲》,健全学校、家庭、社会"三位一体"的青少年法治教育格局。深化青少年"精准普法"实践,探索符合青少年特点的法治宣传教育形式,增强青少年法治观念。注重宣传企业生产经营相关的法律法规,增强企事业单位经营管理人员诚信守法、依法经营、依法办事的观念和能力。注重将外来务工人员的法治宣传教育和社会责任意识教育相结合,提高外来务工人员融入社会、服务社会的意识和能力。注重宣传与农村居民生产生活密切相关的法律法规,提高农村居民法律素质,推进农村依法治理,改善农村法治环境。

四、扎根实际,建设杭州特色社会主义法治文化。发掘本土法治文化元素,打造有杭州特色的法治文化现象。发展法治文化创意产业,繁荣法治文化作品创作,培育法治文化精品,打响"阿普"品牌。以文化下乡等形式,广泛开展群众性法治文化活动。充分运用文化礼堂等基层文化宣传阵地,加强农村法治宣传教育工作。鼓励各地各单位根据自身特点,开展特色化的法治文化建设。把法治文化建设纳入现代公共文化服务体系,推动法治文化与民俗文化、地域文化、动漫文化、影视文化的融合发展。大力弘扬社会主义核心价值观,推动法治教育与道德教育相结合,促进法律的规范作用和道德的教育作用相辅相成,使法治理念成为公民道德素养的有机组成部分。

五、坚持创新,丰富法治宣传教育的载体。探索"交互式"普法工作理念,促进普

法服务提供者和需求者之间的信息交流,提高普法供给的质量和效率。根据不同群体的需求,推行菜单化、订单式普法模式,增强法治宣传教育的针对性和实效性。新建一批可看、可听、可复制的法治宣传教育阵地,发挥好宣传展示、警示教育、交流互动等作用。以司法体制改革为契机,加大司法公开力度,建立法官、检察官、行政执法人员、律师等以案释法制度,使司法、执法和法律服务的过程成为向群众开展法治宣传教育的过程。定期或及时发布重大典型案件,用好案例资源,充分发挥法治宣传教育基地的作用,开展生动直观的法治宣传教育。推进"互联网＋法治宣传行动",重视运用新媒体、自媒体开展法治宣传,打造一批深受群众欢迎的普法节(栏)目。采用政府购买服务等方式,吸引社会组织广泛参与法治宣传教育,提高法治宣传教育的社会化水平。将法治宣传融入法律服务和法治实践,进一步完善覆盖城乡的公共法律服务体系。

六、统筹推进,深化多层次多领域依法治理。坚持法治宣传教育与依法治理相结合,把法律规定变成引领保障经济社会发展的基本规范。深入开展法治城市、法治县(市、区)、法治乡镇(街道)、民主法治示范村(社区)等法治创建活动,提高基层社会治理法治化水平。以"和谐劳动关系先进企业""依法治校示范校"等创建活动为抓手,引导企事业单位、社会团体等依法管理、依法经营。充分发挥居民公约、乡规民约、行业规章、团体章程等社会规范的积极作用,统筹推进基层组织和部门、行业的依法治理工作。完善法治创建的指标、组织和考核体系,促进法治创建规范发展。

七、明确责任,不断健全法治宣传教育体制机制。健全完善党委领导、人大监督、政府实施、部门各负其责、全社会共同参与的法治宣传教育工作体制机制。建立科学的考核评估工作办法,强化对相关部门的普法实绩考核。实行国家机关"谁执法谁普法"的普法责任制,认真落实本单位法治宣传教育责任清单。各社会团体、企事业单位和其他组织要按照"谁主管谁负责"的原则,认真履行普法责任。各类媒体要健全公益普法制度,在重要频道、重要版面、重要时段开展公益普法。各级人民政府要积极开展第七个五年法治宣传教育工作,强化工作保障,做好中期检查和终期评估,并向本级人民代表大会常务委员会报告。各级人民代表大会及其常务委员会要充分运用听取和审议工作报告、执法检查、视察、专题调研等形式,加强对法治宣传教育工作的监督检查,保证本决议得到贯彻落实。

这是一份专门问题性决议(选自杭州人大网)。标题三要素齐全,标题下是题注,注明决议通过的会议时间和会议名称。正文先介绍背景、目的、根据,以"特作决议如下"为过渡,以"一、二、三……"的逻辑层次来安排决议的具体内容,分别从把握方向、紧贴需求、突出重点、扎根实际、坚持创新、统筹推进、明确责任等七个方面逐层说明，要求明确，语气坚定，充分显示了决议的程序性、权威性和指导性。行文层次分明，逻辑性强，语言精练准确。

公　　报

一、含义

《党政机关公文处理工作条例》规定，公报"适用于公布重要决定或者重大事项"。它的使用者是党和国家高级管理机关，内容重大，极具庄严性。

实际工作中，它常常不是单份文件的形式，而是由多个文件汇编而成，并由重要的机关来发布，如《安徽省人民政府公报》《江苏省人民政府公报》《国务院公报》等，都是由人民政府发布，每一期公报都包含若干个命令、决定、公告、通报或通知等法定公文。

作为党政机关公文文种之一，公报，有其独立成篇的文件形式。本教材介绍的是独立成篇的公报。

作为法定公文文种之一且独立成篇的公报，除内容的庄严性之外，还具有形式多样的特点。

二、分类

公报多以内容来划分，可分为会议公报、新闻公报、联合公报、统计公报等①。

（一）会议公报

会议公报是党和国家就重要会议情况和决定事项发布的公报。最常见的是中国共产党全国代表大会和中共中央全体会议公报。如《中国共产党第十八届中央委员会第六次全体会议公报》(2016年10月27日中国共产党第十八届中央委员会第六次全体会议通过)。公报中写道："全会听取和讨论了习近平受中央政治局委托作的工作报告，审议通过了《关于新形势下党内政治生活的若干准则》和《中国共产党党内监督条例》，审议通过了《关于召开党的第十九次全国代表大会的决议》。"

（二）新闻公报

新闻公报，也称为新闻性文件。通常是由党和政府授权或委托国家通讯社郑重

---

① 魏建周编著：《新编党政机关公文写作》，北京：红旗出版社，2012年，第57页。

宣布某项新闻事实,或者对某项政治事件发表声明。它代表着党和政府的立场、态度、主张。它是在特定场合使用的具有相当政治意义的新闻体裁。比如,《上海合作组织成员国元首理事会会议新闻公报》(2019年6月13日至14日,比什凯克)。

(三)联合公报

这是一种特殊用途的公报,是指两个或两个以上的国家、政府、政党就有关重大国际问题、事件的会谈进展、经过、达成的协议等所发表的正式文件,是用以表明双方或多方对同一问题共同看法的报道,或是经过谈判达成的承担权利和义务的协议文书。比如,2019年3月23日,中意两国在罗马发表了一份联合公报,即《中华人民共和国和意大利共和国关于加强全面战略伙伴关系的联合公报》。

(四)统计公报

即国家和政府统计机关发布国民经济、社会发展方面情况的综合性报告。统计公报是一种专题性公报。我国统计部门发布这类公报时,通常以年度(或半年度)为计数的时间单位。如,2021年2月28日,《中华人民共和国2020年国民经济和社会发展统计公报》正式发布。它是国家统计局发布的统计公报,全面展示了2020年全国人民顽强奋斗取得的令世界瞩目、可载入史册的伟大成就,催人奋进。

三、写作

(一)基本结构与写法

一般由标题、题注、正文组成。

1. 标题

(1)会议名称+文种,如,《中国共产党第十七届中央纪律检查委员会第七次全体会议公报》。

(2)地名+事项+文种,如,《北京第二次基本单位普查公报》《安徽省第三次工业普查公报》。

(3)发布形式+文种,如,《新闻公报》《联合公报》等。

2. 题注

标题下,用小括号标明会议通过的日期,如《中国共产党第十八届中央委员会第七次全体会议公报》(2017年10月14日中国共产党第十八届中央委员会第七次全体会议通过)。与一般公文题注的形式相同。

3. 正文

由于公报的形式多样,不同形式的公报写法也不同。

(1)会议公报。主要有引言(会议名称、召开的时间、地点等)、基本情况(出席会议的人员、议题及主要活动内容)、决定的事项与会议的号召和要求。会议公报,代表的是全体与会人员的意志,所以常常使用"全会听取和讨论了""全会充分肯定了""全会指出""全会强调""会议审议了""会议决定""全会号召"等标志性语句。

(2)新闻公报。新闻公报的写法与新闻文体的"消息"有些类似。开头部分概括叙述最核心、最重要的新闻事实,类似消息的"导语"部分;接着具体地写明事件的过程以及与此有关的立场、态度、做法、评价等,可以按时间顺序和逻辑顺序来安排层次,类似消息的主体。最后的结语部分也类似消息的结尾,根据情况可写可不写。

(3)联合公报。联合公报要求概述公报的来由,即在何时、何地、谁与谁举行了什么会谈或谁对谁进行了什么性质的访问等,还要写明达成了什么共识、取得了什么成果等,常常采用条款式。

(4)统计公报。可分为概述和分述两大部分。开头的概述,一般要对公报公布时限内的情况进行综合介绍,简明扼要地分析原因,指出存在的问题。分述部分要详细介绍各方面的具体情况,通常都要对照上一年进行比较,以见其本年度、本阶段的发展、不足。有的统计公报在结尾还要针对存在的问题,提出一些简要的建议。而统计公报的法定作者和日期已在标题和题下标示,不必另外注明。

统计公报的数据是衡量一个国家或地区社会发展的重要依据,要准确可靠,保证其权威性。公布的内容要有选择性。

(二)写作要领

第一,严肃、慎重,防止滥用和乱用。公报,要公之于世并作为一种历史性文件,因此,对写入公报的内容必须认真筛选,严格把关。它应是党和国家高级管理机关用来公布重大事件、重要会议、重要消息和重要决策的,或是国家统计部门用以公布国民经济和社会发展重要情况的,非权力机关和一般业务领导部门以及一般事情,不能使用公报[①]。

第二,区分公报和公告,不可混用。因公报和公告所涉及的内容,都是党和国家的重要事项,而且都是向国内外发布的,很相近,容易混淆。但在实际运用中,二者的差异还是较为明显的。比如,公布重要的会议情况,一般用公报;公布党和国家领导人的重要出访活动及人事变动,多用公告;公布有关人口普查、经济发展和国家计划执行情况等,多用公报;公布重要消息和重要事项,多用公告。

---

① 魏建周编著:《新编党政机关公文写作》,北京:红旗出版社,2012年,第62页。

中华人民共和国和意大利共和国关于加强全面战略伙伴关系的联合公报
（略有删节）

（2019年3月23日，罗马）

应意大利共和国总统马塔雷拉邀请，中华人民共和国主席习近平于2019年3月21日至24日对意大利进行国事访问。访问期间，习近平主席同马塔雷拉总统和孔特总理举行会谈，就双边关系及共同关心的国际和地区问题广泛深入交换意见。

一、双方认为，中意建立全面战略伙伴关系15年以来，两国政治互信和务实合作取得长足进展。在当前国际形势发生复杂深刻变化的大背景下，加强中意全面战略伙伴关系，有利于维护世界和平稳定，促进可持续发展和繁荣。2020年中意将迎来建交50周年，双方一致同意，愿本着相互尊重、互利共赢的精神，进一步推动中意全面战略伙伴关系发展。

二、双方认为，两国领导人间的密切交往对促进双边关系发展具有重要作用。……

三、双方愿在尊重对方主权和领土完整的基础上发展全面战略伙伴关系，在《联合国宪章》的基础上加强双边对话。意大利重申奉行一个中国原则。

四、双方强调愿促进世界和平、繁荣、可持续发展和安全，落实2030年可持续发展议程和气候变化《巴黎协定》，加强在联合国、二十国集团、世界贸易组织、亚欧会议中的合作。

五、双方重申愿推动多边主义，维护以联合国为核心的国际体系，尊重国际法和公认的国际关系准则，尊重《联合国宪章》。……

六、双方一致同意，维护坚实、开放、包容的世界经济。……

七、双方愿加强在亚欧会议框架下的合作，推动亚欧在经贸和互联互通领域建立更加紧密的伙伴关系，开展更多务实合作。

八、双方重申支持中国—欧盟全面战略伙伴关系，愿共同致力于深化中欧和平、增长、改革、文明四大伙伴关系。……

九、双方支持全面落实《中意关于加强经贸、文化和科技合作的行动计划（2017—2020年）》，进一步推动环境与可持续能源、农业、可持续城镇化、卫生、航空、空间科技及应用、基础设施和交通等领域合作。……

十、双方欢迎签署政府间关于共同推进"一带一路"建设的谅解备忘录。双方认识到"一带一路"倡议在促进互联互通方面的巨大潜力，愿加强"一带一路"倡议同泛欧交通运输网（TEN-T）等的对接，深化在港口、物流和海运领域的合作。……

十一、双方愿落实好中华人民共和国发展和改革委员会同意大利共和国经济发

展部于 2018 年 9 月签署的《中意开展第三方市场合作的谅解备忘录》，支持双方企业在第三方市场共同探讨合作机会。……

十二、双方一致同意通过中华人民共和国财政部和意大利共和国经济财政部间建立的"中意财长对话机制"加强经济财金领域的对话和互利合作。双方鼓励两国金融机构建立伙伴关系，推动交流与投资合作。

十三、双方强调双边贸易和双向投资持续增长，重申应确保公平竞争环境，促进全面保护知识产权，以加强两国经济合作、双边贸易和相互投资。……

十四、双方对两国农产品贸易持续增长表示满意。双方致力于加强在农业领域，特别是科研、技术、农业政策和优质农产品推广等方面的合作。……

十五、双方对《中意面向 2020 的科技创新合作战略规划》取得的进展表示满意，特别是 2018 年 12 月第 9 届中意创新合作周在米兰、罗马和卡利亚里成功举办，第 16 届中意科技合作联委会亦于 2019 年 3 月在罗马成功召开……

十六、双方高度评价在环境和气候变化领域正在开展的合作，愿在中国相关主管部门和意大利环境、领土与海洋保护部签署的协议框架下就应对气候变化行动加强交流与合作……

十七、双方高度评价两国在航天领域取得的合作成果，特别是 2018 年 2 月 2 日搭载了在意大利"利玛窦"计划下研制的高能粒子探测器的中国电磁监测卫星成功发射，两国元首互致贺电。……

十八、在文化领域，双方对在演出、博物馆交流、设计和文化遗产保护等领域的活动不断增多表示满意。双方重视人文交流对于推动两国关系长远发展的重要意义，充分肯定中意文化合作机制作为两国文化领域对话与合作平台的重要作用。……

十九、双方愿深化教育领域的合作，希望扩大两国学习对方国家语言学生的数量，鼓励并支持两国高等教育机构加强交流与合作，开展高水平合作办学、高层次人才联合培养等。双方支持在中国中学开展意大利语教学和在意大利中学开展中文教学。

二十、双方高度赞赏两国司法领域对话与合作取得的重要进展，一致同意继续在引渡、民商事与刑事司法协助领域加强合作，进一步推动在反腐败领域经验交流和案例互鉴。

二十一、双方对执法领域合作取得的积极进展表示满意，高度评价两国主管部门举办的联合巡逻行动。双方愿在共同关心的领域加强合作。

二十二、访问期间双方签署了 19 份政府间双边合作文件。

这是一份联合公报（选自外交部网）。标题由两国名称、事由和"联合公报"文种

组成;标题下面是题注,写明了发布联合公报的时间、地点。正文开头,以短小新闻的形式,交代了习近平主席于2019年3月21至24日期间应邀出访意大利并进行国事访问,期间,于23日两国就战略合作达成共识,由此发表联合公报。接着,逐条写明公报的具体内容(二十二条),以"双方认为""双方愿""双方强调""双方重申""双方一致同意""双方高度评价""双方对……满意""双方高度赞赏"等段首句以及最后一条"访问期间双方签署了19份政府间双边合作文件",来表达习近平主席应邀访问意大利的成果,令人鼓舞和振奋。

纪　　要

一、含义

《党政机关公文处理工作条例》规定,纪要"适用于记载会议主要情况和议定事项"。

它是在会议记录等材料的基础上整理而成的,它把会议的主要情况、主要精神、议定事项等加以综合整理,形成文字。可印发给参会单位和其他应知晓的单位,在一定范围内传达或传阅,要求贯彻执行等,但不向社会公开。向上级机关报送,则成上行文,目的是使上级机关了解下级机关此次重要会议的主要内容和成果;向下级机关发送,则成下行文,目的是使下级机关参照会议重要精神抓好相关落实工作或为下级机关提供重要的参考意见;向不相隶属机关行文,则成平行文,目的是为了交流经验、沟通思想等。

二、特点

(一)纪要纪实

纪要是对会议重要内容进行高度概括、提炼而形成的文件,它要真实地反映会议的基本情况,将会议形成的决议、决定等重要信息实事求是地整理出来。此外,在文中不能对会议内容进行评论。

(二)概括表达

因为参会者发言的水平有高有低,观点多样,涉及面广,因此,写作时需要对会议所讨论的问题进行归纳整理、综合概括,要有所选择并有所强调,能反映出与会者的共同认识和意见,以便统一思想、指导工作。

(三)称谓特殊

纪要表现的是制发单位的意志和权威,表达的是会议的主要精神和议定事项,所以,纪要往往将"会议认为""会议指出""会议强调""会议决定""会议要求"等作为段落的开头句,引出具体内容,使行文逻辑严密、层次分明、条理清晰、事项明确,便于沟通信息和指导工作。

(四)指导工作

会后与会单位都需要在具体工作中落实好会议的主要精神,遵照会议精神来指导本单位的工作,执行并完成好会议拟定的事项。因此,纪要作为重要会议精神的载体,对指导工作具有十分重要的意义。

三、分类

根据形成纪要的会议类型的不同,可将纪要分为:

(一)办公会议纪要

即对日常行政工作的会议形成的内容行文,是对单位的领导机关会议所研究的问题、议定的事项、部署的工作等进行整理的纪要。要求与会单位和有关方面、有关人员共同遵守执行,为机关单位开展工作提供具体的依据和实际的指导,具有指示性意义。

(二)专项会议纪要

即对为研究专项问题而召开会议所涉及的有关工作的重要方针、政策、理论原则等问题的交流、讨论情况的纪实,具有宏观上的指导作用,给人以启发。如交流会、研讨会、座谈会等会议的纪要。

(三)工作会议纪要

即对为解决某些实际问题而召开的会议内容或对日常工作例会研究讨论的工作进行整理的纪要。会议中的决定,都将通过纪要形式传达,并在今后的工作中起到约束性作用。

四、写作

《党政机关公文格式》(GB/T 9704—2012)对"纪要格式"作出了专门的规定:
纪要标志由"×××××纪要"组成,居中排布,上边缘至版心上边缘为35mm,

推荐使用红色小标宋体字。

标注出席人员名单,一般用3号黑体字,在正文或附件说明下空一行左空二字编排"出席"二字,后标全角冒号,冒号后用3号仿宋体字标注出席人单位、姓名,回行时与冒号后的首字对齐。

标注请假和列席人员名单,除依次另起一行并将"出席"二字改为"请假"或"列席"外,编排方法同出席人员名单。

纪要格式可以根据实际制定。

(一)基本结构与写法

一般情况下,纪要由标题、正文、落款组成。

1. 标题

(1)会议名称+文种。如,《全国农村工作会议纪要》。

(2)发文机关+会议名称+文种。如,《××省人民政府第×次常务会议纪要》《××学院中文系教学工作座谈会纪要》。

(3)发文机关+事由+文种。如,《北京市民政局、北京市气象局关于加强救灾合作问题的会议纪要》。

(4)正副标题式。如,《反腐才能倡廉——××市反腐工作座谈会纪要》《探讨新时期文学的发展——中国当代文学研究会第一次学术讨论会纪要》。

2. 正文

一般由开头、主体、结尾组成。

(1)开头:会议的基本情况。简要介绍会议召开的目的、指导思想、会议时间、地点、主持人、参加单位和出席人员及总数,主要议程,讨论的主要问题,会议的意义等。常以"会议确定了如下事项"或"现将会议情况纪要如下"过渡到主体内容。

(2)主体:会议的主要内容。这是纪要的核心部分。以说明性文字概括、叙述会议研究的问题,讨论的意见,作出的决定,对今后工作的部署、安排等。

可采用条款式、发言记录式、综合式等。

条款式:在概述基本情况后,采用序号加小标题方式"一、××××××××××""二、×××××××××"等分条列项写作。

发言记录式:按照会议上的发言顺序,将每个发言人的主要意见归纳整理出来,能如实地反映会议讨论情况和个人的不同看法。要求精要地选择发言人的观点和话语,并写出发言人的姓名、职务。

综合式:将以上两种写作方式结合起来,既可以分条列项写明会议的内容,又可以体现与会者在具体问题上的不同意见。

无论哪种形式,一般都会将"会议听取了""会议认为""会议强调""会议决定"等语句作为段落的开头句,使得主体的叙述有条不紊。

(3)结尾:提出希望,发出号召。纪要的结尾,根据需要,一般是提出希望,发出号召,具有鼓动性和号召力;也可以在结尾写出与会者的决心;还可以向有关单位提出贯彻执行的要求;或者采用文完而止的自然结尾法。

3. 落款

办公会议纪要需要署名。一般的会议纪要不署名,只写成文日期。

纪要的成文日期,可以作为题注,写在标题的下方,用圆括号括起来,大型会议常用此法;也可以标在落款处。

(二)写作要领

第一,要素齐全。纪要需写明会议召开的时间、地点、主持人、参加者(出席人员、列席人员、请假人员)、议题等。

第二,审定制发。纪要由会议的主持机关审定制发,内容要求详尽具体,具有反映情况、沟通信息的功能,同时具有指挥的权威性。

第三,篇幅适当。纪要是对会议重要信息进行的纪实性归纳整理,篇幅应适当,不宜长篇大论。语言也应简明扼要,高度凝练。

第四,领导签发盖章。纪要完稿后,需要经过主管负责人的认可,或者经过会议通过,由领导签发并加盖印章后才能成为正式文件。

××区第24次常务会议纪要

2018年1月29日,区长葛×主持召开第24次政府常务会议,副区长陈××、许××、卢×、李×、赵×、李×,××经济开发区管委会主任韩×,区政府办主任罗××出席会议。副区长范××因公缺席会议。张××、徐×、程××、何×、谢×、王×、刘×、吴×、吴×、张×、姚×、陈××、段××、朱××、丁××、邵×、王×、刘×、吴×、王×、王××、陶××等同志列席会议。现将会议研定事项纪要如下:

一、会议听取区城投公司关于调整××区天使投资基金合伙企业(以下简称××天使)设立方案事宜的汇报。鉴于市国资委为规范天使投资基金管理,成立了×××耀资本投资管理有限公司(以下简称×××耀)统一作为县区天使投资基金的普通合伙人。会议明确,××金创投资引导基金有限公司作为××天使的合伙人,在基金决策委员会的委派人员由其出资方区城投公司和××××公司按1:1比例委派。会议要求,区城投公司尽快完成基金设立工作,充分发挥基金引导作用,加大区内优质、潜力企业的帮扶力度,支持企业做大做强。

二、会议听取××经济开发区关于冠名2018××××国际半程马拉松赛事宜的汇报。鉴于××国际半程马拉松赛已连续举办了两届,且实现了市广电的全程直播,形成了较高的品牌知名度和社会影响力,2018××××国际半程马拉松赛初步确定将实现央视直播,为借助这一平台提升××区及××经济开发区的对外形象,会议同意××经济开发区对2018××××国际半程马拉松赛进行冠名。会议要求,××经济开发区进一步细化宣传方案,做好赛事保障工作。

三、会议听取区人社局关于××区派驻南岗科技园工作人员薪酬事宜的汇报。

四、会议听取×××街道关于解决××安置点项目遗留问题的汇报。鉴于××安置点项目承建方因经营和诉讼问题,拖欠了部分农民工工资、工程款及材料款,且×××街道再就业服务中心项目占用了××安置点项目部分建设资金,为保障群众利益,维护社会稳定,会议原则同意×××街道所提出的处理意见。会议要求,××culture×街道妥善做好项目所涉各群体工作,积极追溯项目实际承包人责任,确保社会稳定;进一步完善相关资料,报区政府党组会研究同意后,提请区委常委会研究。

五、会议听取井岗镇关于调剂区大建设安置点房屋事宜的汇报。鉴于井岗镇胡小郢城中村改造项目回迁房源不足,且自我调剂后,部分安置套型仍存在缺口,为让群众早日回迁,会议同意从清溪家园、芳香家园安置点中分别调剂安置房给井岗镇,用于胡小郢回迁安置。会议明确,本次调剂的安置房面积待井岗镇前新庄城中村改造等4个项目完工后予以归还。

这是一份工作会议纪要(选自合肥市政务公开网)。以"会议名称+文种"的方式标出纪要的标题。正文的开头部分,简明、清楚地交代了会议的时间、召开会议的单位,写明了会议的主持人职务和姓名以及会议的性质和内容(即区政府常务会议),列出了出席会议人员的职务和姓名(按照职务的高低顺序排列)、缺席人员(职务和姓名)、列席人员(姓名),以"现将会议研定事项纪要如下"过渡到纪要的主体部分,即具体事项。主体写作中,以五个"会议听取……",条理清晰、逻辑分明地概括了会议的主要内容。结尾采用了事完而文止的自然结尾法结束全文。

第四节　公告、通告、通知、通报

任务设计

(1)王刚是上岗不久的某省人事考试院办公室秘书,考试院经常要进行各类招考工作,届时需要向社会公布有关招考事宜。很快,王刚就受命为人事选拔考试独立撰写一则招考文件。由于他对自己的写作能力很有信心,所以在第一次受命撰写招考文件时,既没有向前任秘书请教,也没有仔细考虑适用的文种,第二天就将一则通告递给领导审阅,结果被领导狠狠地批评了一通,并被责令立刻重新撰写一份正确的文件送来。请问,王刚错在哪里?他应该撰写哪一种公文?

(2)中央电视台曾经在某法律栏目讲述了这样一个案例:某公司一位销售部经理,相貌英俊,一表人才,隐瞒家在农村并有妻女的事实,使本部门一位年轻貌美女职员爱上了他,并与他发生恋情。事发后,公司秘书在领导的授意下,撰写了一则处分通报。该通报将两人的私情公之于众,张贴在公司的宣传栏内,并写明了将女职员开除的处分决定。事后,该女子向法院起诉,起诉公司侵权并要求恢复名誉和给予精神损失补偿。请问,公司处分员工,使用通报有错吗?应该如何正确使用通报等知照性公文?

案例解析

(1)人事考试院的招考是一项关系全社会许多单位的人事工作和许多家庭生活的大事,其涉及面广,影响重大,因此,王刚应当使用公告这个文种,而不是通告。

(2)通报是涉及公务活动的法定公文,它通报的事项,应该是机关、单位或部门的公事而非私事。单位处分职员,必须在尊重法律的前提下进行。本案中的公司领导和秘书,在发出通报时,没有考虑到公开通报个人隐私实质上侵犯了女子的隐私权,属于违法行为。法院最终判令该公司向被侵权女职员道歉并撤销原通报,从而维护了法律的尊严。

公　告

一、含义

《党政机关公文处理工作条例》规定,公告"适用于向国内外宣布重要事项或者法定事项"。

其中,"重要事项"是指有关国家政治、经济、文化、军事、科技、人事、外交等方面的大事。"法定事项"是指由国家权力机关、行政机关等依据法律法规和法定程序公开的事项。

二、特点

(一)体现法定权威

公告的发布权限仅限于国家权力机关、行政机关,以及被授权的部门,具有法定的权威性,相关人群必须依照执行。

如,《国务院公告》(2020年04月03日),写明"为表达全国各族人民对抗击新冠肺炎疫情斗争牺牲烈士和逝世同胞的深切哀悼",决定于2020年4月4日"举行全国性哀悼活动"。在此期间,要求全国和驻外使领馆下半旗志哀,全国"停止公共娱乐活动"。4月4日10时起,"全国人民默哀3分钟,汽车、火车、舰船鸣笛,防空警报鸣响"。

(二)发布范围广泛

公告主要面向国内外广大受众宣告国家领导人任职、出访、逝世等国家重要事项;或公布重要的法律法规等法定事项等。一般在报纸、电台、电视台、网络等新闻媒体发布,也可以张贴形式,让广大人民群众知悉。如,《财政部 税务总局关于资源税有关问题执行口径的公告》(财政部 税务总局公告2020年第34号),所需公告的对象为"纳税人",公告的事项为"纳税人自用……""纳税人核算……""纳税人开采……"等。

(三)行文庄重严谨

由于公告内容涉及国家大事,体现国家及其权力机关的威严,措辞必须严谨准确,表达必须清楚明白,风格必须庄重严肃。公告宣布的事项涉及政治、经济、军事或党和国家领导人的行动等,一旦发布,影响将遍及国内外,且关系到国家形象、国际影响等,制发时必须十分慎重。如,《财政部 海关总署 税务总局关于扩大内销选择性征收关税政策试点的公告》(财政部公告2020年第20号),公告内容是"为统筹内外贸发展,积极应对新冠肺炎疫情影响"而将原内销选择性征收关税政策试点"扩大到所有综合保税区"的一项影响极大的国家大事,行文必须庄重严谨。

(四)具有新闻价值

由于公告一般以在报纸、电台、电视台、网络等新闻媒体上发布或张贴的形式广而告之,因此,它在某种意义上具有很强的新闻性、及时性,以及很强的新闻价值。如,《教育部关于取消〈留学回国人员证明〉的公告》(2020年9月17日),写明公告的目的是"简化留学回国人员办事程序,方便广大留学回国人员工作和生活",具有十分重要的新闻价值。

三、分类

公告是非常严肃、庄重的公文,用来向国内外公开宣布、告知某一重要事项,常常通过新闻媒体公开发布,内容一般十分简要。

公告可以分为以下几种:

(一)发布性公告

即国家各级权力机关或行政管理机关(县级以上)依据国家法律、法令和国家行政法规,发布法律、法规的公告。如,《交通运输部关于发布〈长江江苏段船舶定线制规定(2021)〉的公告》(交海规〔2021〕1号),正文只有一句话:"现发布《长江江苏段船舶定线制规定(2021年)》,自2021年7月1日起实施,请相关单位和航经适用水域的船舶遵照执行。"

(二)重大事项公告

即用于公布重大事项、重要事件的公告,诸如公布国家重要机构选举或任命结果,审查确认人民代表资格等。如,《国务院公告》(2020年4月3日),公告事项是举行全国性哀悼活动,公告写道:"为表达全国各族人民对抗击新冠肺炎疫情斗争牺牲烈士和逝世同胞的深切哀悼,国务院决定,2020年4月4日举行全国性哀悼活动。"

(三)专门事项公告

即政府部门依据法规或有关政策规定,宣布相关专门事项的公告。如,《教育部关于〈中华人民共和国学位法草案(征求意见稿)〉公开征求意见的公告》(2021年3月15日);《2021年水利部所属在京单位公开招聘工作人员公告》(2021年3月23日)。

四、写作

(一)基本结构与写法

一般由标题、发文期号、正文、落款组成。

1. 标题

(1)发文机关+文种。如,《中华人民共和国财政部公告》《中华人民共和国全国

人民代表大会公告》。

(2)发文机关+事由+文种。如,《教育部关于〈中华人民共和国学前教育法草案(征求意见稿)〉公开征求意见的公告》。

2. 发文期号

发文期号,也叫流水号。在标题之下单独标识的顺序号,如"〔2020〕第 4 号""第 12 号"。居中排布。

3. 正文

由公告缘由、公告事项、结尾组成。

(1)公告缘由。需要写明发布公告的原因、目的、根据等。

(2)公告事项。即公告的主要内容,直接宣布重大的人事任免;公布政策、法规;公布应当遵守和办理的事项等。这部分不要求分析、评论,如果内容较多,可以分条列项来写。

(3)结尾。以"特此公告"结尾;也可以不写结尾语。

4. 落款

在正文之后,空一行写发文机关署名,署名下一行写发文日期,一般情况下居右空四字,并加盖印章。

(二)写作要领

第一,弄清发文机关权限。文种选用必须慎重,因为公告的都是国内外重要事项或法定事项,由国家权力机关或行政管理机关以及被授权的部门发布,而一般企事业单位或人民团体是不具备发文资格的,因此,必须防止滥用该文种。应该使用"通告"或"启事"的,不可使用"公告"。

第二,语言表达简洁凝练、庄重平和。公告以告知为主,不展开论述,由于它涉及政治影响,因此,要求直陈其事,不绕弯子,不含糊其辞,做到过目即明;不使用命令(令)、通告等文种的严峻语气,措辞以严肃而又亲切、庄重而又平和为宜。

国家药监局关于复方三七补血胶囊等 4 种药品转换为非处方药的公告

(2020 年 第 99 号)

根据《处方药与非处方药分类管理办法(试行)》(国家药品监督管理局令第 10 号)的规定,经国家药品监督管理局组织论证和审定,复方三七补血胶囊等 4 种药品由处方药转化为非处方药。品种名单(附件 1)及非处方药说明书范本(附件 2)一并发布。

请相关药品上市许可持有人在 2020 年 12 月 10 日前,依据《药品注册管理办法》

等有关规定提出修订说明书的补充申请报省级药品监督管理部门备案,并将说明书修订的内容及时通知相关医疗机构、药品经营企业等单位。

非处方药说明书范本规定内容之外的说明书其他内容按原批准证明文件执行。药品标签涉及相关内容的,应当一并修订。自补充申请备案之日起生产的药品,不得继续使用原药品说明书。双跨品种的处方药说明书可继续使用。

特此公告。

附件:1. 品种名单
   2. 非处方药说明书范本

国家药监局
2020 年 9 月 11 日

这是一份发布性公告(选自中华人民共和国中央人民政府网),由国家药监局发布,涉及的是复方三七补血胶囊等 4 种药品转换为非处方药的问题。标题采用三要素齐全式;发文文号采用流水号。正文第一段,写明发文根据、行文程序("经……论证和审定")和发文内容;第二、三段,写明"备案"和"执行"要求;最后以"特此公告"结束;附件说明规范、明确;落款和日期完整。该公告事项清楚,要求明确,行文严谨,层次分明,格式十分规范。

通　告

一、含义

《党政机关公文处理工作条例》规定,通告"适用于在一定范围内公布应当遵守或者周知的事项"。

通告在行政公务和业务管理中,使用较为广泛。通告的事项,可以是国家或地方、行业的有关政策、规定,还可以是商业和社会生活中的具体事务,通告是具有一定约束力的普发性公文。

二、特点

(一)告知对象有限

通告既不像公告那样面对全国范围的群众,也不像通知那样只针对特定的机关单位和人员,而是介于两者之间,面对一定范围的单位和群众。如,《上海市人民政府关于本市进行防空警报试鸣的通告》(沪府发〔2020〕4 号),通告内容是:"定于今年 9 月 19 日(全民国防教育日)本市进行防空警报试鸣。"通告针对的群体是上海市的民众;《安徽省人民政府关于 2020 年春季学期全省学生返校安排的通告》(皖政秘〔2020〕63 号),通告针对的群体是安徽省的学生。

(二)具有周知性

它要求一定管辖范围内的机关、团体、企事业单位和人民群众了解、知晓某个(或某些)事项,自觉规范自己的行为,共同维护社会公共管理秩序。如,《国家卫生健康委员会关于 2019 年第二轮甲类大型医用设备配置许可的通告》(国卫通〔2020〕19 号),给出质子放射治疗系统和高端放射治疗系统准予许可名单,以附件形式发布,发该通告的目的是使告知对象(与之相关的单位)知晓并遵守。

(三)发布方式多样

一般法定公文是用文本送达的方式传达发文机关意志,通告同样可以文本方式送达,但更多的是以传媒形式(报纸、电视、互联网等)和公开张贴的形式发布。如停电停水通告、因道路建设需要实行交通管制的通告等。

(四)内容相对单一

一份通告,只能写明一个事项,即一文一事,便于人们明白并遵守,以提高执行效率。如,《上海市人民政府关于本市进行防空警报试鸣的通告》(沪府发〔2020〕4 号),只通告一件事,即"进行防空警报试鸣",写明试鸣的"时间""范围""形式""组织"和要求。

三、分类

通告一般可以分为以下两类:

(一)制约性通告

即对某些事项作出行政性规定或法规性限制,要求在一定范围内的机关单位和人员遵守执行。这类通告在行文上,经常使用正式文件格式。如,《上海市人民政府关于进一步严格落实各项疫情防控措施的通告》(沪府发〔2020〕2 号)、《关于依法收缴非法枪爆等物品严厉打击涉枪涉爆等违法犯罪的通告》(2021 年 5 月 14 日)。

(二)周知性通告

即将需要知晓或办理的事项告知通告对象,达到使之知晓并遵守的目的。如,《关于发布〈新冠肺炎疫情期间现场消毒评价标准〉等3项推荐性卫生行业标准的通告》(国家卫生健康委,2021年2月20日)、《关于敦促跨境赌博相关犯罪嫌疑人投案自首的通告》(2021年2月5日)。

四、写作

(一)基本结构与写法

一般由标题、主送机关、正文、落款组成。

1. 标题

发文机关＋事由＋文种。比如,《国家卫生健康委关于发布〈病媒生物防制操作规程 居民区〉等7项推荐性卫生行业标准的通告》(国卫通〔2020〕17号)。

2. 主送机关

通告一般在一定范围内公开张贴或通过报纸、广播、电视、网络等传媒发布,所以,写作时往往省略该项。如,《广东省人民政府关于县级以上人民政府统一行使行政复议职责有关事项的通告》(粤府函〔2021〕99号)一文,没有主送机关。其正文开门见山写明,"为落实中央关于行政复议体制改革的决策部署,现将本省县级以上人民政府统一行使行政复议职责事项通告如下"。

3. 正文

通告的正文应写明通告的依据、目的、事项和要求,常常采用两种结构方式。

(1)篇段合一。事项单一、内容单纯的通告,采用这种结构方式,运用直接陈述的手法,在简短的篇幅里将通告的依据、目的、事项、要求一一交代清楚。

(2)依据＋事项＋结束语。虽然事项单一,但内容较多,往往先亮出通告的依据、缘由,然后用"特通告如下"或"现将有关事项通告如下"引出要通告的事项和要求;最后以"特此通告"或"以上通告望遵照执行"结束正文内容。

4. 落款

在正文之后,空一行编排发文机关署名,署名下一行写发文日期,一般情况下居右空四字,并加盖印章。

(二)写作要领

第一,事项完整,要求具体。周知性通告涉及相关单位和群众的切实利益,应写得具体完整,措施要符合实际,切实可行,什么可以做,什么不可以做,要一目了然。

第二，措辞确切，语气庄重。通告往往需要人们配合有关部门的管理，知悉情况后遵照执行，因此，写作时语言要清楚明白、简洁贴切，行文的语气要肯定，表现出庄重的风格。

第三，区分通告和通知。通告和通知是两个不同的公文文种，其使用范围、作用和特点都不相同。通知，任何时候都有具体的受文对象，是上级机关要求下级机关执行某些事项而对下级机关发出的公文，一般不公开发布；通告，要求相关范围内的单位、人群知晓或遵照执行，时常需要公开发布或张贴。

**安徽省人民政府关于引江济淮二期工程
占地区域内停止新增建设项目和控制人口迁入的通告**

皖政秘〔2020〕154号

引江济淮二期工程是引江济淮工程体系的重要组成部分，已列入国家2020—2022年开工建设重大水利项目。为确保引江济淮二期工程建设顺利推进，根据《大中型水利水电工程建设征地补偿和移民安置条例》（国务院令第679号）有关规定，现通告如下：

一、自本通告发布之日起至2025年12月31日，引江济淮二期工程安徽省占地范围为停止基本建设和控制人口迁入区域，范围涉及11个市的148个乡镇（具体见附件）。

具体范围由项目法人依据工程可行性研究报告以附图另行张贴。

二、在上述区域内，未经省人民政府批准，任何单位和个人不得新建、改建和扩建项目，不得开发土地和修建房屋及其他设施，不得新栽种多年生经济作物和林木。

三、除按规定办理有关手续后的正常调动、夫妻投靠及未成年子女随迁或者投靠、退出现役军人、大中专毕业生、刑满释放人员回原籍外，禁止向上述区域迁入人口。上述区域内婴儿出生入户不受限制。死亡人口按规定及时注销。

四、工程所在地人民政府要切实加强领导，严格执行有关规定，依法制止违反规定在上述区域进行基本建设和迁入人口的行为。

五、项目法人单位应会同工程所在地人民政府，按照有关规定对上述区域工程建设征地实物指标进行调查、登记、核定，经移民户主或迁建单位签字认可后建档建卡，并由当地人民政府签署意见。

附件：安徽省引江济淮二期工程涉及行政区域表

安徽省人民政府
2020年8月18日

 析

这是一份行政性的通告(选自安徽省人民政府网)。标题三要素齐全;发文字号为规范的公文字号形式。正文,第一段先写明"引江济淮"工程的性质"重要"和"重大",再写目的和依据,以"现通告如下"过渡到通告事项;接着,以分条式写明五条通告事项。该文主题鲜明,要求明确,语言平实,简明扼要,格式规范,是"一定范围内"发文适用性的规范阐释。

通　　知

一、含义

《党政机关公文处理工作条例》规定,通知"适用于发布、传达要求下级机关执行和有关单位周知或者执行的事项,批转、转发公文"。

通知是各级机关使用频率很高的一种法定公文。

二、特点

(一)功能多样

从通知适用范围可以看出,其功能是多样的。既可以用于发布、传达要求下级机关执行的事项,具有指令性功能,但该事项多为局部性、基层性和非要害性工作,其规格比命令、决议、决定低;也可以用于发布、传达有关单位周知或执行的事项,具有知照性功能,但比公告、通告的适用范围小,针对性更强;还可以批转下级机关公文、转发不相隶属机关公文。

(二)运用广泛

通知是法定公文中运用频率最高的公文。其发文机关几乎不受级别限制,党政机关、企事业单位都可以使用通知来布置工作、发出指令或知照有关事项。无论是党政机关印发法规、规章,还是基层单位布置日常工作,都可以使用通知。

(三)指导工作

上级机关对下级机关部署工作,常常使用通知。在通知中阐述解决和处理问题的原则和方法,既写明"干什么",也写明"怎么办",并要求受文单位和人员贯彻执行、认真办理,具有鲜明的指导性。

(四)灵活多样

通知既可以是高层机关发布重要指示的长篇,也可以是转发文件的短篇;既可以内部发文,也可以公开张贴;既可以一家发文,也可以多家机关联合行文。发布形式灵活多样,可根据机关工作的实际需要而定。

(五)时效性强

通知要求办理的事项,都有比较明确的时限要求,受文机关要在规定的时间内办理完成,因此,它是时效性很强的文种。

三、分类

(一)发布性通知

它用来发布法规、规章或计划、方案等。就是说,当党政机关需要颁布法规和规章、公布工作计划和方案时,需要用通知来下发,用以说明颁发的权限、意义及注意事项和要求等,以便有效地组织实施。如,《国务院应对新型冠状病毒感染肺炎疫情联防联控机制关于印发新冠病毒无症状感染者管理规范的通知》(国办发明电〔2020〕13号)、《国务院办公厅关于印发体育强国建设纲要的通知》(国办发〔2019〕40号)、《教育部办公厅关于印发〈教育系统"制止餐饮浪费培养节约习惯"行动方案〉的通知》(教发厅〔2020〕9号)。

(二)指示性通知

即有关部门根据形势的发展和方针政策的贯彻情况,对下级作出指示,部署一个时期的工作任务,或对需要知道和办理的事项提出意见、要求等。如,《国务院办公厅关于坚决制止耕地"非农化"行为的通知》(国办发明电〔2020〕24号)、《国务院办公厅关于组织做好疫情防控重点物资生产企业复工复产和调度安排工作的紧急通知》(国办发明电〔2020〕2号)。

(三)批转性通知

即上级机关在职权范围内,认为对下级机关的来文有必要下发所属各部门时,加上批语进行转发并作出指示,要求下属各部门"贯彻执行"或"参照执行"。如,《国务院批转国家发展改革委关于2017年深化经济体制改革重点工作意见的通知》(国发〔2017〕27号)。

(四)转发性通知

即转发需要下级机关知晓的上级、同级或不相隶属机关的公文,或需要告知、转达的有关事项。转发时,可根据机关工作的需要,增加具体的意见和要求。如,《安徽省人民政府办公厅转发省住房城乡建设厅关于完善质量保障体系 提升建筑工程品质若干措施的通知》(皖政办秘〔2020〕14号)、《国务院办公厅转发国家发展改革委等部门关于推动城市停车设施发展意见的通知》(国办函〔2021〕46号)。

(五)事项性通知

这是起告知、传达信息作用的通知,不一定要收文者具体执行、办理,也叫知照性通知。诸如成立机构,启用公章,更改错漏,公布作息时间、公休节假,发放物品等。如,《国务院办公厅关于农业综合行政执法有关事项的通知》(国办函〔2020〕34号)、《国务院关于在自由贸易试验区暂时调整实施有关行政法规规定的通知》(国函〔2020〕8号)、《教育部关于成立教育部中国书法教育指导委员会等三个教育指导委员会的通知》(教体艺函〔2021〕3号)。

(六)会议通知

即上级机关要求下属部门或有关部门人员参加某种较为重要的会议,以便与会人员做好准备,按期参加会议所写的通知。如,《教育部办公厅关于召开全国综合防控儿童青少年近视暨学校卫生与健康教育工作现场会的通知》(教体艺厅函〔2021〕10号)、《安徽省应急厅关于召开2020年全省应急管理暨党风廉政建设工作会议的通知》(皖应急明电〔2020〕1号)。

(七)任免通知

即国家机关中的上级机关对下级机关、群众告知有关人事任免事项的公文。其目的是使下级机关和群众了解作出任免、聘用决定的机关、相关依据,以及任免、聘用人员的基本信息和具体职务,使任免信息进一步公开化、透明化。如,《国务院办公厅关于调整国家能源委员会组成人员的通知》(国办函〔2019〕123号)、《中共教育部党组关于宋家乐同志职务任免的通知》(教党任〔2021〕46号)。

四、写作

(一)基本结构与写法

一般由标题、主送机关、正文、落款组成。

1. 标题

常见的有以下四种标题形式：

（1）发文机关＋事由＋文种。如，《民政部办公厅关于做好 2020 年清明节祭扫工作的通知》（民办函〔2020〕27 号）、《国务院办公厅关于成立国务院未成年人保护工作领导小组的通知》（国办函〔2021〕41 号）。

（2）发文机关＋批转＋事由＋文种。如，《国务院关于批转发展改革委等部门法人和其他组织统一社会信用代码制度建设总体方案的通知》（国发〔2015〕33 号）。现在该类标题已较为少见。

（3）发文机关＋转发＋事由＋文种。如，《国务院办公厅转发国家发展改革委等部门关于清理规范城镇供水供电供气供暖行业收费促进行业高质量发展意见的通知》（国办函〔2020〕129 号）、《国务院办公厅转发国家发展改革委等单位关于进一步做好铁路规划建设工作意见的通知》（国办函〔2021〕27 号）

（4）发文机关＋印发＋事由＋文种。如，《国务院办公厅关于印发强化危险废物监管和利用处置能力改革实施方案的通知》（国办函〔2021〕47 号）、《安徽省人民政府关于印发安徽省农业保险创新发展若干政策的通知》（皖政办秘〔2021〕38 号）。

2. 主送机关

通知一般是上级机关下发给下级机关的公文，主送机关比较多，按照从大到小、从主到次的次序排列。

比如，国务院下发的通知，其主送机关一般为"各省、自治区、直辖市人民政府，国务院各部委、各直属机构"。逗号前的内容，由"省"到"市"，即由大到小；逗号后的内容则由"部委"到"机构"，即由主到次。

再比如，教育部下发的文件，其主送机关一般为"各省、自治区、直辖市教育厅（教委），新疆生产建设兵团教育局，有关部门（单位）教育司（局），部属各高等学校"，第一序列是"教育厅（教委）"，第二序列是新疆生产建设兵团的"教育局"，第三序列是有关"部门（单位）"的"教育司（局）"，第四序列是"部属各高等学校"。

3. 正文

通知的正文一般由开头、事项、结尾组成。

（1）开头。一般用来表述通知的缘由，即背景、根据、目的、意义等，开门见山提出要"干什么"以及"为什么"，常常以"现将有关事项（问题）通知如下"或"特作如下通知""现通知如下"引出需要通知的事项。

（2）事项。阐明需要受文单位完成的任务或应当办理的事宜，以及在执行中应当把握的原则、重点、政策界限、注意事项等。行文时应力求明确具体，条理清楚，让受文单位清楚"要求干什么"和"怎么办理""办成什么样"。根据通知内容的多少来安排段落层次。内容少，则可篇段合一；内容多，则以"一……二……三……"的形式分段、分层次逐一阐述。

(3)结尾。发布指示和安排工作的通知常在结尾处简短有力地提出贯彻执行的有关要求。比如,"现予印发,请认真学习并在工作中给予支持、配合"或者"未经教育部批准,招生单位不得擅自在规定政策之外开展招生工作";事项性通知常用"特此通知""请遵照(研究、参照)执行"来结束全文。

4. 落款

在正文之后,空一行编排发文机关署名,署名下一行写发文日期,一般情况下居右空四字,并加盖印章。

另外,在当今网络时代,网络上的会议通知,保留了公文版通知的主要内容,但信息量更广、版面更灵活。如,网络主页会议通知《2020人工智能与医疗健康大会(CAIH 2020)》(会议时间:2020年10月23—25日),该网页含:①会议重要信息——会议官网(链接地址)、会议时间、会议地点、主办单位、协办单位、承办单位、最终截稿、检索类型;②会议简介;③组织机构(以各大学校徽形式呈现)及会议嘉宾(嘉宾姓名、职务、所在大学以彩色个人头像的形式呈现);④征稿主题;⑤EI论文集征稿;⑥SCI期刊征稿;⑦会议日程;⑧注册费用;⑨联系我们(官网、邮箱、电话、QQ、微信、附扫码)。

(二)写作要领

第一,行文及时。通知常常要求下级机关办理某个(些)事项,因此,时效性很强,行文应及时。如果不及时行文,就会延误工作或失去时效。比如,每年的3月12日是植树节,其活动的时间性极强,发文机关(单位)必须在3月12日之前几日将通知下发,以便有关单位安排人员在规定的时间内完成植树任务。

第二,按需行文。根据工作的实际需要,安排通知的内容,该长则长,该短则短。发布性通知行文要简洁,开门见山讲明发布什么法规或规章;指示性通知要写得具体、明确,具有可行性;批转和转发性通知要讲明依据、阐明意义;知照性通知强调晓谕性;会议通知的事项要交代完备,即写明会议的目的、宗旨,会议的具体时间、地点,会议需要携带的资料等。

国务院办公厅关于进一步做好困难群众基本生活保障有关工作的通知

国办发明电〔2021〕2号

各省、自治区、直辖市人民政府,国务院各部委、各直属机构:

党中央、国务院高度重视困难群众基本生活保障工作。2020年以来,各地各有关部门克服新冠肺炎疫情、洪涝灾害、罕见低温等不利影响,扎实做好"六稳"工作,全面落

实"六保"任务,广大困难群众基本生活得到了较好保障。当前,春节临近,为进一步保障好困难群众生活,确保他们度过一个温暖祥和的春节,经国务院同意,现通知如下:

一、保障市场供应充足和价格平稳

全面落实粮食安全省长责任制和"菜篮子"市长负责制,做好重要商品的保供稳价工作,加强价格监测和市场监管,确保春节期间米面油、蔬菜、肉蛋奶等生活物资生产正常、运输畅通、供应充足、价格平稳、质量可靠,保障城乡居民过节物资需求。根据食品等物价波动情况,视情启动社会救助和保障标准与物价上涨挂钩联动机制。加强资金保障,确保价格临时补贴及时足额发放到位,低保对象、特困人员的价格临时补贴从地方困难群众救助资金列支或由地方财政另行安排;领取失业保险金人员的价格临时补贴从失业保险基金列支;享受国家定期抚恤补助待遇的优抚对象的价格临时补贴由地方财政安排。

二、加强困难群众基本生活保障

扎实做好春节期间困难群众救助保障和关爱服务,及时足额发放低保、特困供养等救助金。各地可根据实际情况,为低保对象、特困人员、孤儿、事实无人抚养儿童等困难群众发放节日补助或临时生活补助。开展取暖救助,确保寒冷地区的困难群众冬天不受冻。全面开展低收入家庭认定工作,根据困难群众实际情况按规定给予基本生活救助或医疗、教育、住房、就业等专项救助。以低保对象、特困人员、低收入家庭等信息为基础,建立健全低收入人口信息库,加强民政与教育、人力资源社会保障、住房城乡建设、医疗保障等部门数据的共享比对,主动发现、精准识别困难群众,对符合条件的及时给予社会救助。加强对已脱贫人口和边缘人口的监测排查,确保社会救助兜底保障不遗漏。对经济困难的高龄、失能、独居(留守)老年人和孤儿、事实无人抚养儿童、农村留守儿童、流浪乞讨人员、残疾人、精神障碍患者等特殊困难群众,开展巡访探访,提供针对性帮扶和关爱服务。保障特困人员供养服务机构基本运转,做好有集中供养意愿且生活不能自理特困人员的集中供养工作。加强贫困重度残疾人照护服务,落实经济困难的高龄、失能老年人补贴等政策,实施困难残疾人生活补贴和重度残疾人护理补贴标准动态调整机制,合理确定孤儿基本生活费和事实无人抚养儿童基本生活补贴标准。切实做好生活无着的流浪乞讨人员"寒冬送温暖"专项救助工作,重点巡查露天广场、地下通道、闲置房屋等流浪乞讨人员易集中区域和部位,夜间及恶劣天气时增加巡查频次。

三、妥善做好受灾人员基本生活救助

加快中央冬春临时生活困难救助资金发放进度,确保春节前全面发放到受灾群众手中。加强冬春临时生活困难救助与其他社会救助、走访慰问活动等有序衔接,进一步突出救助重点、增强救助实效。积极推进因灾倒损民房恢复重建,用好用足各类重建政策和资金,有效形成帮扶合力,支持受灾群众尽快恢复重建住房,早日入住新

居。对因灾房屋倒损需过渡安置的受灾群众继续做好帮扶救助,规范有序发放过渡期生活救助资金等款物,确保受灾群众通过投亲靠友、自行租房、借住公房等方式得到妥善安置。做好冬春期间各类灾害防范应对准备,及时启动应急响应机制,快速下拨发放救灾款物,确保受灾群众得到及时有效救助。

四、防范化解各类特殊困难群众服务机构安全隐患

压实各类特殊困难群众服务机构主体责任,健全预警机制和应急处置预案,增强安全意识和安全防范能力,严密防范各类安全事故发生,确保所有服务机构健康有序运行。加强各类养老服务机构、儿童福利机构、未成年人救助保护机构、流浪乞讨人员救助管理机构、精神卫生福利机构等特殊困难群众服务机构的安全管理,分区分级严格落实相关疫情防控措施,从严从细排查消除消防、食品卫生等方面的安全隐患。加强冬季供暖保障,防止发生煤气、煤烟中毒和冻伤、冻死事故。进一步做好机构内服务对象照护管理和日常巡查,密切关注服务对象身心健康,及时做好送医就医、精神慰藉和心理疏导等工作。切实加强节日期间值班值守工作,严格执行专人值班值守制度。

五、全力做好受疫情影响困难群众兜底保障工作

当前,各地区、各部门要毫不松懈做好疫情防控有关工作,认真落实党中央、国务院出台的疫情防控期间困难群众兜底保障各项政策措施,努力降低疫情对困难群众生活的影响。对患新冠肺炎的低保对象、特困人员、低收入家庭成员等,按规定及时给予临时救助,可一事一议加大救助力度。对受疫情影响无法外出务工、经营、就业,导致收入下降、基本生活出现困难的城乡居民,简化低保申请确认程序,及时将符合条件的纳入救助范围。受疫情影响严重地区,可采取增发救助金、发放临时生活补助和生活物资、暂缓退出低保等方式,保障困难群众基本生活。对受疫情影响陷入生活困境的群众,急难发生地直接实施临时救助。对失业农民工等生活困难未参保失业人员,符合条件的由务工地或经常居住地发放一次性临时救助金,帮助其渡过生活难关。对因疫情防控影响缺乏监护或照料的老年人、残疾人、儿童等特殊群体,加强走访探视、摸底排查,做到妥善照顾、服务到位。做好留在当地农民工、留校学生等的生活安排,对生活困难的及时提供临时住宿、饮食、御寒衣物等救助帮扶。

六、确保各项救助帮扶政策落到实处

各地区、各有关部门要进一步提高政治站位,加强组织领导,压实主体责任,守住民生底线,坚决防止发生冲击社会道德底线的事件。各级财政要把保障困难群众基本生活放在突出位置,优先安排、打够打足基本民生保障资金。按照资金直达要求,加强监管、防止挪用,及时足额将各类救助和补贴资金发放到困难群众手中。充分发挥县级困难群众基本生活保障工作协调机制作用,统筹整合救助资源,解决好困难群众急难个案问题。畅通社会救助服务热线,加强热线电话值守,规范办理流程,提高办理效率,确保困难群众求助有门、受助及时。发挥好临时救助的救急难作用。对非

因主观故意将不符合条件人员纳入救助帮扶范围的,可免予追究相关责任,激励党员干部、一线工作人员担当作为。春节期间,各地区、各有关部门要精心组织走访慰问活动,加强对困难群众的关心关爱,妥善解决困难群众生产生活实际问题,确保困难群众安心过年、温暖过冬。

国务院办公厅
2021 年 1 月 18 日

  这是一份指示性通知(选自中华人民共和国中央人民政府网)。新冠肺炎疫情形势下,党中央、国务院指示它的秘书机构国务院办公厅以通知的形式,将党中央和国务院在"春节临近"这个特殊时期,"为进一步保障好困难群众生活,确保他们度过一个温暖祥和的春节"的意图表达得清楚明白,并将党中央、国务院的这种思想传达给"各省、自治区、直辖市人民政府,国务院各部委、各直属机构",要求他们从六个方面做好这项暖心惠民保障工作,及时将党中央和国务院的关怀送到千家万户,为稳定民心、安定社会、过好春节,起到了积极的作用。该通知,行文规范,语言简明严肃;标题由发文机关名称+事由+文种组成;正文,首段先写明党中央和国务院"高度重视"的态度,然后对 2020 年以来困难群众生活"得到较好保障"表示肯定,再对"春季临近"这个特殊时期的保障工作作出具体安排,后面段落则以"一、二、三……"的分条形式,将通知的六个主要内容具体化;分条写完了,通知的主体内容也结束了;落款规范严谨。

通 报

一、含义

  《党政机关公文处理工作条例》规定,通报"适用于表彰先进、批评错误、传达重要精神和告知重要情况"。

  它是一种周知性公文,适用于各级各类部门,对工作具有指导和借鉴作用。它也常在一个机关或一个系统内部使用,用来通报工作情况。

二、特点

(一)典型性

  通报所涉及的对象都是典型人物(单位)、典型事件和具有典型意义的重要情况。

因此，通报具有典型性特点。如，《国务院办公厅关于对国务院第六次大督查发现的典型经验做法给予表扬的通报》（国办发〔2019〕48号）。

(二)教育性

发文机关通过对典型事件、人物、情况的介绍和分析，总结经验或教训，让事实说话，寓事于理，以达到教育干部和群众、指导和推进工作的目的。如，教育部以"教育部司局函件"形式，发布了《关于几起高校学位论文作假行为查处情况的通报》（教督局函〔2020〕5号），通报某大学博士王某的博士学位论文存在严重抄袭，撤销其博士学位，注销博士学位证书，以及3位硕士的学位论文存在严重抄袭、买卖、代写等问题，撤销其硕士学位，注销硕士学位证书。

(三)周知性

即将典型的事件、人物、情况告知一定范围内的人们，以引起关注，便于今后工作。如上文所列教育部的《关于几起高校学位论文作假行为查处情况的通报》要求"各高校要高度重视，加大查处力度""认真开展警示教育"。充分体现了通报周知性的特点。

三、分类

(一)表彰通报

它用来表彰先进人物、宣传先进事迹、传播先进经验。如，《国务院办公厅关于对2019年落实有关重大政策措施真抓实干成效明显地方予以督查激励的通报》（国办发〔2020〕9号）。

(二)批评通报

它用来批评落后或错误的思想、作风等，将不正之风、错误做法、错误思想公之于众，使人警醒。或对于重大事故发生的原因、产生的后果进行分析和研究，并作出明确的结论。如，《浙江省安全生产委员会关于嘉兴海宁市龙洲印染有限责任公司"12·3"污水罐体坍塌事故情况的通报》（浙安委〔2019〕21号）。

(三)情况通报

它用来沟通情况，交流信息。既可以学习先进经验，又能够针对工作动态进行调节、作出安排。如，《安徽省人民政府办公厅关于2020年第三季度全省政府网站与政务新媒体检查情况的通报》（2020年9月30日）、《关于国务院第七次大督查收集转办

部分意见建议情况的通报》(2020年11月28日)。

四、写作

(一)基本结构与写法

一般由标题、主送机关、正文、落款组成。

1. 标题

发文机关＋事由＋文种。如,《安徽省人民政府办公厅关于对2019年落实有关重大政策措施真抓实干成效明显地方予以督查激励的通报》(皖政办秘〔2020〕51号)、《国务院办公厅关于对国务院第七次大督查发现的典型经验做法给予表扬的通报》(国办发〔2020〕46号)。

2. 主送机关

是否要有送达机关,视具体情况而定。如果是一份普发性通报,公开发布或在单位内部公开张贴,可以不写主送机关;如果向指定单位或一定范围下发通报,则必须有主送机关。

3. 正文

由通报的缘由、通报的事项、处理的意见、要求或希望组成。

(1)表彰通报。第一层写明表彰的缘由,即原因和依据,主要介绍表彰对象的基本情况、主要先进事迹;第二层对先进事迹进行评价,分析其性质、重要意义和作用,使人们从中受到启迪和教育;第三层写明表彰决定与要求,即给予表彰对象相应的荣誉称号或奖励,号召人们向表彰对象学习等。

(2)批评通报。第一层概述错误的事实,即简要介绍情况,如时间、人物、地点、主要事实和危害;第二层指出错误的性质和后果;第三层作出批评教育或处分决定;第四层提出警示或要求。

(3)情况通报。第一层概述要通报的情况,让阅文者掌握事件梗概;第二层介绍事件发生和发展的过程,要如实简明地叙述清楚;第三层对通报的事件进行分析和评论。具体地说,如果是专题性通报,一般按照事情发生的先后顺序分段,或按照情况的几个方面逐一叙述和评析;如果是会议性通报,一般按照会议的议题、参加人员、时间、讨论的情况、议定事项等顺序来写,类似于会议纪要;如果是综合性通报,一般按照类别来划分段落,每一类用小标题标出,逐项进行叙述、评析。

4. 落款

在正文之后,空一行编排发文机关署名,署名下一行写发文日期,一般情况居右空四字,并加盖印章。

(二)写作要领

第一,材料真实,出处可靠。因为通报起着表彰、批评或交流情况的作用,因此,写作之前应认真调查研究,核实情况。只有真实的材料,才能让阅文者信服,才能起到教育、指导作用。

第二,抓住典型,宣传教育。不管是表彰还是批评,都应是典型的人或事。典型的先进人物(单位)或事故,往往具有普遍的教育意义。因此,抓住典型,及时通报,才能起到宣传教育或惩戒的作用。

第三,评价公允,政策性强。评价是全文的点睛之笔,是对叙述部分的分析和定论,在评论中体现人或事的性质以及发文机关对该通报事项的政策倾向,必须把握好分寸,依事明理。

浙江省海宁市龙洲印染有限责任公司"12·3"污水罐体坍塌事故的通报

安委办函〔2019〕68号

各省、自治区、直辖市及新疆生产建设兵团安全生产委员会,有关中央企业:

2019年12月3日17时19分许,浙江省嘉兴海宁市许村镇荡湾工业园区内海宁市龙洲印染有限责任公司发生污水罐体坍塌事故,目前,已造成10人死亡、3人重伤。据初步了解,该公司有3个厌氧污水罐(以下简称污水罐),其中1号污水罐(呈圆柱形,直径24米,高30米,容积约1.3万立方米)发生坍塌,砸中相邻的海宁市都彩纺织有限公司和海宁市亿隆纺织有限公司部分车间,造成部分厂房倒塌。同时,罐体内大量污水向厂房内倾泄,厂区内工人被倾泄的污水冲散,部分工人因厂区内囤放的布匹坍倒受压。

该起事故暴露出事故企业安全意识薄弱,未识别环保技改项目带来新的安全风险,对安全隐患视而不见,相关设施一直带病运转;事故企业所在工业园区管理混乱,环保设施建设忽视安全因素,对项目建设带来的企业间风险辨识管控不到位,管理存在重大安全漏洞。具体事故原因正在进一步调查中。

事故发生后,国务院领导同志高度重视,作出重要批示,要求全力做好事故处置和救治工作,查明事故原因,严肃追责,督促各地抓好安全生产责任落实,严防生产安全事故发生。为深刻吸取事故教训,举一反三,堵塞漏洞,完善落实监管责任,强化安全风险管控和隐患排查治理,坚决防范和遏制重特大事故,现提出如下工作要求:

一、要切实提高政治站位,坚决防范化解重大安全风险

安全生产事关人民群众生命财产安全,事关经济发展和社会大局稳定,是国家治

理体系和治理能力的重要组成部分。各地区、各部门、各企业要认真贯彻落实习近平总书记关于安全生产的重要论述精神,深入学习领会习近平总书记在中央政治局第十九次集体学习时的重要讲话精神,深刻认识抓好当前安全生产工作的极端重要性,牢固树立以人民为中心的安全发展理念,切实提高政治站位,真正把安全生产摆在突出位置,将安全生产贯穿于产业转型升级、重大设施改造、园区集聚管理等全过程,严把环保设施建设项目设计、选址、建设、运营关,以高度负责精神抓实抓好安全生产各项工作。要集中力量下大决心,采取果断有效举措,健全风险防范化解机制,坚持从源头上防范化解重大安全风险,真正把问题解决在萌芽之时、成灾之前。

二、要全面开展摸底排查,坚决整治消除重大安全隐患

各地区要深刻吸取事故教训,结合正在开展的全国安全生产集中整治工作,立即组织相关部门对辖区内轻工、纺织行业企业污水罐等环保设施逐一开展安全隐患大排查,摸清企业底数及其污水处理等环保设施安全现状,重点排查污水罐等环保设施的规划、选址、设计、建造、使用、报废等各环节存在的重大安全隐患,评估污水罐坍塌风险及影响范围,并将排查情况登记造册。特别是浙江省,要举一反三,结合本省实际,突出"三类园区、三类企业、三类设施"集中整治重点,全面排查盲区死角,落实排查整治要求。各地区要加强对此次安全隐患大排查的执法检查,坚持立查立改、边查边改,切实督促企业整改落实到位。对情节严重的或构成重大安全隐患的,要依法依规采取停产整顿、吊销证照、关闭取缔等措施。

三、要严格落实安全生产责任制,坚决堵塞安全生产漏洞

各地区要切实担负起"促一方发展,保一方平安"的政治责任,严格按照"党政同责、一岗双责、齐抓共管、失职追责"要求,真正落实安全生产责任制,做好轻工、纺织行业污水罐等环保设施安全隐患大排查工作。各有关部门要严格按照"管行业必须管安全、管业务必须管安全、管生产经营必须管安全"的要求,根据职责分工,发挥专业优势,加强工业园区、企业环保设施和在建项目的安全监管,充分研判因环保设施建设运营带来的新风险,健全完善部门联合执法机制,切实防止因风险积聚形成重大安全隐患。各有关企业要落实环保设施安全运行的主体责任,集中开展风险评估和隐患自查自改,堵塞安全管理漏洞,有效防范重特大事故。

元旦、春节临近,各地区、各有关部门要针对岁末年初安全生产工作特点,统筹做好节日期间各项安全管理工作,加强重点行业领域的安全风险管控和隐患治理,狠抓各项安全防范责任措施落实,坚决防范遏制各类生产安全事故,确保广大人民群众过一个欢乐、安康、祥和的节日。

国务院安委会办公室
2019年12月12日

第二章　党政机关公文写作

这是一份批评性通报(选自中华人民共和国应急管理部网)。第一段,以新闻稿的形式概述了事故发生的时间、地点、单位、具体内容、原因和结果;第二段,揭露事故暴露出的企业安全意识、管理混乱、设施建设等问题;第三段,写明该通报的目的,即"深刻吸取事故教训,举一反三,堵塞漏洞,完善落实监管责任,强化安全风险管控和隐患排查治理,坚决防范和遏制重特大事故",然后,以"现提出如下工作要求"过渡到下面的三个具体要求;结尾段,提出"统筹做好节日期间各项安全管理工作",使这份通报起到警示和教育的作用,也使其他安全生产能"防患于未然"。全文行文规范,逻辑分明,问题定位和剖析深刻,结论客观,改进措施具体,要求严格明确。

第五节　报告、请示、批复

任务设计

某县发生7.5级地震,房屋和农田遭到严重破坏。经地震专家预测,可能还会有余震、山体滑坡等次生灾害发生。孙文涛作为县政府办公室秘书跟随县长等领导到实地指挥抗震抢险工作。由于当地抗灾物资严重不足,需要上级机关的大力支援,孙文涛受命撰写请求上级机关调拨抗震救灾物资的文件。请问,孙文涛应该撰写哪一类公文才能完成获得物资调拨的任务?写作中应该注意什么问题?

案例解析

当机关或单位遇到人力、物力、财力上的困难需要向上级机关求援时,按照《党政机关公文处理工作条例》的规定,适用的公文文种是请示。孙文涛应该撰写一份请示向上级求援。由于是求助性的文件,是下级机关向上级机关请求支援,因此,具有一定的商讨性质和请求性质,写作时必须将困难事实讲清楚讲明白,使上级机关明白必须尽快帮助解决,否则后果严重,只有这样才能达到所请事项得以批准的目的。

报 告

一、含义

《党政机关公文处理工作条例》规定,报告"适用于向上级机关汇报工作、反映情况,回复上级机关的询问"。

报告是党政机关使用频率很高的一种法定公文。

二、特点

(一)陈述性

无论是向上级机关汇报工作,还是向上级机关反映情况,或者是答复上级机关的询问,都需要讲清楚何时何地何单位做了哪些工作,这些工作完成的情况如何。这些内容的表达属于陈述性的表达,要求高度概括,力避啰嗦和不得要领。

(二)客观性

即要向上级机关讲清楚诸如工作的进度、效果以及完成的情况等,必须尊重客观事实,有一说一,不可夸大或缩小,也要杜绝报喜不报忧或编造假情况欺骗上级机关。

(三)时效性

报告是上行文,便于上级机关及时了解下级机关的情况。因此,行文要迅速,要及时答复上级机关的询问,以免耽误工作。

(四)广泛性

报告的使用范围较为广泛,既可以是党政机关,也可以是企事业单位和社会团体。功能也多样,既可以答复询问,也可以例行汇报,还可以主动反映等。

三、分类

根据报告的内容和作用来划分,报告一般可分为:工作报告、情况报告、答复报告、报送报告等。

(一)工作报告

即向上级机关或重要会议汇报工作的报告,侧重于陈述工作的开展情况及主要做法，也可包括成功的经验或挫折、教训。

可以是综合性报告，反映的是全面的工作情况。如，国务院向全国人民代表大会所作的《政府工作报告》。

也可以是专题性报告。如，《安徽省人民政府2020年政府信息公开工作年度报告》发布于安徽省人民政府网，该报告是根据《国务院办公厅政府信息与政务公开办公室关于政府信息公开工作年度报告有关事项的通知》（国办公开办函〔2019〕60号）等要求而发布的。

(二)情况报告

向上级机关报告工作中的重要情况、特殊情况和新动态等。这种报告便于上级机关根据下级机关情况，及时采取措施，指导工作。如，《江苏省人民政府关于2020年度法治政府建设情况的报告》（2020年3月29日）。

(三)答复报告

即针对上级机关的询问，进行答复的报告。如，《×××学校关于学生收费情况的答复报告》。

(四)报送报告

即向上级机关报送文件、物件时所写的报告。它常常是上级机关先下发要求下级机关报送某些文件或材料、物品的通知，然后下级机关根据上级机关的要求用报告的形式汇报该项工作完成的情况。

如，安徽省教育厅下发《安徽省教育厅关于做好2020届普通高中毕业生综合素质评价结果上报工作的通知》（皖教秘〔2020〕127号），作为省教育厅的下属机关合肥市教育局则应向省教育厅递送相应的报告文书。

像计划、总结、调查报告等是普通公文（通常被称为事务文书），不能直接以法定公文形式行文，需要用报送报告的形式向上级机关递交。

四、写作

(一)基本结构与写法

一般由标题、主送机关、正文、落款组成。

1. 标题

发文机关＋事由＋文种。如，《××市关于进一步加强我市公共场所防火工作的报告》《中共××市委党校关于全市党校工作创新座谈会会议精神贯彻落实情况的报告》。

2. 主送机关

一般主送一个直接上级机关,不得直接送领导者个人。《党政机关公文处理工作条例》第四章"行文规则"第十五条规定:向上级机关行文"原则上主送一个上级机关,根据需要同时抄送相关上级机关和同级机关,不抄送下级机关"。而"受双重领导的机关向一个上级机关行文,必要时抄送另一个上级机关"。

3. 正文

报告缘由+报告事项+结语。

(1)报告缘由。开门见山,简明介绍报告的原因、依据和目的,然后以"现将有关工作(情况)报告如下"或"为此,特作如下报告"引出报告的事项。

报告缘由有以下几种不同的写法:

第一种,背景式。交代报告产生的现实背景。

例如《江苏省人民政府关于2020年度法治政府建设情况的报告》开篇就介绍背景:"2020年是全面建成小康社会和'十三五'规划收官之年,也是中共中央、国务院《法治政府建设实施纲要(2015—2020年)》(以下简称《纲要》)收官之年。在以习近平同志为核心的党中央的坚强领导下,在中共江苏省委领导和省人大及其常委会的支持监督下,江苏省各级政府及其部门坚持以习近平新时代中国特色社会主义思想为指导,全面贯彻习近平法治思想,认真贯彻落实中共中央、国务院《纲要》要求,扎实推进依法行政和法治政府建设,政府职能依法全面履行,依法行政制度体系完备,行政决策科学民主合法,宪法法律严格公正实施,行政权力规范透明运行,人民权益切实有效保障,依法行政能力普遍提高,《纲要》和我省贯彻落实实施方案确定的各项任务如期完成,依法行政和法治政府建设水平取得新的成效。"

第二种,根据式。交代报告产生的根据。

例如:"依据《中华人民共和国政府信息公开条例》第五十条之规定,制作本报告。"这是《教育部2020年政府信息公开工作年度报告》中的第一句话。该年度报告以《中华人民共和国政府信息公开条例》第五十条之规定为根据,开启报告的全文,表明本报告制定的依据十分明确和具体,不容置疑,同时也说明这份年度工作报告是依法工作的一项重要内容。

第三种,叙述式。简要叙述一个事件的情况,一般用于反映情况的报告。

例如,"2020年初,一场突如其来的灾难席卷了整个中国,使我们的党和全国人民面临巨大的威胁和挑战。新型冠状病毒感染的肺炎疫情肆虐,严重威胁广大人民群众的生命健康安全。……机关第三党支部在总分行党委的带领下,积极组织广大党员开展捐款捐物活动,在紧急关头,彰显了党组织和党员的先锋作用。坚持贯彻落实党的核心领导作用,是我们战胜风险挑战、不断夺取胜利的关键所在。机关第三党支部现将2020年党支部党建工作情况汇报如下"。

第四种,直陈式。即行文第一句直接表明要汇报的情况。

例如:《××党支部2020年度工作报告》,正文第一句"下面我代表机关支部委员会向大会作工作报告,请予审议"。开门见山地表明此报告是党支部工作报告,要提请大会审议。

(2)报告事项。即报告的主体内容,要准确简要、条理分明地将有关工作或情况陈述清楚,并加以扼要分析,让人能全面、深刻地了解实际情况。行文时要紧紧围绕行文目的和主旨。内容简单,可以篇段合一;内容复杂,则可采用小标题形式分段表达。

(3)结语。结语要与报告内容相呼应。一般性报告,采用专用语"特此报告""专此报告"等结尾。如果是提请大会审议的报告,结语则为"请予审议"或"以上报告当否,请审核"。

4.落款

署发文机关名称、成文日期并加盖印章。

(二)写作要领

第一,客观真实、清楚完整。报告是以陈述事实为主要内容的,因此,在向上级汇报工作或反映情况时,要将事情的来龙去脉交代清楚,客观真实地汇报、反映事情发生的时间、地点、单位(人物)、事件、原因、结果等,便于上级了解情况并作出正确判断。

第二,找出规律、突出重点。报告的内容比较广泛,是机关使用频率较高的文种,它是上级了解下级情况的一条重要渠道。因此,要体现求实精神,力避空话、套话、假话、大话,不简单罗列现象,要对问题和情况进行科学的分析和综合,从中找出本质和规律性的东西,使上级据此作出的决策有实际的指导意义。

第三,不得夹带请示事项。为了提高机关工作效率,区分不同文种的功能和作用,《党政机关公文处理工作条例》第四章第十五条第四款明确规定"不得在报告等非请示性公文中夹带请示事项"。

江苏省人民政府关于2020年度法治政府建设情况的报告(有删节)

2020年是全面建成小康社会和"十三五"规划收官之年,也是中共中央、国务院《法治政府建设实施纲要(2015—2020年)》(以下简称《纲要》)收官之年。在以习近平同志为核心的党中央的坚强领导下,在中共江苏省委领导和省人大及其常委会的支持监督下,江苏省各级政府及其部门坚持以习近平新时代中国特色社会主义思想为指导,全面贯彻习近平法治思想,认真贯彻落实中共中央、国务院《纲要》要求,扎实推

进依法行政和法治政府建设,政府职能依法全面履行,依法行政制度体系完备,行政决策科学民主合法,宪法法律严格公正实施,行政权力规范透明运行,人民权益切实有效保障,依法行政能力普遍提高,《纲要》和我省贯彻落实实施方案确定的各项任务如期完成,依法行政和法治政府建设水平取得新的成效。

一、全面履行政府职能,优化治理改革稳步推进

一是持续开展"放管服"改革。……

二是不断提高法治化营商环境水平。……

三是推动政务服务便利化。……

四是抓好重点领域治理。……

五是完善突发事件应对体系。……

二、提升立法制规质量,依法行政制度体系日臻完备

一是立法工作机制不断健全。……

二是重要领域立法成效明显。……

三是常态开展规章和文件清理。……

四是行政文件管理规范严格。……

三、推进科学民主依法决策,提高重大行政决策质量

完善重大行政决策程序制度,强化决策法定程序的刚性约束,不断增强公众参与实效,努力提升重大行政决策质量。

一是完善科学民主依法决策机制。……

二是保障公众参与重大行政决策权利。……

三是普遍实施政府法律顾问制度。……

四、深化执法体制改革,推动严格规范公正文明执法

积极开展综合行政执法体制改革,推进执法规范化,加大行政执法监督力度,行政执法水平不断提升。

一是行政执法体制改革稳步开展。……

二是行政执法规范化建设持续推进。……

三是行政执法方式手段勇于创新。……

四是行政执法监督水平不断提升。……

五是执法人员队伍建设日益加强。……

五、强化运行过程监督制约,权力多元监督体系日趋健全

一是行政权力规范化运行深入推进。……

二是行政监督和审计监督作用充分发挥。……

三是行政权力多元监督体系逐渐完备。……

四是推进政务公开的力度不断加大。……

六、依法有效化解矛盾纠纷,社会和谐稳定局面日益巩固

不断完善矛盾纠纷源头预防和多元化解机制,依法运用多种手段有效化解矛盾、解决问题,维护社会和谐稳定。

一是矛盾纠纷多元化解机制渐趋成熟。……

二是行政复议应诉水平不断提高。……

三是规范行政裁决和仲裁活动。……

四是大调解工作扎实有力推进。……

五是依法处理信访有效化解矛盾。……

七、加强组织领导,法治政府建设推进机制不断完善

一是积极履行法治政府建设第一责任人职责。……

二是不断提高政府工作人员法治思维。……

三是强化考评督察,压实法治政府主体责任。……

四是突出典型引领,扎实开展进位争先活动。……大力宣传推广创新做法和先进典型经验,组织示范地区和单位编制示范清单,发布地方立法、合法性审查、行政执法、行政复议等领域指导案例,供各地各部门参考借鉴,充分发挥先进典型的示范引领和带动作用。

江苏省人民政府
2021 年 3 月 29 日

这是一份由江苏省人民政府向国务院发出的 2020 年度法治政府建设情况的报告(选自江苏省人民政府网)。该报告写作规范,标题三要素齐全;正文,开头段,写明了在 2020 年度江苏省各级政府扎实推进"依法行政和法治政府建设"工作,并"取得新的成效";接着,从七个方面,分别汇报是怎么做到的,每一个方面又从几个不同的角度进行陈述和表达,使得报告的内容具体而深刻;最后以事完而文止的方式,结束正文;落款严谨。该报告主题突出、层次分明,给人以"文风正、事实强、效率高、可借鉴"等良好印象,是一篇值得推荐的好公文。

<big>请　　示</big>

一、含义

《党政机关公文处理工作条例》规定,请示"适用于向上级机关请求指示、批准"。

请示是下级机关请求上级机关决断、指示、批准、支持并明确答复时使用的公文，是典型的上行文，只能向有隶属关系的上级机关发文，不能向同级机关或不相隶属机关发文。下级机关对自身无法解决、无权决定或无力办理的事项，需要向上级机关行文请示。

如，《关于将12月2日设立为"全国交通安全日"的请示》（公部请〔2012〕83号）就是公安部向隶属上级机关国务院发出的请求性公文。设立"全国交通安全日"是公安系统的决定，但该事项的执行涉及全国，涉及千家万户，是涉及国家全局性的工作，因此，必须由它的上级机关，即国家最高行政机关国务院来批准。

二、特点

（一）请求性

请示是下级机关为了请求上级机关指示或批准某一事项，或解决某一问题而制发的，具有鲜明的请求性。请示常用到祈请性敬语，如"妥否，请批复""如无不妥，请批复"。

（二）单一性

《党政机关公文处理工作条例》规定请示的内容"应当一文一事"，即在一份请示中，只能就一项工作或一种情况、一个问题作出请示，不得在一份请示中就若干个事项请求指示或批准。如果确有若干个事项需要同时向同一上级机关请示，可以同时写出若干份请示，它们各自都是一份独立的文件，有不同的标题和发文字号，上级机关据此对它们作出批复。

（三）专向性

请示的发文方向是明确而固定的，只能向隶属上级机关发文，不能向平级机关或不相隶属机关发文。即其主送机关，只能是有隶属关系的上级机关，不能多头主送，以免耽误工作。

（四）期复性

请示的目的是请求上级机关指示或批准，希望上级机关给予帮助和支持，或解决某个问题等，因此，要求上级机关给出答复。上级机关应及时答复下级机关的请求事项。

三、分类

（一）指示性请示

它用来请求指示"我们应当怎么做"的问题，常常是在难以把握政策规定时、工作中遇到新的复杂情况时，需要上级机关给予明确解释与指示时使用。比如，湖南省高级人民法院在《人民法院工作人员处分条例》颁布后，就人民法院工作人员（含在职、退休后）违纪违法行为的具体处理办法，向最高人民法院发出请示，制发了《湖南省高级人民法院关于如何适用〈人民法院工作人员处分条例〉几个问题的请示》。

(二)审批性请示

它用来请求指示"我们能否这样做"的问题，常常用于本单位无法解决机构设置、人员编制、领导班子调整、财务预算、重要事件或重要人物的处理等问题，而请求上级机关进行审核批准的情况。如，广东省人民政府和体育总局，就2021年第三届亚洲青年运动会组织委员会机构设置方案，向国务院提出申请，希望批准它们拟制的方案，所以，它们向国务院呈递请示一文，即《关于2021年第三届亚洲青年运动会组织委员会机构设置方案的请示》（粤府〔2020〕58号）。

(三)批转性请示

下级机关就重大事项的解决方案或计划、法规、规章、工作部署性意见等问题制发公文，请求上级机关批准该事项并转发该公文，以便同级机关或部门遵照执行，使用批转性请示。上级机关通常会用批转性通知给予答复。比如，《××省公安厅关于请求省委办公厅、省政府办公厅转发我厅制定的〈全省公安机关"三项教育"工作方案〉的请示》。

(四)求助性请示

下级机关在开展工作的过程中，在人力、物力、财力方面遇到困难，需要向上级部门寻求支持或帮助时，使用这类请示。比如，《××市商业局关于增设地下消防栓所需资金的请示》。

四、写作

(一)基本结构与写法

一般由标题、主送机关、正文、落款组成。

1. 标题

发文机构＋事由＋文种。如，《关于批准在扬州建设中国大运河博物馆的请示》（苏政发〔2019〕66号）、《国家发展改革委关于批准设立新疆塔城重点开发开放试验区的请示》（发改开放〔2020〕1559号）。

2. 主送机关

请示的主送机关为直接隶属的上级机关,即一般只报送主管它的领导机关,不能送领导者个人,也不能越级行文。比如,区政府有事项请示时需要向市政府行文;市政府有事项需要请示时向省政府行文,其行文关系均为直接隶属关系。

如果是紧急情况或特殊情况必须越级行文时,或者多次请示上级机关而长期未能解决问题时,就可以向上级机关的上一级机关越级行文,但必须同时抄送被越过的直接上级机关。如,中国证券监督管理委员会,要调整适用境外上市公司召开股东大会通知期限等事项的规定,则必须向国务院呈递请示,即《关于调整适用境外上市公司召开股东大会通知期限等规定的请示》(证监发〔2019〕71号)。

3. 正文

请示缘由＋请示事项＋结语。

(1)请示缘由。请示是向上级机关请求指示和批准,因此,必须讲清楚请求的理由、根据或目的,只有理由清楚明白而充分,才可能得到上级机关的批准,从而得到本机关想要的结果。

(2)请示事项。即希望上级机关帮助解决的问题,包括具体意见、办法、措施、要求等。下级机关向上级机关所请示的事项,必须符合国家的法律法规,符合党和国家的方针政策,符合单位的实际情况,具有可行性和可操作性。另外,《党政机关公文处理工作条例》第四章第十五条第三款规定:"下级机关的请示事项,如需以本机关名义向上级机关请示,应当提出倾向性意见后上报,不得原文转报上级机关。"

(3)结语。请示是一种要求上级机关务必予以明确批复的公文,因此,在请示的文末必须有请批性结语,其惯用的结束语是"妥否,请批示""当否,请批示""以上意见当否,请审核批复""以上请示如无不妥,请审批"等。

4. 落款

署发文机关名称、成文日期并加盖印章。

(二)写作要领

第一,一文一事。《党政机关公文处理工作条例》第四章第十五条规定,向上级机关请示问题,"应当一文一事。不得在报告等非请示性公文中夹带请示事项"。

第二,按程序办。《党政机关公文处理工作条例》第四章第十五条第二款规定:"党委、政府部门向上级主管部门请示、报告重大事项,应当经本级党委、政府同意或者授权;属于部门职权范围内的事项应当直接报送上级主管部门。"

第三,理由充足。要在请示中写清楚"为什么请示"和"请示什么问题"。写清楚理由,使上级机关认识到必须尽快作出答复、给予大力支持等,才能达到制发请示的目的,为本机关下一步的工作提供便利。

第四,把握分寸。请求上级机关给予指示或批准,一定要把握好行文的语气和分寸,语句要谦敬,分寸要恰当,同时语言要简明扼要,要有逻辑力量。

遂宁市林业局关于将遂宁观音湖生态旅游荷花节等
纳入 2021 四川花卉(果类)生态旅游节会的请示

省林草局:

近期,遂宁市船山区人民政府、蓬溪县人民政府、大英县人民政府分别向我局呈报了《遂宁市船山区人民政府关于商请将遂宁观音湖生态旅游荷花节纳入 2021 四川花卉(果类)生态旅游节会的函》《蓬溪县人民政府关于将蓬溪县第九届桃花节暨第四届千叶佛莲文化节纳入 2021 年四川花卉(果类)生态旅游节的请示》(蓬府〔2020〕116 号)、《大英县人民政府关于申报举办大英县第四届乡村旅游节暨桃花美食节的请示》(大府〔2020〕147 号),按照《中共四川省委办公厅 四川省人民政府办公厅关于印发〈四川省节庆活动管理实施细则〉的通知》(川委办〔2020〕15 号)和《四川省林业和草原局办公室关于申报 2021 年度生态旅游资源节庆活动的通知》(川林办〔2020〕98 号)等文件要求,经我局研究,拟同意将遂宁观音湖生态旅游荷花节、蓬溪县第九届桃花节暨第四届千叶佛莲文化、大英县第四届乡村旅游节暨桃花美食节纳入 2021 年四川花卉(果类)生态旅游节。现转报省局,请予审定。

遂宁市林业局
2020 年 11 月 19 日

这是一份审批性请示(选自遂宁市林业局网)。它请求审批的事项是将遂宁市观音湖生态旅游荷花节等纳入 2021 四川花卉(果类)生态旅游节会。标题三要素齐全;主送机关为它的直接上级机关,即"省林草局";正文虽只有一个自然段,但请示事项明确,请求依据合理(两份省级文件),行文符合法定程序(事前经过市级林业局的研究和同意)。全文,请求有理有据,语句表达逻辑清晰层次分明,不拖泥带水,语言平实、简明;落款规范。该请示行文规范,便于上级机关阅读和理解,并作出相应的答复。

批　　复

一、含义

《党政机关公文处理工作条例》规定,批复"适用于答复下级机关请示事项"。批复是上级机关对下级机关的请示事项表明态度或作出明确答复的文种,是党政机关公文中适用范围最窄的一个文种。

也就是说,请示与批复是对应性文种,没有下级机关发来的请示,就没有上级机关的批复。两者都要求一文一事。

二、特点

(一)被动性

批复以下级机关的请示为前提,回答的是请示中的具体事项,先有请示,后有答复,属于被动行文。如,《国务院关于同意设立江西内陆开放型经济试验区的批复》(国函〔2020〕36号)一文,就是针对江西省人民政府和国家发展改革委两个单位联合发出的"关于江西内陆高水平开放试验的请示"而给出的批准性答复文件。

(二)针对性

批复只针对下级机关的请示而制发,回答的内容也是针对所请事项。下级机关请示什么,上级机关就回答什么,与请示无关的内容绝不涉及。如,《国务院关于中新广州知识城总体发展规划(2020—2035年)的批复》(国函〔2020〕119号)一文,针对"发展规划"表明"原则同意"的态度后,分别对广东省人民政府、国务院有关部门和商务部等提出了针对性要求。

(三)鲜明性

即在行文时态度鲜明,观点明确。对下级所请事项,同意或批准,或者不同意、不批准。如果情况复杂,则可以给出原则同意的意见,同时对某些个别环节提出不同的意见和要求,并给予指导。如,《国务院关于同意设立"中国人民警察节"的批复》(国函〔2020〕98号),就是明确表态:同意自2021年起,将每年1月10日设立为"中国人民警察节"。

(四)权威性

批复是上级机关研究决定后的结论性意见,带有很强的权威性,下级机关必须以此为办事依据,认真贯彻执行,不得违背。如,《国务院关于同意全面深化服务贸易创新发展试点的批复》(国函〔2020〕111号)一文的最后一句"试点中的重大问题,商务部要及时向国务院请示报告",充分显示了批复的权威性。

(五)时限性

请示的事项往往是下级机关亟待办理和解决的问题,但在其职责范围内难以解决,上级机关应及时研究和及时批复,否则可能延误工作,造成损失。如果上级机关需要经过调查研究,才能给出答复,时间较长,则应先以函电形式告知请示单位。

三、分类

(一)指示性批复

即上级机关针对下级机关对有关方针、政策、规定等不甚明了的问题予以答复并给出指示性意见。这类批复,不仅给出了答复,其指示性内容,在其管辖范围内,具有普遍的指导和规范作用。如,《最高人民法院关于如何理解刑法第二百七十二条规定的"挪用本单位资金归个人使用或者借贷给他人"问题的批复》。

(二)批准性批复

即上级机关对下级机关请示的其无权自行决定的某个问题或某种事项作出同意与否的答复。主要针对下级机关请示中涉及的人力、物力、财力等方面的现实困难,或者针对组织机构的设置、改变行政区划、名称及地址变迁等问题作出明确答复。如,《安徽省人民政府关于同意安徽六安叶集经济开发区移区的批复》(皖政秘〔2021〕100号)。

四、写作

(一)基本结构与写法

一般由标题、主送机关、正文、落款组成。

1. 标题

(1)发文机关+事由(请示事项)+文种。如,《国务院关于中韩(长春)国际合作示范区总体方案的批复》(国函〔2020〕45号)。

(2)发文机关+同意(表态语)+事由(请示事项)+文种。如,《国务院关于同意在雄安新区等46个城市和地区设立跨境电子商务综合试验区的批复》(国函〔2020〕47号)。

批复的发文机关名称必须使用全称或规范化简称;事由必须精练地提出具体事项及批复意见;标题常用"关于同意……的批复"或"关于……的批复"或"关于……问题的批复"等句式。

2. 主送机关

批复的主送机关一般只有一个,即报送请示的机关。比如,河北省人民政府向国务院请求批准设立廊坊市,国务院表态同意设立,那么,国务院批复的主送机关就是河北省人民政府。

与请示不得越级行文一样,批复也不能越级行文,当所请示的机关不能答复下级机关的问题需要向上一级机关转报请示时,更上一级机关所批复的主送机关必须是转报机关。

如果批复的内容牵涉到几个不同机关的实际利益,则可以将这几个机关并列作为主送机关。

比如,《国家发展改革委关于批准设立新疆塔城重点开发开放试验区的请示》(发改开放〔2020〕1559号),其请示机关是国家发展改革委,但与之对应的公文,即"批复",它的主送机关却不仅仅是国家发展改革委,而是新疆维吾尔自治区人民政府、新疆生产建设兵团、国家发展改革委。

3. 正文

一般由批复的根据、批复的意见、批复的结尾构成。

(1)批复的根据。即开头第一句,引用来文的机关名称和请示的标题、发文字号。如,《安徽省人民政府关于同意设立安徽合肥数字经济创新发展试验区的批复》(皖政秘〔2021〕84号)一文,开头第一段由两句构成:第一句"《关于争创国家数字经济创新发展试验区的请示》收悉",引用来文的标题并表明"收悉";第二句"现批复如下",直截了当地表明态度,转入下面批复的具体意见。虽然只有短短的两句话,但却充分展示了该批复语言简洁、态度明确、行文利落的风格特点。

(2)批复的意见。不论篇幅的长短,先表明批复机关的态度是同意还是原则同意或者是不同意。如果是完全同意,不必写理由;如果是原则同意,还需要对某些事项作出指示性意见,也可以表态后表明希望、提出号召等;如果是部分不同意,则必须写明否定性意见和理由,必要时对不同意的部分提出修正意见或补充性意见。

(3)批复的结尾。在正文之下,另起一行,用"此复""特此批复""特此函复"等惯用语结尾。有时,不用专用语结尾,写明理由或作出指示性意见就结束全文。

第二章 党政机关公文写作

4. 落款

在正文之后,空一行编排发文机关署名,署名下一行写发文日期,一般情况下居右空四字,并加盖印章。

(二)写作要领

第一,及时性。上级机关接到下级机关的请示,要及时进行细致周密的研究,了解实际情况,找出对应的政策法令和办事准则,认真负责、积极稳妥地予以答复,避免耽误工作。

第二,针对性。请示是一文一事,批复也是一文一复,即针对下级机关请示中最关注的事项进行集中答复,凡与请示事项无关的内容一律不涉及。

第三,明确答复。批复是对下级机关所请示的事项表明态度,因此表态语要旗帜鲜明,同意就是同意,不同意就是不同意,缓办就是缓办等。对所请事项的态度,不仅在正文中写明,也常常在标题中明确表示。比如,可以"同意……的批复"为标题;不同意或缓办的表态,可以"关于……问题的批复"为标题。

第四,考虑周全。尽管请示事项仅有一项,但可能包含几个方面,而它们又是互相联系的,因此,答复时要考虑周全,不可顾此失彼。

第五,"函代批复"。对于下级机关的请示,由上级机关进行批复时使用批复,而当这种答复性内容由上级机关的办公厅(室)代行时,由于代行机关与请示机关之间形成的是不相隶属机关的关系,故用函代批复来行文,俗称"函代批复"。从公文形式看,是一份函,但实质内容却是千真万确的批复。这一点学习者应注意观察和体会并妥善运用。

安徽省人民政府关于同意安徽合肥蜀山经济开发区扩区的批复

皖政秘〔2021〕71号

合肥市人民政府:

《关于请求同意安徽合肥蜀山经济开发区启动扩区工作的请示》(合政〔2021〕7号)悉。现批复如下:

一、同意安徽合肥蜀山经济开发区扩区,总体规划面积由6.75平方公里扩大至11.6平方公里(至2030年),四至范围由省自然资源厅依法核定,另行报批。

二、安徽合肥蜀山经济开发区要进一步完善总体发展规划,做好与合肥市国土空间规划的衔接,有计划、分步骤组织实施扩区工作。

三、安徽合肥蜀山经济开发区应坚持生态优先、高效集约发展,重点关注对董铺

水库、引江济淮输水通道、大蜀山森林公园的保护，高水平推动开发区建设、产业发展、人居环境质量和生态环境改善。

四、合肥市人民政府要加强对安徽合肥蜀山经济开发区扩区工作的领导，依法做好土地征收征用、居民搬迁补偿工作，加强全过程的环境监管和风险防范工作，确保扩区工作顺利推进。

五、省政府有关部门要加强指导和服务，促进安徽合肥蜀山经济开发区改革和创新发展。

安徽省人民政府
2021年3月29日

这是一份批准性批复（选自安徽省人民政府网）。安徽省人民政府，直接在标题中以"同意"二字表明态度；主送机关为发来请示的下级机关；正文，先引来文的标题和发文字号，并表示"悉"，以"现批复如下"过渡到批复的具体内容；然后分五条写明安徽省政府的态度和要求。行文简明扼要，批复态度明确，要求具体，落款规范。

第六节 议案、意见、函

方晨是××市体育运动委员会（以下简称市体委）办公室秘书。最近，市体委将举办全市中学生体育运动会，需要确定篮球项目的举办场地。该市××学院有设备完善的室内篮球场，举办运动会不受天气影响。领导吩咐方晨拟写一份公文，询问对方是否愿意承办。方晨应该为此撰写哪一种公文？撰稿时应该注意什么问题？

询问对方是否愿意承办篮球比赛项目，显然是一种商量性质的事项。为此，方晨应该拟写一份商洽函。在写作中，应该注意行文的语言要简洁明了，行文目的一目了然，并写明要求对方及时答复，给出一个答复的期限。

议 案

一、含义

《党政机关公文处理工作条例》规定,议案"适用于各级人民政府按照法律程序向同级人民代表大会或者人民代表大会常务委员会提请审议事项"。

这里的议案专指法定机关议案,属于行政机关的法定公文,议案是由同级人民政府制发,请求同级人大或人大常委会审议它提出的事项的一种公文。如,《关于提请审议安徽省与蒙古国科布多省建立友好省际关系的议案》(2019年7月26日安徽省第十三届人民代表大会常务委员会第十一次会议通过),就是安徽省人民政府向安徽省人民代表大会常务委员会提请审议,审议的事项是安徽省与蒙古国科布多省建立友好省际关系。

人民代表大会期间由人大代表提出的议案,俗称"人民代表议案",它在功能、性质、写法上与议案虽然大体相同,但不归入法定机关公文。

二、特点

(一)作者法定

议案的制发机关必须是同级人民政府,不是任何其他机关单位。根据《中华人民共和国各级人民代表大会和地方各级人民政府组织法》和《中华人民共和国全国人民代表大会组织法》规定,议案只能由具备议案提出权的机关和人民代表提出。这里的机关是指人大机关、检察机关、法院机关以及政府机关,其他机关和部门不能使用。因此,该文种的作者具有法定的性质,不可更改和变通。

(二)程序法定

议案必须按照法律规定的程序适时向同级人民代表大会或人民代表大会常务委员会提请审议。从议案制作到审议批准,再到最后付诸实施,构成一环扣一环、环环相连的程序,每一环节的运作都必须遵照法律规定的程序,否则就会失去应有的效力。

(三)对象特定

议案不是普发性公文,其主送机关是特定的,只能是各级人民政府向同级人民代表大会或人民代表大会常务委员会提交,不能向其他任何部门和单位行文。

(四)生效特殊

一般法定公文以加盖机关印章为生效标识(命令除外),而议案的生效标识必须由机关第一行政长官署名(即印签名章),且不加盖机关公章。国务院议案由国务院总理署名;省政府议案由省长署名,依此类推,别人不能替代,这是议案与其他公文在形式上的显著区别。

(五)有时限规定

各级人民政府所提请审议的议案必须在同级人民代表大会或其常务委员会规定的截止日期之前提交(一般为大会前或大会期间提交),供大会审议。会后提出的则不能列为议案,只能作为建议。

三、分类

根据议案的内容来分,可将议案分为以下几种:

(一)国际条约议案

即国务院向全国人民代表大会常务委员会提出的请求批准已经签订的国际条约而用的议案。如,《国务院关于提请审议批准中国和澳大利亚引渡条约的议案》。

(二)法律法规议案

即国务院向全国人大、全国人大常委会,或者是地方各级人民政府向地方各级人民代表大会及其常务委员会提出的请求立法的议案。如,《国务院关于提请审议〈中华人民共和国公证法(草案)〉的议案》。

(三)重大事项议案

即国务院向全国人大、全国人大常委会,或者是地方各级人民政府向地方各级人民代表大会及其常务委员会提出的请求审议其职权范围内事项的议案。重大事项是指机构变动、人员任免、兴建大型工程等。如,《象湖镇人民政府关于提请审议票决2021年政府重大民生项目的议案》(2021年1月6日)、《国务院关于提请全国人民代表大会常务委员会就香港特别行政区第六届立法会继续运行作出决定的议案》(2020年8月8日)。

四、写作

(一)基本结构与写法

由标题、主送机关、正文、落款组成。

1. 标题

发文机关＋提请审议＋事项＋文种。如,《国务院关于提请审议批准中国和科威特关于民事和商事司法协助的协定的议案》。

如果是有关立法的议案,需要在法律或法规的后面用圆括号括上"草案"二字。如,《国务院关于提请审议〈中华人民共和国道路交通安全法修正案(草案)〉的议案》。

2. 主送机关

议案的主送机关只能是审议议案的同级人民代表大会及其常务委员会。人大会议期间,也常有人大代表向人民代表大会主席团或人民代表大会第×次会议提交议案的情况。

3. 正文

议案的正文,就是要提请审议的事项。由提请审议的缘由、审议事项、审议请求组成。

(1)提请审议的缘由。正文开头,写明提请审议的意义、目的或缘由,要说清楚为什么要写这个议案,说明其重要性和迫切性。

(2)审议事项。提请大会要审议的内容,即要写明需要人大会议及其常务委员会解决什么问题。如果是有关立法的议案,需要说明这个法律或法规的名称和由哪个机关来审定;如果是提请审议领导人职务的任免事项,要说明被任免人的姓名、职务;如果是提请审议某个重要项目,要说明所提项目的解决途径和方法。

(3)审议请求。在议案结束前,需要表明提出议案机关的意见或态度,供大会参考并提出审议请求。通常使用"请审议""请审议决定""现提请审议,并请作出批准的决定"等语句。

4. 落款

议案的落款,与一般法定公文不同,它不是署机关名称,而是署各级人民政府的领导人职务和领导人的签名章。如,国务院议案由国务院总理签署;省级人民政府的议案由省长签署,以此类推。《党政机关公文格式》(GB/T 9704—2012)规定,签名章左空二字标注签发人职务,比如"国务院总理李克强"。在签发人签名章下空一行右空四字编排成文日期。

(二)写作要领

第一,一案一事。议案是提请人大或人大常委会审议事项的,因此,一份议案一个事项,内容集中,便于审议和处理。

第二,理由充分。议案是拿出来供大会或常委会讨论通过的,必须有充足、明确的理由,才能说服人大代表或人大常委会审议通过。

第三,切实可行。议案必须在广泛听取群众意见和建议的基础上产生,形成符合

实际需要,又切实可行的方案。议案代表的是政府的形象,不可臆造和武断地草率成文。

第四,依法写作。由于议案是由各级人民政府拟制,向同级人大提交的,其内容的政治性、思想性极强,涉及国家和地方政府或部门的立法及重大事项和国家的方针政策,因此,必须依据国家法律法规,按照规定的程序行文,不得违反。

<h3 style="text-align:center">上海市嘉定区人民政府关于提请审议《嘉定区马陆镇
国土空间总体规划(2019—2035年)(含近期重点公共基础设施专项规划)》的议案</h3>

上海市嘉定区人民代表大会常务委员会:

为对接新一轮市区两级城乡总体规划,承接嘉定区域发展的新机遇,同时加快新型城镇化建设,支撑嘉定新城(马陆镇)城市建设、产业转型和乡村振兴的健康持续发展,2017年10月由区规划资源局会同嘉定新城管委会(马陆镇人民政府)启动了《嘉定区马陆镇国土空间总体规划(2019—2035年)(含近期重点公共基础设施专项规划)》的编制,经市区镇三级有关部门的多轮研究和论证,现已形成规划成果。该规划以《上海市嘉定区总体规划暨土地利用总体规划(2017—2035)》为依据,明确了发展目标、发展规模、空间布局、土地使用规划、综合交通规划、近期重点规划等内容。现将主要规划内容报告如下:

一、发展目标定位为上海市辐射长三角城市群的综合性城市副中心;

二、发展规模方面,落实建设用地总规模控制要求,突出了城市规划与国土空间规划的衔接及城市发展远近期的结合;

三、空间布局方面,规划形成"三心、四轴、三片"的空间结构,三心为远香湖城市公共服务中心、新城站商业服务中心和新城东区创新服务中心;四轴指紫气东来城市景观轴、横沥河文化轴、双丁路发展轴和澄刘中路发展轴;三片为核心片区、新城东区产业社区和郊野片区;

四、综合交通方面,以现有道路交通体系为依托,注重节点地段的交通疏解优化,加强与周边地区、内部板块之间的联系,重点解决沪嘉高速东西两侧、新老城之间的交通联系,对嘉闵线、宝嘉线及交通站点、辅环快速路和闵嘉线车辆基地等进行规划预控,完善道路交通网、货运交通组织以及静态交通的引导,加强公共交通体系和慢行交通系统建设,统筹考虑与轨道交通站点的衔接;

五、近期实施方面,聚焦新城核心区产业功能提升,推进研发片区科创产业项目落地;新城东区加快产业转型升级及基础设施建设,逐步形成产业社区框架;发挥公共交通对区域发展的引领带头作用,推进嘉闵线沿线及站点综合开发;促进农民集中

居住项目的落实,推进北管村、大裕村等乡村振兴示范村的建设;推进嘉宝生态廊道建设用地减量及生态环境建设。

该规划成果已经上海市规划委员会讨论原则通过,并已征求专家和市相关部门的意见。现将规划成果提请区人大常委会审议,我们将按照区人大常委会的审议意见,在对规划成果进行修改完善后,正式上报市政府审批,请予审议。

上海市嘉定区人民政府
2021年1月12日

这是一份重大事项议案(选自嘉定人大网)。该议案是上海市嘉定区人民政府向上海市嘉定区人民代表大会常务委员会提出的,并由其审议。标题三要素齐全;主送机关为同级机关;正文,第一段交代了议案提出的背景、依据等内容,以"现将主要规划内容报告如下"引出下文,然后从五个方面分条逐一说明,层次清晰,表达干脆利落,最后结尾段,说明议案内容已经讨论原则通过、已征求专家和相关部门的意见,并表达请审议的意愿。全文结构分明,条理清晰,表达简明,提请审议的事项清晰明了,落款规范。

意　见

一、含义

《党政机关公文处理工作条例》规定,意见"适用于对重要问题提出见解和处理办法"。

意见,成为党政机关的法定公文之一,是我国加快民主化进程在公文中的一种具体体现。

二、特点

(一)针对重要问题

重要问题指在当前工作中所遇到的涉及全局性、方针政策性的重大事项和主要问题,特别是新出现的问题。制发公文时,要对重要问题作出中肯的分析,提出具有建设性的意见和办法。如,《国务院办公厅关于加快医学教育创新发展的指导意见》(国办发〔2020〕34号)提出的具体意见就是针对全局性、方针政策性的重大问题。

（二）行文多个方向

意见具有建议和指示性质，它可以是上级机关下发到下级机关的公文，提出建议、要求、部署工作、作出规定等，体现机关工作作风的民主化，增强机关公文的公关意识，具有指示性；也可以是下级机关向上级机关提出建议和解决办法的公文，一经上级机关批准或批转，即从建议性质转化为指导性和约束性；还可以是平级机关或不相隶属机关之间行文，提出的建议供对方参考，如专家作出的评估性的鉴定结果及评审、论证性意见等。

（三）范围、功能广泛

制发机关可以是党的机关，也可以是行政机关，还可以是党政机关联合。同样，人大、政协、军队及各团体、企事业单位等都可以制发意见。另外，其功能也很广泛，既可以是上级机关制发意见以指导、指示下级机关工作，也可以是下级机关向上级机关献计献策，提出建设性意见，还可以是请求上级机关批准本机关意见给其他有关机关执行。

三、分类

（一）指示性意见

上级机关对下级机关提出具有规定性、部署性和要求性的工作意见，具有一定的强制性，要求下级机关必须执行。如《自然资源部办公厅关于完善早发现早制止严查处工作机制的意见》（自然资办发〔2021〕33号）一文，开篇写明行文目的是"为贯彻落实党中央、国务院关于严格保护耕地的决策部署，完善早发现、早制止、严查处的工作机制，采取'长牙齿'的硬措施，落实最严格的耕地保护制度"；《教育部等八部门关于规范"大学""学院"名称登记使用的意见》（教发〔2021〕5号）一文，目的十分明确，就是为全面清理整顿"大学""学院"名称使用乱象，规范名称登记使用行为，牢牢坚守社会主义办学方向而出台的文件。

（二）指导性意见

上级机关阐述和说明开展某项工作的基本思想、原则、要求，下级机关应遵照执行。如无明确要求的，下级机关可参照执行。它虽然不具有强制性，但对下级机关在政策、方向及具体问题的把握上具有重要的指导意义。如《国务院办公厅关于建立健全职工医疗保险门诊共济保障机制的指导意见》（国办发〔2021〕14号）一文，包括"总体要求""主要措施""组织实施"等三个方面，要求明确，措施具体，组织实施指导到位。

(三)建设性意见

即职能部门向平级机关、不相隶属机关直接提出的具有参考价值的建议,供其工作时参考。如,《教育部 国家发展改革委 财政部关于加快新时代研究生教育改革发展的意见》(教研〔2020〕9号),则是国家三部委向下级机关和不相隶属机关发出的文件,直接提出了重要建议,即"促进研究生德智体美劳全面发展,切实提升研究生教育支撑引领经济社会发展能力"。

(四)呈转性意见

职能部门为开展某项工作,需要有关平级、不相隶属机关或部门配合,就这项工作提出的见解和处理办法,并请求上级机关将本意见批转到有关机关或部门执行。如果这种意见被批转,就可以转变为指导性或指示性意见,下级或平级机关就必须遵照执行。如,国家发展改革委、住房城乡建设部、公安部、自然资源部联合向国务院行文《关于推动城市停车设施发展的意见》,国务院办公厅以转发性通知,要求各省、自治区、直辖市人民政府,国务院各部委、各直属机构认真贯彻落实,该意见就具备了指示性意见的特性。

四、写作

(一)基本结构与写法

一般由标题、主送机关、正文、落款组成。

1. 标题

发文机关+事由+文种。如,《国务院办公厅关于支持多渠道灵活就业的意见》(国办发〔2020〕27号)、《安徽省人民政府关于进一步规范企业职工基本养老保险省级统筹制度的实施意见》(皖政〔2019〕70号)。

实际工作中,常见"若干意见""指导意见""实施意见"等字样,即在"意见"这个法定文种名称前加"若干""指导"和"实施"等文字。

2. 主送机关

上行意见的主送机关只能主送一个,不可多头主送,而且不得以机关名义向上级机关负责人报送。下行或平行意见,可以有多个主送机关。

3. 正文

一般由意见缘由、建议办法、结尾组成。

(1)意见缘由。即简明扼要地提出意见的依据(背景)、目的、意义等。要交代清楚针对何种情况为何提出意见,以便受文机关理解和贯彻执行。然后以"现就进一步加强××××工作提出如下意见""经×××(机关)同意,现提出如下意见""经×××(机关)同意,现就建立×××制度提出以下指导意见"等引出下面的意见内容。

(2)建议办法。一般以分条列项方式,加序号排列,写明对解决问题的具体意见,即对有关问题或工作的见解和处理办法,要求既有总体目标或工作原则,又有具体措施。

(3)结尾。在意见的结尾往往要写明对受文机关的要求。上行意见通常使用"以上意见,请审阅""以上意见如无不妥,请批转×××(机关或部门)执行"等语句;下行意见常用"各地方应根据本意见要求,结合实际,制定相应实施办法和细则,切实将××
×工作落到实处";平行意见则采用"以上意见,供参考"字样。

4. 落款

署发文机关名称、成文日期并加盖印章。

(二)写作要领

第一,弄清行文程序。上行意见应按请示性公文的程序和要求办理,但不得夹带请示事项。所提意见如涉及其他部门职权范围内的事项,主办部门应当主动与有关部门协商,取得一致意见后方可行文;如有分歧,主办部门的负责人应当出面协调,仍不能取得一致时,主办部门可以列明各方理据,提出建设性意见,并与有关部门会签后报请上级机关决定。上级机关应当对下级机关报送的意见作出处理或给予答复。下行意见如果对贯彻执行有明确要求,下级机关必须遵照执行。

第二,分清不同文种。请示与上行意见在行文方向上相同,行文目的也有某种程度的同一性,即都是要求上级机关对自己所提问题或事项给予批准、指示或认同。但二者在内容上有较大差异,请示重点在于对人力、物力、财力、机构、编制、出境出国等具体的事务性问题的指示或审批;意见则注重重大问题的见解和处理办法,着眼于对本部门所主管的业务工作提出意见、建议和处理办法,并由此呈报上级机关参考决策或请求批转有关单位执行。

国务院办公厅关于加快医学教育创新发展的指导意见(有删节)

国办发〔2020〕34号

各省、自治区、直辖市人民政府,国务院各部委、各直属机构:

医学教育是卫生健康事业发展的重要基石。党的十八大以来,我国医学教育蓬勃发展,为卫生健康事业输送了大批高素质医学人才。在新冠肺炎疫情防控中,我国医学教育培养的医务工作者发挥了重要作用。但同时,面对疫情提出的新挑战、实施健康中国战略的新任务、世界医学发展的新要求,我国医学教育还存在人才培养结构亟需优化、培养质量亟待提高、医药创新能力有待提升等问题。为加快医学教育创新发展,经国务院同意,现提出以下意见:

一、总体要求

(一)指导思想。以习近平新时代中国特色社会主义思想为指导,全面贯彻党的十九大和十九届二中、三中、四中全会精神,按照党中央、国务院决策部署,落实立德树人根本任务,把医学教育摆在关系教育和卫生健康事业优先发展的重要地位,立足基本国情,以服务需求为导向,以新医科建设为抓手,着力创新体制机制,分类培养研究型、复合型和应用型人才,全面提高人才培养质量,为推进健康中国建设、保障人民健康提供强有力的人才保障。

(二)基本原则。

——以新理念谋划医学发展。将医学发展理念从疾病诊疗提升拓展为预防、诊疗和康养,加快以疾病治疗为中心向以健康促进为中心转变,服务生命全周期、健康全过程。

——以新定位推进医学教育发展。以"大国计、大民生、大学科、大专业"的新定位推进医学教育改革创新发展,服务健康中国建设和教育强国建设。

——以新内涵强化医学生培养。加强救死扶伤的道术、心中有爱的仁术、知识扎实的学术、本领过硬的技术、方法科学的艺术的教育,培养医德高尚、医术精湛的人民健康守护者。

——以新医科统领医学教育创新。优化学科专业结构,体现"大健康"理念和新科技革命内涵,对现有专业建设提出理念内容、方法技术、标准评价的新要求,建设一批新的医学相关专业,强力推进医科与多学科深度交叉融合。

(三)工作目标。到2025年,医学教育学科专业结构更加优化,管理体制机制更加科学高效;医科与多学科深度交叉融合、高水平的医学人才培养体系基本建立,培养质量进一步提升;医学人才使用激励机制更加健全。到2030年,建成具有中国特色、更高水平的医学人才培养体系,医学科研创新能力显著提高,服务卫生健康事业的能力显著增强。

二、全面优化医学人才培养结构

(四)提升医学专业学历教育层次。……

(五)着力加强医学学科建设。……

(六)加大全科医学人才培养力度。……

(七)加快高水平公共卫生人才培养体系建设。……

(八)加快高层次复合型医学人才培养。……

三、全力提升院校医学人才培养质量

（九）提高入口生源质量。……

（十）培养仁心仁术的医学人才。……

（十一）传承创新发展中医药教育。……

（十二）夯实高校附属医院医学人才培养主阵地。……

（十三）系统推进综合性大学医学教育统筹管理。……

（十四）建立健全医学教育质量评估认证制度。……

（十五）加快建立医药基础研究创新基地。……

四、深化住院医师培训和继续医学教育改革

（十六）健全住院医师规范化培训制度。……

（十七）推进继续医学教育创新发展。……

五、完善保障措施

（十八）加强组织领导。……

（十九）实施国家重大战略工程。……

（二十）保障经费投入。……地方各级人民政府要按照规定落实投入责任。

国务院办公厅

2020 年 9 月 17 日

（此件公开发布）

这是一份指导性意见（选自中华人民共和国中央人民政府网）。标题三要素齐全，主送机关为下属机关统称。正文，开头段先写医学教育的重要意义、价值及作用，摆出现阶段医学教育存在的问题，再写该意见出台的目的和程序，以"现提出以下意见"过渡到意见的具体内容；具体内容从五个方面二十条展开陈述；以自然结尾的方式，结束意见的内容。落款由发文机关名称和成文日期构成。成文日期后是附注说明，表明此件是公开发布。全文格式规范，结构合理，层次清晰，意见内容准确且具有极强的指导性意义。

函

一、含义

《党政机关公文处理工作条例》规定，函"适用于不相隶属机关之间商洽工作、询问和答复问题、请求批准和答复审批事项"。

在法定公文中,函被认为是唯一的平行文。不相隶属机关既可以指机关内部的平行机关,也可以指行政上、组织上没有领导和被领导关系的机关,还可以指业务上没有指导与被指导关系的机关。有事项需要协商或请求批准时,不论对方与己方的级别大小,均适用函这个文种。

如,江苏省人民政府向国务院呈报《关于批准在扬州建设中国大运河博物馆的请示》(苏政发〔2019〕66 号),国务院委托它的办事机构国务院办公厅来答复对方,那么,国务院办公厅与江苏省人民政府之间的行文,就构成了不相隶属机关之间的行文,所以,制发的公文文种不能是批复,而是函,即以"国务院办公厅关于扬州大运河博物馆冠名问题的函"为公文标题,正文则明确写明答复的意见是"在扬州建设的大运河博物馆定名为'扬州中国大运河博物馆'",在原请示的冠名前,加了"扬州"二字,既批准了冠名一事,又对冠名进行了具体规定,行文十分严谨周密。

另外,上级机关向下级机关询问有关情况或催办有关事宜(上报材料、报表等),虽然是隶属机关之间行文,但这样的情况一般使用函来行文,而下级机关应以报告答复上级询问和催办事宜。

二、特点①

(一)平等、沟通性

函主要用于不相隶属机关或平行机关之间商洽工作、询问和答复问题,与其他上行文、下行文的指挥性和报请性公文性质不同,它体现的是双方平等沟通的关系。其措辞、语气跟上行文的恭谦与下行文的严肃、权威不同,体现的是平等、沟通的原则。

(二)灵活、广泛性

函是机关、单位在公务往来中使用频率较高的文种,对发文机关的资格要求很宽泛,任何机构或组织都可以制发,且不受内容的限制。凡是申请事项、商洽工作、通知事项、催办事情、答复询问、召开会议、报送材料等,均可用函,还可以用来请求批准和答复审批有关事项等。

(三)单一、权威性

无论是商洽工作、询问和答复问题,还是请求批准和答复审批事项,其内容都必须单一、集中,即一份函只能写一个事项。在行文中不需要在原则、意义上进行过多阐述,而要注重务实的内容,讲清楚要解决的问题。函作为法定公文之一,与其他法

---

① 魏建周编著:《新编党政机关公文写作》,北京:红旗出版社,2012 年,第 124 页。

定文种同样具有由制发机关权限决定的法定效力,代表制发机关的意志与权威,对受文一方有着协调和制约作用。

三、分类

按照不同的分类标准,有不同的分类方法。

(一)按照发文目的划分,可分为发函和复函

主动制发的为发函,回复对方来函的为复函。一般情况下,对方发来函,回复的应该是复函,但是,下级机关在答复上级机关询问时,《党政机关公文处理工作条例》规定:回复上级机关的询问用报告。上级机关在答复下级机关的请示时,如果是让它的办事机构办公厅(室)来答复,由于办公厅(室)不是请示的直接上级机关,只是上级机关的办事机构,因此,该文种不能用批复而只能用复函。如,《国务院办公厅关于同意成立2023年亚足联亚洲杯中国组委会的函》(国办函〔2020〕83号),就是国务院办公厅对国家体育总局《关于组建2023年亚足联亚洲杯中国组委会的请示》(体办字〔2020〕129号)的答复。

(二)按照内容用途划分,可分为商洽函、询问和答复函、请批函和答复审批函、告知函

商洽函用于平行机关或不相隶属机关之间商洽工作;询问和答复函用于不相隶属机关之间询问或答复有关问题;请批函用于向有关业务主管部门(不是上级机关)请求批准事项,答复审批函用于答复请求批准的函;告知函用于在平级机关或不相隶属机关之间互相通知事情。另外,上级机关向下级机关催办、转送材料、函报统计数字等也用函。

四、写作

(一)基本结构与写法

函一般由标题、主送机关、正文、落款组成。

1. 标题

发文机关+事由+文种。如,《上海市生态环境局关于做好上海市2020—2021年秋冬季大气污染综合治理攻坚行动相关工作的函》(沪环气〔2020〕241号)、《安徽省人民政府办公厅关于同意建立公共法律服务体系建设联席会议制度的函》(皖政办秘〔2020〕89号)。

2. 主送机关

函往往只有一个主送机关，即受文机关。如，《安徽省人民政府办公厅关于同意建立完善促进消费体制机制厅际联席会议制度的函》(秘函〔2019〕194号)一文，主送机关就是省发展改革委，它是发出《安徽省发展改革委关于建立安徽省完善促进消费体制机制部门联席会议制度的请示》的机关，安徽省人民政府办公厅给出答复性文件时，它就成为文件的受文机关。

3. 正文

由缘由、主体、结尾组成。

(1)缘由。发函的开头，写明商洽、询问、请求等的原因，在什么情况、背景下，发出该函。复函的开头，先引来函名称、发文字号，然后以"现函复如下"过渡到下文。

(2)主体。发函写明要商洽、询问、答复、批准、审批等事项。要求和意图要明确、不含糊。复函写明回复的内容，给予明确的答复。如果内容较多，可分条列项写。如果篇幅较单一，可采用篇段合一的形式。

(3)结尾。发函一般要提出希望受文一方给予帮助或同意己方做法，或希望给予答复或审批。复函，可提出要求。最后，以"专此函达""请即复函""特此函商""特此函告""特此专复"等专用语结束全文。

4. 落款

署发文机关名称、成文日期并加盖印章。

(二)写作要领

第一，区分函和信函。函是国家法定公文文种之一，按照法定公文格式撰写；信函为法定公文的特殊格式。比如，有些通知等采用信函格式撰写，《党政机关公文处理工作条例》对此有专门规定。信函格式的公文，其发文标志可只写发文机关名称而不写"文件"二字，发文字号在红色双线(上粗下细)之下居版心右边缘，信函版记不加印发机关和印发日期、分隔线，位于公文最后一面版心内最下方。

第二，注意行文简洁明确，用语把握分寸。发函都是有求于对方的，无论是平行机关或者是不相隶属机关之间的行文，都要语言朴实、语气恳切、平和有礼，但不必逢迎恭维、曲意客套；如果是复函，则要注意行文的针对性、答复的明确性，同时也要注意语气平和，不可倚势压人或强人所难。

第三，迅速及时函复。函与其他公文一样，有一定的时效性，如果对方来函商洽或询问、请求等，应该迅速、及时处理来函，以保证公务活动的正常进行和相关工作的顺利开展。

范文示例

国务院办公厅关于重点林区"十四五"期间年森林采伐限额的复函

国办函〔2021〕15号

自然资源部、国家林草局：

自然资源部《关于重点林区"十四五"期间年采伐限额的请示》（自然资发〔2020〕189号）收悉。经国务院批准，现函复如下：

一、国务院原则同意国家林草局编制的重点林区"十四五"期间年森林采伐限额，请认真贯彻执行。

二、重点林区"十四五"期间年森林采伐限额是重点林区每年采伐林地上森林、消耗林木蓄积的最大限量，国家林草局和各有关单位必须严格执行，不得突破。采伐限额要分解落实到限额编制单位。因重大自然灾害等特殊情况需要采伐林木且在采伐限额内无法解决的，应上报国务院批准。

三、国家林草局要进一步细化年森林采伐限额管理措施，严格落实凭证采伐制度，定期开展森林督查和专项检查，依法打击乱砍滥伐等破坏森林资源行为，确保重点林区森林资源总量持续增长、质量不断提高、生态功能稳步增强。

四、森林关系国家生态安全，国家依法实行森林采伐限额制度，严格控制森林年采伐量。国家林草局要依法加强指导和监督，督促各省（自治区、直辖市）林业主管部门科学编制本行政区域年森林采伐限额，严格执行、不得突破，对造成森林资源破坏的要依法依规追究责任，进一步加强森林资源保护和管理，加快推进生态文明和美丽中国建设。

附件：重点林区"十四五"期间年森林采伐限额表

国务院办公厅
2021年2月1日

（此件公开发布）

这是一份答复审批函（选自中华人民共和国中央人民政府网）。该函标题三要素齐全；主送机关明确；正文的开头段，简明扼要地交代了复函的对象以及来文名称及其发文字号，紧接着写明"经国务院批准"，以"现函复如下"引出函复的具体内容，然后分别从四个方面表明国务院的态度和要求。行文规范、态度明确，表达严谨，层次分明，有利于下级机关顺利开展工作。

思考与训练

一、问答题
1. 党政机关公文有什么特性?
2. 决定和命令在什么情况下适用?
3. 决议、公报、纪要的适用范围及其特点是什么?
4. 知照性公文有哪些?它们有什么特点?
5. 报告、请示、批复在什么情况下使用?
6. 议案、意见、函的特点是什么?各自有什么写作要求?

二、选择题
1. 公文的法定作者是（   ）。
   A. 撰稿人　　　　B. 机关　　　　C. 秘书人员　　　　D. 领导
2. 党政机关公文中属于上行文的是（   ）。
   A. 公报　　　　B. 通报　　　　C. 函　　　　D. 请示
3. 适用于对重要问题提出见解和处理办法的公文是（   ）。
   A. 公告　　　　B. 函　　　　C. 意见　　　　D. 议案
4. 公文的成文日期的数字,使用（   ）。
   A. 阿拉伯数字　　B. 汉字　　　　C. 英语数字　　　　D. 其他
5. 命令一般由专门的国家行政机关或（   ）机关发布,社会团体、企事业单位不能使用。
   A. 主送　　　　B. 权力　　　　C. 受文　　　　D. 执行
6. "自××××年×月×日起施行"的命令一般是（   ）使用。
   A. 公布令　　　　B. 行政令　　　　C. 授衔令　　　　D. 嘉奖令
7. 决议以（   ）的名义发布。
   A. 会议　　　　B. 机关　　　　C. 个人　　　　D. 秘书
8. 新闻公报具有新闻报道的性质,必须遵循新闻的写作原则,要有新闻的（   ）。
   A. 真实性　　　　B. 丰富性　　　　C. 特殊性　　　　D. 复杂性
9. 可以印发给参会单位和其他应知晓的单位,在一定范围内传达或传阅,要求贯彻执行等,但不向社会公开的会议文件是（   ）。
   A. 决议　　　　B. 公报　　　　C. 公告　　　　D. 纪要
10. 一般企事业单位或人民团体不具备发（   ）资格的,必须防止滥用该文种。
    A. 公告　　　　B. 通告　　　　C. 通知　　　　D. 通报
11. 将典型人物(单位)、典型事件或具有典型意义的重要情况公布出来,起到宣传教育目的的文种是（   ）。
    A. 公告　　　　B. 通告　　　　C. 通知　　　　D. 通报
12. 向上级机关报告工作中的重大情况、特殊情况和新动态等的报告属于（   ）。
    A. 工作报告　　B. 情况报告　　C. 答复报告　　D. 报送报告
13. 下面几种公文中属于被动行文的文种是（   ）,它是党政机关公文中适用范围最窄的一个文种。
    A. 报告　　　　B. 请示　　　　C. 批复　　　　D. 函

14.由同级人民政府制发,提请人大审议的公文是(　　)。

　　A.议案　　　　　　B.意见　　　　　　C.建议　　　　　　D.函

15."特此专复"是(　　)的结尾语。

　　A.函　　　　　　　B.复函　　　　　　C.意见　　　　　　D.建议

三、写作实践题

1.在校园网站上,下载一份文件,按照党政机关公文格式用 word 文档编排,要求有完整的版头、主体、版记。

2.假如你是系学生会(或某社团、某班级)的干部,请根据相关活动结果,撰写一份开展某项活动的报告。要写明为什么开展这次活动,是怎样开展活动的,有什么收获等。要求:具体、全面,层次清晰,条理分明,语言得体,格式规范。

3.我国民主化进程不断向前发展,人民参政、议政的热情和水平越来越高,针对我国面临着水资源被严重污染的问题,广大民众的意见很大。假如你是某市环保局领导,即将作为市级人大代表,参加今年召开的人大会议,请你撰写一份议案,以解决水资源被严重污染的问题。

第三章

事务文书写作

知识目标

了解事务类文书的含义、特点、种类及其写作要领，理解事务文书在各单位处理各项事务中的意义和价值。

能力目标

掌握各项事务类文书的写法，具备熟练写作计划、总结、调查报告、会议记录、简报和述职报告的能力。

学习方法

事务类文书，涉及的事务虽纷繁复杂，但都有其规律，如果平时多注意观察和积累，写作时按照事务的规律并按照约定俗成的写法，就可以做到事半功倍、水到渠成。在学习的过程中，要多调查研究、多观察体会、多借鉴前辈的写作经验，努力获得第一手资料，充分尊重客观事实，以实事求是、精益求精的态度和精神，完成每一次事务文书写作的训练任务。

第一节　事务文书写作概述

任务设计

杨俊是某科技公司研发部的经理,每年年底公司的总结大会上,都要求各部门的经理概括本部门一年来的工作情况,总结经验和教训,并为来年的工作制定新的年度计划。总结大会结束后,公司每年都会将总结大会的情况以简报的形式加以记录和存档。请问,研发部经理杨俊,在参加总结大会前,需要撰写好哪些文书?公司在总结大会之后编写简报时,应该注意什么问题?

案例解析

部门的年度工作,需要认真总结,找出值得推广的经验以利于指导今后的工作;总结教训,避免在今后的工作中出现类似的问题,从而提高工作效率。杨俊作为研发部经理,在参加总结大会前,应当认真撰写本部门年度工作总结,详细汇报一年来研发部的工作情况、研发项目的进展情况等,并在此基础上,认真拟制研发部下一年度的工作计划。公司在总结大会之后编写简报时,应该注意传达大会的主要内容和主要精神,尤其是要将各单位好的经验加以总结和推广;如果有严重的问题、教训,也应该重视并加以总结,找出解决问题的办法。

一、含义

事务文书是党政机关、社会团体、企事业单位及个人在处理日常事务时用来沟通信息、安排工作、总结得失、研究问题的实用文体,是应用写作的重要组成部分[①]。

它虽然不是法定公文,但却是机关各级党政领导、办公室工作人员、文秘人员使用频率较高的文书。了解并掌握这类文书的写作,对推动各级党政机关、社会团体和企事业单位工作的有效开展,有着重要的意义。而且这一类文书,由于处理的日常事务(个人事务除外)也属于公务范围,所以,事务文书属于广义的公文范畴。

---

① 张文英主编:《新编应用文写作教程》,天津:南开大学出版社,2010年,第50页。

二、特点

(一)属于非法定文书

事务文书不属于国家《党政机关公文处理工作条例》中规定的文种,所以是非法定文书。国家法定公文的适用范围、收发程序和格式等均受党和国家颁布的法令、规章等制约。而事务文书常用于处理单位内部的日常事务,其适用范围、程序、格式等不受限制,可由单位自行制定,其效力也由所在单位自行确定。

(二)采用约定俗成的写法

法定公文有国家规定的格式和写法,而事务文书在制发程序、行文格式等方面没有严格的规定,所以,一般采用惯用格式和约定俗成的写法,呈现出较大的灵活性,写作风格也多样,如文字稿件、图标式、表格式等都较为常见。

(三)使用频率高、应用范围广

事务文书在党政机关、社会团体、企事业单位的工作和个人的日常工作、学习和生活中,都发挥着重要的作用,其使用频率之高和应用范围之广是其他类型的文书所无法比拟的。

三、种类

事务文书按照性质和作用的不同,可以分为:

计划类文书:包括计划、规划、纲要、方案、设想、安排、要点等。其共同点是这些是对未来工作的内容、步骤、措施、方案等进行的设想。

报告类文书:包括总结、调查报告、简报、述职报告等。

条据类文书:包括凭证式条据(如借条等)和说明式条据(如请假条等)。

其他,还有规章类、礼仪类文书等,本教材将另列专门章节介绍。

四、写作要领

第一,突出重点,详略得当。作为公务活动的日常事务工作,量大事情多,一般都需要及时处理。因此,事务文书在撰写时,要突出重点,分清主次。在记叙事务时,有主有次,有先有后,有详有略,切忌以流水账的形式不分主次轻重,一股脑儿将材料简单堆砌,从而影响事务工作的效率。

第二,语言规范、忌口语化。事务文书,虽不属于法定文书,不具备法定权威性,但属于广义的公文范畴,因此,也有一定的严肃性和规范性。如果采用口语化的句子,显得松散无力,没有规矩,会对机关日常事务的处理产生不利影响。

第三,具体、有效,忌"假、大、空"。事务文书,处理的都是具体的日常事务,如果文书的内容不具体,在实际工作中操作难度就大,其实际效果也就可想而知。那些凡是不从实际出发而拟制的所谓事务文书,对处理日常事务性工作只会有害无益。

第二节 计 划

王小勇是某大学一年级新生。由于现代社会竞争激烈,一进大学他就给自己确立了明确的目标——本科毕业考取研究生,为未来的职业生涯奠定良好的基础。因此,进入大学的第一个学期,他就考虑制定一份四年的学习计划,以便科学合理地安排自己的学习和生活。请问,计划性文书该如何撰写?王小勇要制定合理有效的学习计划应该注意哪些事项?

案例解析

计划性文书按照计划内容的详略和时间的长短,可以分为规划(纲要)、设想、安排、工作要点、方案等。王小勇树立的目标很明确,因此,对大学四年的学习和生活作出安排,应当属于学习和生活计划。他在制定自己的计划时,应该根据自己的兴趣爱好、专业特点和个人特长等因素,在大致确定自己的职业目标后,围绕着为实现这个目标来制定。由于大学四年专业学习的差异性,他首先应该为自己制定大一的学习和生活计划。该计划设定的是短期目标,重点应写清"做什么""怎么做"和"做到何种程度"三大项。

一、含义

计划是计划性文体的统称。它是国家党政机关、社会团体、企事业单位和个人,以书面材料的形式,对将要在一定时期内进行的工作、对想要实现的目标所作的设计和谋划,是对未来的展望和构想。

根据计划目标的远近、时间的长短、内容的详略等差异而确定不同的计划名称,如计划、规划、方案、设想、打算、工作要点、安排等。

较为常见的是计划。如,《全国青少年校园足球八大体系建设行动计划》,由教育部、国家发展改革委、财政部、广电总局、体育总局、共青团中央、中国足协等七部门联合发出印发通知(2020年8月28日),并要求各省、自治区、直辖市等教育厅委等单位"认真贯彻执行"。

规划、纲要,内容较为概括,时期较长,具有全局性、长远性、方向性的特点。如,《太行山旅游业发展规划(2020—2035年)》《交通强国建设纲要》(中共中央、国务院印发,2019年9月19日)等。

方案,是指对某项工作,从目标要求、工作内容到方式方法及工作步骤等作出全面、具体而又明确的安排的计划性文书,有很强的操作性。它是计划中内容最为复杂的一种,一般包括指导思想、主要目标、工作重点、实施步骤、政策措施、具体要求等内容。如,《校园食品安全守护行动方案(2020—2022年)》(国市监食经〔2020〕61号文件印发)、《安徽省深化农村公路管理养护体制改革实施方案》(皖政办秘〔2020〕29号文件印发)等。

设想,是指初步的、草案性的、较长期的非正式计划。如,《企业与城市发展论坛话题设想》《××市关于在经济开发区建设大学城的设想》等。

打算(思路),是一种粗线条的、想法不够成熟的、短期内的工作的要点式计划。如,《2020年院学生会工作打算》《2021年个人工作打算》等。

工作要点,是指列出工作主要目标的计划,简明突出。它适用于时间较短的计划,如,《2020年政务公开工作要点》(国办发〔2020〕17号通知印发)、《教务处2020年工作要点》等。

安排,是对短期内要做的、且范围不大、布置具体的工作计划。如,《中文系运动会工作安排》《2021年元旦晚会工作安排》。

不管如何分类,计划的内容都是由"做什么""怎么做"和"做到何种程度"三大项组成。

二、特点

(一)预见性

计划是在事情未做之前制定的,在制定计划时,制定者对今后可能出现的问题和遇到的困难,要进行分析、判断,并提出相应的对策和措施,这样才能避免计划的盲目性和无序性。

(二)可行性

制定计划前,要充分调查和研究,必须结合单位或个人的实际情况来制定计划,

找到可行的方法与措施,才能保证计划得到真正落实。

(三)指导性

科学的计划一经制定,就要认真执行,它会对单位或个人未来的实践行动产生重要的指导作用,约束或限定他们未来实践行动的方向,甚至限定和规范他们未来的行动细节。

三、分类

采用不同的分类方法,可以有不同的类别:

(1)按性质分,可以分为综合性计划和专题性计划。

(2)按内容分,可以分为工作计划、生产计划、学习计划、科研计划、军事计划等。其内容与各单位、各行业的业务工作有着密切的关系。

(3)按时间分,可以分为长期规划、短期计划、年度计划、季度计划、月计划等。

(4)按范围分,可以分为国家计划、部门计划、单位计划、个人计划等。

(5)按表现形式分,可以分为段落式计划、条文式计划、表格式计划、文表结合式计划。

实际写作中,一份计划按不同的分类标准可以同时归属不同的类别,如《安徽省××厅2020年工作计划》,同时可以称为:综合性计划、工作计划、年度计划、部门计划等。

四、写作

(一)基本结构与写法

一般由标题、正文、落款三部分组成。

1. 标题

常见的公文式标题,一般由制定单位名称+计划适用期限+计划内容+文种组成。比如,《××学院2021年工作计划》。

设想、方案、安排等的标题可以省略单位名称或期限,如《关于综合大学应用写作课教学改革的初步设想》《××学院财务处2021年清产核资工作实施方案》《关于2020—2021学年新生入学教育工作的安排》等。

2. 正文

一般分为前言、主体和结尾三个部分。

(1)前言。前言部分主要说明制定计划的依据和基本情况,即说明"为什么要制订计划",主要回答"为什么要做"的问题。包括:指导思想和目的、本单位或本人的实际情况分析等。

(2)主体。主体部分由三个要素组成:目标、措施、步骤。主要回答"做什么""做到什么程度"和"怎么做"的问题。

计划的目标是指计划的具体任务、要求和指标,回答"做什么"的问题。计划的措施、步骤指实现目标的具体措施和步骤,回答"做到什么程度""怎么做"的问题。其中,措施是实现计划的保证,要根据主客观条件,制定针对性的措施;步骤是实现目标的程序安排与时间要求,安排时要体现出轻重缓急和先后顺序。措施和步骤有时可根据情况合二为一。

(3)结尾。用提出希望或号召方式收束全文。也有的计划不另安排结尾,措施、步骤和要求写完了,全文也就结束了。

3. 落款

在正文结束后的右下方,分两行写明制定计划的单位或个人以及成文日期,如果在标题中已有揭示,也可以省略。

(二)表现形式

1. 段落式

依靠文字叙述,将计划中的各项内容说清楚,形式与一般文章相同。它适用于原则要求多而具体指标少的计划。

2. 条文式

把计划中的各项列成条文,一条条写清楚,它适用于比较具体的、近期的计划。

3. 表格式

先要把各项内容划分成若干个栏目,再把制定好的各项具体计划填写进栏目中,形成表格。这种方式适用于时间较短、方式变化不大、项目较多的具体安排,如销售计划、月计划等。

4. 文表结合式

即表格式和条文式相结合的计划。一般是将各项目的内容填进表格后,再用简短的文字作解释说明。

(三)写作要领

第一,实事求是,切合实际。制定计划不能靠主观愿望和想象,必须通过深入的调查研究,从本单位和个人实际情况出发,准确把握客观实际和事物发展的规律。

第二,任务明确,措施具体。为了使计划得到好的实施,在表述时目标要明确,措施要具体可行,便于操作,最好要将实现目标的步骤一条一条地列出来。

第三,留有余地,调整补充。计划是根据客观情况制定的,而客观情况往往在不断的变化中,因此计划制定要有灵活性,应该留有余地,以便根据实际情况及时修正、补充和调整。

北京市建设人文交通科技交通绿色交通行动计划(2009年—2015年)(有删节)

为深入贯彻落实科学发展观,建设"人文北京、科技北京、绿色北京",在《北京交通发展纲要(2004年—2020年)》提出的中长期交通发展战略基础上,结合北京奥运会后发展的新形势和新要求,进一步明确2009年至2015年交通发展目标和重点,制定本行动计划。

一、发展理念

以科学发展观为指导,加快转变交通发展方式,强化管理,实现建设、养护、管理并重;坚持优先发展公共交通战略,着力推进"公交城市"建设;加大创新力度,提高交通设施承载能力和交通运输服务水平,构建以"人文交通、科技交通、绿色交通"为特征的新北京交通体系,实现全面协调可持续发展。

(一)建设"人文交通",突出"以人为本"……

(二)建设"科技交通",突出"技术创新"……

(三)建设"绿色交通",突出"节能减排"……

二、主要目标

到2015年,基本建成适应首都经济社会发展需要,满足不断增长和变化的交通需求,以"人文交通、科技交通、绿色交通"为特征的新北京交通体系,为建设繁荣、文明、和谐、宜居的首善之区提供有力的交通保障。

(一)公共交通吸引力明显增强……

(二)城市物流配送体系形成规模……

(三)交通出行效率不断提升……

(四)道路交通安全水平进一步提高……

(五)交通节能减排效果显著……

三、行动计划

(一)着力推进"公交城市"建设……

1.轨道交通网络化服务工程。确立轨道交通在城市公共客运系统中的骨干地位……

2.地面公交网络化服务工程……

3.交通出行便捷换乘服务工程……

4. 步行和自行车交通服务工程……

5. 交通出行无障碍服务工程……

6. 城市货运物流配送服务工程……

(二)着力推进路网承载能力提高。以提高路网承载能力和运行效率为中心,以改造道路微循环系统为重点,建成功能完善的综合交通设施网络,使道路交通设施总体承载能力与服务水平明显提升。

7. 城市干线路网建设工程……

8. 道路微循环系统建设工程……

9. 公路网络建设工程……

10. 铁路民航配套交通设施建设工程……

(三)着力推进交通信息化建设。整合信息资源,加快新一代智能交通系统建设,提高管理、运输服务水平和运行效率。

11. 交通信息采集资源整合工程……

12. 智能化交通运行管理决策支持工程……

13. 智能化交通管理工程……

14. 公众交通信息服务工程……

(四)着力推进交通技术创新与产业化发展。建设一批交通重点科研基地,突破一批重大关键技术和共性难题,加快科研成果在交通领域的产业化,打造一批自主创新的关联品牌产业。

15. 交通技术创新工程……

16. 交通节能减排工程……

17. 轨道交通装备产业化工程……

18. 动态交通信息服务产业化工程……

(五)着力推进交通精细化管理。以科技创新为手段,体制机制创新为载体,寓管理于服务之中,在管理中体现服务,注重管理的人性化、标准化、规范化、信息化、精细化和智能化,提高交通系统安全、有序、顺畅运行水平。

19. 交通组织优化工程……

20. 交通标识系统规范化工程……

21. 静态交通规范化工程……

22. 交通秩序综合治理工程……

23. 交通安全保障工程……

(六)着力推进交通文明建设。加大宣传教育力度,增强交通参与者现代交通意识,营造"改善交通我参与,交通顺畅我快乐"的社会氛围,完善文明出行、文明服务、文明管理长效机制。

24. 交通文明宣传工程……

25. 绿色出行倡导工程……

四、保障措施

(一)规划与用地保障……

(二)资金与政策保障……

(三)体制与机制保障……

(四)法制与标准保障……

(五)加强组织领导。成立由市政府分管领导牵头,市有关部门参加的协调工作小组,贯彻落实市委、市政府的总体部署,研究和统筹推动行动计划的落实,协调工作小组办公室设在市交通委。市有关部门和各区县政府要切实提高认识,转变观念,勇于创新,建立与现代交通相适应的规划、建设、运营、管理体制机制,把各项工作落到实处,确保按期完成任务。

评析

这是一份针对交通问题而制定的行动计划(选自中华人民共和国中央人民政府网)。前言部分交代了目的、依据;主体部分,从"发展理念""主要目标""行动计划""保障措施"四个方面说明计划的具体内容,小标题下又分款、项进行说明;结尾强调了对落实计划的要求,以文完而止的方式结束全文。该计划指导思想明确,目标切实可行,执行要求具体,表达层次清晰,充分体现了计划的预见性、可行性和指导性特点。

第三节　总　　结

(1)李贺是某高校某班级的团支部书记,进入大学两年以来,在团支部书记的岗位上辛勤工作,成绩突出。系团总支书记要求他认真总结自己两年来团支部书记工作的经验和好的做法,给其他班级的团支部书记作为工作参考。请问,李贺在撰写该总结时,应该注意哪些问题?

(2)王芳是某高校某班级一名普通学生,没有班级管理工作经历,为了毕业后能在工作岗位上写出合格的工作总结,她尝试着撰写个人一学年来的学习总结。请问,她应该注意哪些问题?

案例解析

撰写总结文书,必须坚持从实际出发,实事求是的原则。成绩、经验、教训、问题等,不能以流水账形式出现,要抓住重点,突出经验或教训,认真分析其原因,找出规律性的认识,上升到理论高度,从而指导今后的工作和学习。李贺要重点写出自己团支部工作的好的做法,以带动其他班级团支部书记工作的进步;王芳要重点写出一学年来包括学习态度、学习方法、学习效果等的分析和总结,发现学习方面的问题,以便提高学习效率。

一、含义

总结是"通过对某一阶段或某项工作完成情况的系统回顾、分析、评价,从而肯定成绩,摸索规律,指导今后工作的事务文书"①。

总结在实际工作中的使用非常普遍,实用性很强,常见的"工作小结""××体会""××回顾""××情况"等都属于总结范畴。

二、特点②

(一)过程性

总结需要回顾工作的全过程。自身实践的事实,尤其是典型事例和确凿数据是一篇总结引出正确结论的基础。

(二)经验性

总结就是为了把实践中的成功经验归纳出来,分析教训,从而对工作进行正确估计,得出科学结论,以增强工作的自觉性和主动性。

(三)理论性

总结不仅要陈述工作情况,更要对其进行分析研究,上升为理性认识。能否进行理性分析,指出事物发展的客观规律,是衡量一篇总结写得好坏的重要标准。

---

① 于成鲲等主编:《公务与事务文书写作规范》,上海:复旦大学出版社,2011年,第183页。
② 曾昭乐编著:《现代实用写作》,广州:中山大学出版社,2011年,第85页。

(四)简明性

总结往往作概括叙述,而不必具体描述;作简要说明,而不必旁征博引;作直接议论,而不必多方论证。

三、分类

(1)按对象分类,可分为工作总结、学习总结、思想总结等。
(2)按时间分类,可分为月总结、季度总结、年度总结、阶段总结等。
(3)按范围分类,可分为科室、部门、单位、系统、地区、国家等总结。
(4)按性质分类,可分为专题性总结和综合性总结。

具体的一篇总结,往往在分类上是交叉的,如,《安徽省教育厅 2020 年工作总结》,既是综合性总结,又是工作总结,还是年度总结、单位总结等。

四、写作

(一)基本结构与写法

一般由标题、正文、落款组成。

1. 标题

总结的标题有两种形式:

(1)公文式标题。由单位名称、时限、内容和文种组成。如,《合肥市××局 2020 年工作总结》《2021 年度学校工作总结》。

(2)文章式标题。这种标题形式比较灵活,较多地运用于专题性总结。在采用此标题形式时,可以用单行标题,以标题揭示总结的中心。如,《开展普法教育工作的回顾》《运用法律手段综合治理城市》。还可用双行标题,正题概括总结的主要内容或主旨,副题可以说明总结的对象、时限等。如,《提高英语学习效率 顺利通过四级考试——关于学习英语的几点做法和体会》《发展特色农业壮大县域经济——常山县发展胡柚生产的实践与思考》等。

2. 正文

总结的正文包括前言、主体和结尾三个部分。

(1)前言。简明扼要地介绍基本情况。常见的写作方式有:概述式、结论式、对比式、提问式等。

(2)主体。总结的主干部分,包括成绩和经验、问题与教训等,写作时应注意安排结构。在安排结构时,尤其应注意确立文章线索,合理划分层次,做到线索清晰、有条有理。可以材料间的逐层深入关系为线索划分层次、安排材料,即"情况—经验—问题"或"做法—成绩—经验"的模式。

(3)结尾。简要指出不足与今后努力的方向、改进措施等。

3. 落款

正文结束后,在右下方写单位名称及成文日期。

(二)写作要领

第一,尊重事实。总结是为了今后工作的顺利开展而撰写的事务文书,因此,实事求是地进行回顾和分析以往工作中的经验或教训,是写好总结的基础。这就要求总结的写作必须从本单位或本人的实际情况出发,按照事物的本来面目来反映情况,既不夸大、也不缩小,既看成绩、又找问题,既考虑横向比较、又懂得纵向比较,从而得出客观、正确的结论。

第二,找出规律。任何事物的变化和发展都是有一定规律可循的,总结就是要找出以往工作中的规律。通过分析、归纳、综合,从中发现问题,并找到问题的症结,从而为解决问题提供帮助;从中找到好的做法,并加以推广,从而为今后的工作提供可以借鉴的经验,避免走弯路。

第三,明确重点。总结是对一定时期内工作的全面回顾,内容一般比较多,如果以流水账方式一股脑儿地记录所有工作内容,就会造成头绪混乱、中心不明,无法给今后的工作提供借鉴和帮助。因此,总结的写作一定要明确重点在哪里,分清主次和优劣,不可眉毛胡子一把抓。

第四,叙议结合。总结需要用事实来说话,因此,写作时必须注意运用概述的方法,将事实交代清楚;总结需要找出规律以指导今后的工作,因此,写作时必须注意运用议论的手段,鲜明地亮出观点。只有将叙述和议论紧密结合,才能得出客观、有效的结论,更好地指导今后的工作。

安徽省第 20 届全国推广普通话宣传周总结(有删节)

2017 年 9 月 11 日至 17 日是第 20 届全国推广普通话宣传周。安徽省围绕"大力推广和规范使用国家通用语言文字,自觉传承弘扬中华优秀传统文化",深入宣传贯彻《中华人民共和国国家通用语言文字法》和《安徽省实施〈中华人民共和国国家通用语言文字法〉办法》,根据教育部等九部门通知要求,紧扣宣传主题,精心组织部署,广泛宣传动员,积极营造氛围。各级教育主管部门、语言文字工作机构组织实施,各级语委成员单位大力支持,以各级各类学校为主阵地,开展了一系列丰富精彩的推普活动。现将活动情况总结如下。

一、风物长宜放眼量,精密部署、高位推动

安徽省推普周活动在省政府领导下,由省语委、省教育厅牵头,与省委宣传部、省人社厅、省公务员局、省文化厅、省新闻出版广电局、省军区政治工作局、省团委等部门共同组织。各市推普周活动在市政府领导下,由市语委和教育局牵头,与宣传、人社、文化、新闻出版、广电、军分区政治部、共青团、少先队等部门共同组织开展。各部门、各高校的推普周活动在本部门、本学校语言文字工作机构领导下组织开展。

安徽省语委高度重视本届推普周,联合省委宣传部等九部门下发了《安徽省语委等九部门转发教育部等九部门关于开展第20届全国推广普通话宣传周活动的通知》。要求各地、各校高度重视、精心组织、统筹安排,紧紧围绕主题,结合实际制定切实可行、创新多样的推普活动方案。同时严格贯彻落实中央八项规定精神,厉行节约,反对浪费,节俭举办各类推普宣传活动。

省语委办以本届推普周为契机,制定了省级层面的三个活动方案,在推普周前全面发文部署,分别是全省义务教育阶段学生的小讲解员大赛、"庆祝十九大"全省中小学规范汉字书法大赛、全省语言文字工作先进单位和先进工作者表彰活动。

"推普周"前后,还与省电视台公共频道联合举办了全省婚庆司仪"金话筒"电视大赛,将普通话作为参赛的基本条件和评分要素。经过全省七个赛区的初赛选拔,最后在省电视台演播大厅进行总决赛,决赛实况分两集在省电视台公共频道播出,反响热烈,为推普工作向服务行业延伸起到了积极的示范作用。

二、绝知此事要躬行,狠抓基层、落地见效

……

(一)协调媒体,全方位展开推普宣传

全省各级语委办积极拓宽宣传渠道,充分利用电视、报纸、网站、微信、电子屏、校讯通、政务平台等载体发布推普宣传信息,播放推普宣传片及广告语,发送推普公益短信等,营造了浓厚的宣传氛围。

淮南市、蚌埠市……

合肥市语委办……

(二)校园推普形式创新、异彩纷呈

处在推普前沿的教育系统各学校在推普周期间切实发挥主阵地和辐射带动作用,……创新性地开展了我给父母当老师、小小百家讲坛、推普先进学生评选等深受学生欢迎的活动。

肥东县实验幼儿园开展了……

阜阳市教育局、语委办、共青团阜阳市委、阜阳市少工委、阜阳广播电视台联合举办了阜阳市中小学生朗读大会。……

铜陵市坚持开展推普"六个一"活动……

宣城市第八幼儿园……

马鞍山师范高等专科学校……

蚌埠医学院、宿州学院、皖南医学院……

（三）多部门联动，全社会开展推普工作

推普工作离不开各相关单位的支持与配合。……共同做好推普宣传报道。

肥东县旅游局……

淮南寿县教育局语委办……

……

三、芳林新叶催陈叶，开拓创新、着眼长远

依法推广普及普通话，不仅有利于增进各民族各地区之间的交流，也有利于科学技术的进步和经济社会的发展。……

以推普周为契机，安徽省语委、安徽省教育厅印发了关于实施农村地区推广普通话攻坚工程的意见……

合肥市蚌埠路第二小学……

肥东县……肥东三中民族校区、实验小学民族校区均在少数民族聚居地设置推普宣传台进行宣传。

推普周期间，各地语委办还借助推普东风对县域普通话达标验收工作和学校语言文字达标建设工作进行了督查，就存在问题进行了梳理和反馈，并指导相关部门做好完善工作。

在国家语委的精心指导和各级领导的高度重视下、各市、县（区）语委的认真组织、各级语委成员单位的积极配合下，我省第20届推普周系列活动圆满结束，取得了良好的宣传效果。

安徽省教育厅语委办

这是安徽省第20届全国推广普通话宣传周总结（选自中华人民共和国教育部网）。主要是交流经验，展示成果。前言概述基本情况，主体部分从精密部署、高位推动，狠抓基层、落地见效和开拓创新、着眼长远三个部分展开，主要介绍成绩和经验，总结紧紧围绕中心，选择典型事例，突出重点问题，材料和观点有机统一。全文叙议结合，层次分明，语言简洁朴实。

第四节　调查报告

任务设计

某高校人才培养方案中，要求大学二年级的学生在暑假结合自己的专业学习，进行为期八周的社会认知实习活动，并要求秋季开学时提交一份合格的认知实习调查报告。周海涛今年正好大学二年级，请问，他应该在哪些方面做好知识和技能的准备？撰写该文书时应该注意哪些问题？

案例解析

周海涛作为大学二年级学生，按照学校人才培养方案的要求，必须认真参与暑假社会认知实习活动，并在实践活动中，做好调查研究工作。他要写好调查报告，首先，注意选题是否有价值，确定自己是否有条件、有能力做好；其次，亲身体验，认真思考，多掌握第一手资料；最后，认真分析调查所得到的材料，得出客观、科学、合理的结论，并选择恰当的结构及写法。

一、含义

调查报告是就某一个事件或某一个问题，进行深入细致的调查研究之后，用书面形式报告调查研究的情况和结论的一种事务文书。

调查报告有时简称为"××调查"，有时叫作考察报告等。调查的方法一般包括问卷调查、采访调查、实地考察、抽样调查、普遍调查、召开调研座谈会等。

二、特点

(一)真实性

真实性是调查报告的生命，写作者必须到现场进行实地考察、访问、勘探，包括发放问卷，查看当地统计报表和公文资料等。查阅与调查内容相关的文献资料，包括查阅公开发表或出版的文献资料(报纸、电视、杂志、网络)等。如，历史上，为了答复当时党内党外对于农民革命斗争的责难，毛泽东到湖南进行了三十二天的考察工作，于1927年3月5日，发表了著名的《湖南农民运动考察报告》，澄清了关于农民运动的不实之词,提出了解决中国民主革命的中心问题,即"农民运动问题"的理论和政策。

(二)倾向性

一篇有价值的调查报告必定是态度鲜明的调查报告,要明确赞成什么、反对什么,使读者一目了然。如,《临沂金誉石化有限公司"6·5"罐车泄漏重大爆炸着火事故调查报告》(2017年)、《福建省泉州市欣佳酒店"3·7"坍塌事故调查报告》(2020年)。

(三)时效性

优秀的调查报告能够快速地反映社会热点问题,或具有时代特点的典型经验或典型问题,以便及时解决问题、部署工作。如,《"7·23"甬温线特别重大铁路交通事故调查报告》(2011年)、《上海市长宁区昭化路148号①幢厂房"5·16"坍塌重大事故调查报告》(2019年)。

三、分类

调查报告按其内容和作用的不同,可分为不同种类,如反映情况、介绍经验、揭露问题、反映新生事物、研究问题等的调查报告。

(一)反映情况的调查报告

此类调查报告比较系统地反映某地区、单位、行业等某项工作的基本情况。如,2020年4月9日,上海——星展银行(中国)有限公司("星展中国")携手中国社会企业与影响力投资论坛("社企论坛")正式发布《2020年初中国社会企业生存状况调研报告》。该调研报告呈现了新冠肺炎疫情影响下,中国社会企业面临的实际困难和迫切需求,并针对短期内社会企业可以作出的应对策略、行业平台可以为之提供的服务,以及社会企业急需的政策支持等进行梳理,为社会企业及其从业者提供了专业的分析报告和策略方案。

(二)介绍经验的调查报告

此类报告是对工作中出现的先进单位或典型个人,进行深入、细致的调查研究,总结成绩和经验,主要是找出规律性的东西,加以阐发与推广。如《高水平推动乡村振兴 全面创造农民美好生活——余杭区百丈镇半山村蹲点调研报告》《浙江省实施乡村振兴战略实践经验调研报告》,报告的标题中,就有"高水平""美好""经验"等字样,表明报告要介绍的是好的做法和好的经验。

(三)揭露问题的调查报告

此类调查报告针对工作中出现的重大问题、失误或恶性事故以及社会生活中的不良现象,揭露问题的真相,或者分析原因,找出解决办法,以引起人们的关注和重视。如,《安徽省安庆市曙光化工股份有限公司"2020·1·7"事故调查报告》,查明了事故的直接原因、间接原因等,并定性"2020·1·7"事故是一起生产安全责任事故,分析了事故的主要教训,提出了整改措施等。

四、写作

(一)基本结构与写法

1. 标题

调查报告的标题,有两种写法:

(1)公文式标题。由"调查对象名称+事由+文种"构成。如,《关于华中科技大学理工科大学生文化素质的调查报告》。

(2)正副双行式标题。正标题揭示主题,副标题表明调查对象、内容范围和文种名称。如,《依托本地资源优势 加快山区经济开发——浙江省绍兴市11个山区乡镇的调查》。

2. 正文

(1)反映情况的调查报告的写法。

前言,先写明调查的目的、意义,即为何作此调查?想要从中知道什么?知道了之后有何用处?然后,写明调查对象的基本情况,如调查对象的种类、数量、分布、地理位置、气候等自然或社会条件;再写明调查的基本情况,说明调查的时间、地点、范围、方式方法、参加人员等。

主体,可以采用三大块逻辑结构,即主要成绩、存在问题、意见与建议;也可以采用标准的科技论文结构,即调查对象和方法、结果与分析、几点建议;还可以采用并列式结构。

结尾,提出几点建议。

(2)介绍经验的调查报告的写法。

开头。写法一,用对比的方式(调查对象自身前后变化对比或此一事物与彼一事物对比)概括交代调查对象取得的成绩或思想、工作基础;写法二,概括介绍调查对象取得的成绩或思想、工作基础,由此引出调查的原因和调查的时间、地点、方法等情况。

主体。从若干方面介绍其具体做法和经验,即取得上述成绩的原因;介绍此做法产生的效果(包括效应、作用、意义、影响等)。

结尾。结合取得的经验和效果,提出进一步完善推广的设想或应注意的问题。

另外,还可以采用比较简单的写法:除开头介绍成绩外,主体部分全力归纳做法和经验,把效果分散到做法和经验里,每一项里有做法、有经验、有效果,其他则不涉及。

(3)揭露问题的调查报告的写法。

前言,可采用对比方式提出问题,引出调查的原因和目的,并交代调查的时间、地点、方法等情况。还可以直接提出问题,并交代调查的原因、目的,调查的时间、地点和方法等情况。

主体,写作重点在原因和解难良策。首先,概括列举调查对象存在的具体问题,包括问题的表现和严重程度;其次,归纳并阐述问题产生的主要原因;然后,提出解决问题的措施。措施既要切实可行,又要简便易行。

结尾,提出要求,或以事完而文止法结尾,即措施写完就自然结尾了。

3. 落款

落款包括署名和日期。如果标题下边有署名,此处可省略署名。若是事故类调查报告,还要加盖公章。

(二)写作要领

第一,深入调查。在写作前,需要进行深入细致的调查,充分占有第一手材料。包括时间、地点、人物或事件、原因、结果等,都要认真仔细地核对,名称、数字、细节等内容核对准确无误后,方能写进调查报告中。分析这样的资料,才能得出符合客观事实和规律的、有指导价值的结论。若材料失真,调查报告就失去了它的科学价值,将会给实际工作带来不良后果。

第二,抓住典型。调查的目的是为了弄清事实真相,找出解决问题的办法。公开正面的典型及其社会反响,可以起到弘扬正气、引导社会文明进步、促进单位的进一步发展、提高人们的生活质量等作用;披露负面的典型,可以起到震慑邪恶、打击邪恶和进一步消除邪恶的作用。因此,调查报告要抓住典型的人或事,进行深入细致的解剖和分析。

第三,叙议结合。调查报告以事实为根据,以理论为准绳。调查对象的基本情况、调查的经过、调查的典型事实,用叙述方式;对事实进行分析和评价、得出观点,用议论方式。叙为议作铺垫,议对叙作升华,叙议紧密结合,相辅相成,从而使调查的结论客观、科学。

上海市长宁区昭化路148号①幢厂房
"5·16"坍塌重大事故调查报告(有删节)

2019年5月16日11时10分左右,上海市长宁区昭化路148号①幢厂房发生局

部坍塌,造成12人死亡,10人重伤,3人轻伤,坍塌面积约1000m²,直接经济损失约3430万元。

事故发生后,中共中央政治局委员、上海市委书记李强,国务委员王勇等领导同志相继作出批示,要求全力搜救被困人员,全力救治伤员,抓紧查明事故原因,举一反三,进一步全面开展安全隐患排查整治,切实落实安全生产责任,确保人民群众生命财产安全。中共中央政治局委员、上海市委书记李强,市委副书记、市长应勇,市委常委、常务副市长陈寅,市委常委、市委秘书长诸葛宇杰赶赴事故现场,指挥部署抢险救援和事故调查处理工作。应急管理部党组书记、副部长黄明多次致电关心、指导救援和事故调查工作。应急管理部、住房和城乡建设部分别派工作组现场指导救援及事故调查工作。5月22日,国务院安全生产委员会对该起事故挂牌督办。

根据《中华人民共和国安全生产法》《生产安全事故报告和调查处理条例》(国务院令第493号)以及《上海市实施〈生产安全事故报告和调查处理条例〉的若干规定》(沪府规〔2018〕7号)等相关法律法规规定,经市政府批复同意,由市应急局牵头,市住房城乡建设管理委、市公安局、市总工会、长宁区人民政府组成"长宁区昭化路148号①幢厂房'5·16'坍塌重大事故调查组",并邀请市纪委监委派员参与事故调查工作。调查组聘请结构、设计、土建等方面的专家参与对事故直接技术原因的认定。事故调查组坚持"科学严谨、依法依规、实事求是、注重实效"的原则,深入开展调查工作。通过现场勘查、调查取证、检验检测、综合分析等工作,查明了事故原因,认定了事故性质和责任,提出了对有关责任人员、责任单位的处理建议和改进工作的措施建议。

经调查认定,长宁区昭化路148号①幢厂房"5·16"坍塌重大事故是一起生产安全责任事故。

一、基本情况

(一)事故相关单位基本情况

……

(二)事故区域基本情况

……

(三)改造项目情况

……

二、事故经过及应急救援情况

(一)事故经过

……

(二)事故造成的人员伤亡及直接经济损失

……

（三）事故应急处置情况

……

（四）医疗救治及善后工作情况

……

（五）应急处置评估

……

三、现场勘查及检测鉴定情况

（一）现场勘查情况

……

（二）检测鉴定情况

……

四、事故原因分析

（一）直接原因

……

（二）间接原因

……

（三）相关监管问题

……

（四）在调查中发现的其他问题

……

五、事故责任的认定以及对事故责任者的处理建议

……

（一）移交司法机关人员（8人）

……

（二）建议给予党纪、政务处分的人员（16人）

……

（三）相关单位的处理建议

……

（四）行政处罚建议

……

（五）其他处理意见

……

（六）对相关租赁转让、装饰设计单位的调查情况

……

六、事故防范和整改措施

(一)进一步健全安全生产责任体系,牢固树立安全发展理念。
……

(二)进一步深化隐患排查和风险管控,履行安全监管职责。
……

(三)进一步夯实安全生产基础工作,履行安全生产主体责任。
……

(四)进一步优化安全监管方式,提升建筑施工现场本质安全水平。
……

(五)全面排查装饰装修工程的违规行为,强化参建主体动态监管。
……

(六)充分发挥舆论监督、群众监督等社会监督的作用,形成全社会共治安全的良好格局。
……

长宁区昭化路148号①幢厂房"5·16"坍塌重大事故调查组

这是一份重大事故调查报告(选自上海市人民政府网)。开头四段,写明所调查的重大事项的总体情况和结果,包括事故发生的时间、地点、具体内容、原因、后果;事故发生后,从中央到地方各级领导机构、人员的处理工作和安排;成立事故调查组的法律法规依据、技术认定和调查原则;事故性质认定为一起重大的生产安全责任事故。然后,分层次,具体写明调查的"基本情况""事故经过及应急救援情况""现场勘查及检测鉴定情况""事故原因分析""事故责任的认定以及对事故责任者的处理建议""事故防范和整改措施"等,全文逻辑严密,调查过程严谨,问题分析透彻,惩罚处理恰当,整改措施具体,要求严肃认真。

 会议记录、简报

> 任务设计

马文斌是某大学计算机科学与工程学院办公室秘书。领导安排他在学院年度总

结大会上负责会议记录工作,并在会后编写一份会议简报。请问,马文斌作会议记录时应该注意什么问题?编写会议简报时又应该注意什么问题?

案例解析

马文斌作为学院办公室秘书,负责会议记录和编写会议简报,是其工作职责之一。在会前,他要充分了解和掌握年度总结大会的主题和领导的意图,熟悉本单位的实际情况;会中,要忠实地记录大会领导的重要讲话以及各部门的总结汇报,详细、具体、不出差错,不张冠李戴;会后,及时整理会议记录,根据会议记录的内容,有目的地加以选择,编写出有重点、有特色的简报。无论是会议记录还是会议简报,都应该遵循其写作格式和写作规律。

会议记录

一、含义

会议记录是由会务秘书或指定人员,如实地记录会议的组织情况、会议报告、讨论发言、会议决议等内容而形成的书面材料,是一种配合会议召开而使用的事务文书。

事务性会议记录是法定公文纪要的蓝本。

二、特点[①]

(一)及时性

会议记录原则上形成于会议过程中,会议结束了,会议记录也就完成了。事后,会议记录的内容不容更改。

(二)纪实性

会议记录的资料价值很大,所以必须真实。会议记录必须将会议的情况如实记录下来,不能随意地增减或改变,不能以主观代替客观,要反映会议的全部过程。会议记录的执笔者只有记录权,不能进行加工、提炼、增添、删减。

---

① 姚国建主编:《应用写作》,合肥:安徽大学出版社,2008年,第92~93页。

(三)原始性

会议记录是用照实记录的方法形成的,是会议情况和内容的原始化记录。所谓"原始",就是未经整理、未经综合的原始状况。在这一点上,它跟会议简报、纪要有很大的不同。简报和纪要是对会议记录高度提炼和概括整理的结果。

(四)完整性

会议内容要尽可能完整地记录下来,特别是会议内容的要点不能漏记或少记,会议的时间、地点、与会人员、会议主持人、议程、记录人等基本情况,以及领导讲话,与会人员的发言、讨论、争议、形成的决议、决定等内容,都要记录下来。

三、分类

会议记录,一般可分为摘要式记录和详细记录两种,但这种分法只具有相对意义,任何详尽的记录都并非有言必录。

四、写作

(一)基本结构与写法

会议记录一般由标题、会议的组织情况、会议的内容、结尾组成。

1. 标题

会议记录标题可以有以下写法:

(1)机关+会议名称+文种,如"××学院教学会议记录"。

(2)会议名称+文种,如"党组扩大会议记录"。

(3)文种,如"会议记录"。

2. 会议的组织情况

一般包括开会时间、地点、出席人、列席人、主持人、记录人等,这些内容要在会议主持人宣布开会之前写好。

3. 会议的内容

一般包括会议议题、发言人及发言内容、会议通过的决定、形成的决议等。记录时应该注意以下问题:

(1)序号。如果有多个议题,可以在议题前分别加上序号。

(2)发言内容。记录每个发言人的发言时都要另起一行,写明发言人的姓名,有职务者加上职务名称,然后加冒号,再记发言内容。

(3)会议通过的决定或决议事项。这些内容应该分条列出。有表决程序的要记录表决的方式和结果,投票表决的要写明赞成、反对、弃权的票数,一般由主持人加以归纳。与会者无异议时,应随即写上"一致通过"或"一致同意"。有弃权者,必须如实记录。有持异议者,也应详细记录其各自意见。

4. 结尾

先另起一行,写明"散会"或"会议结束"并注明时间。最后由主持人和记录人对记录内容进行审核,并在右下方分别签名,以示负责。

(二)写作要领

第一,掌握"四字诀"。会议期间作会议记录,要掌握四个字:快、要、省、代。

所谓"快",就是要记得快。如果是电子录入,在盲打形式下可达到快的效果,提高记录的工作效率。如果是手写,则字要写得小一些、轻一点,多写连笔字。

所谓"要",即择要而记。比如一次会议记录,要围绕会议议题、会议主持人和主要领导发言的要点,与会者有争议的问题,结论性意见、决定或决议等作记录。如记录个人的发言,要记其发言要点、主要论据和结论,论证过程可以不记。

所谓"省",即在记录中正确使用省略法。比如,使用简称、简化词语和统称;省略词语和句子中的附加成分;省略较长的成语、俗语等的后半部分,用画一曲线方式代替;省略引文,记下起止句或起止词即可,会后查补。

所谓"代",即用较为简便的写法代替复杂的写法。一可用姓代替全名,二可用一些数字和国际上通用的符号代替文字;三可用外语符号代替某些词汇等。但在整理和印发会议记录时,均应按规范要求办理。

第二,准确、清晰。记录时,做到不添加,不遗漏,依实而记。秘书只是准确记录会议情况、各项动议及对各项动议大会决定采取的行动,而不必作总结式说明。

记录时,要有条理,表达清晰,书写要清楚,能保证在会后较长时间内,不会因记录稿条理不清而导致对发言者有关言论理解上的偏差。

第三,突出重点。会议记录常常突出以下几点:会议的中心议题及围绕中心议题展开的有关活动;会议讨论或争论的焦点及其各个方面的主要见解;权威人士或代表人物的言论;会议开始时的定调性言论和会议结束前的总结性言论;会议议定的或议而未决的事项;对会议产生较大影响的其他言论或活动①。

××区干部培训中心第×办公室会议记录

时间:2017年3月4日 14:30—17:00

---

① 王首程:《秘书写作技能》,广州:广东高等教育出版社,2009年,第223～224页。

地点:培训大楼第×会议室

出席人:刘××(主任)、杨××(教务长)、张××(办公室主任)、吴××(办公室秘书)及各培训部主要负责人。

缺席人:王××、张××(外出开会)

主持人:刘××(主任)

记录:吴××(办公室秘书)

一、报告

(一)杨××报告中心基本建设进展情况。(略)

(二)主持人传达区人民政府《关于压缩行政经费的通知》(以下简称《通知》)。(略)

二、讨论

我中心如何按照区人民政府《通知》的精神抓好行政经费的合理开支,切实做到既勤俭节约,又不影响正常的培训教学、科研等活动的开展。

三、决议

(一)利用两个半天的时间(具体时间由各培训部自己安排,但必须安排在本周内)组织有关人员集中传达学习《通知》精神,提高认识,统一思想。

(二)各培训部负责人在认真学习的基础上,利用下周政治学习时间向群众传达、宣讲。

(三)各培训部责成有关人员根据《通知》精神的压缩指标,重新审查和修改本年度行政经费开支预算,并于两周内报主任办公室。

(四)各培训部必须严格控制派出参加外出学习人员的人数,财务科更要严格把关。

(五)利用学习和贯彻《通知》精神的机会,对全中心员工普遍开展一次勤俭节约、艰苦朴素的传统教育。

散会。

主持人(签名):刘××

记录人(签名):吴××

这是一份办公室会议记录(选自中国政法大学出版社2018年版《常用应用文写作·实务技能训练》)。该会议记录有明确的标题,写明了会议时间、地点、出席人、缺席人和缺席原因以及主持人、记录人,会议记录按照会议议题的顺序,分项记录了会议的主要内容。该会议记录能够清楚地反映会议过程。由于不便公布各单位内部情况,编写者采用了将具体细节"略"的方式隐去,这是该范文的瑕疵也是其合理做法。

简　　报

一、含义

简报是党政机关、企事业单位、社会团体为及时反映情况、汇报工作、交流经验、揭示问题而编发的一种内部材料。它是一种带有新闻性质的事务文书,或带有公文性质的内部新闻信息的报道。

简报可上报、平送、下发,但不对外。它主要用于:向上级机关反映和报告情况;向下级机关推广经验、指导工作;与同级机关相互沟通和交流情况。

二、特点和作用

(一)特点

简报是事务文书中规范性较强的文种,被称为"准公文"。它具有新闻性和公文性的特征,其特点是简、快、新、实。

(1)简,指内容和文字简约。这是简报的主要特点。写法上,要开门见山,直截了当,尽量突出一个"简"字。

(2)快,指编发快。这是它突出的特点。简报的优点就在于了解情况快速,反映问题迅速。在当今信息密集的社会,获得信息、处理信息、传递信息是做好各项工作的关键,谁先沟通信息,谁就赢得了制胜的先机。

(3)新,指内容新。为了及时交流情况、传递信息,把工作中出现的新情况、新问题、新典型、新经验等用简报的形式快速地反映出来,同时还应阐明新思想、新观点;或者及时发现难点问题,有针对性地安排和部署工作。

(4)实,指内容真实。即绝不偏离事实,有关数据、事件的时间、地点、人物、事件的来龙去脉,因果关系必须准确。对事件的评价要客观恰当。要从纷繁复杂的表面现象中发现并揭示事物的内在规律,把握事物的本质特征,写出具有真实性、准确性、科学性的报道,做到客观真实反映实际,并为各级领导把握全局、正确决策提供依据。

(二)作用

(1)沟通作用。将本行业、本单位的情况上传下达或平级发送,以便上级机关掌握基层工作情况;兄弟单位之间互通情况,相互启发,促进工作。

(2)指导作用。简报向下级单位和群众传达上级或本机关的指示或会议精神,传达本行业、本系统兄弟单位的新成就、新经验,对本单位或下级单位的工作有指导和启发作用。

(3)宣传作用。简报的上传、下达和平送,可起到宣传本单位,树立组织或企业形象的作用。

三、分类

根据分类方法的不同,可以将简报分为不同种类。

一般按时间划分,可以分为定期简报和不定期简报;按内容划分,可以分为工作简报、会议简报、科技简报、教学简报等;按性质划分,可以分为专题简报、综合简报;按行文方向划分,可以分为上行简报、下行简报、平行简报。

下面主要按内容的不同,介绍三种类型简报。

(1)工作简报。这是为推动日常工作而编写的简报。它的任务是反映工作开展情况,介绍工作经验,报告工作中出现的问题等。工作简报又可分为综合工作简报和专题工作简报两种。

(2)会议简报。这是会议期间为反映会议进展情况、会议发言中的意见和建议、会议议决事项等内容而编写的简报。一些规模较大的重要会议,会议代表们并不能了解会议的整体情况,譬如分组讨论时的重要发言,有价值的提案、议案等,他们需要依靠简报来了解。

(3)科技简报。这是为反映最新科学技术研究成果,介绍推广新产品、新工艺、新技术、新理论等而编写的简报。这类简报内容新、专业性强,有的属于经济情报或技术情报,有一定的机密性,必要时需加密级,不得外泄。

四、写作

(一)基本结构与写法

简报由报头、报核、报尾三部分组成。

1.报头

报头又称版头。一般占首页上方三分之一的版面,用间隔红线与报核部分隔开。

报头的内容包括以下几项:

简报名称:在居中位置,用套红大号字体,要求醒目大方。如,《北京大学"国培计划(2018)"贵州省乡村教师访名校项目乡村小学校长基础教育改革发展专题培训班学习简报》,分三行居中排布;《中国科大国际金融研究院工作简报》,分二行居中排布。

期数:排在简报名称的正下方,按期序排列,有的简报还注明了总期数。

编发单位:写在红色横隔线的左上方位置上。如,"安徽大学办公室编""国际金融研究院编""北京大学社会学系编制"。

印发日期:写在红色横隔线的右上方位置上。如,"2019 年 11 月 30 日"。

密级:在报头左侧上方位置,标志密级标识和保密时限,秘密等级在前,保密时限在后,中间用"★"隔开,如"机密★1 年""秘密★4 个月",或标明"内部刊物"。

份号:印在报头右侧上方位置。

由于无纸化办公的普及,现实中简报的报头删繁就简,报头内容有较大的变化。电子版简报往往在单位的网站上发布。因此,编发单位省略不写,印发日期则变为发布日期,简报名称有的省略不写(一份电子简报,往往包含单位的多方面信息),有的则将简报名称与期数作为简报的单行标题。如,北京大学光华管理学院网站上的一期简报,标题就是"《研究简报》第 135 期 关于应对中国人口老龄化的几点建议"。

2. 报核

报核是简报的核心内容,即简报的行文部分,主要包括按语或目录、标题、正文三个部分。

(1)按语或目录。有的简报在报头和标题间加上编者按,主要内容是工作任务来源、本期重点稿件的意义和价值、征稿通知、征求意见等,常用来表明简报者的意图和观点,通常在按语前面加"编者按""按"等字样。编者按不可过长,短者三五行,长者半页即可。

常见的有三种:第一,说明性按语介绍稿件的来源、编发原因和发文范围;第二,评价性按语表明编者对简报所报道事实的看法;第三,批示性按语,也叫要求性按语,主要写在具有典型意义或指导作用的稿件前面。

按语是表明办报单位主张和意图的文字,帮助读者加深对简报内容的认识和理解。

有时候简报在报核部分还有目录,主要在简报内容比较多的情形下使用。

(2)标题。每篇稿件都需有标题。标题必须确切、醒目、简短,且富有吸引力,多类似新闻标题,包括单行标题和双行标题。

单行标题,如,中国人民大学教务处的一则工作简报:《建构督导融合、以导为主的本科教学督导新形态》(赵国俊),采用的就是单行标题形式,该简报将报道的核心内容或主要意义概括为一句话作标题。

双行标题,有两种情况:

引题+正题。引题指出作用和意义或渲染气氛、交代背景,正题概括主要报道内容。如,《尽责社会完善自身(引题)/华东师大团委开展"把知识献给人民"的活动(正题)》。

正题＋副题。正题概括主要事实，副题补充叙述基本事实。比如，《精心设计和讲好每一堂课——关于本科教学督导的一点感悟和思考》。

（3）正文。简报正文写法灵活自由，常有以下几种形式：消息式、总分式、点滴式、转发式。

消息式是最常见的简报正文写法，其正文分为导语、主体、结尾三个部分。

导语，就是简报的开头语，要用简短的文字，准确地概括报道的内容，说明报道的宗旨，引导读者阅读全文。总的要求是开门见山，一开始就切入基本事实或核心问题，给人一个明确的印象。具体写法可根据主题需要，分别采用叙述式、描写式、提问式、结论式等几种形式，它们各有所长，写作时可根据稿件特点选择运用。

主体，是简报的主要部分。写好主体是编好简报的关键。主体的层次安排有纵式和横式两种形态。纵式结构按事件发生、发展的时间顺序来安排材料，横式结构将要编写的事情进行分类编排，优点是条理性强，便于提示事物的意义与本质特点。

结尾，是否需要结尾因内容而定。有些简报主体部分结束，正文就结束了，这种自然结尾方式也较为常见。

总分式，则先从总体上提出题中要旨，再从几个方面并列说明要旨。

点滴式，类似简讯、花絮，采撷生活、工作中的点滴浪花表达某种主旨，体式不求完整。

转发式，一般转发一些材料，只需要加上按语即可，具有指导性或参照性。

3. 报尾

报尾内容包括主送单位、抄送单位、印刷份数等。

在简报末页，在报文下方的两条平行横线内，写明简报的发送范围。

有的分别标明：报、送、发。其中，报，指简报呈报的上级单位；送，指简报送往的同级单位或不相隶属的单位；发，指简报发放的下级单位。

另外，可在横隔线下右侧标明编印份数。

(二)写作要领

第一，紧扣单位实际。简报的编写，要紧扣单位的实际工作，将单位已经发布的新闻和公文等讯息，及时地编写出来，起到提纲挈领的作用，以便领导掌握单位近期情况。或者是将已经发生的重要事情，以专题简报的形式发布。

第二，突出重点内容。简报是简要报道单位的情况，供内部交流或上级阅读，因此，不应堆砌材料，必须认真梳理，分清主次、先后，有重点地加以编写，方可突出主要工作情况和成就。

第三，遵守格式规范。简报被称为"准公文"，因此，必须严格遵守简报编写的格式要求，以严谨的态度和良好的文风来完成编写任务，力求在版式清晰、要素齐全、语言规范、表达简明的前提下编写好单位近期工作的主要信息。

教学简报

2019—2020 学年第 4 期　总第 86 期

（发布时间：2020-12-07）

认真做好 2020 届毕业年级学生返校期间相关考试工作

2020 届毕业年级学生返校后，针对上一学期期末课程补课、缓考及本学期的结束课程、重修课程考试，教务处严格按照我校疫情防控要求，制定考试日程，合理安排教室，分阶段、分批次安排考试，顺利完成了相关考试工作。为不影响毕业生的学业，补考课程结束后相关教师须在五天内完成试卷的评阅及成绩录入，对因特殊情况无法返校补考的毕业年级学生要求各相关学院酌情采取"一生一案"措施。

实践教学管理

对 2020 届本科毕业设计（论文）工作管理不放松，标准不降低，监督不松懈。坚持高标准、严把关，抓好选题与答辩质量关，加强全过程质量监控，确保毕业设计（论文）过程规范和成果质量。要求毕业设计（论文）结合科研及生产、工程、社会实际，着力培养学生综合素质以及发现和解决实际问题的能力。全校共有 4109 人进入毕业设计（论文）环节，另有辅修 72 人进行毕业设计（论文）。课题中来自科研、结合实际、实习单位和师生合作的题目为 3036 个，占总数的 73.9%。

2020 年 4 月中旬对全校本科毕业设计（论文）中期检查，经检查有 59 位同学中期检查不及格，督促学生进行整改，确保毕业设计（论文）按时保质保量完成。2020 年学校继续对本科毕业设计（论文）进行学术不端行为检测。5 月下旬，对全校毕业设计进行盲审，按照 5% 的比例，共抽查 199 篇次。

认知实习因疫情的影响，经学校研究决定，2018 级认知实习教学工作原则上暂缓执行。对于确需在本学期安排的少量认知实习教学工作，二级学院制定相关工作计划，落实各项教学安排。对于如人工智能与大数据学院 9 个重补修同学、外国语学院若干专业等少量已开展认知实习的学生，认真收集资料并完成成绩评定。

2020 年 7 月，为合肥学院 2020 届国家级"卓越工程师教育培养计划"4 个专业 6 个班级学生的 235 名同学中共 229 名合格并颁发了"卓越工程师教育培养计划"证书，另 6 名为自动化专业同学不合格，国家级卓越工程师教育培养总体合格率达 97.4%。

产教融合项目仪器设备购置工作

组织设计学院和城市建设与交通学院的产教融合项目"设计创意产业和建筑与

交通工程实验实训平台"的3000万元仪器设备购置方案校级论证工作,并在校长办公会和校党委会上审议通过。配合公共事务与国有资产管理处开展仪器设备招标、供货等工作。

教学实验室建设项目稳步推进

开展专业认证、一流本科专业建设点建设、专业评估、硕士学位点建设和新专业建设等实验室建设申报项目校级论证工作,并在校长办公会上审议通过。完成专业认证类实验室建设项目500万元,编制并上报2020年中央财政支持地方高校发展专项资金(第三批)项目申报书。

开展教学实验室运行状态检查,对各实验室仪器设备状态和利用情况进行检查与分析,确保实验仪器设备能正常运行。

教学实验室安全管理

申报及立项实验室安全教育与考试系统,系统采用"课程+题库"平台架构,涵盖安全通识、化学、生物学、机械、建筑、电气、辐射、特种设备、网络安全等实验室安全教育与考试内容。可通过线上学习、考试等方式规范师生实验室安全操作,提高师生的安全意识,尽量减少实验室安全事故,保障师生安全。开展教学实验室安全检查。按照《合肥学院实验室安全管理办法》要求,全面排查实验室危险源、实验设备、消防设施及水电门窗等,做好各项检查和处理记录。

完成了2020届夏季毕业生毕业审核工作

本年度共有4569人申请毕业或结业,其中4449人毕业,结业120人,毕业率为97.22%,其中符合学位授予条件的4442人,授予学士学位,学位授予率为97.22%。有71位名辅修学生申请毕业,其中70名通过毕业审核且达到授予学士学位条件,为通过审核的70同学颁发辅修专业毕业证书并授予辅修学士学位。另为达到授予学士学位条件的8名来华留学生授予学士学位。

一流本科专业建设稳步推进

持续推进2020年一流专业申报工作。包括2019年11个省级一流专业建设点在内,目前共有25个专业拟申报本年度国家级一流专业。各专业申报书已经过两轮外审,正在不断修订和完善。一流本科专业建设,对学校构建高质量专业体系、提高应用型人才培养水平、建设一流应用型大学起到重要的推动作用。

新工科项目建设

按教育部办公厅《关于推荐第二批新工科研究与实践项目的通知》要求,顺利组织申报了国家级第二批新工科项目《应用型高校新工科专业"模块化课程池"建设的实践研究》。该项目已获批安徽省新工科立项项目,并作为安徽省10项新工科项目

之一推荐上报教育部第二批新工科研究与实践项目。

完成2017年省级新工科项目《以模块池为载体的新工科人才培养模式的改革与创新》结题报告撰写,已顺利提交安徽省教育厅质量工程系统,待本年度检查验收。

人才培养方案修订

以《教育部普通高等学校本科专业类教学质量国家标准(2018版)》、专业评估和国际工程教育专业认证标准为依据,全面贯彻党和国家教育方针,落实立德树人根本任务。根据学校工作安排,制定《合肥学院关于修订2020版本科人才培养方案的指导意见》,2020版人才培养方案修订工作正式启动。

"对口"招生及"专升本"招生录取工作圆满完成

2020年我校"对口"招生专业为学前教育(师范)和信息管理与信息系统,"专升本"招生专业为学前教育(师范)和计算机科学与技术,招生人数分别为100人和100人。招生办对考试各环节工作进行周密细致的部署,同时制定了详细的工作方案和应急预案,明确任务和岗位责任,招生办在纪委办公室全程监督下完成了符合免试录取条件考生的面试、笔试考试组织、招生录取等各项工作。

这是一份工作简报(选自合肥学院教务处网)。由于办公无纸化的普及,很多单位的简报,采用了电子版形式,需要阅读的人,可以在该单位的网页上查询到。该简报,则是当下比较典型的电子简报形式。分割线上面的,是简报的年份、第几期和总期数(可套红处理,保持纸质版简报的特点);分割线下面的,先是网上发布时间及发布作者(此处略,因在教务处这个网站下),然后是简报的主体内容,主体内容从不同方面,逐一编写,使得简报内容丰富、层次分明,充分展示了合肥学院教务处工作的有条不紊和工作成果。

第六节　述职报告

任务设计

最近,学校开展"评选优秀班干、团干"活动,为了公开、公平、公正,辅导员决定让所有班干、团干公开陈述他们在班级工作或团支部工作中的表现,向同学们具体汇报其履行职责的情况。王明是某班级的班长,请问,他应该准备什么样的汇报材料?如何着手写作?

案例解析

王明作为班长,陈述自己履行班长一职的情况,应该准备一份个人述职报告。在写作时,要围绕四个字"德""能""勤""绩"来进行构思和组织材料。"德"就是讲述自己对该岗位的思想认识和为班级同学服务的态度;"能"需讲述自己在该岗位上做了哪些事情以及履职的能力;"勤"需讲述岗位出勤及到岗情况;"绩"需要告诉大家他当班长后,班级获得了哪些方面的成绩,有哪些奖励和奖品等。撰写述职报告,要紧紧围绕岗位职责和工作目标来讲述自己的工作,不能写成工作总结;必须实事求是、不夸大成绩,也不回避问题,客观实在、全面准确;重点要突出,抓住带有影响性、全局性的主要工作,对有创造性、开拓性的特色工作重点着笔;行文时,注意语言要朴实,语气要谦恭。

一、含义

述职报告是党政机关、社会团体、企事业单位的领导干部和专业技术人员等把一定任职时期内履行职责的情况写成书面报告,向任命机构或本单位职工群众等进行汇报并接受审查和监督的一种应用性文体。

个人述职报告是随着人事管理制度改革而出现的,它是对干部和专业技术人员进行管理考核的一种文体。

二、特点

(一)述职人员特定

述职报告的使用范围十分有限,其制作人员仅限于党政机关、社会团体、企事业单位的干部和专业技术人员等。

(二)自述履职情况

述职报告是任职人对自己某个时期工作情况的总体汇报,采用的是自述的方式,即叙述人称为第一人称"我(们)",而不可以让他人代述。

(三)规定性的内容

述职报告述的是已经发生过的事情。一般是个人根据国家主管部门、单位人事部门制定的某一职位和职称的履职标准,汇报个人履行某职务的情况,是否能胜任某

职位以及履行职务的能力如何。与现行职务无关的工作做得再出色也略去不写。

(四)提供升职依据

述职报告是上级主管领导和有关评审组织对述职人任职实绩和能力考核的依据之一,也是单位职工群众对述职人评议的基础。述职报告的文本具有鉴定性,对述职人职位和职称的升迁与聘任有直接影响。

三、写作

(一)基本结构与写法

述职报告一般由标题、称谓、正文、结语、落款组成。

1. 标题

(1)单行标题。以下形式比较常见:

职务+时间+文种,如《××大学校长2020年度述职报告》;

时间+职务+文种,如《2020年任×县长的述职报告》;

职务+文种,如《××市长述职报告》;

时间+文种,如《2020年度个人述职报告》;

人称+文种,如《我的述职报告》;

文种,如《述职报告》。

(2)双行标题。

第一行是正标题,概括述职报告主旨;

第二行是副标题,由年度和文种或职务与文种构成。

比如,《迎难而上 春风细雨克难关——××公司公关部经理张××的述职报告》。

2. 称谓

(1)书面报告的称谓。写主送单位名称,如"××人事处""××组织部"等。

(2)口述报告的称谓。写对听者的称谓,如"各位领导、同志们"等。

3. 正文

述职报告的正文,由前言、主体、结尾三部分组成。

(1)前言。前言部分一般交代任职的基本情况,包括何时任何职、变动情况及背景,对自己工作尽职责情况的总体评价。此部分写作时简明扼要。前言与主体之间可用"根据××的要求,现将本人履行职责的情况报告如下"之类的话来过渡。

(2)主体。主体部分是述职报告的核心,要说明德、能、勤、绩四个方面的具体情况,还要重点突出三方面内容:一是思想政治方面,二是主要成绩,三是存在问题及其产生的主客观原因等。

此部分写作时,有三种结构方式:可以按照时间用纵式结构组织材料,也可以分条列项用横式结构,还可以结合前两者用纵横式结构。其中,要注意安排好"条""项"的内在逻辑关系。

(3)结尾。一般要写两点:一是对本人履职情况作一评价;二是简要地说说自己的一些体会或今后的设想、建议。如果这些内容已包含在主体部分,结尾也可以省略。

4. 结语

可用模式化语言如"以上报告,请审阅""以上报告,请领导、同志们批评指正""特此报告,请审查"等作结语。

口头述职报告可用"谢谢大家"作结语。

5. 落款

正文右下方写"述职人",后跟冒号,再写述职人的姓名和述职日期或成文日期。

注意,如果述职人署名放在标题下时,"述职人"三字后,不用冒号而是空一格,写明述职人姓名。

(二)写作要领①

第一,要实事求是,切忌华而不实。述职报告一定要讲真话,讲实话,讲心里话。无论称职与否,都要与事实相符,既不要自吹自擂,也不要过分谦虚。在肯定自己成绩的同时,也要敢于承担责任,使述职报告真正全面地体现自己德、能、勤、绩四个方面的情况。

第二,要突出重点,切忌报流水账。平时的工作材料是琐碎的、分散的、零星的。述职者在动笔之前,要对材料进行筛选和整理,选择主要工作,抓住主要政绩来写,不要事无巨细,一概罗列。

第三,要情理相宜,切忌私心过重。述职报告在叙事说理过程中,要有适当的感情色彩。但是个人情感不要渲染太多,述职者如果过多地考虑个人利益,过于看重取得的政绩,热衷于锦上添花,缺乏面对错误与失败的勇气,那就严重违背了写作述职报告的宗旨。

第四,要语言朴实,切忌虚饰浮夸。述职者面对的听众文化层次有差异,这就要求述职时语言表达通俗易懂,多采用质朴无华的群众性语言,直陈其意,绝不哗众取宠,也不能用一些生僻的字眼,故作高深。

---

① 刘舸:《述职报告写作四要四忌》,载《秘书》,2002年第10期,第39~40页。

范文示例

孟津县烟草局局长述职报告（有删节）

（2020年12月24日）

尊敬的各位人大代表：

一年来，孟津县烟草专卖局（分公司）认真学习贯彻习近平新时代中国特色社会主义思想和党的十九届四中、五中全会精神，坚决落实县委、县政府和市局（公司）的各项决策部署，持续推动党建工作和业务经营高质量发展。下面对我一年以来的工作履职情况报告如下，恳请各位代表监督评议。

一、单位基本情况

烟草局内设办公室、财务科、人事科、监察科、安管科、专卖科、内管办、卷烟客户服务部、烟叶生产收购服务部9个科室，下设5个专卖监管稽查队和1个打私打假稽查队、4个卷烟市场部、4个烟叶收购站（点），现有在岗职工131人。近年来，县局（分公司）党组以国家法律法规和烟草专卖法为执法准则，严格履行依法行政职能，狠抓"两烟"生产经营工作，连续多年获得县委、县政府"企业突出贡献奖"荣誉表彰。坚持党建与业务深度融合，促进工作有亮点、有成效，在全市烟草系统综合检查考评中位居上游，实现了安全稳定、和谐发展的良好局面。

二、主要工作完成情况

（一）党建工作更加规范。健全规章制度，按照党建工作标准化规范化要求，制定实施方案和考核办法，按照党支部"八有"标准，完善党支部软硬件建设，为党建工作做好规划。严肃党内组织生活，认真落实"三会一课"及"主题党日活动"，定期召开党建专题会议，大力开展"政绩观、荣辱观、大局观"学习研讨活动，聚焦突出问题，转变工作作风，发挥党建核心引领作用。多种形式开展"党建＋"主题活动，围绕疫情防控复工复产及年度目标任务，调动党员积极性和主动性，增强党性修养，提升政治素质。……

（二）卷烟经营稳步推进。全年预计销售卷烟12931箱，全面完成年度销量目标，预计实现单箱销售收入28110元左右，同比增加1100余元，超出单箱收入增长目标。保持卷烟零售终端建设高质量，稳步提升零售扫码达标率，终端扫码成功率、合格率位列全市第一，完成"金叶客"终端扫码系统14户，达到年度预期目标。强化数据营销驱动，对标"赛马"指标，多项网建指标在全市名列前茅，召开专题会议总结分析、查缺补漏，切实提升数据营销的主导作用。县烟草业转型升级工作得到市政府表彰，获得财政奖励50万元及省产烟税收奖励289万元，受到县委、县政府充分肯定。在县城安装吸烟亭2座，烟蒂收集器140个，圆满完成文明吸烟环境建设工作。

（三）烟叶工作持续优化。2020年全县签订烟叶合同2000亩，收购烟叶5244.65

担,完成计划5500担的95.36%,全市排名第五。其中上等烟比例57.09%,中部烟比例53.76%,亩产值3521.75元,均价26.86元/公斤,实现烟叶税155万元。烟叶工作"三优化"效果明显:烟区布局进一步优化,形成7个示范园,烟叶生产集中度不断提高;烟农进一步优化,重点发展讲诚信、有技术、会经营的职业烟农;品种进一步优化,做到优良品种种植率100%。旱作栽培技术体系更加完善,地膜覆盖率达到98%以上,较上年提高28%,有机肥施用率达到100%,烟叶移栽期较往年提前7天。在全市烟叶移栽阶段检查中,我县综合排名第三,其中移栽面积和移栽质量均排名第二,物资供应排名第三。结构优化工作取得明显突破,采烤时间较上年提前一周左右,解决成熟采烤过晚问题初见成效。及早谋划明年烟叶布局,纳入月度考核,确保2021年烟叶面积规划不动摇。

(四)监管服务不断强化。全年查办涉烟案件194起,查获卷烟52.448万支。办理万元案件6起,其中5万元以上案件2起,办理50万元网络案件两起,依法判刑2人。市场净化率96.5%以上,大户比例控制在0.8%以内。新办证商户171户,依法变更830户,责令停业整顿39户,到期延续3户,优化许可证申办流程,不断提升行政许可服务水平。扎实开展2020"利剑行动"清网截流专项行动、"围歼二号"卷烟打假专项行动,加大对制假、售假、贩假活动和真品卷烟串户乱码违法行为打击力度,天价烟、样品烟和乡镇集会售假烟现象得到有效治理。深入推进"APCD"工作和零售商户诚信等级管理,促使专卖检查由经验型、粗放型向数据分析、精确检查方式转变,进而有效提升市场管控能力。

三、下步工作打算

以党建工作为核心,狠抓卷烟经营和烟叶生产工作,强化专卖依法行政服务水平,全面提升经济运行高质量发展能力,确保完成县委、县政府和市局(公司)下达的各项目标任务。结合当前工作实际,对2021年重点工作安排如下:

一是持续加强党建工作。一是坚持以党建引领为中心,全面推进党支部标准化规范化建设,争取建成的标准化规范化党支部通过验收合格,所有党支部按照"八有"标准全面达标。……

二是持续优化营销能力。一是巩固卷烟条线整肃活动成果,深刻剖析问题,及时整改到位,对条线、部门、个人的活动开展情况进行评定,部门之间定期交流学习,把规范理念贯穿到营销工作中,推动卷烟营销规范高标准完成。……

三是持续规范执法监管。一是深入开展打假打私,与公安、市场监管、邮政等部门深度配合,整合相关信息资源,持续强化"三道防线"建设,争取5万元以上涉烟案件办理达到标准,在办理50万元以上网络案件上取得新突破。……

四是持续提高烟叶质量。一是狠抓烟田管理,组织烟叶技术人员深入田间地头,指导烟农落实关键技术,强化督查考核,不定期进行检查督促,避免出现"重栽轻管"现象。……

五是持续提升管理水平。一是激发队伍活力，总结"政绩观、荣辱观、大局观"学习研讨活动成果，强化思想教育，引导干部职工克服人员多、年龄大的困难，发挥人多力量大的优势，凝聚干事创业热情，共谋孟津烟草高质量发展。二是强化精益管理，对标虚拟法人税利考核指标，以保税利、保增长为目标，加强国有资产管理，提高资产使用效率，运用对标、预算管理等手段，推动企业精益化管理。三是强化安全稳定意识，时刻牢记"安全第一，预防为主"，抓好日常检查和定期排查，防止安全责任事故发生，及时发现化解信访隐患矛盾，确保企业和谐稳定，为县域经济高质量发展做出积极贡献！

 评析

这是一份局级领导的年度述职报告（选自洛阳市孟津区人民代表大会常务委员会网）。该述职报告所述之职责，重点突出，充分展现了个人在岗位上尽心尽责履职的作用和成就，且行文严谨，结构清晰，语言平实，表达流畅。具体地说，首先，该述职报告，称谓顶格书写并使用了敬语；接着，高度概括一年来自己领导单位所作出的贡献，然后以"下面对我一年以来的工作履职情况报告如下，恳请各位代表监督评议"转入具体的述职内容；具体的述职，分"单位基本情况""工作完成情况"和"下步工作打算"三方面来汇报。

 思考与训练

一、问答题

1. 事务公文有哪些特点？它与党政机关公文有何区别？
2. 计划性文书有哪些特点？不同种类的计划性文书有什么特征？计划与总结又有哪些不同？
3. 会议记录与纪要有区别吗？如果有区别，请问，区别在哪里？
4. 简报与一般新闻稿有什么区别？
5. 述职报告与总结有什么异同？

二、判断题

1. 事务文书一般采用惯用格式和约定俗成的写法，呈现出较大的灵活性。（   ）
2. 制定计划前，要充分进行调查研究。（   ）
3. 计划的目标是指计划的具体任务、要求和指标，回答"怎么做"的问题。（   ）
4. 总结往往作概括叙述，而不必具体描述，作简要说明，而不必旁征博引。（   ）
5. 调查的目的，是为了弄清事实真相，找出解决问题的办法。（   ）
6. 为了保证调查结果的客观性，调查问卷的设计不能体现被调查者的姓名和单位。
（   ）

7. 揭露问题的调查报告,常常采用"问题—原因—意见或建议"式的结构进行写作。
（　　）
8. 会议决议事项,在进行会议记录时,应该分条列项。（　　）
9. 会议记录应该做到不添加,不遗漏,依实而记。（　　）
10. 简报属于部门系统内部的工作小报,主要用于信息交流,因此所有简报都不用标明"密级"。（　　）
11. 简报是公文,可以代替报告、通知和通报等。（　　）
12. 每一篇简报都要配写按语。（　　）
13. 述职报告是干部人事制度改革、引进竞争机制后兴起的一种新的应用文体。（　　）
14. 述职报告不必介绍自己的工作思路。（　　）
15. 述职报告只讲履行岗位职责的情况,不必突出个人特点。（　　）

三、写作实践题

1. 学校将举办文化艺术节,其中包括书画、摄影、卡拉OK、歌舞等项目的比赛,请你以组织者的名义拟写一份比赛活动计划。

2. 编写一期反映某项活动开展情况的简报。

3. 拟写一篇全面反映个人学习情况的年度总结。

4. 要求参加一次班级或社团召开的重要会议,主动承担该次会议的文字记录工作,锻炼自己会议记录的能力,能迅速、准确、详细地记录会议的内容。

5. 请根据调查参考题,选择在同学中引起强烈反响的现实问题进行调查,完成下面三个步骤的写作任务：

第一步:从以下题目中选择一题,学生分组拟出一份调查问卷；

第二步:根据课堂设计问卷调查表开展调查活动；

第三步:撰写调查报告。

附:调查参考题

本校(本班)同学消费情况调查。

本校(本班)同学课外阅读情况调查。

本校(本班)同学业余爱好调查。

本校(本班)同学对各门学科的学习兴趣与成绩情况调查。

6. 根据你在班级、社团等集体所担任的职务,从"德""能""勤""绩"四个方面,撰写一份述职报告。

第四章 规章文书写作

知识目标

了解规章文书的适用范围和文体格式特点,明确其写作要求。

能力目标

掌握规章文书的写作方法,能熟练运用规章文书的写作技巧;提升条例、办法、规定、章程的写作能力。

学习方法

规章文书,是国家或单位重要的法律法规文书,是制度的体现,它严肃规范,不容违反。因此,在撰写之前,必须充分调查研究,按照单位的实际情况,征询各方意见和建议,在广泛研讨的基础上,制定相应的法规或规章。在学习的过程中,要积极学习党和国家相关的法律法规,熟悉其基本结构和写法,努力做到从模仿写作到能根据实际情况独立写出规范的文本。

第一节 规章文书写作概述

李涛是××有限公司总经理秘书,公司成立不久,急需在各方面规范各部门职责和员工行为。总经理要求他在一个星期之内,撰写一份公司岗位职责、员工行为规范等方面的规章类文书。请问,李涛应该怎样来完成这个艰巨而重要的任务?

案例解析

李涛作为公司总经理秘书,应责无旁贷地挑起为公司撰写规章类文书的重担。不过,在撰写这些文书之前,李涛应先熟悉和掌握规章类文书的特点、格式及写法;然后,需要召开一个协商性会议,与各部门经理、员工代表等进行沟通和交流,既要把公司经营管理的理念跟大家作个交代,也要就规章的内容和具体条款征求大家的意见和建议。只有这样,李涛才能够撰写出既符合领导意图,又符合公司实际,还能让各部门和员工接受并遵守的规章制度。

一、含义

规章文书是指党政机关、社会团体、企事业单位根据有关法律、法规精神,对某一方面职能工作或一定范围内人们的行为准则作出规定的规范性文书。

它是法规性文书和规章类文书的统称,是方针政策的具体化。

法规性文书,指条例、规定、办法。规章类文书,指章程、制度、规范、实施细则、规则、标准、须知、公约等。

二、特点

(一)制发程序严格

规章的制发程序有严格的要求,即通过法定程序使文件获得法定效力。

具体地说,规章的发布,对不同级别的机关有不同的要求:

全国性法律经全国人民代表大会或全国人大常委会通过后,由国家主席以令的形式发布;国家行政法规由国务院总理签署发布,且由新华社发稿,《国务院公报》《人民日报》全文刊登;地方性法规经由省级人民政府常务会议讨论通过后,由省长签发,提请省人民代表大会及其常委会审议批准,经省级人大及其常委会通过,以公告的形式发布。地方政府的规章草案经省级人民政府常务会议审议通过后,由省长签署省级人民政府发布令发布。企事业单位的规章制度由行政负责人签署,在本单位内公布。

(二)公开公布

法规或规章制定后都必须在相应的范围内公布,因此,都是公开性文件,不是秘密文件。凡在报纸、刊物上发布的,一般不另外行文,但发文机关必须印制少量样本存档。

(三)法规性强

规章中所列条款,一般都有一定的母法依据,都是根据已有的法律、法规精神作出进一步的规范要求。因此,制定规章类文书时,要特别注重法律依据,不能违反已有的法律、法规精神。如,《安徽省实施〈中华人民共和国国家通用语言文字法〉办法》,其母法为《中华人民共和国国家通用语言文字法》。

(四)约束力强

法规或规章文书,通常要求"只能恪守,不得违反",具有极强的约束力和强制性,一经发布生效,所属人员就得遵守和执行,若有违反,就要受到惩处。其中,制发文件的机关级别越高、权力越大,其文件的法律权威也越大。

(五)附载发布

规章类文书不能单独发文,必须用"令"或"公告""通知"等公文发出,其文号即其载体文号。如,《安徽省建筑工程招标投标管理办法》经 2020 年 12 月 22 日省政府第 125 次常务会议修订通过,由省长于 2020 年 12 月 30 日签署《安徽省人民政府令》(第 301 号)。该管理办法的文号即为政府令第 301 号。

(六)时效持续

在没有新的法规、规章替代前,一直有效。为慎重起见,有的先以"草案""试行""暂行"等形式出现,实践一段时间后,再予以修改定型。

(七)条文撰写

这是规章类文书有别于其他公文的一个显著特点。它的内容全是一章一条一款的安排。格式规范,结构严谨,语言严肃,条理分明。

三、写作要领

第一,体式要规范。规章在一定范围具有法定效力,因此在体式上,较其他事务文书更规范。在格式上,不论是章条式,还是条款式,本质上都采用逐章逐条的写法。条款层次由大到小。最为常见的是由章、条、款三层组成。

第二,内容要严密。规章需要人们遵守其特定范围的事项,因此其内容必须有预见性、科学性和严密性,否则无法遵守或执行。

第三,语言要简洁。规章用语要简洁、平易、严密。

第二节 条 例

任务设计

××省,为表彰在推动科学技术进步中作出重要贡献的集体和个人,充分调动广大科技人员的积极性和创造性,拟制定关于科学技术进步奖励条例。张阳作为政府办公室秘书,按照领导的指示,全权负责该条例的起草工作。请问,在条例起草过程中,他应该注意什么问题?

案例解析

条例是领导机关制定或批准、规定某些事项或机关团体的组织、职权等带有规章性质的法规性文件。因此,张阳在起草条例的过程中,需要了解和掌握条例的写作知识和写作技能,把握好条例的严肃性、规范性以及可操作性的特点。

一、含义

条例,指由国家或有关党政机关依照政策和法令而制定并发布的,针对政治、经济、文化等领域内的某些具体事项而作出的,比较全面系统、具有长期执行效力的法规性公文。

国务院办公厅发布的《行政法规制定程序条例》明确规定:行政法规的名称,一般称条例。

二、特点

(一)制发机关的法定性

条例是规章制度中的最高样式,无论是党的机关公文还是行政公文,都对其制发资格有严格的规定。国务院办公厅在《行政法规制定程序条例》中也规定,国务院各部门和地方人民政府制定的规章不得称为"条例",只有国家及其最高行政机关和地方立法机关,才有制发条例的资格。国务院的各个部门所制定的与自己职权有关的规章以"条例"命名时,必须经国务院批准并以国务院的名义发布,不能擅自制定发布。

(二)内容的法规性

对于党的机关公文来说,条例是规范党组织的工作、活动和党员行为的规章制度。如,《中国共产党纪律处分条例》《中国共产党党内监督条例》等就是对党员违反党的纪律以及党内监督所作出的行为规范,属于党内法规。

对于行政机关公文来说,条例是对国家的某一政策、法令所作的全面、系统的补充说明或辅助规定,或者是对某一项经常性的重要工作所颁布的规章制度。《粮食流通管理条例》(中华人民共和国国务院令第740号第三次修订,2021年2月15日),是国家对粮食流通管理的政策性规范。

可以说,条例是法的表现形式之一。条例一经颁布,在特定的领域就具有强制性和约束力,相关的组织、人员必须遵照执行,不得违反。

(三)格式的条款化

条例的正文,一般都采用分条列款的结构方式,往往是篇下分章、章下分条、条下分款,便于查找和引用。

三、写作

(一)基本结构与写法

条例一般由标题、题注和正文三部分组成。

1. 标题

条例的标题一般有两种写法:

(1)施行范围＋主要内容＋文种。如,《中国共产党纪律处分条例》,施行范围是全党,主要内容是纪律处分,文种是条例;《党的纪律检查机关案件审理工作条例》,施行范围是党的各级纪检部门,主要内容是案件审理工作,文种是条例。

(2)主要内容＋文种。比如,《建设工程质量管理条例》,省略了施行范围。

2. 题注

条例的题注位于标题下,标明条例发布机关和日期,重要条例还要标明通过的会议。用命令、通知等文种予以发布的条例,本身不显示制发时间,以命令或通知的发文时间为准。

3. 正文

(1)内容构成。条例的正文,通常由总则、分则、附则三部分组成。

总则:内容包括制定条例的依据、目的、意义、指导思想、基本原则、基本概念、适用范围等,根据情况分为多少不等的若干条款。总则独立成章,然后分条撰写。内容过于复杂的,还可在章上分编,第一编为总则,第二编为分则,第三编为附则。

分则:总则之后、附则之前的所有内容,都属于分则。分则分章节或条目来分列条例的具体内容,是条例的核心。

附则:是对前面内容的补充说明,内容一般比较简单。主要包括对概念或有关问题的解释,明确上述规定的解释权、修改权、实施时间、适用对象以及与相关法规政策的关系等。

(2)正文写法。主要有两种形式,即分章式和分条式写法。

分章式写法:这种写法是篇下分章、章下分节、节下分条、条下分款。条的顺序全文统一编排,不按章单独排,即分章分节,章断条连。通常第一章是总则,以下各章是分则,最后一章是附则。内容丰富的条例一般采用分章式写法。

分条式写法:即整个条例不分章节按条款依次排列。这种写法虽然不设总则、分则和附则,但有关内容都已经包括在所设条款之中。内容简单的条例可直接分条撰写。

(二)写作要领

第一,必须做到符合法律、政策,绝不能与上级制定的现行法律法规、政策相抵触,这样才能真正起到规范化的作用。

第二,要安排有序。章和条的排列要有逻辑联系,撰写实施条款的层次安排要做到先原则后具体,先主后次,不能胡乱堆砌。

第三,条款规定必须具体、明确、周密可行。使用的概念要准确,语言文字要规范、凝练,切忌抽象笼统,含糊不清。文风要庄重、平实,格式要规范。

党政机关公文处理工作条例(有删节)

第一章 总 则

第一条 为了适应中国共产党机关和国家行政机关(以下简称党政机关)工作需要,推进党政机关公文处理工作科学化、制度化、规范化,制定本条例。

第二条 本条例适用于各级党政机关公文处理工作。

第三条 党政机关公文是党政机关实施领导、履行职能、处理公务的具有特定效力和规范体式的文书,是传达贯彻党和国家的方针政策,公布法规和规章,指导、布置和商洽工作,请示和答复问题,报告、通报和交流情况等的重要工具。

……

第七条 ……

第二章 公文种类

第八条 公文种类主要有:

(一)决议。……

(二)决定。……

……

(十五)纪要。适用于记载会议主要情况和议定事项。

第三章 公文格式

第九条 公文一般由份号、密级和保密期限、紧急程度、发文机关标志、发文字号、签发人、标题、主送机关、正文、附件说明、发文机关署名、成文日期、印章、附注、附件、抄送机关、印发机关和印发日期、页码等组成。

(一)份号。……

(二)密级和保密期限。……

(三)紧急程度。……

……

(十八)页码。公文页数顺序号。

……

第四章 行文规则

第十三条 行文应当确有必要,讲求实效,注重针对性和可操作性。

……

第五章 公文拟制

第十八条 公文拟制包括公文的起草、审核、签发等程序。

……

第六章　公文办理

第二十三条　公文办理包括收文办理、发文办理和整理归档。

第二十四条　收文办理主要程序是：

……

第七章　公文管理

第二十八条　各级党政机关应当建立健全本机关公文管理制度,确保管理严格规范,充分发挥公文效用。

……

第八章　附　则

第三十八条　党政机关公文含电子公文。电子公文处理工作的具体办法另行制定。

第三十九条　法规、规章方面的公文,依照有关规定处理。外事方面的公文,依照外事主管部门的有关规定处理。

第四十条　其他机关和单位的公文处理工作,可以参照本条例执行。

第四十一条　本条例由中共中央办公厅、国务院办公厅负责解释。

第四十二条　本条例自2012年7月1日起施行。1996年5月3日中共中央办公厅发布的《中国共产党机关公文处理条例》和2000年8月24日国务院发布的《国家行政机关公文处理办法》停止执行。

【评析】

这是一份由中共中央办公厅和国务院办公厅联合行文制定的条例(选自中华人民共和国中央人民政府网)。该条例采用章、条、款的结构,第一章为总则;第八章为附则;中间部分为分则。总则部分写明目的、适用范围、定义等;分则部分写明公文种类、公文格式、行文规则、公文拟制、公文办理、公文管理等六个方面的规定和要求;附则部分写明其他需要说明的事项以及施行日期等。全文风格严肃、庄重,语气肯定,表述严谨,条款具体可行,充分体现国家法规的权威性和条例格式的规范性。

第三节　办　法

【任务设计】

××学校现有校级科研机构若干个,各机构自成立以来,因人、财、物缺失不到位,形同虚设。为了规范和加强对科研机构的管理,学校责成科技处尽快出台科研机构相关管理办法。陈宏作为科技处的秘书,理应担当起草该办法的重任。现在令陈宏头疼的是,因为他到科技处工作时间不长,对于办法的制定以及学校科研机构的管理还不是很熟悉。请问,科技处秘书陈宏怎样才能圆满完成领导交办的任务?

案例解析

办法是机关、企事业单位对一项工作作出比较具体的规定所使用的一种规定性文种。因此,陈宏在起草办法时,应突出它的具体性。如何才能做到办法内容的具体和可操作? 一般情况下,该办法至少应该具备以下几项内容:科研机构建立的条件、科研机构的申请和审批以及科研机构的管理原则等。

一、含义

办法,是国家机关、企事业单位、社会团体为贯彻某一法令或做好本部门、本系统某方面的工作,作出的比较具体的规定(包括处理某些问题的具体方法和标准)的行政法规文书。

二、特点

(一)具体性

办法和条例、规定是比较接近的文种。它们都有法规性,分章列条的外部形式也比较接近。它们之间的区别体现为:条例的制作单位级别高,内容全面、系统,意义重大,具有原则性。规定的制作单位没有条例那么严格,内容比较局部化,方法、步骤、措施比较详细。而办法由分管某方面工作的职能部门作出,内容更为具体。

(二)普遍性

办法的应用范围广泛,使用率高,特别是在我们国家法治建设一步步加强,人们的法治观念一步步强化的时候,自觉守法已逐步成为人们行动的准则,事情无论大小,都要有法可依。而办法可以用于指导实施国家的某一法律、条例,可以对某项工作作出具体规定,因而越来越广泛地被行政管理部门所采用。

(三)实践性

办法的内容都是贴近工作实践的方法、步骤和措施,具有很强的实践性特点。

(四)派生性

有相当一部分办法是为贯彻落实某一法律而制定的,是法律的派生物。如,国务院和中央军委发布的《中国人民解放军士官退出现役安置暂行办法》的第一条提到:根据《中华人民共和国兵役法》和《中国人民解放军现役士兵服役条例》的有关规定,制定本办法。可见其对法律和条例的依附性十分明显。

三、写作

(一)基本结构与写法

办法一般由标题、题注和正文三部分组成。

1. 标题

办法的标题有两种写法:

(1)制发机关名称+内容+文种。如,《安徽省实施〈中华人民共和国国家通用语言文字法〉办法》。

(2)内容+文种。如,《安徽省政务数据资源管理办法》(安徽省人民政府令第299号,2020年12月30日公布)、《上海市粮食安全责任制考核办法》(由上海市人民政府"沪府办发〔2020〕11号"通知印发)。

需要说明的是,如果是试行或暂行的办法,需要在内容之后写上"试行"或"暂行"字样。如,《××学校模范共产党员评选(试行)办法》。

2. 题注

题注用圆括号的形式写在标题正下方,也有把发文单位和时间写在正文右下方的。随命令或通知发布的办法,自身不显示制发日期和依据,而以发布令的日期为准。

3. 正文

(1)内容构成。办法的正文分为总则、分则、附则三部分。

总则:内容包括办法的依据、目的、意义、指导思想、基本原则、基本概念、适用范围、实施部门等。

分则:分章分条列出具体的方法、步骤、措施、要求等。

附则:写出实施意见,以及解释权、说明权、施行日期等。

(2)正文写法。

分章式写法:与条例写法相同。

分条式写法:前若干条写目的、依据、宗旨等,中间较多的条款写方法、步骤、措施等,最后一两条写补充规定和实施要求。

(二)写作要领

第一,内容要详细具体,富有操作性。
第二,结构要严谨、清晰、合理。
第三,措施要将原则性与灵活性相结合。
第四,语言要准确、简洁。

安徽省人民政府令
第 291 号

《安徽省建设工程地震安全性评价管理办法》已经 2019 年 12 月 27 日省人民政府第 80 次常务会议修订通过,现将修订后的《安徽省建设工程地震安全性评价管理办法》公布,自 2020 年 3 月 1 日起施行。

省长　李国英
2019 年 12 月 31 日

安徽省建设工程地震安全性评价管理办法

第一条　为了加强建设工程地震安全性评价管理,防御和减轻地震灾害,保护人民生命和财产安全,根据《中华人民共和国防震减灾法》和国务院《地震安全性评价管理条例》等法律、法规,结合本省实际,制定本办法。

第二条　在本省行政区域内从事地震安全性评价活动,应当遵守本办法。

第三条　县级以上人民政府负责管理地震工作的部门或者机构负责本行政区域内建设工程地震安全性评价的监督管理工作。

县级以上人民政府发展改革、财政、住房和城乡建设、交通运输、水行政、通信、卫生健康等部门应当按照各自职责,共同做好建设工程地震安全性评价工作。

第四条　国务院规定应当进行地震安全性评价的建设工程,按照国务院规定执行。

下列特殊设防类建设工程以及部分重点设防类建设工程应当进行地震安全性评价,并根据地震安全性评价的结果,确定抗震设防要求,进行抗震设防:

(一)重大建设工程;

(二)受地震破坏后可能引发水灾、火灾、爆炸、剧毒或者强腐蚀性物质大量泄露或者其他严重次生灾害的建设工程,包括水库大坝、堤防和贮油、贮气,贮存易燃易爆、剧毒或者强腐蚀性物质的设施以及其他可能发生严重次生灾害的建设工程;

(三)受地震破坏后可能引发放射性污染的核电站和核设施建设工程;

（四）省人民政府规定的对本行政区域有重大价值或者有重大影响的其他建设工程。

前款规定的部分重点设防类建设工程，具体范围由省人民政府负责管理地震工作的部门会同住房和城乡建设、交通运输、水行政等部门依法确定，报省政府同意后公布。

第五条 设区的市人民政府应当在依法设立的开发区、新区和其他有条件的区域，统一组织对地震安全性评价事项实行区域评估，不再对区域内的企业等市场主体单独提出评估要求。区域评估的费用不得由市场主体承担。

对已经完成区域评估范围内的有关建设工程，有关地方人民政府负责管理地震工作的部门或者机构，应当及时告知有关建设单位区域性地震安全性评价结果及相应抗震设防要求。

第六条 从事地震安全性评价的单位应当严格执行国家地震安全性评价的技术规范，确保地震安全性评价的质量。

地震安全性评价单位应当将其承担的地震安全性评价项目报项目所在地县级以上人民政府负责管理地震工作的部门或者机构备案。项目跨设区的市的，应当报省人民政府负责管理地震工作的部门备案。

第七条 地震安全性评价单位编制的建设工程地震安全性评价报告，依据国务院《地震安全性评价管理条例》的规定，除依法应当由国务院地震工作主管部门审定外，由省人民政府负责管理地震工作的部门负责审定，确定建设工程的抗震设防要求。

省人民政府负责管理地震工作的部门审定建设工程地震安全性评价报告，不得收取任何费用。

第八条 县级以上人民政府负责项目审批的部门，应当将抗震设防要求纳入建设工程可行性研究报告的审查内容。对可行性研究报告中未包含抗震设防要求的项目，不予批准。

第九条 建设工程应当按照抗震设防要求和抗震设计规范进行抗震设计，并按照抗震设计进行施工。

第十条 县级以上人民政府负责管理地震工作的部门或者机构应当会同住房和城乡建设、交通运输、水行政等部门，加强对地震安全性评价工作的监督检查。

第十一条 违反本办法第四条、第九条规定的行为，由县级以上人民政府负责管理地震工作的部门或者机构依照《中华人民共和国防震减灾法》的有关规定给予行政处罚。

第十二条 违反本办法的规定，省人民政府负责管理地震工作的部门不履行审定地震安全性评价报告职责，县级以上人民政府负责管理地震工作的部门或者机构不履行监督管理职责,或者发现违法行为不予查处,致使公共财产、国家和人民利益遭受重大损失的,依法追究有关责任人的刑事责任;没有造成严重后果,尚不构成犯罪的,对负有责任的主管人员和其他直接责任人员给予降级或者撤职的处分。

第十三条　本办法自2020年3月1日起施行。

这是一份以令发布的法规(选自安徽省人民政府网)。全文采用分条式写法,从第一条到第十三条,分条写明安徽省建设工程地震安全性评价管理的具体办法。具体地说,前三条为总则,写明目的、适用范围以及含义;中间为分则,写明具体的管理办法;最后一条为附则,写明施行日期。该办法充分体现了规章类文书具有措施具体、条款可行、格式规范、条理清晰、结构简明、语句严谨、通俗易懂等特点。

第四节　规　　定

任务设计

目前,学术文化界以及高等教育界学术腐败现象较为严重。为了维护学校的优良学风,规范学术行为,严肃学术风纪,××学校会议研究决定由科技处牵头制定出台有关学术道德规范及学术不端行为处理规定。请问,他们在起草相关规定时应该注意哪些问题?

案例解析

规定是领导机关对特定范围内的工作和事务制定相应措施,要求所属部门的下级机关贯彻执行的法规性公文。因此,在制定规定时,在内容上应更侧重于政策和管理方面,并且明确"应该如何"和"不应该如何"的界限问题,确保规定的内容具体、明确,避免产生歧义。

一、含义

规定,是国家机关、社会团体和企事业单位为处理某个事项、开展某种工作而提出的要求与规范。

二、特点

(一) 内容的局部性

规定有时为实施某一法律文件而制定,有时为加强管理而单独制定,内容侧重于政策和管理方面,划清政策界限,明确管理原则,在内容上,不像条例那样全面和系统。如,《司法行政机关强制隔离戒毒工作规定》。

(二) 表达的概括性

规定只对特定的工作作部分限定,内容范围较窄,但原则性较强,所以,相对于条例而言,比较具体,但相对于办法来说,又比较概括。规定的概括性介于条例和办法之间。如,"为了规范司法行政机关强制隔离戒毒工作,帮助吸毒成瘾人员戒除毒瘾,维护社会秩序,根据《中华人民共和国禁毒法》、《戒毒条例》等法律法规和相关规定,制定本规定"。

(三) 法律的约束性

规定所涉及的工作或问题不如条例重大,其法规性和约束力不及条例,但相对于办法(可以结合实际变通贯彻的特点),它有更大的约束力。如,《公安机关办理刑事案件程序规定》的修改,是执行《公安部关于修改〈公安机关办理刑事案件程序规定〉的决定》的结果,而该项重要的决定,又是经由《中华人民共和国公安部令》(第159号)公布的(2020年7月20日),充分显示了它的法定程序的约束性。

(四) 写作的灵活性

规定可以用文件形式直接发布,也可以像其他法规性公文那样,以通知附件的形式发布。而且,规范对象可大可小,时效和篇幅也可长可短,使用者层级可高可低,因而受限制较少。如,《人民警察警旗管理规定(试行)》(由最高人民法院、最高人民检察院、公安部、国家安全局、司法部于2020年10月13日联合发出通知印发);《清华大学本科生学籍管理规定》(2015年)等。

三、写作

(一) 基本结构与写法

一般由标题、题注和正文组成。

1. 标题

(1)发文机关＋事由＋文种。如,《××市关于中小企业租赁经营的规定》。

(2)事由＋文种。如,《律师事务所境外分支机构备案管理规定》(由"司规〔2019〕1号"通知印发)、《法规汇编编辑出版管理规定》。

如果规定是短期的、临时性的,在规定文种前应加上"暂行"字样。如,《国营企业工资调节税暂行规定》。

2. 题注

独立发布的规定,在标题下方正中加圆括号标明通过规定的会议名称及日期、发文机关及公布日期或批准机关名称及日期等。如,中华人民共和国司法部发布的《监狱提请减刑假释工作程序规定》,题下标明"2003年4月2日司法部令第77号发布 2014年10月10日司法部部务会议修订通过"。

随命令、通知等文种发布的规定,以命令或通知的发文日期为准,规定自身不再标明制发时间。如,《国务院办公厅关于印发国有金融资本出资人职责暂行规定的通知》(国办发〔2019〕49号),附载了《国有金融资本出资人职责暂行规定》。

3. 正文

(1)内容构成。规定的正文包括总则、分则、附则三部分。

总则:规定的第一部分,主要用来交代制发的缘由、目的、意义、指导思想、基本原则、适用范围、主管单位等。总则一般自成一章,分为若干条。

分则:规定的主体部分,是规定的实质性内容和要求。分则分为若干章,每章有小标题,下列若干条款。

附则:规定的结尾部分,补充说明实施要求、施行日期、解释权限等。

(二)写作要领

第一,准确掌握规定的适用范围。一般说来,制定某项规定性、政策性强的工作或活动的规则,可用规定。

第二,规定的内容要具体、明确,应让读者明确应该如何和不应该如何。

第三,语言要凝练、准确、严密、肯定,避免产生歧义。

中央生态环境保护督察工作规定(有删节)

第一章 总 则

第一条 为了规范生态环境保护督察工作,压实生态环境保护责任,推进生态文明建设,建设美丽中国,根据《中共中央、国务院关于全面加强生态环境保护坚决打好污染防治攻坚战的意见》《中华人民共和国环境保护法》等要求,制定本规定。

第二条　中央实行生态环境保护督察制度,设立专职督察机构,对省、自治区、直辖市党委和政府、国务院有关部门以及有关中央企业等组织开展生态环境保护督察。

第三条　中央生态环境保护督察工作以习近平新时代中国特色社会主义思想为指导,深入贯彻落实习近平生态文明思想,增强"四个意识"、坚定"四个自信"、做到"两个维护",认真贯彻落实党中央、国务院决策部署,坚持以人民为中心,以解决突出生态环境问题、改善生态环境质量、推动高质量发展为重点,夯实生态文明建设和生态环境保护政治责任,强化督察问责、形成警示震慑、推进工作落实、实现标本兼治,不断满足人民日益增长的美好生活需要。

第四条　中央生态环境保护督察坚持和加强党的全面领导……

第五条　中央生态环境保护督察包括例行督察、专项督察和"回头看"……

第六条　中央生态环境保护督察实施规划计划管理。……

第二章　组织机构和人员

第七条　成立中央生态环境保护督察工作领导小组……

第八条　中央生态环境保护督察工作领导小组的职责是……

第九条　中央生态环境保护督察办公室的职责是……

第十条　根据中央生态环境保护督察工作安排,经党中央、国务院批准,组建中央生态环境保护督察组,承担具体生态环境保护督察任务。……

第十一条　中央生态环境保护督察组成员以生态环境部各督察局人员为主体,并根据任务需要抽调有关专家和其他人员参加。中央生态环境保护督察组成员应当具备下列条件:

……

第三章　督察对象和内容

第十四条　中央生态环境保护例行督察的督察对象包括:

……

第十五条　中央生态环境保护例行督察的内容包括:

……

第四章　督察程序和权限

第十九条　中央生态环境保护督察一般包括督察准备、督察进驻、督察报告、督察反馈、移交移送、整改落实和立卷归档等程序环节。

第二十条　督察准备工作主要包括以下事项:

……

第五章 督察纪律和责任

第三十条 ……

第三十八条 ……

第六章 附 则

第三十九条 生态环境保护督察实行中央和省、自治区、直辖市两级督察体制。各省、自治区、直辖市生态环境保护督察,作为中央生态环境保护督察的延伸和补充,形成督察合力。省、自治区、直辖市生态环境保护督察可以采取例行督察、专项督察、派驻监察等方式开展工作,严格程序,明确权限,严肃纪律,规范行为。

地市级及以下地方党委和政府应当依规依法加强对下级党委和政府及其有关部门生态环境保护工作的监督。

第四十条 省、自治区、直辖市生态环境保护督察工作参照本规定执行。

第四十一条 本规定由生态环境部负责解释。

第四十二条 本规定自2019年6月6日起施行。

这是一项政府规定(选自中华人民共和国中央人民政府网)。标题明确了公文的制定单位(中央)、规定事项(生态环境保护实施督查)、文种(规定);本规定一共六章四十二条,结构采用了章断条连法;从"总则"到"附则",先后写明了制定本规定的依据、指导思想、组织机构和人员、督查对象和内容、督查程序和权限、督查纪律和责任以及规定的施行日期等。全文格式规范,条款分明,用语严谨,规定明确,充分体现了国家法规的严肃性和规范性特点。

第五节 章 程

任务设计

为活跃××省高校写作教学和写作理论的研讨以及社会写作实践活动,××省十几所高校欲联合成立××省写作学会,办公室设在省会城市××大学的中文系。为此,需要在成立大会上讨论学会的章程。如果你是学会秘书长,由你来起草该章程,请问,你应该如果撰写?该文体具有什么特点和作用?

> **案例解析**
>
> 作为学会秘书长,撰写学会章程是职责所在。先要弄明白章程的含义及作用,熟练掌握章程的格式和写法。起草章程时要广泛征求各参与高校相关专业人员的意见和建议,使得拟写的章、条、款都符合工作的实际,且具体、可行,能规范学会成员及组织的行为。

一、含义

章程,是政党组织、社会团体、公司企业等为保证其组织活动正常运行,系统阐释自己的性质、宗旨、任务及组织成员的条件、权利、义务、机构设置和职权范围、活动规则、纪律措施等规定的纲领性文件,也是一种要求全体成员共同遵守的规则性文书。

章程主要分组织章程和业务章程两种。组织章程主要适用于组织、社团制定组织规程,具体规定组织的性质、宗旨、任务、组织原则、机构设置、任务职责、成员资格、权利、义务、纪律及经费来源等,如《中国共产党章程》;业务章程主要适用于单位行使业务职权时制定规则,规范企业的经济活动、管理活动等,如《中国人民保险公司章程》。

章程是组织进行自身管理的基本规则,每个正规的组织都应该有自己的章程。它主要有三个方面的基本作用:第一,确保组织思想的统一。第二,规范组织的管理机制。第三,保障成员权利。

二、特点

(一)共识性

章程反映了一个组织全体成员共同的理想、愿望、意志,体现了全体成员的共同利益,必须在全体成员达成共识的基础上才能建立起来。因此,章程的制定和修改必须经过充分的讨论,并且要在代表大会上表决通过。没有达成共识、多数人抱有质疑态度的内容,不能写进章程。

(二)稳定性

章程一经确定,就具有长期的稳定性,不能朝令夕改。一个成熟的章程,应该实行数年、十数年、甚至数十年而不过时。当然,随着时代的发展,对章程作一些补充和修改也是必要的,但这些修改必须经充分讨论和表决通过,而且只作局部调整,不作大面积改动。

(三)准则性

章程具有约束力,是这个组织所有成员的思想准则和行动规范,每个成员都应该遵章办事。

三、写作

(一)基本结构与写法

章程的结构由标题、题注和正文构成。

1. 标题

章程的标题一般由组织、活动、事项、单位或社会组织的全称和文种构成,如《安徽省写作学会章程》等。如果尚未通过和批准,可在标题后加括号注明"草案",如《××省科学技术章程(草案)》。

2. 题注

一般在标题下方正中加圆括号标明日期和通过依据,一般有两种写法:

(1)会议名称+通过日期。比如,《中国盲人协会章程》(2018年9月15日中国残疾人联合会第七次全国代表大会盲人代表会议通过)。

(2)通过日期+会议名称。比如,《中国写作学会章程》(1988年6月7日中国写作学会第三届理事会修订通过)。

3. 正文

(1)内容构成。分为总则、分则、附则三个部分。

总则:是章程的纲领,对全文起统率作用。一般来说,组织章程总则部分要求写明该组织的名称、宗旨、性质、任务、指导思想等内容。业务章程总则部分一般需写明业务内容、范围、服务对象、办理机构等内容。

分则:是章程的主要部分。组织章程分则部分一般需写明组织成员的条件、参加手续和程序、义务权利、组织纪律等;领导机构、常务机构和办理机构的设置、规模、产生方式和程序、职责、相互关系等;组织经费的来源和管理方式;组织活动的内容和方式。业务章程分则部分需要逐条写明该项业务的办理及操作程序的规定等。

附则:是主体部分的补充,主要说明解释权、修订权、实施要求、生效日期、本章程与其他法规、规章的关系及其他未尽事宜等。

(2)正文写法。

分章式写法:内容丰富的章程一般采用这种写法。按照篇、章、节、条、款的层级安排内容。条的顺序统一编排,采用章断条连法。

分条式写法:内容简单的章程一般采用这种写法,直接分条撰写。

(二)写作要领

第一,内容要符合实际,切实可行。

第二,结构要合乎章程的规范写法,格式规范。

第三,表述要严谨和明确,对于一些把握不准的提法、难以阐明或界定的问题,不勉强写入,免生歧义。

中国快递协会章程(有删节)

第一章 总 则

第一条 本团体的名称是:中国快递协会,简称:中快协。英文名称:CHINA EXPRESS ASSOCIATION,缩写:CEA。

第二条 本团体是由经营快递业务以及与快递服务有关的企业、个人和其他组织自愿结成的全国性、行业性、非营利性社会组织。

第三条 本团体的宗旨:坚持实事求是、注重实效和民主协商的原则;维护会员单位合法权益,提供协会服务;加强快递企业之间、快递企业与其他企业和组织间的交流与合作,提高快递服务和企业内部管理水平;规范会员企业行为,促进快递行业自律,促进快递市场稳定、有序、健康发展;充分发挥全国性行业组织在政府和企业间的桥梁和纽带作用。

……

第六条 本团体的住所设在北京市。

第二章 业务范围

第七条

(一)……促进企业公平竞争,行业有序发展。

(二)协调会员企业与消费者、其他组织的关系,向政府部门反映会员的合理意见、建议和正当诉求,维护行业信誉和会员的合法权益。

(三)开展行业自律,制定行规行约,参与快递方面的国家标准、行业标准的制订、修订……

业务范围中属于法律法规规章规定须经批准的事项,依法经批准后开展。

第三章 会 员

第八条 本团体的会员种类:个人会员和单位会员。

……

第四章　组织机构和负责人产生、罢免

第十五条

……

第五章　资产管理、使用原则

第二十九条　本团体经费来源：

……

第六章　章程的修改程序

第三十八条　……

第八章　附　则

第四十五条　本章程经 2019 年 12 月 26 日第三届第一次会员大会表决通过。

第四十六条　本章程的解释权属本团体的理事会。

第四十七条　本章程自社团登记管理机关核准之日起生效。

评析

这是一份企业的业务章程（选自中国快递协会网）。全文共八章四十七条，第一章为总则，分别说明组织名称、组织性质、组织宗旨等内容；第二章至第七章为分则，分别规定了业务范围、会员的权利义务、机构及负责人产生、资产管理及使用、章程修改等方面的内容；第八章为附则，说明了章程通过的时间、生效日期等。全文格式规范，表达严密，条款完整，语言简洁明了，符合规范章程的写法。

思考与训练

一、问答题

1.如何理解条例法规性强的特点？

2.办法与其他法规性公文相比，有哪些特点？

3.如何理解规定写作的灵活性？

4.什么是章程？章程写作有哪些注意事项？

二、判断题

1.规章类文书是法规文书和规章类文书的统称，是方针政策的具体体现。　　　　　　　　　　　　　　　　　　　　　　（　　）

2.法规或规章类文书，通常要求只能恪守，不得违反。　　（　　）

3.规章类文书需要人们遵守其特定的范围的事项，因此，其内容必须有预见性、科学性和严密性。　　　　　　　　　　　　　　　（　　）

4.条例是规则类文书中的最高样式，无论是党的机关公文还是行政机关公文，都对其制发资格有严格的规定。　　　　　　　　　　　　　　　（　　）

5.条例是法的表现形式之一。条例一经颁布，在特定的领域就具有强制性和约束力。

（　　）

6. 条例的内容,必须做到符合国家的法律法规,绝不能与上级制定的现行法律法规、政策相抵触。（   ）

7. 办法的内容都是贴近工作实践的方法、步骤和措施,具有很强的实践性特点。（   ）

8. 有相当一部分的办法是为贯彻落实某一法律而制定的,是法律的派生物。（   ）

9. 规定在内容上不像条例那样全面和系统,它的内容侧重于政策和管理方面,划清政策界限,明确管理原则。（   ）

10. 随命令、通知等发布的规定,以命令和通知的发布时间为准,规定自身不再标注制发时间。（   ）

11. 章程是组织进行自身管理的基本规则,每个正规的组织都应该有自己的章程。（   ）

三、写作实践题

请以某社团的名义,拟写一份章程。要求格式规范,条款可行,有约束力。

第五章 礼仪文书写作

知识目标

了解礼仪文书的特点、作用,熟悉各类礼仪文书的写法和要求。

能力目标

掌握各类礼仪文书的写作要领,能熟练撰写欢迎(送)词、开(闭)幕词、贺词等礼仪文书。

学习方法

要掌握礼仪文书的写作技能,首要的任务是必须掌握礼仪知识。只有熟练掌握礼仪知识,才能在礼仪文书的写作中,选用恰当的礼仪词汇进行语言表达;撰写出的礼仪文书,才能符合礼仪的要求,达到礼仪交际的目的。

第一节　礼仪文书写作概述

任务设计

周祥今年大学四年级了，即将毕业的他不打算考研而面临求职问题。他希望能找到一份自己心仪的工作，在自己喜欢的岗位上，发挥自己的一技之长。请问，他该如何向招聘单位介绍自己，介绍时的礼仪要求是什么？他怎样才能得到心仪的工作？你能帮他撰写一份合格的求职信和有效的个人简历吗？

案例解析

周祥向招聘单位介绍自己，需要撰写一封求职信和一份个人简历。求职信应该针对应聘的岗位所需要的知识水平和专业技能来介绍自己，要简明扼要，并努力给招聘单位留下深刻的印象。简历，应该简明、有特色，突出成绩和实际工作能力，使人一目了然。

一、含义

众所周知，礼仪是礼节和仪式的总称。我国是著名的礼仪之邦，古人云"不学礼无以立，人无礼则不生，事无礼则不成，国无礼则不宁"。可见，自古人们就十分重视和推崇礼仪。同样，在经济高度发展的今天，人们进行社会活动和情感交流时，依然需要通过一定的礼仪形式来完成。

礼仪文书是人们在礼仪活动中使用的各类文书的统称，是人们处理公共关系和进行社交活动的重要工具。

二、特点

（一）针对性

礼仪文书是为进行不同的社会交往活动而撰写的，具有很强的针对性。而且在同一社会活动中，不同角色、不同身份的人所用文种、语言也不尽相同。仅就称谓而言，充分体现了这一特点。如，鲁迅先生逝世时，中国共产党中央委员会苏维埃政府发出的唁电称谓是"上海文化界救国联合会转许广平女士鉴",而作为好友的丁玲发出的唁电称谓是"许遐女士"。所以,在写作礼仪文书时,要特别注意针对不同的事件、身份选用恰当的词语和称谓。

(二)礼仪性

礼仪文书不仅文辞典雅、称谓谦恭、祝颂礼貌,而且在书写款式、书写材料、用笔用墨等方面也颇为讲究。比如,致辞的称谓语和祝颂语使用时都须注意,因为,一旦用错对象、用错场合,轻则失礼露丑、贻笑大方,重则破坏人际关系。再比如,红事、白事的不同,所使用的纸张,必须严格遵守礼俗,否则,大失礼节,后果严重。如果是请柬,必须选用质地考究的硬质纸张制作,封面封底必须是红色的,纸张大小要便于递送,而讣告则必须使用白纸黑字,外加黑色的围框,纸张大小要便于张贴。

(三)情意性

不同的交际语言传递着不同的信息,表达不同的情感。礼仪文书是人们传递情感的重要纽带,更应该表达作者的真情实感、喜怒哀乐。比如,欢迎词、欢送词是对客人真诚的欢迎和欢送,贺信是对获得荣誉者衷心的祝贺,邀请信是对被邀请者真诚的相邀,感谢信是对帮助者表达诚挚的谢意,唁电、悼词则是对逝者表达深深的思念和追忆。

三、种类

礼仪文书的种类有很多:
(1)邀请函、开幕词、闭幕词等。在重大活动或会议中使用的礼仪文书。
(2)欢迎(送)词、答谢词、慰问信等。在访问交流中使用的礼仪文书。
(3)祝酒词、祝寿词、贺词等。在欢乐喜庆场合使用的礼仪文书。
(4)讣告、唁电、悼词等。在悼念活动中使用的礼仪文书。
(5)求职信、辞职信、个人简历等。在求职面试中使用的礼仪文书。

四、作用

(一)表达礼节

社会交往活动离不开礼节,而礼仪文书是表达礼节的书面形式,在日常交际中起着联络、致礼等重要作用。逢年过节、婚丧嫁娶等通过贺信、贺电、贺词、悼词、唁电等,可以达到祝贺、慰问、哀悼等目的,起到其他种类文书所替代不了的作用。

(二)交流思想

礼仪文书在表达礼节时,还起到交流思想的作用。礼仪文书用于人际交往,必然会体现出一定的思想内容和感情色彩,它可以用来交流思想、沟通感情、表达情意。礼仪文书在亲戚朋友的交流中,是传递真实思想、诚挚感情的重要工具。

(三)处理事务

礼仪文书不仅帮助人们表达礼节、交流思想,也担负着处理日常事务的作用。因为不论是表达礼节还是联络感情,最终目的都是处理实际生活和工作中的具体问题,所以礼仪文书处理事务的作用也是其重要的价值之一。比如,书信类礼仪文书,除问候、致敬以外,常常会谈到一些具体事务。

第二节 会务礼仪文书

任务设计

李鹏程是一家著名电子企业 A 公司董事长的秘书。今年是该公司成立十周年的特殊年份,届时 A 公司将举行隆重的十周年庆典,特意邀请市相关领导和合作伙伴公司人员参加,庆典具有一定的规模。领导安排李鹏程为董事长准备一些庆典上使用的礼仪文书。请问,他需要撰写哪些礼仪文书?撰写时应该注意什么问题?

案例解析

李鹏程作为 A 公司董事长的秘书,需要为董事长在庆典开幕时准备欢迎词,在庆典结束时准备欢送词。无论是欢迎词还是欢送词,都应该表达 A 公司董事长及公司所有成员对市领导和合作伙伴等来宾的热情、感激之情以及欢迎、欢送的礼貌和再续友情与合作的意愿;还应该营造出真挚、诚恳、友好的情感氛围,使参加庆典的人们听了致辞心情愉快、情绪饱满、感到被尊重。

欢 迎 词

一、含义

欢迎词,是在欢迎仪式或欢迎宴会上,领导人或主人为表示对宾客的欢迎所发表的演讲词。

二、特点

(一)篇幅短小,内容简洁

欢迎词篇幅不宜太长,应简洁明了地把欢迎内容表达出来。欢迎词一般在欢迎仪式、欢迎宴会、正式会谈等活动中使用,所以篇幅不可太长,不宜占用大量正式活动时间。

(二)语言优美,感情真挚

欢迎词的语言应富有感情,能够表达出致辞人的真诚。如,《习近平在迎接金砖国家和对话会受邀国领导人欢迎宴会上的致辞》(2017年9月4日)开头中的句子:"在金砖国家领导人会晤及新兴市场国家与发展中国家对话会召开之际,同各位新老朋友在厦门相聚,我感到十分亲切。首先,我谨代表中国政府和中国人民,也代表我夫人,对各位领导人和嘉宾的到来表示热烈的欢迎!一城春色半城花,万顷波涛拥海来。厦门风景秀丽,气候怡人,是中国著名的海上花园。厦门也是中国五大经济特区之一,是对外开放的窗口和创新发展的热土。厦门还是著名的侨乡和闽南文化的发源地,中外文化在这里交融并蓄,造就了它开放包容的性格和海纳百川的气度。"

这段话,充分体现了欢迎词语言优美和感情真挚的特点。

(三)注重口语,轻松活泼

欢迎词是致辞人在欢迎现场向来宾表示热烈欢迎的口语化的书面表达,使用通俗、风趣的口语和礼貌、得体的书面语,往往能活跃现场气氛,创造轻松、友好的氛围,取得良好的交际效果。

中国新闻网2010年6月21日发表一则新闻(中新社堪培拉6月21日电),以"习近平称赞陆克文讲中国话'字正腔圆'"为标题,报道了澳大利亚总理陆克文出席在堪培拉举行的中澳经贸合作论坛向时任副主席的习近平致欢迎词的情况,文中介绍陆克文运用澳式中文致欢迎词时,语言的幽默风趣以及开场白的轻松活泼:

"我用中国话来表达对中国朋友'深刻'的欢迎。"

"中国有个传统的说法:天不怕,地不怕,就怕陆克文总理说中国话。"

"习近平副主席、在座的朋友们,欢迎!"

澳大利亚总理陆克文的这段话,既体现了澳大利亚人民的热情、友好、好客,也充分体现了作为澳大利亚政治核心人物陆克文语言的魅力,从侧面也反映出当下世界汉语热现状。

三、写作

(一)基本结构与写法

欢迎词一般由标题、称谓、正文、祝语、落款组成。

1. 标题

(1)致辞人+致辞场合+文种。如,《周恩来总理在欢迎尼克松总统宴会上的欢迎词》。

(2)致辞场合+文种。省略致辞人。如,《在鲁迅文学研讨会上的欢迎词》。

(3)文种。省略致辞人和致辞场合,直接以文种命名。如,《欢迎词》。

2. 称谓

标题下空一行,顶格书写称谓,称谓由敬词和致辞对象的姓名或职位组成。如,"尊敬的×××总统阁下""亲爱的××先生""尊敬的老师、亲爱的同学们"。如果宾客来自不同的地区,称谓也要照顾到,如,"尊敬的女士们、先生们""各位来宾"。

3. 正文

欢迎词的写法根据具体情况而定,一般由开头、主体、结尾三部分组成。

开头,致辞人向来宾表示欢迎和问候。

主体,介绍来访的背景,回顾双方的交往和友谊,介绍来访的重要意义。

结尾,表达展望和祝愿,表达对今后合作的良好祝愿,并再次表示欢迎。

4. 祝语

正文结束,表达良好祝愿,如"祝各位来访取得圆满成功""祝各位身体健康、工作愉快、家庭幸福"。在欢迎酒会上,则常使用"为我们的友谊干杯"之类的祝酒词。

5. 落款

署上致辞单位全称,致辞人身份、姓名,并署上成文日期。

(二)写作要领

第一,篇幅短小,言简意赅。欢迎词是一种礼节性的外交或公关辞令,不宜冗长乏味。如《周恩来总理在欢迎尼克松总统宴会上的欢迎词》只有七百字。

第二,了解欢迎对象的情况,如宗教信仰、风俗习惯、兴趣爱好等。致辞要因人而异,避开对方禁忌,以免发生误会。

第三,多用敬语,感情真挚,表达立场时要礼貌得体。

在2020年中国国际服务贸易交易会全球服务贸易峰会上的致辞(有删节)

(2020年9月4日,北京)

中华人民共和国主席 习近平

尊敬的各国领导人,

尊敬的各位国际组织负责人,

尊敬的各代表团团长,

各位来宾,

女士们,先生们,朋友们:

大家好!值此2020年中国国际服务贸易交易会举办之际,我谨代表中国政府和中国人民,并以我个人的名义,对参与本次大会的线上线下所有嘉宾,表示热烈的欢迎!对世界各地的新老朋友们,表示诚挚的问候和美好的祝愿!

在过去的几个月里,中国人民同各国人民一道,相互支持、相互帮助,共同为抗击新冠肺炎疫情、应对疫情带来的全球性挑战作出了艰苦努力。当前,全球范围疫情尚未得到全面控制,各国都面临着抗疫情、稳经济、保民生的艰巨任务。在这一背景下,中国克服重重困难,举办这样一场重大国际经贸活动,就是要同大家携手努力、共克时艰,共同促进全球服务贸易发展繁荣,推动世界经济尽快复苏。

中国国际服务贸易交易会,是专门为服务贸易搭建的国家级、国际性、综合型大规模展会和交易平台,自2012年起,已举办6届。本届中国国际服务贸易交易会以"全球服务,互惠共享"为主题。希望以此为契机,搭建起平台和桥梁,让各国人民充分展示服务贸易领域新发展新突破,共同享受人类社会发展进步新技术新成果。我们期待与会嘉宾深入交流、加强合作,为深化服务贸易和投资合作、增强经济社会发展活力贡献智慧和力量。

女士们、先生们、朋友们!

当今世界正在经历百年未有之大变局。新冠肺炎疫情全球大流行使这个大变局加速变化,经济全球化遭遇逆流,保护主义、单边主义上升,世界经济低迷,国际贸易和投资大幅萎缩,给人类生产生活带来前所未有的挑战和考验。

同时,我们也要看到,近年来,新一轮科技革命和产业变革孕育兴起,带动了数字技术强势崛起,促进了产业深度融合,引领了服务经济蓬勃发展。这次疫情全球大流

行期间,远程医疗、在线教育、共享平台、协同办公、跨境电商等服务广泛应用,对促进各国经济稳定、推动国际抗疫合作发挥了重要作用。放眼未来,服务业开放合作正日益成为推动发展的重要力量。

借此机会,我愿提出3点倡议。

第一,共同营造开放包容的合作环境。纵观人类社会发展史,世界经济开放则兴,封闭则衰。服务业因其独特的轻资产、软要素等特点,更加需要开放、透明、包容、非歧视的行业发展生态,更加需要各国努力减少制约要素流动的"边境上"和"边境后"壁垒,推动跨境互联互通。中国将坚定不移扩大对外开放,建立健全跨境服务贸易负面清单管理制度,推进服务贸易创新发展试点开放平台建设,继续放宽服务业市场准入,主动扩大优质服务进口。中国将积极顺应服务贸易发展实际需要,推动多边、区域等层面服务规则协调,不断完善全球经济治理,促进世界经济包容性增长。

第二,共同激活创新引领的合作动能。我们要顺应数字化、网络化、智能化发展趋势,共同致力于消除"数字鸿沟",助推服务贸易数字化进程。中国将拓展特色服务出口基地,发展服务贸易新业态新模式。中国愿同各国一道,加强宏观政策协调,加快数字领域国际合作,加大知识产权保护,积极促进数字经济、共享经济等蓬勃发展,推动世界经济不断焕发生机活力。

第三,共同开创互利共赢的合作局面。经济全球化背景下,各国经济彼此依存,利益交融前所未有,以诚相待、普惠共享是根本之计。各国要加强服务贸易发展对接,创新合作方式,深化合作领域,积极寻求发展利益最大公约数,不断做大"蛋糕"。中国将充分利用中国国际服务贸易交易会、中国国际进口博览会等各类平台,推动开展政策和经验交流,建立和培育政府间、国际组织、商协会及企业间多样化伙伴关系,支持组建全球服务贸易联盟,不断形成更多务实合作成果,使各国人民共同享有服务贸易增长成果。

女士们、先生们、朋友们!

为更好发挥北京在中国服务业开放中的引领作用,我们将支持北京打造国家服务业扩大开放综合示范区,加大先行先试力度,探索更多可复制可推广经验;设立以科技创新、服务业开放、数字经济为主要特征的自由贸易试验区,构建京津冀协同发展的高水平开放平台,带动形成更高层次改革开放新格局。

女士们、先生们、朋友们!

突如其来的新冠肺炎疫情,在一段时间内阻隔了我们的相聚,但阻挡不了服务贸易发展的脚步,阻断不了我们携手共进、合作共赢的信心和行动!让我们齐心协力、携手前行,以坚定的步伐走出人类历史上这段艰难时期,共同迎接世界更加美好的未来!

最后,预祝会议取得圆满成功!

谢谢大家。

第五章 礼仪文书写作

这是2020年9月4日习近平总书记在2020年中国国际服务贸易交易会全球服务贸易峰会上所致的欢迎词(选自中华人民共和国中央人民政府网)。该欢迎词主题鲜明、中心突出。开头用热情洋溢的语言对各国各级来宾表达了热烈的欢迎之意、诚挚的问候以及美好的祝愿,接着说明了中国举办此次峰会的重大意义,然后提出了三点重要的倡议,结尾部分表达了对服务贸易发展的坚定信心,并发出"齐心协力、携手前行"的号召,最后表达了对峰会成功举办的美好祝愿。全文语言真诚、积极、坚定,给前来参加峰会的人们带来信心和鼓舞。

欢 送 词

一、含义

欢送词是行政机关、企事业单位、社会团体或个人在送别宾客的仪式或会议上为表达欢送之意的讲话稿。

二、特点

(一)感情真挚

欢送词要表达对宾客真挚、热情的欢送之意,言语既要充满依依惜别之情又不可过于低沉。如,母校给毕业学子的欢送词,可以这样深情地写道:

"今日话别,执手已凝语,冰心在玉壶。告别母校,希望你们鼓起昂扬斗志,更加自信自立,更加勇敢坚强。"

(二)语言通俗

欢送词主要通过口语表达,应注意使用生活化的语言,使得送别既富有情趣又自然得体。如,导游送别游客时常说:

"中国有句古话,叫'来日方长,后会有期'。我们期待各位女士、先生在方便的时候再次来到×××做客。"

(三)内容精练

一般不涉及具体的细节问题,重在表示热情友好的交往态度。如,结尾的祝词"祝大家一路顺风,万事如意"就十分精练简洁。

三、写作

(一)基本结构与写法

一般由标题、称谓、正文、祝语、落款组成。

1. 标题

欢送词的标题一般由致辞人、致辞场合和文种三要素构成,如《周恩来总理在尼克松总统答谢宴会上的欢送词》;有时也可以省略致辞人,如,《在××大学毕业典礼上的欢送词》;还可以省略致辞人和致辞场合,只写文种,如,《欢送词》。

2. 称谓

对欢送对象的称呼,一般要用敬语。如,"敬爱的××先生""尊敬的女士们、先生们"。

3. 正文

开头说明此时举行何种欢送仪式,向宾客表达真挚的欢送之情;接着,回顾宾客到来的意义,来访或合作取得的成果和进展,表示对今后继续交往的期望,并表达欢迎宾客再来的诚意。

4. 祝语

以简短的话语再次表达热情欢送之意,并向宾客表示良好祝愿,如,"祝各位一路平安"。如果是为朋友送行,可以加上一些勉励的话语。

5. 落款

要署上致辞单位全称、致辞人身份、姓名,并署上成文日期。

(二)写作要领

第一,感情真挚、注重礼仪。要使用得体的语言使来宾感到亲切、热情,体现出真情实感,不矫揉造作。

第二,语言明快、篇幅短小。欢送词和欢迎词一样,都是使用口语表达的,所以语言要简洁、明快、易懂,篇幅要短小精悍。

第三,深入了解、尊重对方。了解来宾的风俗习惯、宗教信仰等,不要犯对方的忌讳,以免引起对方的误会和不快。

毕业生欢送词

亲爱的同学们:

你们好!

仲夏蝉鸣,游子意;合欢花开,毕业季。时光带走了四年青葱荏苒,人生旅途,长

路漫漫。此刻,共聚在皖院,共同告别属于你们的四年岁月。1460个日日夜夜,听起来似乎是那么漫长,可是此时此刻对于你们而言又是如此短暂。在你们的双眸中,掩不住对母校的留恋与不舍;在你们的眉宇间,充满了对未来的激情与梦想。道阻且长,行则将至,未来的路你们要好好走。

盛夏,是相识也是离别的季节,你们在这里继续起航。曾经,2014年9月,你们载着家人的期望、自身的理想,背着行李踏入皖院,在这里与同学相处,与老师交心,与知识交汇,与思想碰撞。今天,2018年6月,穿着整齐的学士服,背负着母校的重托,怀揣着理想与抱负,在湛蓝的天空下展翅翱翔。明媚的阳光洒在彼此的脸上,摄像师将幸福的这一刻定格。相聚总有一别,带着喜悦与泪水,你们将扬帆远航!

这里,你们用青春和热情燃烧理想岁月;这里,你们从稚嫩懵懂、不谙世事、迷茫浮躁,到成熟稳重、坚强自信、理性睿智。这就是皖院给你们的最好礼物!

若有人向你问起皖院这四年之美,便可以风、花、雪、月作答。风是夏风,是风解乌云,是淠河畔的玫瑰色黄昏。花是春花,是桃樱玉兰,是皖院人的烟雨江南梦一场。雪亦是冬雪,四年遇到的两场大雪,与自己的同窗一不小心白了头。月是秋月,满月的夜从不需要刻意找寻月亮,出了图书馆就能瞧见,圆融无碍,照遍温柔。皖院的模样会一直刻画在你们心里。

这里的银杏大道、玉兰大道、教学楼、图书馆、食堂……一起见证了你们走过春夏秋冬,历经四年师生情、同学情的浇灌,年轻的梦已经发芽成长,愿你们脚踏实地走好每一步!相信你们的未来一定灿烂辉煌!

忆往昔峥嵘岁月稠,看明朝鹰击长空。你们的大学生活即将画上一个完美的句号。"宝剑锋从磨砺出,梅花香自苦寒来"。如今宝剑在手,你们所有的努力将为你们的未来保驾护航。美丽的皖西学院永远是你们坚强的后盾。

浩瀚的大海有海燕引航,深邃的苍穹有星星发光,无论是咫尺天涯还是未知的远方,我们的祝福永远伴你远航!待你凯旋的万众瞩目融化在你清澈的双眸,仍是你年少的模样和所有热血风光,莫失莫忘,眉眼不改鸿鹄满志。浮世千万变唯你永少年!

这是皖西学院给2018届毕业生的欢送词(选自皖西学院官方微博)。该文标题简洁。正文,开头第一段简述学生四年的成长历程,表达依依不舍之情;中间回忆难忘的校园生活,语言优美、感情丰富;结尾表达对毕业生未来生活的美好祝愿,热情洋溢,鼓舞人心。

开 幕 词

一、含义

开幕词是党政机关、社会团体的领导人或主办方负责人,在大型会议或重大活动开始时所发表的讲话,旨在阐明会议或活动的指导思想、宗旨、重要意义,并对会议或活动的成功举办表示祝愿。

开幕词是会议或者活动的开场白,在会议或活动中占有重要位置,有助于参与者了解会议或活动的意义,营造隆重、热烈的氛围。

二、特点

(一)庄重性

开幕词用于重要会议,由具有重要身份的人来致辞,且开幕词的内容对会议的顺利召开具有指导作用,这就决定了开幕词庄重性的特点。

如,习近平主席在博鳌亚洲论坛2021年年会开幕式上的视频主旨演讲《同舟共济克时艰,命运与共创未来》(2021年4月20日)的开头部分:

尊敬的各位国家元首、政府首脑,尊敬的各位国际组织负责人,尊敬的各位博鳌亚洲论坛理事,各位来宾,女士们,先生们,朋友们:

"与君远相知,不道云海深。"很高兴出席博鳌亚洲论坛2021年年会,同大家在"云端"相聚。首先,我代表中国政府和中国人民,并以我个人的名义,对出席会议的线上线下所有嘉宾,表示热烈的欢迎!对各位新老朋友,表示诚挚的问候和美好的祝愿!

这篇开幕式的致辞称谓全面、周到;开篇语言严谨,使用了"我代表……并以我个人的名义……"等语句,体现了开幕词语言的庄重。

(二)简明性

开幕词要简洁明了,短小精悍,最忌长篇累牍,言不及义。

如:习近平在第二届"一带一路"国际合作高峰论坛圆桌峰会上的开幕辞《高质量共建"一带一路"》的开头部分,运用高度概括、精准提炼的语言,将召开的背景、会议的目标等表达得准确细致:

现在我宣布,第二届"一带一路"国际合作高峰论坛圆桌峰会开幕!

2017年5月,我同在座许多领导人一起,在此举行了首届高峰论坛圆桌峰会,发表了联合公报,确立了共建"一带一路"的目标、原则、举措,达成了多项具体成果。

两年来,我们本着共商共建共享原则,全面推进政策沟通、设施联通、贸易畅通、资金融通、民心相通,为世界经济增长注入了新动力,为全球发展开辟了新空间。

我们再次举行高峰论坛,就是希望同各方一道,绘制精谨细腻的"工笔画",让共建"一带一路"走深走实,更好造福各国人民。

(三)鼓动性

开幕词常常使用富有鼓动性的语言,以调动与会者的积极性。

如,《中华人民共和国第一届全国人民代表大会第一次会议开幕词》(1954年9月15日)的结尾句:

我们的目的一定要达到。

我们的目的一定能够达到。

全中国六万万人团结起来,为我们的共同事业而努力奋斗!

我们的伟大的祖国万岁!

毛泽东同志使用了大量的祈使句,起到了鼓舞士气、增强斗志的作用。

三、种类

按内容可以分为侧重性开幕词和一般性开幕词两种。

侧重性开幕词往往对会议召开的历史背景、重大意义或会议的中心议题等,作重点阐述,其他问题一带而过。

一般性开幕词则只对会议的目的、议程、基本精神、来宾等作简要概述。

四、写作

(一)基本结构与写法

通常由标题、署名和日期、称谓、正文组成。

1. 标题

(1)会议名称+文种。如,《校运会开幕词》。

(2)致辞人姓名+会议名称+文种。如,《习近平在二十国集团领导人杭州峰会上的开幕辞》。

(3)双行标题式。第一行,提示内容中心或主旨的正标题;第二行,写明"会议名称+文种"的副标题。如,巴金的《我们的文学应该站在世界的前列——中国作家协会第四次代表大会开幕词》。

2. 署名和日期

在标题下方居中位置署上致开幕词的领导人姓名；在署名下一行居中位置用小括号写上致开幕词的时间。

3. 称谓

称谓是对与会者的统称，根据会议性质的不同，采用不同的称呼语。

一般会议常用的称谓有"同志们""朋友们""各位代表"；如果是国际性会议，通常的称呼是"各位嘉宾，女士们，先生们"。称谓一般顶格书写在标题下一行，后面加冒号。

4. 正文

正文一般包括开头、主体和结尾。

开头，宣布开幕；介绍会议名称和规模；介绍出席会议的单位和领导以及参会者身份等。

主体，开幕词的核心部分。阐明会议召开的背景和指导思想；说明会议的性质、目的及主要任务；介绍会议的主要议程及安排；阐述会议的奋斗目标及深远影响；向与会者提出希望和要求。

结尾，一般以富有号召性和鼓动性的句子结束全文，常用"祝大会圆满成功"之类的祝颂语。

(二) 写作要领①

第一，全面了解会议情况。开幕词要提出本次大会的任务或主要议题，如果不了解会议的内容，就有可能跑题，或表达不准确。

第二，主题明确，条理清楚。开幕词要围绕会议主题，阐明会议的指导思想和主要议题；结构安排牢牢把握"繁则分项，简则综合"的原则，做到层次分明，条理清晰。

第三，措辞得体，语言简洁。开幕词措辞要得当，大方有礼，做到善辞令而不做作，讲礼貌而非应付，切忌言不由衷，虚情假意；语言要简洁明了，篇幅要短小精悍。

开辟合作新起点 谋求发展新动力
——在"一带一路"国际合作高峰论坛圆桌峰会上的开幕辞
(2017年5月15日，北京)
中华人民共和国主席　习近平

各位国家元首，政府首脑，国际组织负责人：

我宣布，"一带一路"国际合作高峰论坛圆桌峰会开幕！

---

① 陈子典、胡欣育主编：《应用文写作》，北京：北京师范大学出版社，2011年，第376页。

欢迎大家来到雁栖湖畔出席"一带一路"国际合作高峰论坛圆桌峰会，共商推进国际合作、实现共赢发展大计。

"一带一路"建设是我在2013年提出的倡议。它的核心内容是促进基础设施建设和互联互通，对接各国政策和发展战略，深化务实合作，促进协调联动发展，实现共同繁荣。

这项倡议源于我对世界形势的观察和思考。当今世界正处在大发展大变革大调整之中。新一轮科技和产业革命正在孕育，新的增长动能不断积聚，各国利益深度融合，和平、发展、合作、共赢成为时代潮流。与此同时，全球发展中的深层次矛盾长期累积，未能得到有效解决。全球经济增长基础不够牢固，贸易和投资低迷，经济全球化遇到波折，发展不平衡加剧。战乱和冲突、恐怖主义、难民移民大规模流动等问题对世界经济的影响突出。

面对挑战，各国都在探讨应对之策，也提出很多很好的发展战略和合作倡议。但是，在各国彼此依存、全球性挑战此起彼伏的今天，仅凭单个国家的力量难以独善其身，也无法解决世界面临的问题。只有对接各国彼此政策，在全球更大范围内整合经济要素和发展资源，才能形成合力，促进世界和平安宁和共同发展。

"一带一路"建设根植于历史，但面向未来。古丝绸之路凝聚了先辈们对美好生活的追求，促进了亚欧大陆各国互联互通，推动了东西方文明交流互鉴，为人类文明发展进步作出了重大贡献。我们完全可以从古丝绸之路中汲取智慧和力量，本着和平合作、开放包容、互学互鉴、互利共赢的丝路精神推进合作，共同开辟更加光明的前景。

"一带一路"源自中国，但属于世界。"一带一路"建设跨越不同地域、不同发展阶段、不同文明，是一个开放包容的合作平台，是各方共同打造的全球公共产品。它以亚欧大陆为重点，向所有志同道合的朋友开放，不排除、也不针对任何一方。

在"一带一路"建设国际合作框架内，各方秉持共商、共建、共享原则，携手应对世界经济面临的挑战，开创发展新机遇，谋求发展新动力，拓展发展新空间，实现优势互补、互利共赢，不断朝着人类命运共同体方向迈进。这是我提出这一倡议的初衷，也是希望通过这一倡议实现的最高目标。

我高兴地看到，这一倡议提出以后，得到国际社会积极响应和广泛支持。100多个国家和国际组织参与其中，一大批合作项目陆续启动，有的已经落地生根。基础设施联通网络初步成型，沿线产业合作形成势头，各国政策协调不断加强，民众已经开始从合作中得到实惠，彼此距离进一步拉近。

在这个基础上，中方倡议主办这次高峰论坛，目的就是共商合作大计，共建合作平台，共享合作成果，让"一带一路"建设更好造福各国人民。

昨天的高级别会议上，各国领导人、国际组织负责人和官、产、学各界代表提出了

很多有见地的想法和建议,签署了多项合作协议。希望大家通过今天的圆桌峰会,进一步凝聚共识,为"一带一路"建设国际合作指明方向,勾画蓝图。具体而言,我期待会议在以下方面取得积极成果。

第一,推动互利共赢,明确合作方向。大雁之所以能够穿越风雨、行稳致远,关键在于其结伴成行,相互借力。这为我们合作应对挑战、实现更好发展揭示了一个深刻道理。

我们要本着伙伴精神,牢牢坚持共商、共建、共享,让政策沟通、设施联通、贸易畅通、资金融通、民心相通成为共同努力的目标。要坚持在开放中合作,在合作中共赢,不画地为牢,不设高门槛,不搞排他性安排,反对保护主义。

"一带一路"建设需要和平稳定环境。各国要加强合作,对话化解分歧,协商解决争端,共同维护地区安全稳定。

第二,密切政策协调,对接发展战略。加强政策协调,不搞以邻为壑,是应对国际金融危机的重要经验,也是当前世界经济发展的客观要求。大家基于自身国情制定发展战略,它们各有特色,但目标一致,有很多联系点和相通之处,可以做到相辅相成、相互促进。

我们要以此为基础,建立政策协调对接机制,相互学习借鉴,并在这一基础上共同制定合作方案,共同采取合作行动,形成规划衔接、发展融合、利益共享局面。我们要把"一带一路"建设国际合作同落实联合国2030年可持续发展议程、二十国集团领导人杭州峰会成果结合起来,同亚太经合组织、东盟、非盟、欧亚经济联盟、欧盟、拉共体区域发展规划对接起来,同有关国家提出的发展规划协调起来,产生"一加一大于二"的效果。

第三,依托项目驱动,深化务实合作。路是走出来的,事业是干出来的。美好的蓝图变成现实,需要扎扎实实的行动。

在基础设施联通方面,要推进铁路、公路等陆上大通道建设,加快海上港口建设,完善油气管道、电力输送、通信网络。

在实体经济合作方面,要大力推进经济走廊建设,办好经贸、产业合作园区,进一步促进投资、聚合产业、带动就业,走创新发展之路。

在贸易和投资自由化便利化方面,要推动自由贸易区建设,加强规则和标准体系相互兼容,提供更好的营商环境和机制保障,充分释放互联互通的积极效应。

在金融合作方面,要拓展融资渠道,创新融资方式,降低融资成本,打通融资这一项目推进的关键环节。

民心相通是"一带一路"建设国际合作的重要内容。我们要深入开展人文领域交流合作,让合作更加包容,让合作基础更加坚实,让广大民众成为"一带一路"建设的主力军和受益者。

各位同事!

雁栖湖是一个有历史积淀的地方,是一个启迪思想的地方,也是一个开启合作征程的地方。很多人形象地比喻说,"一带一路"就像一对腾飞的翅膀。让我们以雁栖湖为新的起点,张开双翼,一起飞向辽阔的蓝天,飞向和平、发展、合作、共赢的远方!

谢谢大家。

这是一篇在重大国际峰会上习近平主席的致辞(选自中华人民共和国中央人民政府网)。开幕词的称谓按照礼仪的要求,依照行政地位,由高到低排列。正文,第一段(句),开门见山宣布会议开幕;接着,表达欢迎各位到来共商大计;然后,采用了多个段落来介绍"一带一路"产生的缘由及倡议的结果,并由此成为本次峰会的背景;在肯定了会议已有的成果(签署多项合作协议)的基础上,进一步对会议提出三点"期待";以"各位同事"过渡,进入开幕词尾声,以"腾飞的翅膀"为形象的比喻,展望了"一带一路"更加美好的前景。全文热情洋溢地表达了习近平主席的欢迎之意、殷切期待、美好愿景等,充分展示了习近平主席的胸怀和智慧;条理清晰,语言优美,热情中透着理性,肯定中含着激励,是一篇非常完美的开幕词。

闭 幕 词

一、含义

闭幕词是党政机关、社会团体的领导人或主办方负责人,在大型会议或重大活动结束时所发表的讲话,旨在对会议或活动进行总结和评价,强调会议或活动的主要精神和深远影响。

开幕词与闭幕词首尾衔接、前后呼应,在正式的大型会议或活动中有着非常重要的作用。如奥运会、全国人民代表大会等都有开幕词和闭幕词。

二、特点

(一)总结性

闭幕词是在会议或活动的闭幕式上使用的文种,要对会议或活动内容、精神和进程进行简要的总结并作出恰当评价,肯定会议或活动的重要成果,强调会议或活动的主要意义和深远影响。

如《中国工会第十七次全国代表大会闭幕词》(节选)：

在以习近平同志为核心的党中央亲切关怀和坚强领导下，在与会全体代表的共同努力下，中国工会第十七次全国代表大会圆满完成了各项议程，即将胜利闭幕。……大会的胜利召开，必将激励全国亿万职工和工会干部，以昂扬向上的精神状态和一往无前的奋斗姿态，投身新时代中国特色社会主义建设的伟大实践，在全面建成小康社会、实现中华民族伟大复兴中国梦的历史进程中谱写工运事业和工会工作新篇章！

(二) 概括性

闭幕词应对会议或活动进展情况、完成的议题、取得的成果、传达的会议精神及会议意义等进行高度的概括。因此，闭幕词的篇幅一般都短小精悍，语言简洁明快。

如，王岐山在2010年上海世博会上的闭幕词对世博会成绩的概括：

在过去的184天里，我们走过了一段成功、精彩、难忘的世博之旅，190个国家、56个国际组织以及中外企业踊跃参展，200多万志愿者无私奉献，7308万参观者流连忘返……

(三) 号召性

为激励参加会议的全体成员努力实现会议提出的各项任务，增强与会人员贯彻会议精神的决心和信心，闭幕词的行文充满热情，语言坚定有力，富有号召性和鼓动性。

如，某高校运动会闭幕词的结尾写道：

老师们，同学们，运动会已结束，但"更高、更快、更强"的体育运动精神不能丢，希望全体师生，在今后的工作和学习中能够继续发扬这次运动会的拼搏精神，团结协作，携手共进，为我校更加美好的明天，而努力拼搏、再创佳绩！

(四) 展望性

即表示对未来充满希望，以展望式语言结尾。

如，《中国工会第十七次全国代表大会闭幕词》的结尾：

各位代表、同志们，新时代开启新征程，新时代期待新气象。让我们更加紧密地团结在以习近平同志为核心的党中央周围，高举中国特色社会主义伟大旗帜，以习近平新时代中国特色社会主义思想为指导，坚定不移走中国特色社会主义工会发展道路，团结动员亿万职工为决胜全面建成小康社会、夺取新时代中国特色社会主义伟大胜利、实现中华民族伟大复兴的中国梦再创佳绩、再立新功！

三、写作

(一)基本结构与写法

闭幕词一般由标题、署名和日期、称谓和正文组成。

1. 标题

闭幕词标题的写法与开幕词相似。

(1)会议名称+文种。如,《第十三次院士大会闭幕词》。

(2)致辞人姓名+会议名称+文种。如,《张德江在十二届全国人大一次会议闭幕会上的讲话》。

2. 署名和日期

在标题下方居中位置署上致闭幕词的领导人的姓名;署名下一行居中位置用圆括号写上致闭幕词的时间。

3. 称谓

与开幕词的写法一致。

4. 正文

闭幕词的正文一般包括开头、主体和结尾。

开头一般要说明经过会议代表的努力,在什么情况下圆满完成各项预定任务,会议就要闭幕了。

主体部分是对会议的议程进行回顾,列举会议通过的主要事项和体现的基本精神,对会议取得的成果、作用、意义进行简要评价,并向与会者提出贯彻会议精神的基本要求。

结尾比较简单,一般郑重宣布会议闭幕,常用的说法是:"现在,我宣布,××××大会闭幕。"

(二)写作要领

第一,与开幕词相呼应。闭幕词用在会议的终了阶段,应该与开幕词内容互相呼应。闭幕词理应对开幕词提出的会议要求和任务作出回顾、总结。这样,才能显示会议的顺利召开以及取得圆满成功。

第二,语言概括、精练。闭幕词是带有总结性的讲话,需要对会议内容、会议精神和进程进行简要的总结和评价。总结和评价的语言应该具有高度的概括性,篇幅要短小精悍。

第三,充满感情。大型会议或重要会议往往耗费大量的人力、物力,许多人在这一项工作上投入很多精力和情感。因此,在闭幕词的撰写过程中,撰写者应融入真挚的情感,使致辞的语言坚定有力,热情饱满,富有号召性和鼓动性,以获得与会者和工作者的认可,使之产生强烈的情感共鸣,从而使会议精神产生更加持久的效力。

中国工会第十七次全国代表大会闭幕词

(2018年10月26日)

李玉赋

各位代表,同志们:

现在我受王东明主席委托,致大会闭幕词。

在以习近平同志为核心的党中央亲切关怀和坚强领导下,在与会全体代表的共同努力下,中国工会第十七次全国代表大会圆满完成了各项议程,即将胜利闭幕。这次大会,是在我国进入全面建成小康社会决胜阶段、中国特色社会主义进入新时代召开的一次重要会议,意义重大而深远。大会以习近平新时代中国特色社会主义思想为指导,全面贯彻党的十九大精神,坚持中国特色社会主义工会发展道路,审议并通过了全总十六届执委会报告、《中国工会章程(修正案)》、财务工作报告、经审工作报告,选举产生了中华全国总工会新一届领导机构,是一次团结、务实、鼓劲、奋进的大会。大会的胜利召开,必将激励全国亿万职工和工会干部,以昂扬向上的精神状态和一往无前的奋斗姿态,投身新时代中国特色社会主义建设的伟大实践,在全面建成小康社会、实现中华民族伟大复兴中国梦的历史进程中谱写工运事业和工会工作新篇章!

党中央高度重视这次大会。习近平总书记等党和国家领导人出席了大会开幕式,王沪宁同志代表党中央向大会作了致词。李克强总理为全体代表作了经济形势报告。会后,习近平总书记还将与全总新一届领导班子成员集体谈话,并发表重要讲话。党中央高度评价我国工人阶级在改革开放和社会主义现代化建设中发挥的重要作用和作出的突出贡献,绽放出夺目的时代风采,充分肯定各级工会组织围绕中心、服务大局,忠诚履职、积极作为,各项工作取得了重要进展和成就,并对工人阶级和工会组织在新时代新征程中更好发挥作用提出了新的更高要求,充分体现了对工人阶级的亲切关怀,对工会组织的殷切期望,为我们进一步指明了前进方向。我们为此深受教育鼓舞、倍感振奋激励,一定要认真学习领会,坚决贯彻落实到工会各项工作中去。

王东明主席代表全总十六届执委会在大会上作的报告,全面贯彻习近平新时代中国特色社会主义思想和党的十九大精神,回顾总结了过去五年工会工作的重要成就,系统论述了深入学习贯彻习近平新时代中国特色社会主义思想、坚定不移走中国特色社会主义工会发展道路的重大课题，概括阐述了习近平总书记关于工人阶级和工会工作的重要论述的深刻内涵和实践要求，提出了今后五年工会工作的主要任务，是一份体现中央精神、反映职工意愿、凝聚工会智慧，指导新时代工会工作沿着正确方向不断创新发展的重要文献。

过去五年，在以习近平同志为核心的党中央坚强领导下，中华全国总工会第十六届执行委员会和各级工会组织凝心聚力、砥砺奋进，各项工作取得积极进展和显著成效。这些成绩的取得，凝聚着广大工会干部的拼搏奉献和辛勤汗水。这次大会后，有些同志由于工作变动或年龄等原因，不再担任全总第十七届执行委员会委员和经费审查委员会委员。他们在任职期间尽心尽力、尽职尽责，勤勤恳恳、兢兢业业，为党的工运事业和工会工作作出了重要贡献。

在这里，我谨以本次大会的名义，向中华全国总工会第十六届领导班子成员、执委会委员、经审委员和各级工会干部表示诚挚的谢意，向全国总工会的老领导、老同志，向所有关心支持工会工作的各级党政领导和各界朋友致以崇高的敬意！这次大会选举产生了中华全国总工会新一届执行委员会和主席团，这是全体代表和全国广大职工对我们的信任和重托。我谨代表十七届执委会全体成员，对全体代表表示衷心的感谢！

各位代表！

中华全国总工会第十七届执行委员会任期的五年，是决胜全面建成小康社会、开启全面建设社会主义现代化国家新征程的关键时期。党中央对我们寄予厚望，职工群众对我们充满期待。面对新时代新形势新任务，我们深感责任重大、使命光荣。下面，讲五点意见。

一是要始终坚持自觉接受党的领导的正确政治方向。深入学习贯彻习近平新时代中国特色社会主义思想和党的十九大精神，特别是习近平总书记关于工人阶级和工会工作的重要论述，牢固树立"四个意识"，切实增强"四个自信"，坚决维护习近平总书记党中央的核心、全党的核心地位，坚决维护党中央权威和集中统一领导，始终在政治立场、政治方向、政治原则、政治道路上同以习近平同志为核心的党中央保持高度一致。

二是要勇于承担团结引导职工群众听党话、跟党走的政治责任。加强对职工的思想政治引领，引导广大职工践行社会主义核心价值观，增强对党的基本理论、基本路线、基本方略的政治认同、思想认同、情感认同，更加紧密地团结在以习近平同志为核心的党中央周围，坚定不移听党话，矢志不渝跟党走。

三是要牢牢把握为实现中华民族伟大复兴的中国梦而奋斗的工人运动时代主题。围绕国家重大战略、重大工程、重大项目、重点产业，不断深化"中国梦·劳动美"主题教育，广泛深入持久开展"当好主人翁、建功新时代"主题劳动和技能竞赛，引导广大职工为实现党的十九大确定的目标任务建功立业。

四是要认真履行维护职工合法权益、竭诚服务职工群众的基本职责。顺应职工群众对美好生活的向往,积极参与和支持全面深化改革特别是供给侧结构性改革,做好去产能过程中职工权益维护工作,推动构建和谐劳动关系;健全工会服务职工体系,做实服务职工工作,把党和政府的关怀与工会的温暖送到广大职工心坎上,成为职工信得过、靠得住、离不开的知心人、贴心人、"娘家人"。

五是要始终保持改革创新、不断进取的精神状态。围绕增强政治性、先进性、群众性这条主线,深化工会改革创新,构建联系广泛、服务职工的工会工作体系,把工会组织建设得更加充满活力、更加坚强有力;不断推进产业工人队伍建设改革,造就一支宏大的高素质的产业工人队伍;深入落实全面从严治党要求,以党的政治建设为统领,切实抓好工会系统党的建设,打造高素质专业化的工会干部队伍,激励广大工会干部以新担当新作为创造属于新时代的新业绩。

大会闭幕后,代表们将回到各自的工作岗位上,希望各位代表和各级工会组织,及时向党委和政府汇报大会精神,迅速在各级工会干部和广大职工中掀起学习宣传贯彻大会精神的热潮,特别是要传达好、学习好、宣传好、贯彻好习近平总书记在同全总新一届领导班子成员集体谈话时的重要讲话精神、王沪宁同志代表党中央在工会十七大上的致词精神,传达贯彻好王东明主席在大会上的报告和在全总十七届一次执委会上的讲话精神。要把贯彻落实工会十七大精神与深入贯彻落实习近平新时代中国特色社会主义思想和党的十九大精神紧密结合起来,与贯彻落实习近平总书记关于工人阶级和工会工作的重要论述紧密结合起来,进一步把思想和认识统一到党中央的决策部署和对工会工作的重要指示上来,把智慧和力量凝聚到贯彻落实这次大会确定的目标任务上来。要紧密结合本地区、本产业、本部门、本单位实际,积极主动、创造性地落实好大会提出的各项任务,努力开创新时代工会工作新局面。

各位代表、同志们,新时代开启新征程,新时代期待新气象。让我们更加紧密地团结在以习近平同志为核心的党中央周围,高举中国特色社会主义伟大旗帜,以习近平新时代中国特色社会主义思想为指导,坚定不移走中国特色社会主义工会发展道路,团结动员亿万职工为决胜全面建成小康社会、夺取新时代中国特色社会主义伟大胜利、实现中华民族伟大复兴的中国梦再创佳绩、再立新功!

这是李玉赋在中国工会第十七次全国代表大会上致的闭幕词(选自中国工会新闻网)。该闭幕词,首先说明大会圆满完成了各项议程,即将胜利闭幕,接着回顾了会议的成果和重要作用,说明会议的"意义重大和深远",并对任期五年提出了"五点意见",然后对会议之后的工作提出"贯彻会议精神、落实各项任务、开创新局面"等要求,结尾发出"再创佳绩、再立新功"的号召。全文结构清晰,语言精练,具有高度的概括性和评价性,是一篇热情洋溢、鼓舞人心的闭幕词。

第三节 社交礼仪文书

任务设计

四川某地又发生了7级以上的地震,人民的生命财产遭受严重的损失。目前,灾区缺少粮食和御寒的被子,不少人住在抗灾的帐篷里,生活十分艰难。孙伟是该省政府秘书,受命跟随省政府领导前往灾区运送抗震救灾物质,并慰问灾民。请问,孙伟应该替领导撰写什么样的礼仪文书来表示对灾民的慰问?撰写时应该重点表达哪些内容?

案例解析

孙伟跟随省政府领导运送物资并慰问灾民,需要替领导撰写一份四川省人民政府致灾区人民的慰问信。撰写慰问信,要根据慰问的对象和事项的不同,采用不同感情色彩的词汇,注意运用恰当的语气语调。孙伟撰写的慰问信,属于向遇到巨大灾害和损失的群体发出的慰问,因此,应该在信中表达出对罹难者的深切哀悼,对生者真诚的安慰以及在精神和物质两方面对灾区的大力支援,使受灾群众有依靠、有希望来战胜灾害,重建家园。

慰 问 信

一、含义

慰问信是向对方(一般是同级或上级对下级单位、个人)表示关怀、慰问的信函。它是向作出特殊贡献或遭遇巨大灾害和损失的群体或个人表示关心和问候的一种专用书信,也可用于在节假日,向对方表示问候、关心。

二、特点

(一)公开慰问

慰问信大多以张贴、登报或在电台、电视上播放的形式出现。礼仪活动的需要,使其公开性的特点鲜明突出。如果是对个人的慰问,则可以当面表示慰问或以书面的形式慰问,也可将慰问信寄达被慰问者本人。

(二)沟通情感

无论是对有突出贡献者的慰问,还是对遭遇困难者的慰问,沟通情感都是慰问信十分重要的目的,也是撰写该类文书的价值所在。慰问正是通过这种或赞扬表达崇敬之情,或通过同情表达关切之意的方式来达到双方的情感交流和相互理解的目的。节日的慰问,尤其是为某一群体而设的节日的慰问,更是起着相互沟通情感的作用。如教师节、护士节、元旦、春节、儿童节、八一建军节、中秋节、重阳节等节日的慰问。

三、分类

(一)按照慰问的对象、范围分

有写给作出突出贡献的集体或个人的慰问信;
有写给遭受严重灾害的集体或个人的慰问信;
有在节日来临之际慰问相关人员的慰问信。

(二)按照行文方向分

有国家之间的慰问信;
有机关、企事业单位、人民团体之间的慰问信;
有上级机关写给下级机关(单位)或重要个人的慰问信。

四、写作

(一)基本结构与写法

慰问信一般由标题、称谓、正文、落款组成。

1. 标题

可以直接以"慰问信"或"慰问电"为题,也可以在"慰问信"或"慰问电"前面加上致信的单位、收信单位名称,如《中共中央、国务院给四川灾区军民的慰问信》。

2. 称谓

标题下一行,顶格书写被慰问的单位名称、群体称谓或个人姓名,后面用冒号。

3. 正文

慰问信的内容虽然不同,但是一般包括开头、主体、结尾三个部分。

开头,先写明慰问的原因和背景,接着写表示慰问的话语"向……表示亲切的慰问""向……致以节日的祝贺"等。

主体,针对不同的慰问对象,或对对方取得的优异成绩表示祝贺,或对对方遭受的损失表示同情,并表达关切之意。

结尾,表达共同的愿望和决心,写上祝愿的话语。如,"祝你们早日战胜灾害,重建家园""祝你们取得更大的成绩""祝节日快乐"等。

4. 落款

在正文右下方署上发文单位的名称或个人的姓名,以及成文日期。

(二)写作要领

第一,要根据慰问的不同对象,确定信的内容。对作出突出贡献的集体和个人,应侧重于赞颂他们的巨大成绩;对遭受灾害、事故的集体和个人,则侧重于向他们表示关怀和支持。

第二,表达出真情实感。要求写作者必须用真情去写作,在情感上打动对方,使得受慰问者切实感受到亲切的关怀和热情的鼓舞,并在精神上受到感染。

第三,语言朴实、行文简洁。慰问信的语言要求朴实、简明,语气要真切诚恳,篇幅要短小,行文要简洁,避免絮叨和不得要领。

致全省奋战在抗击疫情一线医务工作者的慰问信

奋战在抗击疫情一线的广大医务工作者:

新冠肺炎疫情发生以来,你们坚决贯彻党中央国务院和省委省政府决策部署,誓死捍卫人民群众生命安全和身体健康,勇担医者使命,主动向疫情宣战,坚守疫情防控主战场,昼夜奋战在抗击疫情的最前线,切实发挥了疫情防控和救治患者的主力军作用,为打赢疫情防控阻击战付出了艰辛、耗费了心血、贡献了力量!你们辛苦了!在此,省卫生健康委党组向你们致以亲切的问候和最崇高的敬意,并向默默支持你们的亲人表示最衷心的感谢!

疫情就是命令,防控就是责任。你们是父母的儿女,也是孩子的父母,在祖国和

人民最需要的时候，面对肆虐的疫情，你们讲政治顾大局，舍小家为大家，弃小爱聚大爱，直面危险不退缩，挺身而出勇担当，主动放弃与家人团聚的机会，含泪撇下年迈的父母或年幼的子女，奔赴抗击疫情和救治患者的第一线，筑起疫情防控的钢铁长城。你们当中有南丁格尔奖获得者，有白求恩奖章获得者，有国医大师、全国名中医、国务院特贴专家，也有已退居二线的老院长、老专家，你们的医德受人尊敬，你们的医术令人敬佩，你们把大爱无私的给了他人。更有许多医护人员知悉湖北疫情严重需要增援，积极响应党中央号召，弘扬中华民族"一方有难、八方支援"的传统美德，主动请战，勇敢逆行，义无反顾驰援湖北。你们的忘我牺牲精神和一丝不苟的职业品格，充分彰显了医者的初心和使命，体现了大医精诚的责任与担当，你们是守护人民群众生命安全和身体健康的白衣战士！你们用实际行动深刻诠释了"敬佑生命、救死扶伤、甘于奉献、大爱无疆"的新时代卫生职业精神，充分证明了我省医疗卫生队伍是一支关键时刻靠得住、拉得出、用得上、打得赢，纪律严明、作风优良的铁军。

当前，正处于疫情防控的关键时期，在全省上下共同努力下，我省已有5名确诊病例治愈出院，连续5天没有新增确诊病例和疑似病例，全省疫情防控工作取得阶段性胜利。但疫情防控工作任重道远，希望大家树牢"四个意识"、坚定"四个自信"、做到"两个维护"，坚决贯彻习近平总书记重要指示精神，按照省委省政府的部署要求，继续保持政治定力、坚定必胜信心，全身心投入到疫情防控和医疗救治中，在打赢疫情防控阻击战中展现新作为、再作新贡献！

万众一心，没有翻不过的山；心手相牵，没有跨不过的坎。我们坚信，在以习近平同志为核心的党中央坚强领导下，在省委省政府的周密部署下，只要我们紧紧依靠全省各族群众，坚定信心、同舟共济、科学防治、精准施策，就一定能打赢这场疫情防控阻击战！

同时，请你们务必做好自身的科学防护，注重劳逸结合，缓解身心压力，确保自身安全。

最后，衷心祝愿全省广大医务工作者及家人身体健康，工作顺利，平安幸福！我们期待支援湖北全体医护人员早日凯旋，平安回家！

中共青海省卫生健康委党组
2020年2月11日

这是中共青海省卫生健康委党组向全省奋战在抗击疫情一线医务工作者发出的慰问信（选自青海省卫生健康委员会网）。慰问信开头交代了慰问的原因，即新冠肺炎疫情发生以来，医务工作者是抗击疫情的主力军，付出艰辛和努力；第二、三段，对医务工作者在抗击疫情中的表现给予高度评价，表达作为上级机关的赞扬和敬意；第

四、五段,对打赢疫情防控这场阻击战表达坚定信心和有力支持;结尾,再次对医务工作者表达慰问和祝愿。

感 谢 信

一、含义

感谢信是向帮助、关心和支持过自己的党政机关、企事业单位、社会团体或个人表示感谢的专门书信,有感谢和表扬双重意思。

写感谢信既要表达出真切的谢意,又要起到表扬先进、弘扬正气的作用。它广泛应用于个人与个人之间、个人与组织之间、组织与组织之间,用于向给予自己帮助、关心和支持的对方表示感谢。

二、特点

(一)公开性

感谢信除可以送达对方或对方单位之外,还可以通过报纸、广播、电视等向社会进行播报,其公开性特征明显。

(二)情感性

表达感谢之情是感谢信的主题,要对对方的帮助、关心发自内心地感谢,感情要真挚、诚恳,让对方感受到真情实意。

(三)具体性

感谢信应有确切的感谢对象,感谢的缘由也是通过具体的事实表述出来的。

(四)宣传性

写感谢信,不仅对被感谢者是一种赞扬,而且也是一种思想和道德的宣传,起到弘扬正气的作用。

三、分类[①]

依据不同的标准,感谢信有不同的分法。

---

① 张文英主编:《新编应用文写作教程》,天津:南开大学出版社,2010年,第112页。

(一)按感谢对象的特点来分

1. 写给集体的感谢信

这类感谢信,一般是个人处于困境时,得到了集体的帮助,并在集体的关心和支持下,最终克服了困难,渡过了难关,摆脱了困境,所以可以用感谢信的方式表达自己的感激之情。

2. 写给个人的感谢信

这类感谢信,可以是个人,也可以是单位,还可以是集体为了感谢某个人曾经给予的帮助或照顾而写的。

(二)按感谢信的存在形式来分

1. 公开张贴的感谢信

这种感谢信包括可在报社登报、电台广播或电视台播报的感谢信,是一种可以公开张贴的感谢信。

2. 寄给单位、集体或个人的感谢信

这种感谢信直接寄给单位、集体或个人。

四、写作

(一)基本结构与写法

感谢信一般由标题、称谓、正文、落款组成。

1. 标题

(1)文种。感谢信的标题,可以直接写文种"感谢信"。

(2)感谢对象＋文种。如,《致×××的感谢信》。

(3)收发文单位双方名称＋文种。如,《中国共产党中央委员会致各民主党派中央、全国工商联的感谢信》。

2. 称谓

标题下一行,顶格书写要感谢的单位名称或个人姓名,后加冒号。

3. 正文

这是感谢信的主体部分,要写三个方面的内容:

首先,简单叙述感谢的缘由,交代清楚人物、时间、地点、事情的经过和结果。

其次,着重叙述对方的帮助、关怀所产生的效果和社会影响,对对方的行为给予正面评价。

最后,热情赞颂对方的可贵精神,并表达诚挚的谢意和良好祝愿。祝愿部分,一

般写上敬语结尾,如"此致——敬礼""再次表达诚挚的敬意"。

4. 落款

署上写感谢信的单位名称或个人姓名,并注明日期。

(二)写作要领[①]

第一,事实要准确。感谢信要准确、清楚地叙述被感谢者的事迹,让对方接受感谢的缘由。

第二,情感要真实。感谢信正文的事实必须真实,字里行间流露出的感激之情应是由衷的、真挚的、诚恳的,反对一切虚伪、应付、假装和客套。

第三,语言要简洁。感谢信语言要求精练、简洁,遣词造句要把握一个度,不可过分雕饰、华丽多彩,否则会给人一种虚伪、不实之感。

武汉致支援捐助武汉抗击疫情社会各界的感谢信

感谢你们情牵江城、心系武汉,在这场艰苦卓绝的战"疫"中用实际行动给予武汉强大信心和无穷力量,帮助武汉人民挺过艰难时刻、迎来春暖花开。

新冠肺炎疫情突如其来,武汉的疫情牵动全国人民的心。在习近平总书记亲自指挥、亲自部署下,在党中央、国务院坚强领导下,全国人民万众一心、众志成城,全面打响疫情防控的人民战争、总体战、阻击战。在武汉抗击疫情最关键的时刻,你们或精心指导,或无私援助,或慷慨解囊,为武汉雪中送炭,与武汉共克时艰。你们用善行义举筑起爱的桥梁,将四面八方的力量汇聚到武汉,将全国各地的温暖传递到武汉,生动诠释了中华民族一方有难、八方支援的互助友爱精神,充分体现了华夏儿女同舟共济、守望相助的深厚家国情怀。

在武汉按下"暂停键"的日子里,你们以各种方式为千万江城人民加油鼓劲,为抗击疫情提供巨大支持和帮助。我们永远铭记,在病毒肆虐的危急关头,广大援汉医护人员白衣执甲、逆行出征,同时间赛跑、与病魔较量,从死神手中抢回一条条生命,展现了医者仁心的崇高精神,谱写了感人至深的生命赞歌;我们永远铭记,在武汉人民生命安全和身体健康遭受严重威胁时,人民解放军闻令而动、勇挑重担,战斗在先、冲锋在前,用血肉之躯铸就起抗击疫情的"钢铁长城";我们永远铭记,在疫情防控物资万分紧张之时,中央和国家机关部委、各地党委政府紧急调度,企业加班加点全力生产,社会组织、爱心人士、海外华侨华人无私捐款捐物,为武汉送来急需的医疗物资和

[①] 陈子典、胡欣育主编:《应用文写作》,北京:北京师范大学出版社,2011年,第273页。

生活必需品；我们永远铭记，在武汉火神山、雷神山医院和方舱医院建设的前线，来自全国各地的建设者以舍我其谁的责任担当紧急驰援，中国速度、中国力量在武汉大地生动演绎；我们永远铭记，当武汉人滞留异地他乡之时，全国多地开辟专门场所妥善安置、悉心照顾，为在外武汉人送去亲人般的温暖……你们的无疆大爱，让我们深切感受到全国人民始终同武汉人民声息相通、血脉相连。这份深情厚谊，我们永远心存感激！

草木蔓发，大城重启，武汉这座英雄的城市正在重新焕发出勃勃生机。我们坚信，有习近平总书记的亲切关怀，有党中央、国务院的坚强领导，有湖北省委、省政府的周密部署，有社会各界的鼎力支持，有全市人民的戮力同心，我们一定能够夺取疫情防控和经济社会发展"双胜利"，武汉的明天一定会更加美好！

真诚期待你们一如既往地关心和支持武汉建设发展，热忱欢迎你们来武汉做客、常回武汉看看，接受这座城市至真至诚的礼遇！

中共武汉市委　武汉市人民政府
2020 年 4 月 30 日

这是一封由中共武汉市委、武汉市人民政府在武汉打赢新冠疫情阻击战后写给社会各界的感谢信（选自人民网湖北频道）。开头用深情的语言感谢社会各界对武汉的支援和援助，接着感谢在武汉抗击疫情最关键的时刻，社会各界为武汉提供医疗救助、物资援助，与武汉共克时艰；结尾表达对武汉夺取疫情防控和经济社会发展"双胜利"的信心。全文语言精练，言辞恳切，字里行间洋溢着深切的感激之情。

贺　信(电)

一、含义

贺信，是表示祝贺的信件的总称。贺电，是对收电对象表示祝贺赞颂的电报。

它们常用于国家领导人、国家机关、团体对取得巨大成绩、作出卓越贡献的集体或个人，或者对国际、国内发生的重大喜事，一些重要的会议，知名人士的寿辰所表示的祝贺。

在亲朋好友之间，也常常发出贺信（电），对一些值得庆贺的事表示祝贺。

在现代社会中，贺信（电）已成为社会交往不可或缺的礼仪文书，成为表彰、赞扬、庆贺对方在某个方面所作贡献的一种常用形式，它还兼有表示慰问和赞扬的功能。

二、特点

(一)篇幅短小

贺信(电)的目的主要是向对方表示祝贺,篇幅宜短小,语言简洁、明快、精练。

(二)感情真挚

贺信(电)是向对方表达真诚的祝贺,感情应真挚、强烈,给人以鼓舞。

三、分类

根据不同的交际需要来分类,可以分为:

(一)上级给下级的贺信(电)

它可以是节日祝贺;可以是对工作成绩表示祝贺等。这类贺信(电),最后都要提出希望和要求。

(二)下级给上级的贺信(电)

这类贺信一般是对全局性的工作成绩表示祝贺,此外还要表明下级对完成有关任务的信心和决心。

(三)平级单位之间的贺信(电)

它一般是就对方单位所取得的工作成绩表示祝贺,同时还可以表明向对方单位学习的谦虚态度以及保持和发展双方关系的良好愿望。

(四)国家之间的贺信(电)

当有外交关系的国家新首脑就职或者友好国家有重大喜事时,一般要致贺信,这既是礼节上的需要,也是谋求双方共同发展、维护双方共同利益的方式。

(五)个人之间的贺信(电)

它被亲朋好友用于在重要节日、重大喜事中互相祝贺、慰勉、鼓励;或者用于祝贺某人在工作、学习中取得了好成绩,以分享快乐。

四、写作

(一)基本结构与写法

贺信(电)一般由标题、称谓、正文、落款组成。

1. 标题

(1)文种为标题。比如,《贺信》《贺电》。

(2)祝贺人(祝贺对象或事由)+文种。如,《中华人民共和国教育部贺信》《上海宝山少年邮局开业贺信》。

(3)祝贺人+"致"(或"对")+祝贺对象或事由+文种。如,《南京市各民主党派、工商联 致第十二次党代会贺信》《中共中央 国务院 中央军委对我国第一艘航空母舰胜利完成交接入列的贺电》。

(4)祝贺人+"致"+被祝贺对象+文种。如,《中共中央、国务院致第29届奥林匹克运动会中国体育代表团的贺信》。

2. 称谓

顶格写明接受祝贺的单位名称或个人姓名,后面加冒号。如果是写给个人的,后面应加上相应的称呼"先生"或"女士"等。

3. 正文

一般包括以下内容:

(1)简略祝贺的事由。叙述对方取得成绩的社会背景,或重要会议召开的历史条件等。

(2)交代祝贺的原因。概括说明对方在哪些方面取得的成绩,并着重分析取得成绩的主客观原因。如果是重要会议的贺信(电),应说明会议的重要意义。如果是寿辰贺信(电),要以精练的语言说明对方的品德或贡献。这一部分是贺信(电)的核心部分。

(3)表示祝贺或称赞。以热情的语言表示热烈的祝贺、称赞,有时要写一些鼓励的话,或者提出希望,或者表达祝贺者的决心。

(4)结尾。写上祝愿的话,比如,"祝大会取得圆满成功""祝您健康长寿"等。

4. 落款

写明发贺信(电)的单位名称或个人姓名,并署上发贺信(电)日期。

(二)写作要领

第一,感情真挚。贺信(电)体现的是真诚的祝愿,感情要充沛、饱满,过于平淡的语调难以表达祝贺者的心意。

第二,内容真实。祝贺者应真实评价祝贺对象的成绩、贡献、优点,切忌言过其实、空喊口号。

第三,语言精练。贺信(电)的语言要简洁精练,篇幅要短小明快。切忌堆砌辞藻、拖沓冗长。

贺　电

国发明电〔2019〕1号

中国石油天然气集团有限公司、黑龙江省人民政府并转大庆油田有限责任公司:

在全国上下喜迎中华人民共和国成立70周年之际,大庆油田迎来发现60周年的重要时刻,国务院向大庆油田广大干部职工、离退休老同志及家属,表示热烈祝贺和亲切慰问!

大庆油田的发现和开发,在中国石油发展史上具有历史转折意义,由此开始了我国石油工业的跨越式发展。六十年来,以王进喜、王启民为代表的几代大庆石油人艰苦创业、拼搏奋进,把大庆油田建成了我国最大的石油生产基地,取得了令世人瞩目的辉煌业绩,为保障国家能源安全、促进经济社会发展作出了重要贡献。大庆油田孕育形成的大庆精神、铁人精神,成为中华民族伟大精神的重要组成部分,激励着中国人民不畏艰难、勇往直前。六十年一甲子,筚路蓝缕、岁月峥嵘,大庆油田的光辉发展历程充分证明,中国人民有信心、有办法、有能力创造非凡成绩,不断夺取中国特色社会主义新胜利。

决胜全面建成小康社会、实现中华民族伟大复兴的中国梦对保障我国能源安全提出了新的更高要求。希望大庆油田全体干部职工以习近平新时代中国特色社会主义思想为指导,全面贯彻落实党的十九大精神,按照党中央、国务院决策部署,认真践行新发展理念,继承发扬大庆精神、铁人精神,持续深化改革、降本增效,坚持稳油增气、内外并举,积极培育新动能,着力推动高质量发展,奋力谱写新篇章,为保障我国油气安全稳定供应、推动东北全面振兴全方位振兴、实现"两个一百年"奋斗目标和中华民族伟大复兴的中国梦作出新的更大贡献!

国务院
2019年9月23日

这是一份热情洋溢的贺电(选自中华人民共和国中央人民政府网)。正文部分包

含三层意思,第一部分,表示对大庆油田相关工作人员、离退休人员及家属表示热烈祝贺和诚挚慰问;第二部分,充分肯定我国发现和开发大庆油田60年来的辉煌成就和大庆精神、铁人精神等的价值,给予祝贺对象以极大鼓舞;第三部分,对我国大庆油田的建设者寄予"谱写新篇章"的热切希望。该贺电饱含深情,充满期望,真诚热烈,且行文简洁,格式规范。

邀 请 函

一、含义

邀请函,也叫邀请书,是为了请别人到自己的地方来或到约定的地方去而发出的礼节性书信。

邀请函是比请柬更为复杂的请帖,它是党政军和各学术团体、艺术团体等在召开重大会议或举办重要文艺活动时,经常使用的应用文书。它除有请帖的作用外,还向被邀请者交代需要做的有关事情。

二、特点

(一)礼节性

邀请函相对于一般书信而言,更注重语言的礼节性,选词用语要体现恭请的意味,以表明郑重其事,并表明对被邀请对象的尊重。

(二)告知性

邀请函要准确告知邀请对象参加活动或会议的内容、时间、地点、要求等,不能有错、漏。

(三)及时性

邀请函的发送时间有讲究。既不宜过早,以免被对方遗忘;也不宜过迟,应给对方时间准备,以免匆忙中出错。

三、写作

(一)基本结构与写法

邀请函一般由标题、称谓、正文、署名组成。

1. 标题

标题可以直接写"邀请函""邀请书";有时可以再加上活动或会议的名称,比如,"上海世博会第三次参展方会议邀请函"。

2. 称谓

标题下方顶格写上被邀请人的姓名,并在姓名后面加上职务、职衔等。对于一些不便指明具体参加人姓名的活动或会议,可以称呼其单位名称。

3. 正文

开头,写明邀请的缘由、事项、时间、地点等并邀请对方参加;

然后,写明需要交代的事项,以及要对方做哪些准备等;

结尾,写上礼节性的问候语或恭候语。如"顺致——节日问候""敬请光临""期待您的光临"等。

4. 署名

写明邀请方的单位名称或个人姓名,以单位名义邀请的还应加盖公章;在署名下方写上邀请时间。

(二)写作要领

第一,内容准确无误。邀请函中的时间、地点、参加者、事项等要素需要交代清楚、准确无误,出现错误或遗漏,是邀请函的大忌,所以要求撰写者执笔前应对上述要素了解详尽。

第二,语气热情恳切。邀请函要注意措辞,语气需热情有礼,让对方感受到邀请人的尊重和真诚。

第三,篇幅短小精悍。邀请函篇幅要短小,主题要集中,不要讨论将要面议的话题,更不要谈论与邀请活动无关的内容。如有其他需要说明的事项,可另附附件。

范文示例

中国科学技术大学60周年校庆——热科学和能源工程系邀请函

尊敬的各位校友:

您好!

红专并进一甲子,科教报国六十年。2018年9月20日,中国科学技术大学将迎来建校六十周年华诞。

六秩风雨,弦歌不辍;三次创业,砥砺前行。中国科学技术大学依托中国科学院创造性地实施"全院办校、所系结合"的办学模式,经历了北京初创、迁址重建和创新跨越三次艰苦创业,始终践行"科教报国、服务社会"的使命,秉承"红专并进、理实交

融"的校训,为实现中华民族伟大复兴的"中国梦"不懈奋斗,赢得了"英才之摇篮、创新之重镇"的美誉。热科学和能源工程系(原物理热工系、工程热物理系)也伴随着学校历经六秩风雨,薪火传承至今。

2016年4月26日,习近平总书记来我校考察时对学校发展提出了新的要求:"中国科技大学要勇于创新、敢于超越、力争一流,在人才培养和创新领域取得更加骄人的成绩,为国家现代化建设作出更大的贡献"。我系的发展也迎来了新的机遇和挑战。值此中国科学技术大学60华诞之际,我们谨向各位校友发出诚挚的邀请,参加2018年9月20日举行的建校六十周年纪念大会校庆系列活动以及我系校友座谈会暨学科发展研讨会。热切期待与您相聚在金秋九月的科大、叙旧话新、共襄盛会!

特此诚邀,敬祈惠允。

热科学和能源工程系
中国科学技术大学工程科学学院
2018年9月1日

这是一篇校庆活动邀请函(选自中国科学技术大学官网)。开头,用"您好"开场,体现对被邀请者的尊重;接着写出邀请活动的名称和目的,是为了庆祝中国科学技术大学建校60周年;随后向受邀校友介绍活动意义、时间和内容;最后,再次发出诚挚邀请。该邀请函目的明确,语气诚恳,篇幅短小精悍。

第四节 求职礼仪文书

任务设计

周晓燕在一家外资企业工作了三年,今年合同期满,准备辞职离开公司换个工作。她的堂妹周晓璐,是南方大学中文系大四的学生,快毕业了,现在正在准备求职。姐妹俩都在为自己的求职忙乎着。请问,她们要想求职顺利,需要具备哪些文书的写作能力?

案例解析

周晓燕姐妹俩需要掌握相关求职礼仪文书的写作。姐姐需要先写辞职信递送给

原公司,接着向求职单位投递求职信并附上个人简历;妹妹则需要向求职单位投递求职信并附上个人简历。

求 职 信

一、含义

求职信也叫自荐信或自荐书,它是求职者以自我推荐的方式向用人单位介绍自己的有关情况,表达求职意愿,提出求职请求,希望对方给予录用的专用书信。

二、特点

(一)自荐性

求职信的目的就是向招聘单位推荐自己,介绍自己的专长,表达自己的求职愿望、态度与要求,以达到被对方录用的目的。

(二)针对性

求职信要针对不同的招聘单位以及招聘岗位的不同要求来写,求职者还要根据自身的知识能力、工作经验,有针对性地展示自己的能力与优势。

(三)竞争性

当下,求职竞争非常激烈。而求职信是应聘者与招聘方沟通的第一道桥梁,它的好坏直接影响求职者能否取得面试的机会,所以,是否能体现求职者有足够的竞争能力是衡量一封求职信质量高低的重要标准。

三、分类[①]

求职信有两种不同的分法:

(一)按求职者的社会成分分类

1. 毕业生求职信

我国每年有几百万的大中专毕业生,其中大部分都要通过求职信的渠道寻求工作。

---

① 张文英主编:《新编应用文写作教程》,天津:南开大学出版社,2010年,第123页。

2. 下岗工人、待业人员求职信

下岗工人、待业人员再就业除要进行相应的技能培训之外，还要靠向用人单位毛遂自荐。求职信成为他们再就业一个非常重要的工具。

3. 在岗者求职信

即有些已经有工作的人，由于不适应现有的岗位，或学无所用，或潜能得不到发挥，或为了谋求更好的职位，向新的用人单位推荐自己而撰写的求职信。

(二) 按求职对象的情况分类

1. 应聘信

求职者通过招聘广告等渠道清楚了解用人单位招聘的岗位及相关要求，这时写的求职信应该要有针对性地谋求一个明确的目标岗位，这样的求职信其实就是应聘信。

2. 自荐信

自荐信是当求职者还没有确定求职单位而写的，求职信是写给所有同类性质的单位，属于投石问路性质的。这样的求职信只能根据自己的专长与技能，根据用人单位通常的用人标准来写作。

四、写作

(一) 基本结构与写法

一般由标题、称谓、正文、结语、落款组成。

1. 标题

一般直接写"求职信"或"自荐信"即可。

2. 称谓

顶格写明求职单位负责人或领导的姓名，要加上称呼。比如，"尊敬的××经理""尊敬的×××局长"等。或者顶格写明求职单位名称。

3. 正文

正文一般包括以下几个部分：

(1) 求职的缘由，如何获得该招聘的信息。比如，"从×月×日××报纸的招聘广告上，得知你们正在招聘公司业务部经理。我认为，我的情况非常适合这个职位，我希望我在面试的时候，能够亲自向你们表明我能为公司作出怎样的贡献"。

(2) 介绍个人背景，提出求职目标。

个人背景，主要介绍与应聘职位有关的学历、经历、专业等，关键在于引起招聘方的关注。比如："我是××大学××系应届毕业生，男，23岁，××省××市××县人。得知贵单位今年在大专院校选用一批专业对口、品学兼优的毕业生。对照贵单位的条件,自认为是合适人选,特向贵单位自我推荐。我学的专业是××××,适合从事××××工作,贵单位需要××、××等方面人才,我的专业是对口的。"这种介绍方式能让招聘方觉得你的应聘条件与它的招聘条件吻合。

求职目标,要结合自己的实际情况去选择职业目标。应该考虑的因素有:专业特长、兴趣、待遇、能力、学历、年龄、性别、性格、爱好等,其中要认真考虑自己的兴趣与薪酬待遇等,因为它们直接影响自己的未来发展和经济状况。对于特别热门、求职者特别多的职业,选择要谨慎。

求职时要突出自己的长处和优势,使对方觉得你各方面的情况与招聘条件相一致,与有关职位要求、特点相吻合;同时,求职目标的表达要简练清楚,字数不宜过多。

(3)重点展示自己具备担任应聘岗位的条件和能力。这是求职信的核心,重点表述以下内容:以务实的语气谈谈你的主要求职资格、工作经验、参加过的有关社会活动、个人的兴趣和爱好;结合求职目标表述你具备的教育资历、工作经验和个人素质;谈谈你为这项目标工作做了哪些准备,提供你在学业上和工作中取得的重要成就,以证明你的资格和能力等。总之,要用事实证明你具有目标工作要求的个人素质,举例说明你具有做好目标工作的其他有利条件。这部分的内容一般比较多,可以分项表述。

(4)重申你的求职动机,并表达自己希望得到应聘岗位的愿望。比如,"如贵单位能接受我,一定努力为贵单位效劳""如果能到贵公司工作,我相信我一定不会让你们失望,努力作出自己的贡献"等。

(5)提示说明你在求职信后附上的材料。提供能够证明自己身份和能力的证明材料,包括个人简历、学历学位证书、职业资格证书、专业技术职称证书、获奖证书、专家教授推荐信等。比如,"有关个人业绩、证件等材料随信附上""盼望您能给我一次面试的机会。随信附上简历、毕业证书、英语等级证书、获奖证书等"。用这样的语句引导招聘单位阅读相关附件内容。

4. 结语

先以诚恳的态度表明自己的愿望,主要是希望对方给自己一个面试的机会、盼望对方回音、盼望对方答复等,比如,"盼望您能给我一次面试的机会""感谢您阅读此信并望能考虑我的应聘要求"等;再向对方表达敬意或祝福,比如,"此致——敬礼""顺祝愉快安康"等。

5. 落款

署上自己的姓名和成文日期。

(二)写作要领

第一,内容真实。求职信的内容要实事求是,对于自己的经历、成绩等不能夸大其词,更不可胡乱编造。

第二，目的明确。求职者要根据招聘单位的条件有重点地陈述内容，不可泛泛而谈，缺乏针对性。关键谈谈你具有的专业知识、技术特长和社会经验与求职目标的相关性。

第三，态度诚恳。求职者求职态度要诚恳、语气要亲切、内容要实在，既要充满自信，又要谦虚恳切，不可夸夸其谈、夜郎自大。

第四，文面整洁。求职信文面尽量避免涂改，严禁出现错别字等情况。因为文面能直观反映应聘者工作是否严谨、基本功是否扎实等。只有文面整洁，才能给招聘方留下良好的印象。相反，则会给招聘方留下不好的印象，从而严重影响求职效果。

求职信

尊敬的××公司总经理：

首先，为我的冒昧打扰向您表示真诚的歉意。在即将毕业之际，我怀着对贵公司的无比信任与仰慕，斗胆投石问路，希望能成为贵公司的一员，从事计算机服务工作，为贵公司服务。

我是××工业大学计算机学院软件专业2016级学生，将于今年7月毕业。在大学学习期间，我积极要求进步，已于去年成为一名光荣的中国共产党预备党员。

大学期间，我努力学习各门基础课及专业课，并取得良好成绩，英语已通过大学英语六级考试。本人不仅能熟练掌握学校所授课程相关知识，而且还自学了"C++语言描述""数据库系统概念""Python+人工智能""Java开发"等，能较为熟练地运用C++、Python、Java等编程语言和数据库系统等进行操作，专业能力强。曾获得省计算机软件设计比赛一等奖、校二等奖学金、校三好学生等荣誉。

我非常注意各方面能力的培养，积极参加社会实践，先后担任班级团支部书记、院学生会科技部部长，课余时间曾在肯德基做过星级训练员，2018年暑期实习曾在平安保险做过业务员，2019年毕业实习期间还在××信息有限公司做过网络技师，爱好广泛，有责任感，能吃苦耐劳，受到实习单位的好评。

本人期盼能成为贵公司的一员，诚然我尚缺乏丰富的工作经验，如果贵公司能给我机会，我会用我的热情、勤奋来弥补，用我的知识、能力来回报贵公司的赏识。

盼望您能给我一次面试的机会。附上简历、英语等级证书、获奖证书等。

此致

敬礼！

××敬上
2020年4月5日

这是一封本科毕业生的求职信。首先,他表达了自己对求职公司的向往之情,希望成为该公司成员的真诚之意;接着,介绍自己毕业的学校和专业以及已经入党的政治面貌;然后,重点、详细、充分地介绍了所学专业及专业成绩优良、获得的奖项和荣誉;之后,从社会实践方面介绍自己担任的各类学生干部职务、社会实践内容及取得的效果;结尾两段,表达期盼为公司效力的愿望和信心以及期盼得到面试的机会,并附加概要提示说明获得的奖项及证书;以敬语结束全文。该求职信语言谦逊、诚恳,求职技能和个人特点介绍重点突出,详略得当,求职意愿表达清楚明白,是一份较能显示个人实力的求职信。

个人简历

一、含义

个人简历是求职者给招聘单位发的一份简要介绍。包含自己的基本信息:姓名、性别、年龄、民族、籍贯、政治面貌、学历、联系方式,以及自我评价、工作经历、学习经历、荣誉与成就、求职愿望、对这份工作的简要理解等。

二、特点

(一)真实性

简历是求职者个人交给招聘单位的第一张"名片",不可以撒谎,更不可以掺假,应该实事求是地介绍自己、评价自己。

(二)针对性

简历要根据招聘单位的需求有针对性地撰写,尽力使自己的优势、强项与招聘单位的条件相契合。所以,在拟写简历时,应该事先了解招聘单位的聘任条件,对不同的招聘单位运用针对性的语言撰写简历内容,这样往往更容易得到对方的认可。

(三)简明性

简历贵在"简"。简历写作要求内容简洁,一般不超过两页纸;要重点突出,只谈对方需要了解的信息;要条理清楚,一般分项罗列。

三、分类①

个人简历种类多种多样,一般来说有以下几种分类方法。

(一)按格式分

按格式分,个人简历有表格式和文字式。

1. 表格式简历

就是把求职者的相关信息通过表格反映出来。其优点是简便,使人一目了然。

2. 文字式简历

就是把求职者的信息分类,用文字表述的方式罗列出来。其优点是能最大程度地展示求职者的个性和优势。

(二)按载体分

按载体分,个人简历有纸质简历、电子简历和网上简历。

1. 纸质简历

纸质简历就是用纸张把求职者的有关信息拟写或打印出来。

2. 电子简历

电子简历就是利用声音、图画、影像、文字等多媒体技术,把求职者的简历制成光盘、录像等个人材料。

3. 网上简历

网上简历就是制作网页或电子邮件利用网络把求职者的简历发布出去。

(三)按内容排序分

按内容排序分,个人简历有时序型、功能型、复合型、业绩型和目的型等。

1. 时序型简历

以时间为次序列举出个人工作经历。一般先列出最近的工作经历,然后按逆时间次序将过去的工作经历依次列出。这种简历,对于那些想找一份与自己以前从事职业种类相同工作的人是最合适的。它能够突出你在相关领域的丰富阅历。你的工作经历能很好地反映你的相关工作技能在不断提高,你有一段可靠的工作经历,表明你的岗位获得不断的调动与提升。

2. 功能型简历

一般包括求职目的、成绩、能力、工作经历以及学历等几个部分。它强调资历与能力,对专长和优势进行一定的分析和说明。工作技能与专长是功能型简历的核心内容。

---

① 张文英主编:《新编应用文写作教程》,天津:南开大学出版社,2010年,第134页。

可根据自己的实际情况选择使用功能型简历。以下情况可使用功能型简历,如：你只想突出的、与应聘职务相关的内容；你是一个应届毕业生、退伍军人或者你正想改行；你的工作经历有中断,或存在特殊问题。

3. 复合型简历

其实是时序型简历和功能型简历的复合,既以时间顺序列举个人信息,又刻意突出个人成绩与优势。

4. 业绩型简历

这种类型的简历以突出个人业绩为主。

5. 目的型简历

这种类型的简历完全根据求职目的来安排。适用于特定职业的求职,对在特定领域工作的求职者较为有用,如教师、电脑工程师、律师等。

四、写作

(一)基本结构与写法

1. 表格式简历的结构

表格式简历一般没有统一的格式,由求职者根据招聘方的需求而制作。

表格一般包括以下内容：求职者的基本情况、爱好特长、求职意向、获奖情况、社会实践或工作经验、自我评价、联系方式等。

2. 文字式简历的结构

一份文字式个人简历应分项介绍个人资料、求职意向、教育背景、相关荣誉、获得奖项、技能特长等,具体内容如下：

(1)个人基本信息资料。包括姓名、性别、年龄、籍贯、民族、政治面貌、身体状况、兴趣爱好、个人特长等。

(2)求职意向。写明"本人可以胜任××××工作""希望从事××××工作"。

(3)教育背景。一般按时间顺序叙述所接受的学校教育、业余培训、专业进修等,要写明每个教育阶段的起始日期、获得的相应证书或资格。

(4)主要社会工作。对于毕业生来说,社会工作主要指在校担任的学生干部职务、参加的社团及承担的主要工作、参加的社会实践和实习；对于已工作者来说,社会工作主要指岗位以外担任的社会职务、参加的社会活动等。需写明参与社会工作的时间、地点、效果等。

(5)所获荣誉。对于毕业生而言,荣誉主要指在校期间获得的各种奖励,如三好学生、奖学金、优秀团员等；对于已工作者而言,荣誉主要指在工作中和社会上获得的各种奖励,如先进工作者、劳动模范、先进个人等。需写明获得奖励的时间、级别、颁奖机构等。

(6)相关技能与特长。主要指除专业知识以外的相关技能,如外语等级、计算机水平、写作能力等。如果是通过考试而获得的,应注明获得技能的类型、颁证机关等。

(二)写作要领

第一,文字精练。个人简历越短越好,因为招聘者不愿意花太多的时间阅读一篇冗长空洞的个人简历。所以在简历中,避免使用长句子,多用动词,省略第一人称。

第二,重点突出。个人简历必须突出重点,对所申请工作有意义的经历和经验绝不能漏掉。其他与申请工作关系不大或无关的内容尽量不写。

第三,文面整洁。个人简历,绝对不能出现错别字、语法和标点符号方面的低级错误。最好用A4纸张打印,字体最好采用常用的宋体或楷体,尽量不要用花哨的艺术字体。排版要简洁明快,切忌标新立异。

个人简历表

姓名	杨×涛	性别	男	出生年月	1998.5	照片
民族	汉族	政治面貌	中共党员	健康状况	良好	
学历	本科	学位	工学学士	籍贯	××省××市	
专业	××大学 计算机科学与技术系 2020届软件工程专业					
求职意向	电子企业 计算机软件系统开发、设计 网络管理					
爱好特长	计算机、英语、篮球、音乐、围棋					
获奖情况	2016~2017学年 院二等奖学金 三好学生 2017~2018学年 院一等奖学金 三好学生 2018~2019学年 院二等奖学金 三好学生 暑期"三下乡"先进个人 2018年省"挑战杯"计算机软件设计大赛 三等奖					
英语水平	CET-6					
社会实践	2017年暑假××信息有限公司 网络技师 2018年暑假实习期间,参与××计算机公司软件开发工作 2019年暑期参加院暑期"三下乡"活动 2020年毕业实习期间,担任××信息有限公司网络管理员					
自我评价	1.思想素质过硬,积极要求进步 2.专业基础扎实,具有一定的计算机软件研发能力 3.吃苦耐劳、谦虚好学,有敬业精神和竞争意识 4.待人热情、心胸开阔、团队意识强					
通讯地址	地址:××大学 计算机科学与技术系 ×××信箱 电话:××××—××××××× 手机:×××××××××××					

这是一份表格式简历,表格条目较齐全、内容较完善,基本反映出该学生的情况和用人单位需要了解的信息。用语简洁、表达清楚。

辞 职 信

一、含义

辞职信,也叫辞职书或辞呈,是辞职者向原工作单位辞去职务时写的书信。

二、特点

(一)严肃性

辞职是一件很严肃的事情,它直接关系辞职者的切身利益,所以撰写辞职信前应全面分析辞职的利与弊,选择合适的辞职时机,运用恰当的语言表达。

(二)诚恳性

辞职信是一种带有请求性质的信函,写作时应态度诚恳,要让对方明白辞职的真实原因,不能虚伪、敷衍,走过场。

(三)简明性

辞职者与原单位已有合作,许多情况彼此都互相了解,辞职信要重点说明辞职的理由和时间,希望领导给予批准,不谈与辞职无关的理由,语言简洁、篇幅短小。

三、写作

(一)基本结构与写法

1. 标题

一般标题写"辞职书""辞职信"或"辞呈"。

2. 称谓

顶格写辞职单位的领导、负责人,一般应加上尊称。如"尊敬的××经理""尊敬的公司领导"。

3. 正文

(1) 提出辞职的理由。理由有很多种，有的是身体的原因，有的是专业不对口，有的是待遇不合适等，不论哪种理由，都应充分、有说服力。也可以顺便表达一下自己辞职的心理。比如，"在递交这份辞呈时，我的心情十分沉重。现在受我的一些个人专业的影响，无法为公司作出相应的贡献。因此请求辞职"。

(2) 简述你在该单位的经验积累，感谢领导的关心、单位的栽培。态度应谦虚、语气应诚恳。比如，"……我在公司工作了三年，感谢您和公司对我的信任和关照，使我有了长足的发展"。

(3) 写明辞职的时间，并提示对方办理相应手续。比如，"……我考虑在此辞呈递交之后的2～4周内离开公司，请公司做好相应的安排"。

(4) 请求领导给予批准，并写上致敬语。比如，"望公司批准！谢谢！祝公司蒸蒸日上、兴旺发达"。

4. 落款

在正文右下角署上辞职者姓名和辞职日期，最好使用亲笔签名，以示正式。

(二) 写作要领

第一，了解辞职性质，选择合适理由。在考虑成熟决定辞职的前提下，需要确定自己选择采用哪一种方式辞职，并且在确定之后，寻找合适的辞职理由。协商解除，只需要双方同意即可，不需要特别的理由；预告解除，只需要提前30日通知即可，也不需要特别的理由；即时辞职，需要特别的理由。

第二，措辞温和，语言详略要得当。找到合适的理由之后，在具体行文时，注意语气，不可过于生硬，不可因辞职信激化矛盾。但更不可过于委曲求全，不敢宣告理由而使自己处于被动状态。对于领导已经了解的理由可以略写；对于领导还不了解的理由要详写；对于不便讲的理由，可以采用口头交换意见的方式。

辞 职 信

××研究所人事处：

我于1987年××化工学院毕业后到本研究所工作，现在第五研究室工作。因我与爱人长期分居两地生活，及家中父亲年老多病需要照料等实际困难，现向领导提出辞去现职。

我的家乡在××省、××县。父亲现年75岁，于2015年患病半身不遂，衣食不能自理。我的爱人在家务农，由于我常年在外地工作，家中抚养子女、照顾老人、家务

劳动都由爱人一人承担,她长期操劳、身体不堪重负,多次病倒。

这些年来,国家经济建设蒸蒸日上,科技发展日新月异。作为一名党培养出来的科技人员,理应在这一宏伟事业中多作贡献。但由于家庭实际困难的羁绊,不免时时分散精力。为解决本人实际困难,妥善兼顾工作和家庭,特请求领导批准我的辞职。

申请人:××(签名)
××××××

这封辞职信,开头以开门见山的方式直接提出辞职的理由,接着详细叙述家庭困难的现状,以求得领导对辞职行为的理解和帮助,最后恳请领导批准。该辞职信重点突出,态度端正,语气恳切,符合礼仪规范,辞职的理由充分合理。

第五节　祭奠礼仪文书

任务设计

章小林今年通过公务员考试,进入市政府老干部办公室工作。他的主要工作是为离退休老干部服务,其中有一项工作就是当有老干部过世时,需要协助家属处理丧后事宜。为更好地完成这项工作,章小林需要具备哪些文书的写作能力?撰写时应该注意什么问题?

案例解析

处理丧后事宜的文书,属于祭奠礼仪文书。它包括向逝者亲朋发出讣告,给逝者家属发去唁电,为逝者撰写悼词等。章小林作为老干部办公室的工作人员,撰写祭奠文书是其职责所在,义不容辞。而且,往往老干部家属处在悲痛和伤心之中,作为负责这项工作的机关人员,应该尽力替逝者家属考虑,将该类文书拟写得合情合理、得到逝者家属认可,使之得到心理安慰。

讣　　告

一、含义

讣告又称讣文、讣闻。"讣"原指报丧的意思,"告"是让人知晓,"讣告"就是将某人去世的消息向逝者亲戚、朋友、同事等告知的文书。作为一种报丧文书,讣告一般由死者的亲属或治丧委员会发出。

二、特点

(一)告知丧事

讣告是一种用来传递某个(些)人离世的信息并告知丧事活动的通知类文书,其作用是其他文书所无法替代的。

(二)严肃郑重

因为告知的是丧事,它涉及的是人们悲伤(痛)的情感活动,因而不能随意写作,必须按照约定俗成的语言和较为固定的格式来拟写,由此形成了讣告严肃、郑重的风格。

(三)朴实简明

讣告是现代社会较为通用的告丧文书,摒弃了传统丧贴的陈旧内容,简化了书写格式,表达更加简洁。比如,宋庆龄的讣告,正文只有二百多字。

三、种类

(一)一般式讣告

又称布告式讣告,是人们常用的讣告形式。

(二)公告式讣告

这种讣告隆重、庄严。一般用于党和国家领导人、国内的重要人物或影响大的人物。它是由党和国家机关、团体作出决定发出的。

(三)新闻报道式讣告

这种讣告作为一则消息在报纸上公布,旨在让社会各界人士知道这个丧事活动。

四、写作

(一)基本结构与写法

一般由标题、正文、署名组成。

1. 标题

(1)一般性讣告标题。可以直接用"讣告",或在逝者姓名后加上"讣告",如"鲁迅先生讣告"。

(2)公告式讣告标题。一般是发出公告的单位名称加上"公告"二字。比如,宋庆龄讣告的标题为"中国共产党中央委员会 中华人民共和国全国人民代表大会常务委员会中华人民共和国国务院公告"。

(3)新闻报道式讣告标题。这种讣告标题一般就是逝者离世的新闻标题,而讣告则作为该新闻的附件。比如,著名表演艺术家张瑞芳逝世,第二天中国新闻网就发布新闻,标题为"张瑞芳治丧小组发讣告:7月3日举行告别仪式",正文部分介绍张瑞芳的生平,配有照片,附件是张瑞芳治丧小组的讣告。

2. 正文

(1)写明逝者基本信息。包括:姓名、身份、职务、逝世时间、地点、原因、终年岁数等。比如,鲁迅先生讣告的正文第一句话就是"鲁迅(周树人)先生于1936年10月19日上午5时25分病卒于上海寓所,享年56岁"。

(2)简介逝者的生平。着重介绍逝者生前的重要经历和成就,并作出简单评价。

一般的写法:×××于××××年参加工作,历任×××××、×××××等职务。他的一生,是革命的一生,是艰苦奋斗、自强不息的一生,是为党和人民无私奉献的一生……

(3)交代丧事的安排。写明开追悼会的时间、地点,或者根据遗嘱和家属意见对丧事活动进行的安排等。

3. 署名

写上发布讣告的团体或个人的名称,以及发布时间。比如,"×××同志治丧委员会"。

(二)写作要领

第一,语言庄重严肃。讣告不得有丝毫的戏谑和幽默,在遣词造句时要格外慎重,要选择基调深沉的词语,以表达对死者的沉痛哀思和深切怀念。

第二,评价恰如其分。讣告中对死者的评语一定要恰如其分,这是对死者的尊重也是对生者的告慰。无论是过分的夸张还是故意贬低,都不会取得好的效果,也是失敬于逝者的。

第三，讣告必须在遗体告别仪式之前发出，以便死者亲友与有关方面人士为参加丧仪活动做好必要的准备，如送花圈和挽联等。

第四，讣告要使用白纸、黑字书写，四周加黑框，以示哀悼。

范文示例

讣　告

著名评书表演艺术家、国家级非物质文化遗产传承人、北京曲艺家协会名誉主席、中国曲艺牡丹奖终身成就奖获得者单田芳先生，因病医治无效，于 2018 年 9 月 11 日下午 3:30 分在北京中日友好医院逝世，享年 84 岁。

单田芳先生生于 1934 年 12 月 17 日，1955 年，拜著名评书演员李庆海为师，从此开启了曲艺生涯。改革开放后，先生的事业逐步走向巅峰，共录制广播和电视评书 110 部，计 12000 余集，闻名全国，被誉为永不消逝的电波。

单田芳先生的逝世是中国评书界的一大损失，他把一生都献给了热爱的评书事业，为中国传统文化的普及和传播，做出了不可磨灭的贡献。

单田芳先生告别仪式将于 2018 年 9 月 15 日上午在北京八宝山殡仪馆举行。

单田芳先生治丧委员会
2018 年 9 月 11 日

评析

这是著名艺术家单田芳先生的讣告。第一段，介绍单田芳先生的身份、职务、逝世时间、地点、原因、终年岁数等；第二段，介绍单田芳先生的主要曲艺生涯和成就；第三段，对单田芳先生的一生给予了高度的评价，并再一次表达了对单田芳先生的敬意和怀念之情；最后一段，告知告别仪式的具体时间、地点。该讣告语言简洁而庄重。

唁　电

一、含义

唁电是因吊唁者不能亲临吊唁，而向丧家发出的表示哀悼、慰问的电报。它既可以表达对逝者的悼念，也可以向丧家表示慰问和安慰。重要人物的唁电，还要在报纸、广播、电视等媒体上刊登或播报。

二、特点

(一)哀悼性

唁电不同于一般的电报,它的主要内容是表示对逝者的哀悼,要充分地表达对逝者的情谊及悼念之情,不要旁及其他。

(二)礼仪性

唁电既可以用来表示对逝者的哀悼,又可以用来向逝者的家属表示问候和安慰,具有较强的社交礼仪性质。

(三)通告性

重要人物的唁电,除发给逝者生前所在组织和家属以外,还要通过广播、电视、报纸等媒体进行播报和刊登,告知人们逝者去世的信息。

三、分类[①]

唁电一般有以下几种类型:

(一)单位团体之间拍发的唁电

这类唁电所悼念的逝者多是原机关单位或群众团体的主要领导人或是在某方面有建树,为社会作出巨大贡献的英雄、模范、艺术家、科技工作者、其他知名人士等。

这类情况往往因为发电方同逝者不在同一地,来不及前往悼念,故而以唁电形式表示哀悼和慰问。比如,文坛泰斗巴金在上海逝世(2005年10月17日),四川省政府、省人大、省政协等向巴金家人致唁电。

(二)以个人名义向丧家发的唁电

这类唁电的发出者往往是逝者生前志同道合的朋友,与逝者有过亲密交往或深受过其教诲、关怀、帮助。在惊闻噩耗后,以唁电表示悼念之情。比如,鲁迅先生逝世后,好友丁玲向其家属发出唁电。

(三)国与国之间拍发的唁电

这类唁电一般发给对方的国家政府机关或其他相应的重要机构。逝者一般为重

---

① 张文英主编:《新编应用文写作教程》,天津:南开大学出版社,2010年,第222页。

要的国家领导人或是为两国之间的和睦关系、经济发展作出过巨大贡献的重要人物。比如,柬埔寨太皇西哈努克逝世,时任中华人民共和国国家主席的胡锦涛就向柬埔寨国王西哈莫尼、太后莫尼列致唁电表示沉痛哀悼。

四、写作

(一)基本结构与写法

一般由标题、称谓、正文、署名组成。

1. 标题

(1)直接以"唁电"二字为标题。

(2)以"致电单位名称+'致'+逝者单位领导(或亲属)姓名+'唁电'"为标题。

比如,国际奥运会终身名誉主席萨马兰奇逝世,时任国家主席的胡锦涛向国际奥运会主席罗格发唁电(2010年4月22日),其标题为《胡锦涛致罗格的唁电》。

比如,柬埔寨太皇西哈努克逝世,时任国家主席的胡锦涛向他的夫人太后陛下和他的儿子国王陛下发出唁电,其标题为《胡锦涛向西哈莫尼国王、莫尼列太后致唁电》。

2. 称谓

写明逝者国家、单位、组织名称或家属姓名。如果收唁电者为逝者家属,应在姓名后面加上"先生""女士""同志"等称呼。比如,女作家丁玲在鲁迅逝世写给其夫人的唁电,称呼其夫人为"许遐女士"。

3. 正文

唁电的正文主要写以下几部分内容。

(1)用简短的话语表达得知噩耗以后的悲痛心情,并向收电人表示哀悼和慰问。

比如中共中央总书记、国家主席习近平就原越共中央总书记黎可漂逝世向越共中央总书记、国家主席阮富仲致唁电。开头写道:

惊悉原越共中央总书记黎可漂同志不幸逝世,我代表中国共产党、中国政府、中国人民,并以我个人的名义,向你并通过你向越南共产党、越南政府、越南人民,对黎可漂同志的逝世表示沉痛哀悼,向黎可漂同志家属致以诚挚慰问。

(2)以沉痛的心情追述和赞颂逝者生前的功绩和美德,以示缅怀。

比如曾宪梓先生逝世时,国务院港澳事务办公室致唁电中写道:

他一生爱国爱港爱乡,以报国为己任,以奉献为乐趣。坚定拥护"一国两制"方针和香港基本法,旗帜鲜明反对各种错误言行。倾力支持国家改革开放和现代化建设,热心捐助内地教育、科技、体育和社会公益事业发展,建树良多,贡献卓著,铁骨铮铮,令人敬佩。

(3)表达致哀单位或个人继承逝者遗志,化悲痛为力量的决心,也可以勉励有关人士在逝者优秀品质或精神感召下奋勇前进。

比如杂交水稻之父袁隆平院士逝世时,河南农业大学向袁隆平院士治丧委员会发去唁电,在其结尾写道:

我们一定牢记袁隆平先生遗志,持续围绕杂交水稻开展研究,不断挖掘杂交水稻产量潜力,把杂交水稻推向世界,造福全人类。

(4)结语。常用"肃此电达""特电慰问"等问候语结束。

4. 署名

写明致哀者的国名、单位名称或个人姓名,并在其下方署上发唁电日期。

(二)写作要领

第一,感情要诚挚,语气要悲痛。唁电用词庄重、严肃、朴实,不可滥用修饰语,以免给人造作之感。如果是国家领导人逝世,结尾可用"×××同志永垂不朽",但普通人不可滥用此语。

第二,语言简洁,篇幅短小,切忌冗长乏味。唁电为达到语言精练的效果,可使用一些文言词语,如"惊悉×××不幸病逝""肃此电达"等。

第三,唁电撰写要及时,否则,时过境迁,再发唁电就没有实际意义了。

袁隆平院士唁电

袁隆平院士治丧委员会:

惊悉袁隆平院士不幸病逝,山川失色,江河呜咽,举国同悲。我谨代表中国工程院并以我个人的名义对袁隆平院士的逝世表示最沉痛的哀悼,向袁隆平院士亲属表示最诚挚的慰问!

袁隆平院士是我国杰出的农业科学家、杂交水稻之父,也是享誉世界的著名科学家。他毕生躬身田畴,致力于杂交水稻技术的研究、应用与推广,发明"三系法"籼型杂交水稻,成功研究出"二系法"杂交水稻,创建了超级杂交水稻技术体系,先后获得我国第一个特等发明奖、首届国家最高科学技术奖以及联合国教科文组织"科学奖"等20余项国内外大奖,2018年被授予"改革先锋"称号,2019年获得"共和国勋章"。

袁隆平院士矢志稻菽丰稔,使我国杂交水稻研究始终居于世界领先水平,为中国人把饭碗牢牢端在自己手中奋斗终身;胸怀天下苍生,向世界多个国家传授杂交水稻技术,为推进全世界粮食安全、消除贫困、造福民生做出杰出贡献!袁隆平院士心系"禾下乘凉梦"和"杂交水稻覆盖全球梦",几十年如一日播撒智慧之种,将自己对祖国的赤胆忠心和对人民的满腔热忱凝结在串串饱满的稻穗上,书写在祖国的神州大地上,镌刻在闪亮的共和国勋章上!袁隆平院士永远是我们学习的楷模!

用一粒种追梦稻田,筑就粮食安全的不朽丰碑;捧一颗心奉献人类,点亮科学精神的永恒星辰!无双国士,英名永驻!袁隆平院士的逝世是中国工程院和我国工程科技界的重大损失。袁隆平院士千古!

中国工程院院长　李晓红
2021年5月23日

这是我国杰出的农业科学家、杂交水稻之父袁隆平院士逝世时,中国工程院院长李晓红代表中国工程院发的唁电(选自中国工程院官网)。正文分四段表达。第一段对袁隆平院士的病逝表示深切的哀悼和向其亲属表示诚挚的慰问;第二段,介绍袁隆平院士一生的巨大成就和贡献;第三段对袁隆平院士的光辉一生给予高度的评价和赞颂;最后一段,再次对袁隆平院士的逝世表达痛惜之情。唁电感情真挚、结构严谨、措辞妥帖。

悼　词

一、含义

悼词是对死者表示哀悼的话或文章。它有广义和狭义之分。

广义的悼词,指向死者表示哀悼、缅怀与敬意的一切形式的悼念性文章。

狭义的悼词,专指在追悼大会上对死者表示敬意与哀思的宣读式的专用哀悼文体。

悼词一方面表达对逝者的哀悼、缅怀和敬意;另一方面宣扬逝者生前事迹,从而勉励生者化悲痛为力量。前者,如邓小平为周恩来所作的悼词饱含深情,充满敬意;后者,如毛泽东为张思德同志所致的悼词《为人民服务》饱含斗志,激励后人。

二、特点

(一)情感的祭奠性

悼词是用来祭奠逝者的,通过追忆逝者的生平事迹、品行德才,表达人们对逝者的无限怀念,抒发人们的悲痛心情。

(二)形式的直陈性

悼词是一种宣读式文体,一般在逝者的追悼会上由一定身份的人进行宣读陈述。语言应充满对逝者的敬意和对生者的勉励,表达方式以陈述为主。

(三)手法的多样性

悼词的表现手法多样。既可以写成记叙文或议论文,又可以写成优秀的散文作品;既能以叙事为主,也能以议论为主,还可以抒情为主。

三、分类①

一般可以按照用途和表现手法来分类。

(一)按照用途分

1. 宣读体悼词

这种悼词专用于追悼大会,由一定身份的人进行宣读。它是对在场参加追悼的同志讲话,而不是对逝者讲话。悼词表达出全体在场的人对逝者的敬意与哀思,同时勉励群众化悲痛为力量。

宣读体悼词以记叙或议论逝者的生平功绩为主,而不以个人抒情为主。另外,宣读体悼词受追悼大会本身的时间、地点、条件的限制,相对来说,在形式上较为稳定。比如,《江泽民在邓小平追悼大会上的悼词》。

2. 艺术散文类悼词

这类悼词内容广泛,包括所有向逝者表示哀悼、缅怀与敬意的情文并茂的文章,这类文章大都发表在报刊上。

这类悼词通过对逝者过去事情的回忆,展现逝者的品质和精神,虽志在怀念,但却落脚在逝者的精神对活着的人的鼓舞和激励上。

(二)按照表现手法分

1. 记叙类悼词

记叙类悼词以记叙逝者的生平业绩为主,并适当地结合抒情或议论。这是现代悼词最常见的类型。朴实的记叙文体,字里行间却充满对逝者的哀悼和怀念之情。宣读体悼词和书面体悼词均可以采用这种形式。比如,朱自清《哀韦杰三君》。

---

① 张文英主编:《新编应用文写作教程》,天津:南开大学出版社,2010年,第224~225页。

2. 议论类悼词

指以议论为主,抒情、叙事为辅的悼词。这类悼词重在评价逝者对社会的贡献,议论类悼词能够和现实生活紧密结合,是社会意义较强的一种哀悼文体。比如,恩格斯的《在马克思墓前的讲话》。

3. 抒情类悼词

这类悼词以抒发对逝者的悼念之情为主,并适当地结合叙事或议论。抒情类悼词经常以抒情散文的形式出现,文学色彩浓厚,能在情感上打动人。它与一般抒情散文的不同在于悼词的情感不同于普通的情感。它崇高而真挚,质朴而自然。比如,郭沫若的《罗曼·罗兰悼词》。

四、写作

(一)基本结构与写法

一般由标题、称谓、正文、落款组成。

1. 标题

(1)直接写文种名称"悼词"。

(2)"在"+逝者姓名+"追悼会上的"+文种。比如,《在宋庆龄同志追悼会上的悼词》。

(3)悼词宣读人+逝者姓名+"追悼会上的"+文种。比如,《江泽民在邓小平追悼大会上的悼词》。

2. 称谓

指参加追悼会的所有人员,多用泛称。比如,"同志们""朋友们"。

3. 正文

悼词的正文通常由开头、主体、结尾三部分组成。

(1)开头。以沉痛的心情说明召开此次追悼会的目的,并全面准确地介绍逝者逝世前的身份、职务、逝世原因和时间及终年岁数等。比如,邓小平在宋庆龄追悼会上的悼词,开头写道:

今天,我们怀着极其沉痛的心情,深切悼念中华人民共和国的缔造者之一,中华人民共和国名誉主席……中国共产党优秀党员宋庆龄同志。宋庆龄同志因患慢性淋巴细胞性白血病,多方医治无效,不幸于一九八一年五月二十九日二十时十八分在北京逝世,终年九十岁。

(2)主体。这部分篇幅较长。

在内容上,一方面需要介绍逝者的生平事迹、主要业绩,另一方面应该对逝者的思想、精神、品德等进行评价,并以此激励后人。比如,在周恩来总理的追悼会上,其悼词中,就用了相当的篇幅详细介绍了周恩来总理从青年时代投身革命到中华人民共和国建立后担任国家领导人的伟大的一生,对全国人民都有激励和榜样的作用,影响巨大。

在语言表达上,要求用语简明、高度概括。比如,为悼念邓小平的悼词,在8000多字的正文中,仅用了108个字对邓小平的一生进行高度的概括、给予高度的评价:

邓小平同志是全党全军全国各族人民公认的享有崇高威望的卓越领导人,伟大的马克思主义者,伟大的无产阶级革命家、政治家、军事家、外交家,久经考验的共产主义战士,中国社会主义改革开放和现代化建设的总设计师,建设有中国特色社会主义理论的创立者。

(3)结尾。主要写明生者对逝者的悼念,如何化悲痛为力量,进一步学习逝者伟大的精神,继承逝者未竟的事业等。比如,江泽民在邓小平追悼会上的讲话,其悼词结尾在高度评价邓小平同志后,以向全国发出号召的方式激励国人努力建设国家:

邓小平同志和我们永别了。他的英名、业绩、思想、风范将永载史册,世世代代铭刻在人民的心中。在党中央坚强领导下,全党全军全国各族人民一定能够继承邓小平同志的遗志,坚定不移,满怀信心,把邓小平同志开创的建设有中国特色社会主义的伟大事业推向前进,把我国建设成为富强、民主、文明的社会主义现代化国家。

在结尾,常用"×××同志永垂不朽""×××同志安息""×××同志精神永存"等语言表达敬意或怀念。

4. 落款

悼词一般在开头就已经介绍了参加追悼会的人员情况,所以悼词的落款一般只署上日期即可。

(二)写作要领

第一,撰写悼词的态度要严肃,明确写悼词的目的主要是介绍逝者的生平事迹,歌颂逝者生前主要的功绩,既不无原则地颂扬,也不要故意贬低。尤其要注意,逝者的缺点,一般不写入悼词。

第二,语言要简朴、严肃、概括性强,尤其要用精练的语言对逝者生平进行概括和评价。

在追悼陈毅同志大会上周恩来同志的悼词

(1972年1月10日)

我们怀着十分悲痛的心情,悼念陈毅同志。

陈毅同志是中国共产党第九届中央委员会委员、中央军委副主席、中华人民共和国国务院副总理兼外交部长、中国人民政治协商会议全国委员会副主席、国防委员会副主席。陈毅同志在病假期中,因患肠癌,治疗无效,于一九七二年一月六日二十三时五十五分不幸逝世。终年七十一岁。

陈毅同志一九二二年加入中国共产主义青年团,一九二三年加入中国共产党。一九二七年参加中国工农红军。红军时期,历任师长、军长、江西军区司令员兼政治委员;抗日战争时期,历任新四军一支队司令员,新四军代理军长;解放战争时期,历任华中野战军司令员,华东野战军司令员,华东军区兼第三野战军司令员。全国解放后,曾兼任上海市市长。

陈毅同志是中国共产党的优秀党员,是中国人民的忠诚战士。几十年来,陈毅同志在毛主席、党中央的领导下,在长期革命战争中,在社会主义革命和社会主义建设中,坚持战斗,坚持工作,努力为人民服务。

陈毅同志的逝世,使我们失去了一位老战友,老同志,是我党我军的一大损失。我们沉痛地悼念陈毅同志,要学习陈毅同志的革命精神,化悲痛为力量,在以毛主席为首的党中央领导下,在毛主席无产阶级革命路线的指引下,谦虚谨慎,戒骄戒躁,为完成国际国内新的战斗任务,争取新的更大的胜利而奋斗。

陈毅同志安息吧!

(《人民日报》,1972年1月11日第一版)

这是一篇经典悼词。1972年1月10日,陈毅的追悼会,毛主席亲自参加,周恩来总理致悼词。首先,开门见山交代参加追悼会的心情和悼念对象;接着介绍被追悼者的身份、职务、逝世的原因、时间、终年岁数等;然后按照时间顺序介绍陈毅的一生及其所任职务;再对陈毅给予高度评价;结尾,表达对陈毅逝去的沉痛心情,要求生者学习陈毅的革命精神,并激励后人"奋斗",最后以"陈毅同志安息吧"作为结语结束全文。整篇悼词语言精练、饱含深切的哀痛之情和怀念之意。

一、问答题

1. 开幕词与闭幕词有什么特点?
2. 在慰问信和感谢信写作中要注意哪些问题?
3. 贺信有什么特点?分哪几类?
4. 写求职信和辞职信应该注意什么问题?
5. 悼词有哪些种类?写悼词应该注意什么问题?
6. 什么情况下,需要发唁电?写作时有哪些要求?

二、判断题

1. 礼仪文书是人们处理公共关系和进行社会交际活动的重要工具。（   ）
2. 礼仪文书在书写款式、书写材料、用笔用墨等方面，都不必讲究。（   ）
3. 礼仪文书不仅帮助人们表达礼节、交流思想，还有处理事务的作用。（   ）
4. 致欢迎词时，应当注意欢迎对象的宗教信仰、风俗习惯、兴趣爱好等，应该避开欢迎对象的禁忌。（   ）
5. 欢迎词是致辞人在欢迎现场向来宾表示欢迎的口语化表达，可以较多地使用口语，加上得体的书面语，往往会取得较好的交际效果。（   ）
6. 欢送词要表达对宾客的真挚欢送之意，言语可以低沉难过。（   ）
7. 开幕词常常使用富有鼓动性的语言，以调动与会者的积极性。（   ）
8. 开幕词要做到善于辞令，可以夸张表达。（   ）
9. 在闭幕词的撰写中，撰写者应融入真挚的情感，使致辞坚定有力、热情饱满，富有号召性和鼓动性，获得与会者的认可，使之产生强烈的共鸣，从而使会议精神产生更加持久的效力。（   ）
10. 慰问信大多以张贴、登报或利用电台、电视台、互联网、微信等平台的形式，表达对慰问对象的亲切慰问。（   ）
11. 邀请函是比请柬更为复杂的请帖，它是党政军和各类学术团体、艺术团体等在召开重大会议或举办重要文艺活动时，经常使用的应用文书。（   ）
12. 求职信，可以不必根据求职单位的不同要求来写，可以"一稿通吃"。（   ）
13. 讣告写作应注意采用深沉的语气，以表达对逝者的沉痛哀思和深切怀念。（   ）
14. "永垂不朽"一词，可以用在普通人的唁电中。（   ）
15. 悼词写作中，一般不写逝者的缺点。（   ）

三、写作实践题

1. 请为学校秋季运动会撰写一份开幕词。
2. 在9月10日教师节即将来临之际，为表达对老师的问候和敬意，请给任课教师等撰写一封慰问信。
3. 根据自身的实际情况，拟写一封求职信或实习自荐信。
4. 某户人家有一老人因病去世了，家里没有人写过讣告，不知道该怎么写。请你和同学们在了解相关情况后，尝试着为其家属拟写一则讣告。

第六章

经济文书写作

知识目标

了解经济文书的含义、特点及作用,熟悉该类文书的格式和写法,以及相关法律法规。

能力目标

掌握各类经济文书的特点,在相关法律法规的框架体系内,撰写相关经济文书。

学习方法

经济文书,包含经济合同、商业说明书、广告、可行性报告、招标投标书等,具有相对应的专业性和法律性,在学习的过程中,必须牢记法律法规这根准绳,在合理合法的前提下,进行合法的经济活动,从而撰写出符合国际国内法律法规的经济文书。

第一节 经济文书写作概述

任务设计

王健是一名大食品公司的生产部经理,在生产中秋佳节品牌月饼的基础上,准备打造几款符合当代健康理念的新品种,欲以新口味来赢得市场。请问,生产部经理王健需要在月饼生产前,做哪些文字工作?

案例解析

月饼,是中国传统佳节——中秋节最重要的佳节食品之一。生产具有创新理念和新口味的月饼,需要进行充分的市场调研,撰写市场调查报告并获得上级领导的批准。只有在充分了解大众健康需求的前提下,才可能设计、生产出符合大众新口味的品种,从而赢得市场。

一、含义

经济文书是经济应用文的通称,是法人单位或个人在经济活动和经济交往过程中反映经济情况,处理经济事务,研究、解决经济实际问题的一种具有特定格式的专业应用文体。

它是应用文写作的一个重要分支。随着市场经济的不断发展,经济工作在我国社会主义现代化建设中的地位和作用也愈来愈突出,作为经济工作中经常使用的经济文书自然也就越来越重要。因此,学习一些经济文书的写作技能就显得十分必要。

由于经济文书包含面广、种类多,本教材仅就经济活动中经常使用的广告文案、说明书、经济合同、招标书、投标书等文体谈谈其基本知识与撰写的基本技能。

二、特点和作用

(一)经济文书的特点

1. 内容的实效性

经济文书是为经济活动服务的文本,需要重视解决实际问题。经济文书同经济活动、经济利益直接挂钩，许多文体中的结论和措施都直接影响经济活动的效益。因此，经济文书特别注重实用，讲究实效。

2. 材料的真实性

经济文书的内容必须"真"。客观、真实是经济文书的生命。因此，写作者要以科学求实的态度收集材料，在真实材料的基础上分析、研究经济问题，从而提出正确的观点，采用最符合客观实际的措施。而那些自以为是、主观臆断的行文是经济文书写作的大忌。

3. 很强的时效性

许多经济文书，如经济预测报告、经济合同等，必须适时写出，否则过期作废，其中有些涉及经济活动的通知、计划等也要及时加以撰写，以发挥其应有的作用。

4. 格式的规范性

不少经济文书都有固定的格式。经济文书的格式，是约定俗成的，写作时必须遵守，不能随意更改。

5. 语言的朴实性

经济文书的语言，具有平实、简明、准确、精练的特点。平实、简明，指经济文书要做到文约意丰，言简意明。准确，包括判断推理要正确，遣词用语要明确，数据、图表要精确。精练，则指在写作这类文体的文章时，最忌采用华而不实和拖沓、冗长、繁杂等不着边际的文字。

6. 鲜明的政策性

经济文书是在进行经济活动的过程中产生的，要严格遵守党和国家的方针、政策，对国家的大政、方针不可越雷池半步。因此，具有很强的政策性。

(二)经济文书的作用

1. 规范经济行为的指导作用

经济文书对涉及经济活动的双方都具有规范、指导意义。

2. 告知经济信息的传递作用

在经济活动和经济交往过程中，经济文书要承载经济活动的信息，反映经济情况，处理经济事务，研究、解决经济活动中存在的实际问题。

3. 沟通关联双方的媒介作用

经济文书承载经济活动的相关信息，对沟通经济活动的双方起到媒介作用。

4. 作为法定依据的凭证作用

经济文书对涉及经济活动的双方都具有制约作用，一旦制定，要求经济活动的双方必须严格遵守。在经济活动的各个环节，经济活动的双方都可以将之作为具备法律效力的凭证来使用。

三、分类

经济文书有广义和狭义之分。

广义的经济文书是指机关、团体、企事业单位在经济活动中使用的各种文书的总称。

狭义的经济文书可分为：

(1)调研性文书。比如,市场调查报告、经济活动分析报告等。

(2)签约性文书。比如,经济合同、合作意向书等。

(3)宣传性文书。比如,广告书、商品说明书、招标投标书等。

(4)沟通性文书。比如,商业信函等。

第二节 广告文案

任务设计

王敏是某广告公司的一位新职员。一天,老板通知他公司要为某公司生产的一款饮料设计一份广告策划性文字材料,请他和另一位同事前去跟该公司的人员谈妥相关事宜。请问,王敏他们需要和对方公司签订什么样的经济文书？广告公司又应该提供什么样的文字材料给对方公司？这些文书有什么特点？撰写这些文书应该注意什么问题？

案例解析

王敏和他的同事被老板委派前往某公司谈广告书面文案的事宜,他们应该与对方公司签订一份委托合同,由饮料生产公司委托广告公司为该款饮料撰写一份广告书面文案。王敏所在的公司签订委托合同后,则应该按照合同的相关规定,在履行期限内给对方提供一份广告文案。委托合同应该注意条款的明确性和完整性,广告文案的内容则应该具有创造性和吸引力。

一、含义

(一)广告

广告,即广而告之,是为了某种特定的需要,通过一定形式的媒体,公开而广泛地向公众传递信息的宣传手段。

广告,有狭义和广义之分。狭义的广告是指经济广告,即商业广告。而广义的广告则指为广泛地告诉公众某种情况而进行的宣传活动,它包括经济广告和非经济广告。

(二)广告文案

广告文案是广告作品中的语言文字部分,它属于特殊的应用文体。其特殊性表现在,它要考虑广告受众的接受心理,要利用心理学原理或营销原理等组织语言和设计方案,写出雅俗共赏、生动有趣的文字,使广告具有特殊的感染力,从而引起受众的高度关注,刺激其心理需求,最终达到实现广告效应的目的。

而一般的应用文写作,是出于工作与学习的需要,写作时不必考虑上述因素。

二、特点

(一)真实性

广告文案的编写要以事实为依据,真实、清晰、明白地向公众诉说商品的性能、用途、特点及使用方法,服务的内容、形式、质量、功能、价格、承诺等相关信息。

广告文案的真实性体现在撰写时要坚持全面、准确的原则。

全面,即在表达广告信息时,全面地反映客观事物,而不是以偏概全或为了突出产品的利益点故意不表现产品的负面因素。表现全面的广告文案应该是在将广告中产品的优势表现出来的同时,也表现产品的副作用,使消费者消费时不至于出现问题。不交代产品副作用的广告文案不符合真实性原则。况且,消费者有权知道自己将购买的产品的全部信息。因此,广告文案要在表现信息全面性的基础上发展创意,更有效地展示产品利益点。

准确,指的是广告文案对广告信息的表述准确、到位。广告文案中要向广告受众传达的广告信息必须是客观真实的存在。特别是有关企业、产品、服务的内容、形式、质量、功能、价格、承诺等能为消费者提供服务和带来利益,广告主借此以说服消费者产生消费行为的内容,必须是真实的、客观存在的。任何在头脑中臆想出来的广告信息、广告承诺和广告利益点都是违反真实性原则的,都是不准确的虚假信息,都可能使广大的消费者上当受骗,广告者也将因此受到相应的惩罚。

(二)目的性

做商业广告的主要目的就是为了销售产品和推销服务、获得利润,这一点在做广告的时候必须要牢记。注重经济价值是广告文案区别于其他文体的一个重要特点。

广告文案的最终目的是说服和诱导消费者产生消费行为，编写广告文案自然也应注意这一点。因此，商业广告的目的性非常明确。而公益性广告，为了弘扬美德或改良社会风气，采用音像、图文并茂等形式广而告之，其目的性显而易见。

(三)艺术性

随着社会的发展、科技的进步，受众对广告的形式和内容也提出了越来越高的要求。除实现经济目的外，广告也被当作一种艺术品来欣赏。因此，广告文案的撰写要坚决摒弃低俗和不雅的语言文字，或者简单的文字重复，要注重语言的艺术性，要给人以审美的享受和精神的陶冶。

(四)功利性

广告者借助广告作品宣传产品的功能、特点，期望消费者消费。这个目的，使得广告文案的写作具有完全的功利性。制作精良的广告文案，既可以提高商品的竞争力，又可以感染、说服消费者，促使他们购买商品。

三、分类

从不同的角度，广告文案有不同的分类。主要有以下五种。

(一)以内容来划分

广告文案可分为企业广告文案、商品广告文案、文化广告文案、社会广告文案等。

1. **企业广告文案**

包括公司广告文案、保险广告文案、商店广告文案、酒店广告文案、航空旅游广告文案等。

2. **商品广告文案**

包括饮料食品广告文案、烟酒广告文案、药品营养液广告文案、化妆品广告文案、家用电器广告文案、服饰鞋帽广告文案、生活用品广告文案、钟表眼镜相机广告文案、办公学习用品广告文案、交通机械广告文案、房地产广告文案等。

3. **文化广告文案**

包括书刊广告文案、影视音像广告文案、娱乐活动广告文案等。

4. **社会广告文案**

包括公益广告文案、征婚广告文案、招聘招生广告文案等。

(二)以制作广告的材料和媒质来划分

广告文案可分为：报刊广告文案、影视广告文案、广播广告文案、图文型广告文案等。

(三)以广告的体式来划分

广告文案可分为：陈述体广告文案、说明体广告文案、证明体广告文案、文书体广告文案、问答体广告文案、对话体广告文案、书信体广告文案、诗词体广告文案、相声小品体广告文案、故事体广告文案、新闻体广告文案、布告体广告文案等。

(四)以广告的战术来划分

广告文案可分为：攻心术广告文案、迎心术广告文案、征奖术广告文案、恭维术广告文案、示诚术广告文案、算账术广告文案、以退为进术广告文案等。

(五)以语言修辞的角度来划分

广告文案可分为：成语体广告文案、俗语体广告文案、类比体广告文案、比兴体广告文案、比拟体广告文案、双关体广告文案、设问和反问体广告文案等。

四、写作

在一则广告中,文字(或声音)是非常重要的组成部分,起着关键作用。一则没有文字(或声音)的广告几乎不能向消费者传递最主要的信息。因此,广告文案设计的好坏直接影响广告宣传能否取得成功。

(一)设计广告文案的步骤

步骤一,要充分了解广告需要宣传的对象。
步骤二,要找出广告需要宣传的对象的特点。
步骤三,要围绕这些特点来酝酿、构思。

(二)广告文案的构成

设计广告文案,一般应考虑文字、视觉形象、音响等因素,在这里着重介绍广告文案中的文字写作。

广告文案的内容一般由标题、正文、随文三部分组成。

1. 标题

广告的标题处在广告文案的显要位置,是广告内容的集中体现,是旗帜,是眼睛,要有魅力,要让消费者一见就被吸引。

广告标题的设计,必须要用简洁的语言来传达最有价值的信息。标题要言简意赅,放在最醒目的位置,以起到宣传的作用。

2. 正文

这里所说的正文包括有声媒体中的声音说明和广告语,这是广告的核心部分。

正文的重中之重是要确立广告的主题。

如果是处于商品创牌期的广告,主题就应围绕商品的特点、构造、性能等方面的新异之处展开,以便引起消费者的注意,使其产生购买欲望和做出购买行为。

如果是处于商品发展成长期的广告,主题可确定为介绍商品的更新改进情况、与同类商品相比的优点,努力培养原有消费者对广告的信任度,巩固商品的声誉,从而巩固商品已有的市场地位。

正文的写作必须紧扣主题、通俗易懂,但同时又要运用各种表现手法给读者留下深刻印象。在内容上,广告文案的设计要充分表现商品及服务信息,遵循广告文案文字清晰、连贯、统一和突出重点的原则。

3. 随文

有的广告还附有随文,也就是正文之外的说明文字。比如公司的地址、网址、电话、商品原料、购买的方法等。这一部分内容一般不用什么修辞手法,而采用直接叙述的方式。

(三) 广告文案的写法

广告文案的写作,一般分为以下步骤:

1. 精心准备

要先消化市场调研所取得的与产品有关的资料,然后用精练的语言文字将产品的特征描述出来,这些语言文字要包括产品的特点、功能、目标消费群、精神享受四个方面的内容。

2. 明确主旨

创作者自己应该清楚"创作的文案应该向消费者承诺什么",这一点很重要,若没有承诺,就没有人会买你的东西。承诺越具体越好;不要做出连你自己都不能相信的承诺。而你的承诺靠什么得以保证,在文案中也要考虑清楚。

比如,影视表演艺术家陈宝国代言的家具的商业广告,"看房子、买家具,我只来居然之家"。其主旨十分明确,内容简洁明了。这则家具广告,用名人的口语化内容广而告之,且突出了品牌家具店的名称——居然之家,起到用名人来吸引眼球、引导和促进消费的作用,获得了良好的经济效益。

3. 形成创意

你可以确定一个核心创意,也叫大点子、大创意。这个核心创意可以很单纯,也可延伸成系列广告。

比如,脑白金广告采用草裙舞、牛仔舞等动态画面,显示老年爸妈的活力,形象地展示了产品的功效,并且在广告结尾,用"脑白金、年轻态"六个字形成强有力的轰炸效果。目前,该广告已经形成系列广告,其原创性无人能比,在广告界堪称奇葩。

4. 拟定标题

每一则广告最重要的是标题,标题写得好,广告就成功了70%～90%。标题的创意应把握三个基本点:

(1)故事性。标题具有故事性会吸引人认真读内文,激发广告受众观看广告的兴趣。

(2)新奇性。一个新奇的标题可以引发人们的好奇心,会吸引很多的广告受众来阅读广告。广告标题新奇足以吸引人们的眼球。

(3)新闻性。新闻每时每刻都在影响着人们的生活,大家都爱看新闻,标题具有新闻性会引发广告受众的关注。

为写好一则广告,在动手写正文之前,一般先拟定十个以上的标题,然后从中比较、挑选出一个最合适的,也是大家最满意的标题。

5. 手段灵活

(1)借助拟人化手法。运用拟人的手法书写的广告文案,一定会使广告呈现生动形象的特点。当采用拟人化的手法展现产品之后,一般会产生好的效果。

(2)运用逆向思维。别人都说自己的产品能"包治百病",而你却诚实地说出自己产品的局限性往往就出人意料,这些"短处"甚至可能成为吸引广告受众眼球的"长处"。比如,某理发店门口的对联与广告相似,其"虽为毫发技艺,确是顶上功夫"之语,就能发人深省。"毫发"既是实指理发所涉及的对象,又指该项技能微不足道。但又有后文的"顶上功夫"坐镇,既吸引顾客的眼球,又能让顾客放心。

(3)借助热点话题、新闻。热点话题、新闻是时下民众普遍关注的焦点。比如,在《甄嬛传》最火爆的时候,可利用电视剧的热播,编写相应的广告文案,以引起社会的广泛关注,尤其是女性观众的关注。

(四)手法多样

好的广告文案,可以充分运用比喻、象征、联想等艺术表现手法。将某一特点与某一物象或其他事物相比较,往往会引起人们的认同,产生意想不到的效果。比如,某眼药水的广告文案确定的广告语是"滴后请将眼球转动数次,以便药水布满全球"。广告语中的"全球"就会引发广告受众的联想。

(五)真情实感

一篇好的广告文案内文,最主要的是讲事实,而不是装腔作势糊弄人,要赋予广告文案以亲切感,注入真实的感情。当你用能感动自己的文字去写广告文案,相信它一定也会打动广告受众。

比如,"三九感冒灵颗粒"广告,用明星周华健和一个可爱的男宝宝的温馨画面,并配以"亲亲我的宝贝"广告词,感动并吸引天下关注孩子健康的父母在孩子感冒时购买广告里的药品。另外,"帮妈妈打洗脚水"公益广告,展现了妈妈真诚地孝敬老人给老人洗脚,孩子也效仿妈妈的孝敬举动给妈妈打洗脚水的温馨画面,感动了很多电视观众,在一定程度上起到弘扬传统美德的作用。

广告文案内文特别忌讳空洞的说教,要告诉广告受众一些非常实在、具体感人的信息,以打动人。

(六)目标明确

好的广告文案指向性明确,仿佛直接向目标人群打招呼。广告的目标消费群是女性,最好在文案中出现"女人""孩子""家人"等字眼;如果是男士,就出现"男人""家庭"等字眼。比如,"七匹狼西装,男人的世界",就是目标很明确且很有说服力的广告语。

(七)长短相宜

好的广告文案不宜太长,以短小精悍为宜。但好的广告文案不一定就全都是短文案,许多人错误地认为没有人会去读长文案,事实上,一个写得引人入胜的长文案也会吸引很多的读者。写作时要根据产品的具体特点,选取合适的篇幅,长短皆宜。

(八)明白晓畅

广告文案要求达到明白晓畅的效果,切忌用很生僻的字眼。你要把读广告的人看成具有一般文化程度(最好是当作初中文化水平)的人比较好,不要用深奥、生僻的语言来绕弯子。比如,雀巢咖啡在制作广告文案的时候,确定的广告语是"味道好极了",康师傅方便面在制作广告文案的时候,确定的广告语是"好吃看得见"。其语言都明白晓畅,通俗易懂。

湖北劲牌保健酒业有限公司电视广告文案

1. 形象代言人选择:

35~55岁,男性。

个人形象健康、阳刚、沉稳,符合劲酒品牌形象。

有亲和力,能够被25~55岁全国最广大的普通中青年男性所接纳。

大陆一线演员。

没有做过同类型的广告。

2. 核心诉求：

劲酒虽好，可也不要贪杯吆。

3. 目标消费群：

生活稳定、成熟、刚毅、精力充沛的中年男性。待人坦诚，爱结交朋友。深谙适度而为的处世哲学。对生活负责，关爱家人及朋友。

4. 创意生活化：

亲情篇：一群成功的中年男士正在某酒店饮用劲牌保健酒，此时形象代言人的手机短信提示音响起，短信内容是"爸爸，少喝一点"。此时，画外音响起，"身体是自己的，也是家人的"。然后，突出中心诉求"劲酒虽好，可也不要贪杯吆"。

5. 随文：

公司的名称、地址、电话等信息。

该广告文案核心诉求明确，故事性强；文案信息简洁，主题突出，有深度；打"亲情牌"，能够感染消费者、打动消费者，形成共鸣，并使之保持较长时间的记忆。语言通俗易懂，明白晓畅。生活化的场景设置及活动，拉近了与消费者的距离。画面生动形象，能够吸引广告受众，激发他们的兴趣，进而影响消费者的选择。

第三节　商品说明书

任务设计

某厂研制出一种生物保健口服液，该类产品目前在市场上极为少见。因此，该厂老板希望能迅速打开市场销路，占领本地市场，扩大该产品的影响。而作为商品上市，该生物保健口服液必须匹配一份说明性文书，目的是让消费者了解该商品并放心使用。假如你就是该款口服液的技术总监，领导希望你来负责完成该保健口服液说明性文书的撰写任务，你应该怎么办？

案例解析

作为某产品的技术总监，对该产品的外观、功能、特点、好处或效果等方面的内容

要掌握得十分透彻，领导委派你来负责完成该说明性文书的撰写任务，可以说是十分恰当合理的。在撰写前，应该熟悉和掌握说明书的特点和写作方法；撰写时，要十分简洁有效地把产品推介给消费者，使消费者能在最简短的文字中弄清楚该产品的特性和功能等，明白其好处或效果，努力实现企业与消费者双赢的目的。

一、含义

商品说明书，也叫产品说明书或使用说明书。它是对商品的构造、性能、规格、用途、使用方法、维修保养等进行的文字说明。

二、特点

（一）内容的科学性

说明书的内容必须真实可靠，客观科学。因为很多商品本身就是最新科研成果的体现，因此，说明书指导用户了解商品的性能和相关知识时，就必须体现逻辑性和科学性，内容符合客观实际，表达客观严谨，从而让消费者进行合理的选择和正确使用商品。

（二）说明的条理性

由于是对产品构造、性能及其使用、维修等情况的说明，因此，其内容的安排（即结构）必须有条理、有序，充分体现层次清晰、条理分明的特点。

（三）语言的通俗性

撰写商品说明书的目的是为了让消费者明白商品的相关信息和使用方法等，消费者层次呈多样性和复杂性，因此，商品说明书使用的语言应通俗易懂，浅显明白，多用日常口语；即使是专业术语，难懂之处也应该用简洁晓畅的语言加以注释说明。

（四）图文的广告性

商品说明书写法灵活自由、形式多样。为了便于消费者理解和使用，常常采用图文并茂的方式，插入图表和照片，生动形象地宣传商品的信息，因而具有极强的广告性。

三、作用

（一）传播知识

当商品说明书伴随着商品或服务走向消费者群的时候，它所包含的新知识、新技术,也为广大消费者群体所了解和掌握。

(二)指导消费

商品说明书对商品或服务内容进行客观的介绍、科学的解释,可以让消费者了解商品的特性、掌握商品的操作程序,从而达到使消费者科学消费、科学使用的目的。

(三)宣传企业

商品说明书在介绍商品的同时,也宣传了生产该商品的企业,扩大了该企业的知名度,因而兼有广告宣传的性质。

四、写作

商品说明书的写法比较灵活,从其创作形式的简繁来看,可以分为简单的商品说明书和复杂的商品说明书。

(一)简单商品说明书的写法

这种说明书文字简洁,项目简单,只向消费者简明扼要地介绍商品内容即可。它的一般结构是:标题+正文+尾部。

1. 标题

标题写法一般是第一行居中,写上"货物名称+文种",如"×××说明书"。

2. 正文

正文多就下列内容,分条列项加以说明:

商品性能:××××××××××××××××××
商品特点:××××××××××××××××××
规格型号:××××××××××××××××××
商品用途:××××××××××××××××××
使用方法:××××××××××××××××××
技术参数:××××××××××××××××××

3. 尾部

在正文的下方标明商家的厂址,以及商品的批号、生产日期、使用期限、注意事项等情况,或写明经销商的相关情况。

(二)复杂商品说明书的写法

复杂商品说明书要向用户详尽地介绍商品的情况,它的项目多,文字符号多,常有图表、数据相辅。

这种说明书多用于技术比较复杂、价值较高的产品,有的甚至可以编成一本小册子,随商品赠送。比如,汽车、电脑、洗衣机、空调、冰箱等,都会因顾客购买该商品而随赠商品使用说明书,指导顾客正确使用。

此类说明书的内容有以下几个方面:

1. 封面

和其他种类的应用文不同的是,简洁美观的封面对复杂商品说明书来说是必不可少的。其内容一般有产品商标、规格型号、产品名称、生产单位、通讯地址、图样以及"说明书"字样等。

2. 目录

对于信息丰富、内容复杂的商品说明书,通常编写目录,便于消费者迅速检索、查阅自己所需要的内容。目录的内容一般为商品说明书的内容目次、章节名称、页码、附录等。

3. 正文

这是主体部分,是商品说明书的核心。根据商品的属性不同,内容也有所不同。但一般由以下几个部分构成:

(1)前言。前言概括叙述商品说明书的目的,有的还介绍新商品的特点、性能、原理和使用范围。前言的文字要精练,内容介绍要简明扼要。

(2)主要内容说明。这部分的内容相对比较灵活。一般要介绍商品的主要技术指标、工作原理、各部分的名称及作用、使用方法、保养维修、产品成套明细表、系列产品明细表、附属备件、附属工具、附图等。

(3)结束语。正文结束后,需要强调某些情况、知识、信息等。

4. 封底

为了使商品说明书整洁、美观,通常会加上与封面相同的单色纸作封底。有的封底还注明厂址、电话号码、电报挂号、官方网站的网址等相关信息,便于用户联系。

复方×××××片说明书

【药品名称】

通用名称:复方×××××片

英文名称:×××××××××××

汉语拼音:Fufang××××××××××Pian

【成分】

本品为复方制剂,其组份为每片含××××15mg,含××××20mg,含××××

5mg,含××××1mg。

【性状】

本品为薄膜衣片,除去包衣后呈黄褐色。

【适用症】

用于治疗轻、中度×××病,对于重度×××病需与其他药物合用。

【规格】

复方,每片含××××15mg,含××××20mg,含××××5mg,含×××somes×1mg。

【用法与用量】

口服

常用量:一次1片,一日1次。维持量:一次1片,2~3日1次。

【不良反应】

偶引起恶心、嗜睡、乏力等,减少用量或停药后,症状即可消失。

【禁忌】

1.对本品过敏者禁用。

2.活动性溃疡、溃疡性盲肠炎、抑郁症患者、严重肝肾功能不全者禁用。

【注意事项】

下列情况慎用:

1.心律失常和有心肌梗死病史患者。

2.胃溃疡与十二指肠溃疡患者。

3.运动员。

……

【包装】

30片/盒。

【有效期】

24个月。

【执行标准】

国家食品药品管理局国家药品标准××××××××××××

【批准文号】

国药准字×××××××××××

【核准日期】

2020年5月7日

生产厂家:××××××制药责任有限公司

地址:××省××市××区××路×××号

电话：(××××)×××××××××

邮政编码：××××××

传真：(××××)×××××××××

网址：www.××××××××××××.com.cn

该商品说明书采用条款式的说明方法，对该种药物的成分、含量、药理、保存方法、用量以及禁忌等都作了详尽的说明。语言通俗易懂，条理性强，内容阐释得清楚、明白。使用这种药的患者可以清楚自己该怎么做，对需要服用该药物的患者起到了很好的指导作用。

第四节　合　　同

任务设计

韩斌是某商品房营销经理。在他负责营销的过程中，他业绩突出，商品房销售火爆。但交房不久，就发生了严重纠纷。李先生由于出差外地几个月，错过了领取房间钥匙的时间，等他去领取房间钥匙时被告知，钥匙早已被领走。李先生经询问发现，是姜女士领取了房间钥匙并已经装修完毕。李先生找到姜女士要求其返还自家房间钥匙并将房子交还给自己。但姜女士表示，自己才是房子的主人，并拿出了正式售房合同给李先生看。请问，李先生和姜女士应该如何维护自己的权益？在签订合同时，签约人应该怎样保护自己的合法权益不受侵害？

案例解析

营销经理韩斌经调查发现，由于销售人员没有及时沟通，该组团的3栋506房被重复签约。而本案例中的李先生和姜女士，都有权要求该商品房经销商给予自己房屋权益的保障。好在该组团还保留了几套房屋未予出售，因此，韩斌建议李先生改签购房合同。李先生基于姜女士已经将原有房屋装修完毕的事实，于是接受了新的房屋，不再追究销售方的责任，问题才得以解决。这个案例告诉我们，合同在经济活动中，起着至关重要的作用，并受到法律保护。

一、含义

《中华人民共和国民法典》(以下简称《民法典》),于 2020 年 5 月 28 日第十三届全国人民代表大会第三次会议通过,由《中华人民共和国主席令》(第四十五号)公布,共 7 编、1260 条,各编依次为总则、物权、合同、人格权、婚姻家庭、继承、侵权责任,以及附则。

其中,《民法典》第四百六十四条明确规定:合同是民事主体之间设立、变更、终止民事法律关系的协议。

《民法典》自 2021 年 1 月 1 日起施行,《中华人民共和国合同法》同时废止。换一句话说,即今后合同的订立,不再依照《中华人民共和国合同法》而是依照《民法典》的规定来订立。

《民法典》第四百六十九条规定:当事人订立合同,可以采用书面形式、口头形式或者其他形式。书面形式是合同书、信件、电报、电传、传真等可以有形地表现所载内容的形式。以电子数据交换、电子邮件等方式能够有形地表现所载内容,并可以随时调取查用的数据电文,视为书面形式。

本教材主要介绍合同的具体写法。

二、特点

(一)合法性

合同必须依法订立、履行、变更或终止,否则不具有法律效力,也得不到法律的保护。即,其内容必须符合《民法典》"第三编合同"的相关规定。

(二)强制性

合同一旦订立,对于合同订立的双方都具有法律约束力,任何一方都不得违反合同的约定,也不可以独自更改合同的内容。如果需要修改,必须在双方协商一致的情况下,方可修改(修改处必须加印手印)。

(三)规范性

既指订立合同的行为符合法律规定,属于合法行为,又指合同写法和格式有相对固定的要求,签订合同时应当遵守。

(四)平等互利性

签订合同的双方或多方,其法律地位是平等的。合同的条款也不能建立在损害双方或他方的利益之上,其权利和和义务也是对等的。

(五)协商一致性

合同的签订,是一个协商一致的过程,任何一方不得将自己的意志强加于另一方。合同的内容只有表达当事人彼此一致的意愿,其条款才能成立。任何通过胁迫、威胁、利诱等手段逼迫对方签订的合同,都视为无效合同,不受法律的保护,法院可以予以撤销。

三、合同种类

《民法典》"第三编合同"之"第二分编典型合同",将典型合同分为19种。

(一)买卖合同

买卖合同是出卖人转移标的物的所有权于买受人,买受人支付价款的合同。

买卖合同的内容一般包括标的物的名称、数量、质量、价款、履行期限、履行地点和方式、包装方式、检验标准和方法、结算方式、合同使用的文字及其效力等条款。

(二)供用电、水、气、热力合同

供用电合同是供电人向用电人供电,用电人支付电费的合同。

供用电合同的内容一般包括供电的方式、质量、时间、用电容量、地址、性质、计量方式,电价、电费的结算方式,供用电设施的维护责任等条款。

供用水、供用气、供用热力合同,参照适用供用电合同的有关规定。

(三)赠与合同

赠与合同是赠与人将自己的财产无偿给予受赠人,受赠人表示接受赠与的合同。

赠与人在赠与财产的权利转移之前可以撤销赠与。但是,经过公证的赠与合同或者依法不得撤销的具有救灾、扶贫、助残等公益、道德义务性质的赠与合同,则不适用此条规定。

(四)借款合同

借款合同是借款人向贷款人借款,到期返还借款并支付利息的合同。

借款合同的内容一般包括借款种类、币种、用途、数额、利率、期限和还款方式等条款。

(五)保证合同

保证合同是为保障债权的实现,保证人和债权人约定,当债务人不履行到期债务或者发生当事人约定的情形时,保证人履行债务或者承担责任的合同。保证合同是主债权债务合同的从合同。主债权债务合同无效的,保证合同无效,但是法律另有规定的除外。

保证合同的内容一般包括被保证的主债权的种类、数额,债务人履行债务的期限,保证的方式、范围和期间等条款。

(六)租赁合同

租赁合同是出租人将租赁物交付承租人使用、收益,承租人支付租金的合同。

租赁合同的内容一般包括租赁物的名称、数量、用途、租赁期限、租金及其支付期限和方式、租赁物维修等条款。

租赁期限不得超过二十年。超过二十年的,超过部分无效。租赁期限届满,当事人可以续订租赁合同;但是,约定的租赁期限自续订之日起不得超过二十年。

(七)融资租赁合同

融资租赁合同是出租人根据承租人对出卖人、租赁物的选择,向出卖人购买租赁物,提供给承租人使用,承租人支付租金的合同。

融资租赁合同的内容一般包括租赁物的名称、数量、规格、技术性能、检验方法,租赁期限,租金构成及其支付期限和方式、币种,租赁期限届满租赁物的归属等条款。

(八)保理合同

保理合同是应收账款债权人将现有的或者将有的应收账款转让给保理人,保理人提供资金融通、应收账款管理或者催收、应收账款债务人付款担保等服务的合同。

保理合同的内容一般包括业务类型、服务范围、服务期限、基础交易合同情况、应收账款信息、保理融资款或者服务报酬及其支付方式等条款。

(九)承揽合同

承揽合同是承揽人按照定作人的要求完成工作,交付工作成果,定作人支付报酬的合同。承揽包括加工、定作、修理、复制、测试、检验等工作。

承揽合同的内容一般包括承揽的标的、数量、质量、报酬,承揽方式,材料的提供,履行期限,验收标准和方法等条款。

(十)建设工程合同

建设工程合同是承包人进行工程建设,发包人支付价款的合同。建设工程合同包括工程勘察、设计、施工合同。

(十一)运输合同

运输合同是承运人将旅客或者货物从起运地点运输到约定地点,旅客、托运人或者收货人支付票款或者运输费用的合同。包括客运合同、货运合同、多式联运合同。

(十二)技术合同

技术合同是当事人就技术开发、转让、许可、咨询或者服务订立的确立相互之间权利和义务的合同。包括技术开发合同、技术转让合同、技术许可合同、技术咨询合同和技术服务合同。

技术合同的内容一般包括项目的名称,标的的内容、范围和要求,履行的计划、地点和方式,技术信息和资料的保密,技术成果的归属和收益的分配办法,验收标准和方法,名词和术语的解释等条款。

与履行合同有关的技术背景资料、可行性论证和技术评价报告、项目任务书和计划书、技术标准、技术规范、原始设计和工艺文件,以及其他技术文档,按照当事人的约定可以作为合同的组成部分。

技术合同涉及专利的,应当注明发明创造的名称、专利申请人和专利权人、申请日期、申请号、专利号以及专利权的有效期限。

(十三)保管合同

保管合同是保管人保管寄存人交付的保管物,并返还该物的合同。寄存人到保管人处从事购物、就餐、住宿等活动,将物品存放在指定场所的,视为保管,但是当事人另有约定或者另有交易习惯的除外。

(十四)仓储合同

仓储合同是保管人储存存货人交付的仓储物,存货人支付仓储费的合同。

储存期内,因保管不善造成仓储物毁损、灭失的,保管人应当承担赔偿责任。因仓储物本身的自然性质、包装不符合约定或者超过有效储存期造成仓储物变质、损坏的,保管人不承担赔偿责任。

(十五)委托合同

委托合同是委托人和受托人约定,由受托人处理委托人事务的合同。委托人可以特别委托受托人处理一项或者数项事务,也可以概括委托受托人处理一切事务。

(十六)物业服务合同

物业服务合同是物业服务人在物业服务区域内,为业主提供建筑物及其附属设施的维修养护、环境卫生和相关秩序的管理维护等物业服务,业主支付物业费的合同。

物业服务人包括物业服务企业和其他管理人。物业服务合同的内容一般包括服务事项、服务质量、服务费用的标准和收取办法、维修资金的使用、服务用房的管理和使用、服务期限、服务交接等条款。物业服务人公开作出的有利于业主的服务承诺,为物业服务合同的组成部分。

(十七)行纪合同

行纪合同是行纪人以自己的名义为委托人从事贸易活动,委托人支付报酬的合同。行纪人处理委托事务支出的费用,由行纪人负担,但是当事人另有约定的除外。

(十八)中介合同

中介合同是中介人向委托人报告订立合同的机会或者提供订立合同的媒介服务,委托人支付报酬的合同。委托人在接受中介人的服务后,利用中介人提供的交易机会或者媒介服务,绕开中介人直接订立合同的,应当向中介人支付报酬。

(十九)合伙合同

合伙合同是两个以上合伙人为了共同的事业目的,订立的共享利益、共担风险的协议。合伙人应当按照约定的出资方式、数额和缴付期限,履行出资义务。合伙合同终止前,合伙人不得请求分割合伙财产。

四、写作

(一)基本结构与写法

完整的合同通常可以由合同首部、合同正文、合同尾部组成。

1. 合同首部

合同首部由合同标题,合同编号,签约时间,签约地点,双方当事人的名称或者姓

名和住所,签订合同的目的、根据等构成。

(1)合同标题。按照合同分类撰写合同标题。主要有以下几种写法:

第一种,合同名称(文种)。比如,《买卖合同》《赠与合同》《委托合同》等。

第二种,事由+合同名称(文种)。比如,《房屋买卖合同》《藏书赠与合同》《中国建设银行更新改造措施借款合同》。

第三种,订立合同双方单位名称+事由+文种。比如,《××公司和××公司的订货合同》

(2)合同编号。注明合同编号是为了便于归档查考,在标题的右下方注明合同编号。比如,"合字第××号"。

(3)签约时间、签约地点。明确标明合同签订的时间、地点,表明合同订立行为的公开性、合法性和自愿性。没有合同编号的,签约时间、地点可以放在合同尾部。

(4)双方当事人的名称或者姓名和住所。写明缔约双方当事人的名称或者姓名和住所,是明确合同权利、义务的承受者。

(5)签订合同的目的、根据。在当事人之后,写明签订合同的目的和根据。比如,"根据《民法典》及有关规定,为明确出租方与承租方的权利义务关系,经双方协商一致,签订本合同"。

2.合同正文

合同正文,即合同条款。

合同条款是合同条件的表现和固定化,是确定合同当事人权利和义务的根据。从法律文书的角度来说,合同的内容就是指合同的各项条款。

各类合同都包含一些基本条款,也常常是合同的主要条款。根据不同类型的合同,有不同的要求。

依据《民法典》第四百七十条规定,合同一般包括以下条款:

(1)当事人的名称或者姓名和住所。写在合同首部。一旦发生法律纠纷,有明确的地址和名称便于执法和执行。这是对缔约双方的约束和规定,使双方在法律的框架体系内完成经济活动。

(2)标的。法律术语,即签订合同双方的目标所在。比如,房屋买卖合同,其标的为双方要进行买卖的房屋所有权。

(3)数量。数量必须精确、无误,以国家规定的计量标准为数量单位。比如,房屋为××平方米,重量为××千克,价款或报酬为××元人民币等。

(4)质量。对标的的质量进行规定,以体现公平交易的精神。凡是质量未达到合同要求的,均可按照约定让对方承担违约责任。

(5)价款或者报酬。体现交易的公平性和有偿性,双方应严格遵守。

(6)履行期限、地点和方式。根据实际经济活动,对履行的时间和地点进行明确规定。双方应约定具体履行方式,比如付款方式,是以现金还是以银行转账的方式;送货方式,双方可以约定是空运还是海运等。约定的越明确,越能够避免产生纠纷。

(7)违约责任。对双方进行约束,要求对方按照合同的规定履行合同条款,一旦有一方未能履约,将可能造成合同另一方的经济损失,甚至造成不良的社会影响。因此,该条款是合同中必不可少的条款,签订合同者必须高度重视。

(8)解决争议的方法。即对合同双方一旦发生争议而采取的解决方法。约定该条款,是为了更好地约束双方认真履行合同条款的规定,也为可能发生的争议提供解决问题的途径。解决争议的方法,可以调解,可以申请仲裁,实在解决不了时,可至法院诉讼解决。

合同条款应当明确、肯定、完整,而且条款之间不能相互矛盾,否则将影响合同成立、生效和履行以及实现订立合同的目的。

除以上八个主要条款外,根据法律规定或按合同性质必须具备的特有条款,在签订合同时,也必须订入。

另外,根据条款的性质,以上八大条款,又可以分为:

必备条款和非必备条款:必备条款又称主要条款,是根据合同的性质和当事人约定所必须具备的条款,缺少这些条款将影响合同的成立。非必备条款又称普通条款,指合同中没有这些条款也不影响合同的成立。

格式条款和非格式条款:格式条款是指一方为了反复使用而预先制定的,在订立合同时不能与对方协商的条款;非格式条款是指当事人在订立合同时可以与对方协商的条款。

实体条款和程序条款:凡是规定当事人在合同中所享有的实体权利义务内容的条款都是实体条款。如有关合同的标的、数量、质量的规定等都是实体条款。而程序条款主要是指当事人在合同中规定的履行合同义务的程序及解决合同争议的条款。

有责条款和免责条款:有责条款是指当事人在合同中约定的,当事人违反合同应承担的责任条款,即违约条款;免责条款是指当事人在合同中约定的,免除(排除)或限制其未来责任的条款。

3. 合同尾部

合同尾部的内容根据需要确定。

一般可以包括:合同双方代表签字、盖章、委托人姓名、传真号码、邮编、银行账号、电话号码等。

比如:

本合同正本一式两份,买方、卖方各执一份;合同副本____份,送____单位备案。

买方(章):　　　　　　　　卖方(章):

地址：   地址：

法定代表人(签名)：   法定代表人(签名)：

委托代理人(签名)：   委托代理人(签名)：   鉴(公)证意见

经办人：   经办人：

开户银行账号：   开户银行账号：

电话：   电话：   鉴(公)证机关(章)

传真：   传真：

邮编：   邮编：

(二)写作要领

第一，必须依法订立。订立合同的双方必须遵循《民法典》的相关规定，即"平等原则、自愿原则、公平原则、诚实信用原则、守法原则"。同时，订立合同的双方都有合法资格，并遵守其他有关规定。另外，委托代理人资格、合同文书形式、订立合同程序以及合同成立、生效等也有明确规定，必须严格遵守。

第二，合同的条款要明确周全，具体可行。合同是契约性文书，突出的特点是实用性和约束力，最忌讳条款不完整，内容不准确，表述含混笼统、模棱两可，产生歧义。

第三，文书格式要合乎规范。合同的各个组成部分应当紧凑；标点要正确；不能用一张纸写完的，要标明合同的页码及总页数，以防发生争议。

第四，一经签订，任何一方不得擅自修改，如一方自行修改，则以对方所执合同为准；合同一般一式两份，由双方各执一份，如有第三方的，由第三方执一份。

房屋租赁合同

合字××号

出租方：×××

(单位：×××××××××××；身份证号码：×××××××)

承租方：×××

(单位：××××××××××××；身份证号码：×××××××)

签订时间：××××年×月×日

签订地点：合肥市××××路××号(×××公司××路分店)

根据《中华人民共和国合同法》及有关规定，为明确出租方与承租方的权利义务关系，经双方协商一致，签订本合同。

第一条　房屋坐落、间数、面积、房屋质量

房屋坐落在合肥市××××路××号,房屋为两室两厅,使用面积××平方米,框架结构,可抗×级地震。房屋内装修精致,配备有家具××、××××和××××××。

第二条　租赁期限

租赁期共____年零__月,出租方从____年__月__日起将出租房屋交付承租方使用,____年__月__日收回。

承租人有下列情形之一的,出租人终止合同、收回房屋:

1.承租人擅自将房屋进行非法转租、转让或转借的;

2.承租人利用承租房屋进行非法活动,损害公共利益的;

3.承租人拖欠租金累计达____月的。

租赁合同如因期满而终止时,如承租人到期确实无法找到房屋,出租人应当酌情延长租赁期限。

如承租方逾期不搬迁,出租方有权向人民法院起诉和申请执行,出租方因此所受损失由承租方负责赔偿。

合同期满后,如出租方仍继续出租房屋的,承租方享有优先权。

第三条　租金和租金的交纳期限

租金的标准和交纳期限,按国家____的规定执行(如国家没有统一规定,此条由出租方和承租方协商确定,但不得任意抬高)。

第四条　租赁期间房屋修缮

修缮房屋是出租人的义务。出租人对房屋及其设备应每隔____月(年)认真检查、修缮一次,以保障承租人居住安全和正常使用。

出租人维修房屋时,承租人应积极协助,不得阻挠施工。出租人如确实无力修缮,可同承租人协商合修,届时承租人付出的修缮费用即用以抵租金或由出租人分期偿还。

第五条　出租方与承租方变更

1.如果出租方将房屋所有权转移给第三方时,合同对新的房产所有者继续有效。

2.出租人出卖房屋,须在3个月前通知承租人。在同等条件下,承租人应有优先购买权。

3.承租人需要与第三人互换住房时,应事先征得出租人同意;出租人应当支持承租人的合理要求。

第六条　违约责任

1.出租方未按前述合同条款的规定向承租人交付符合要求的房屋时,负责赔偿____元。

2.出租方未按时交付出租房屋供承租人使用的,负责赔偿违约金____元。

3. 出租方未按时(或未按要求)修缮房屋的,负责偿付违约金____元;如因此造成承租人人员人身受到伤害或财务受毁的,负责赔偿损失。

4. 承租方逾期交付租金的,除仍应及时如数补交外,应支付违约金____元。

5. 承租方违反合同,擅自将承租房屋转让给他人使用,应支付违约金____元;如因此造成承租房屋毁坏的,还应负责赔偿。

第七条　免责条件

房屋如因不可抗力的原因导致毁损和造成承租方损失的,双方互不承担责任。

第八条　争议的解决方式

本合同在履行中如发生争议,双方应协商解决;协商不成时,双方同意由____仲裁委员会(当事人未在合同中约定仲裁机构,事后又未达成书面仲裁协议的,可向人民法院起诉)。

第九条　其他约定事项

××××××××××

第十条　本合同未尽事宜,一律按《中华人民共和国合同法》的有关规定,经双方共同协商,作出补充规定,补充规定与本合同具有同等效力。

这是一份个人房屋租赁合同。该合同格式规范,条款齐全,约定明确,表达清晰。在合同首部,写明了合同的标题、合同编号、订立合同双方当事人的姓名、单位及身份证号、订立合同的目的。合同的正文部分,写租赁条款(一共十条),包括房屋的坐落、面积、质量,租赁期限,房屋租金和租金的交纳期限,租赁期间房屋修缮,出租方与承租方变更,违约责任,免责条件,争议的解决方式,其他约定事项,本合同未尽事宜的约定等。该合同的条款内容十分具体、明确,有很强的操作性。

第五节　招标书、投标书

【任务设计】

××高校要进行第二期校区建设,包括10栋教学大楼,2栋理科实验大楼、1栋图书馆、5栋学生宿舍和学生食堂、教工食堂各1个。该工程建设项目已经市政府审批通过,资金也已落实到位,并已完成了规划和设计。目前,需要请专业建筑公司进驻施工。根据国家相关规定,学校后勤管理集团已就该工程建设的有关事项委托该市招投标中心作为招标代理机构办理招标事宜。请问,招投标中心的相关人员需要撰写一份什么样的文书?撰写中,应该注意哪些问题?哪些单位可以参与投标?他们需要撰写哪一类文书?

案例解析

××高校的工程建筑项目在施工前,需要向社会公开进行招标,经过有关部门审核后,择优选定符合国家法律规定的有资质、可靠的建筑公司来施工。招投标中心的相关人员应该替该校撰写一份招标公告。在撰写该类文书时,一定要依法写明招标的各相关内容和要求。而按照国家有关规定,有资质和经济实力的相关单位可以参与投标,并按照招标书的内容和要求,撰写投标书进行投标。

一、招标书、投标书的使用范围

招标书、投标书是在招标、投标活动中使用的文书。

使用该类文书的目的是规范招标投标活动,保护国家利益、社会公共利益和招标投标活动当事人的合法权益,提高经济效益,保证项目质量。

《中华人民共和国招标投标法》规定:"在中华人民共和国境内进行招标投标活动,适用本法。"

二、招标书、投标书的性质

招标、投标是合同订立的一种方式。

招标投标中主要的具体法律行为有招标行为、投标行为和确定中标人行为。

即在兴建工程、采购或定做商品时,以业主为招标人或由业主委托专门的招标机构为招标人,事先公布竞争条件,由投标人竞投,然后根据有关规定择优选定中标人的活动。

招标的目的在于选择中标人,并与之签订合同。因此,招标是签订合同的具体行为,是要约与承诺的特殊表现形式。

招投标活动涉及两方:招标人、投标人。由此衍生的是中标人。

招标人:《中华人民共和国招标投标法》规定,招标人是依照本法规定提出招标项目、进行招标的法人或者其他组织。

业主和专门的招标机构。业主是指兴建工程、采购或定做商品的法人或其他组织。专门的招标机构,是指国家规定设立的,具有法人资格和招标资格,从事国内、国际招标业务的专职机构。前文案例中需要进行第二期校园建设的是业主也是招标人,某市招投标中心为招标机构。

投标人:《中华人民共和国招标投标法》规定,投标人是响应招标、参加投标竞争的法人或者其他组织。即招标文件规定的有资质的、可以参加竞投的建造商、供应商、制造商或其他组织。

中标人:投标后,被择优选中的投标人,叫作中标人。

三、招标、投标活动遵循的原则

《中华人民共和国招标投标法》第五条规定:"招标投标活动应当遵循公开、公平、公正和诚实信用的原则。"

公开、公平、公正的竞争原则和诚实信用的效率原则,是资金得到合理有效使用的保障,是国际上普遍采用的一种贸易方式。

招 标 书

一、含义

招标书是招标人在进行科学研究、技术攻关、工程建设、合作经营或大批物资交易之前,所发布的用以公布项目内容及其要求、标准和条件,以择优选择承包对象的文书。

招标的标的物可分为三大类:货物、工程、服务等。比如,《泰兴市人民医院普通型有创呼吸机招标采购公告》,是一份采购货物的招标公告;《上海市奉贤区经济适用住房建设项目绿化工程公开招标公告》,是一份工程招标公告;《安徽首矿大昌金属材料有限公司职工食堂供餐服务招标公告》,是一份供餐服务招标公告。

应当注意的是,《中华人民共和国招标投标法》第六十六条规定:"涉及国家安全、国家秘密、抢险救灾或者属于利用扶贫资金实行以工代赈、需要使用农民工等特殊情况,不适宜进行招标的项目,按照国家有关规定可以不进行招标。"

二、特点和作用

(一)特点

1. 公开性

招标本身是横向的经济活动,凡是投标人需要知道的信息,如招标条件、要求、注意事项等,都应在招标文书中予以公开说明。

2. 紧迫性

招标书发出后,往往要在短期内获得结果,因此,具有时间的紧迫性。

3. 具体性

招标书的内容,要求具体明确。对投标单位现有资产总量、专家的技术职称等级、曾经类似工作的成果等都有十分具体明确的要求。

4. 规范性

招标活动,是一项严肃的经济活动,涉及招标的方方面面,只有规范的文本,才便于招标方和投标方清楚各自的条件和要求,便于双方按照实际情况操作。

5. 政策性

招标书是在国家法律的规定下,按照一定的程序和要求写成的文书。什么样的单位或个人具有招标投标资格,国家都有明确而具体的规定,因此,这些程序和要求都是国家政策的具体体现。

6. 广告性

招标书是一种告知性文书,根据文书的分类,可以称为招标公告、招标邀请书、招标通知书等,一般在大众传媒上公开,具有较为明显的广告特性。比如,合肥市招标投标中心、企事业单位、经营机构等,都会因为招标工作的需要,在网站上公布某个项目的招标公告。

(二)作用

招标书是招标过程中,介绍情况、指导工作,履行一定程序所使用的一种实用性文体。

三、分类

(一)按内容分

可分为:建筑工程招标书、劳务招标书、大宗商品招标书、设计招标书、企业承包招标书,企业租赁招标书等。

(二)按范围分

可分为:国际招标书、国内招标书、部门招标书、单位内部招标书等。

(三)按合同期限分

可分为:长期招标书、短期招标书。

(四)按招标环节分

可分为:招标公告、招标邀请书、招标通知书等。

四、写作

(一)基本结构与写法

一般由标题、正文、结尾组成。

1. 标题

(1)招标单位全称＋招标项目＋文种。比如,《合肥学院南区第一食堂厨房设备采购招标公告》《西藏公安边防总队采购一批档案设备招标公告》《南京轴承有限公司20KV配电所工程招标公告》。

(2)招标单位全称＋文种。比如,《中国技术进出口总公司国际招标公司招标公告》《×××公司招标通知书》。

(3)招标项目名称＋文种。比如,《坤成广场(居然之家项目)招标公告》《列车保洁、洗车等业务招标公告》《劳保服装采购招标公告》。

2. 正文

(1)首先,写明招标单位的基本情况和招标目的或依据,并表达对投标人表示欢迎的诚恳之意。

如,《合肥市党政机关正版软件采购项目公开招标公告》的前言:

合肥招标投标中心采购部(合肥市政府采购中心)受合肥市财政局的委托,现对"合肥市党政机关正版软件采购项目"进行国内公开招标,欢迎具备条件的国内投标人参加投标。

(2)详细写明招标项目的名称及内容、投标人资格、招标步骤、质量要求等。

招标项目的名称。比如,建设工程的名称、需要采购的商品名称等。

项目的主要情况。比如,工程的主要内容、规模;商品的具体品类、数量和质量要求等。

项目编号。即招标号,也叫文件编号,由招标机构的英文缩写、编号组成。如,《司法部全国司法行政系统涉外法律人才培训(第二期)公开招标公告》(2021年4月2日)的项目编号为"BJYM21FW009"。

招标范围即内容。比如,"中交通力科技集团有限公司陕西公路交通工程技术研究中心项目策划方案"。

投标人资格。说明投标人应该具备的条件,使潜在的投标人明确自己是否能成为投标人。

招标步骤。写明招标单位的名称,招标文件发售时间、价格,投标截止时间,开标时间、地点。有的还说明签约时间或时限、项目计划开工和预约完成的时间或时限。

3. 结尾

这是招标书的重要组成部分。

第一,要详细具体地写明招标单位或承办招标事宜的单位名称、通讯地址及邮政编码、电话号码、传真号码、联系人、投标网址等信息,以便投标人与招标人随时联系。第二,要写明其他需要说明的事项。第三,要写明招标单位名称、公告、邀请书的日期,加盖单位及负责人印章。第四,要写明附件名称及附件原文。

另外,招标公告还可以采用表格形式。其标题由招标项目名称和文种组成;正文采用完全表格式,将招标的内容及要求填写得清楚明白,一目了然。这种写法,既简明扼要,又清晰完整,有利于提高工作效率,值得提倡。

(二)写作要领

第一,周密严谨。招标书,不仅是一种"广而告之"的文本,还是签订合同的依据,是一种具有法律效力的文件。《中华人民共和国招标投标法》规定:"招标项目按照国家有关规定需要履行项目审批手续的,应当先履行审批手续,取得批准。招标人应当有进行招标项目的相应资金或者资金来源已经落实,并应当在招标文件中如实载明。"

周密与严谨,既要求招标书的内容必须周密严谨,也要求招标书的措辞不能有漏洞或语意含混不清,以免影响招标工作的顺利开展。

第二,简洁清晰。招标书,作为一种经济行为的文书写作,不必长篇大论。关键是要把招标项目名称、招标单位基本情况、招标范围、投标人资格、开标时间等重要内容写具体、明确。

第三,诚恳平等。招标书涉及的是经济贸易活动,是交易活动中的一个重要环节。因此,招标书的语言要诚恳平等,既不能盛气凌人、傲慢无礼,也不能低三下四、丧失人格或国格。

××学院×××校区二期
运动场围网、灯光照明及篮排球场面层工程施工招标公告

合肥招标投标中心工程部(合肥市建设工程交易中心)受××学院、合肥市重点工程建设管理局的委托,现对"××学院×××校区二期运动场围网、灯光照明及篮排球场面层工程施工项目"进行竞争性谈判,欢迎符合条件的投标人参加投标。

一、项目名称及内容:

1. 招标编号:2013GCFJ0472

2. 项目名称:××学院×××校区二期运动场围网、灯光照明及篮排球场面层工程施工

3. 工程地点:本市

4. 建设单位:××学院 合肥市重点工程建设管理局

5. 工程概况:一个标段,图纸范围内的运动场围网制作安装(含预埋件及基础)、篮排球场砼基层上防水涂料、硅PU面层施工,灯具(业主选型)、配电箱、进线电缆及管线等一切辅材制作安装。

6. 项目概算:98.6万元

7. 招标类别:施工——体育

8. 标段划分:共分为1个标段

二、投标人资质要求:

1. 投标人资质:体育场地设施施工专业承包三级及以上资质

2. 项目经理资质:房屋建筑工程专业二级建造师及以上资质

3. 资格审查方式:资格后审

4. 其他要求:外地建安企业在合肥招标投标中心投标并中标后必须在合肥市注册子公司,以子公司名义与业主单位签订合同。

三、报名或领取谈判文件和资格审查文件方式及时间:

1. 报名时间:2013年04月28日~2013年05月07日(上午:8:00~12:00下午:14:30~17:30)

2. 报名方式:网上报名

3. 领取方式:网上下载

4. 招标文件价格:400.00元整(招标文件售后不退)

四、联系方式:

单位:合肥招标投标中心

地址:合肥市阜阳路17号(原合肥市委)一楼

本项目联系人:张×

电话:×××××××

邮编:230001

五、重要说明:

1. 本项目只接受合肥招标投标中心会员库中已审核通过会员报名,未入库的投标人请及时办理入库手续(会员办理网址请参见 http://www.hfztb.cn/hfzbtb/hyzq/ 栏目中"合肥招标投标中心会员注册流程",联系电话:0551—××××××××,联系人:杨×),因未及时办理入库手续导致无法报名的,责任自负。

2.会员报名程序。请登录合肥招标投标中心网(www.hfztb.cn)办理(具体操作步骤和程序请参见"办事指南"栏目——"会员报名操作手册")。

3.会员报名成功后直接采用网上支付系统支付标书费用,直接下载招标文件及其他资料(含澄清和补充说明)。如无网上银行账号,请及时前往银行办理(本系统目前支持以下银行网上支付服务:中国农业银行、中国工商银行、中国建设银行、交通银行、招商银行、光大银行、浦发银行、徽商银行)。

4.图纸、光盘等资料按成本费收取,该项资料接通知后到合肥招标投标中心一楼服务大厅缴纳费用后现场领取。

六、其他事项说明:

投标人网上报名后,必须在报名截止日期前完成网银在线支付,否则逾期系统自动关闭,报名不成功。

七、保证金账户(选择一家银行进行缴费):

光大银行　徽商银行

户名:合肥诚信建设项目管理有限公司　户名:合肥诚信建设项目管理有限公司

账号:7670018800024×××　账号:10237010210001355820×××

开户银行:光大银行阜南路支行　开户银行:徽商银行合肥蜀山支行

这是一份工程施工招标书(选自合肥招标投标中心网),文种为招标公告。标题由招标单位名称、招标项目、文种组成。正文,开头段有三个层次,第一层简要写明招标根据,交代代理招标单位名称、委托单位名称;第二层直接表明对要招标的项目进行"竞争性谈判";第三层以礼貌用语表示对投标人诚恳欢迎的态度。其后,以条款式写明招标的内容等信息,它们分别是项目名称及内容、投标人资质要求、报名或领取谈判文件和资格审查文件方式及时间、联系方式、重要说明、其他事项说明、保证金账户。该招标公告事项具体、明确,内容清晰、完整,招标投标信息交代齐全,表达严谨,措辞得当,礼貌周全。

投 标 书

一、含义

投标书是投标人(单位)为了中标而按照招标书的内容和要求,具体向招标人提出订立合同的建议，专门向招标单位提交的文书，也是供招标人择优选择的文本之一。

所谓投标人，按照《中华人民共和国招标投标法》的规定，"投标人是响应招标、参加投标竞争的法人或者其他组织"。

投标书要求密封后邮寄或派专人送到招标单位，所以又叫标函。它是投标单位在充分领会招标文件精神，进行现场实地考察和调查的基础上所编制的投标文书，是对招标公告提出的要求的响应和承诺，并同时提出具体的标价及有关事项来竞争中标。在正式开标之前，投标书要严格保密。

二、特点和作用

(一)特点

1. 真实性

投标书的内容，要真实可信、切合实际。如果单纯为了中标而增加水分，就会适得其反，使招标者产生怀疑，以致对中标产生不利影响。因此，投标方必须认真研究招标书，客观估计自己的技术、经济实力和相应的赔偿能力，经过专家的充分论证，再决定是否投标，并实事求是地填写标单和撰写投标书。

《中华人民共和国招标投标法》第五十四条规定："投标人以他人名义投标或者以其他方式弄虚作假，骗取中标的，中标无效，给招标人造成损失的，依法承担赔偿责任；构成犯罪的，依法追究刑事责任。"

2. 竞争性

投标书是一种表明自己实力、经营策略、管理手段等的书面材料，又是一种可以在招标答辩会上发表自己意见的演说稿，而招标单位则要通过投标书择优选择中标者，所以投标书具有很强的竞争性。

3. 针对性

《中华人民共和国招标投标法》规定："投标文件应当对招标文件提出的实质性要求和条件作出响应。"因此，编写投标书，既要针对招标者的条件和内容，也要针对企业或者工程任务的现状，经过分析和论证，决定是否投标和投标的程度。如果招标项目属于建设施工，投标文件的内容应当包括拟派出的项目负责人与主要技术人员的简历、业绩和拟用于完成招标项目的机械设备等。如果投标书不针对招标的内容和要求来响应，或前后矛盾、模棱两可，就会被判为无效标(按废弃标处理)。

(二)作用

投标书是招标投标过程中最重要的一环。主要用于介绍投标人的情况，使招标机构掌握投标人的竞争力所在及其投标依据。它是实现投标承包的一个关键环节。

三、分类

目前，投标书常常按照范围、内容、身份、性质等来划分。

(一)按范围来划分

可以分为国际投标书、国内投标书。国际投标书应当有两种语言，按照国际惯例，一般以英语版本为准。国内投标书，则以汉语版本为准。

(二)按内容来划分

可以分为建筑工程投标书、大宗商品投标书、招聘经营者投标书、企业承包投标书、企业租赁投标书等。

(三)按投标身份来划分

可以分为个人投标书、合伙投标书、法人投标书、联合投标书。

(四)按投标性质来划分

可以分为投标申请书、投标审查书、投标书等。

一般来说，投标申请书、投标书使用最为广泛。其中，投标申请书是投标人看到招标信息之后对项目表示参与的一种申请。它是投标单位按照招标公告规定的时间递交的包括参与竞标的意愿表示和企业简历资料的书面材料。投标申请书为招标单位审定投标资格提供依据。

四、写作

首先，应了解编制投标书的四项原则：

原则一，全面反映使用单位的需求；原则二，科学合理；原则三，公平竞争(不含歧视性条款)；原则四，维护本企业商业秘密和国家利益。

在此四项原则的基础上，考虑投标书的内容、要求、结构、语言等。

下面介绍投标申请书和投标书的具体写法。

(一)投标申请书的写法

投标申请书，一般由标题、称呼、正文、署名和日期、附件组成。

1. 标题

写"投标申请书"即可。也可写明投标项目名称，如《关于×××××项目的投标申请书》。

2. 称呼

顶格写明招标单位名称,后面加冒号。

3. 正文

表明参加投标的意愿和承诺事项。

4. 署名和日期

由于投标属于重大经济活动,因此,需要双重签署和双重用印,一是署法人名称和用印;二是法人代表签名和用印,并写明年、月、日。

5. 附件

它是反映投标资格的详细资料,包括介绍投标单位基本情况以及与招标项目有关的经历、资力、能力等。这是投标申请书中最重要的部分。还可以将项目施工计划安排、具体措施等作为附件,以示强调。

也有的投标申请,采用由招标单位要求投标单位填写"投标申请表"的形式。

(二)投标书的写法

投标书,一般由标题、称呼(招标单位名称)、正文、署名和日期组成。

1. 标题

由投标方名称、投标项目、文种组成。比如,《×××公司承包××大学新教学楼建设工程投标书》。

2. 称呼

即招标单位名称,顶格书写,后加冒号。比如,"××公司××工程招标办公室"。

3. 正文

首先,简要说明投标书名称、投标方针、目标以及中标后的承诺等内容,开宗明义、提纲挈领。

其次,写明投标书的具体指标;写明该投标书的有效期限;说明投标方将按照招标文件要求交纳银行担保书和履约保证金。

结尾处,可说明对招标单位不一定接受最低价和可能接受任何投标书表示理解。

4. 署名和日期

与投标书名称相同,加盖单位负责人印章;写明年、月、日。

(三)写作要领

撰写投标书的目的是为了中标,因此,必须认真对待。

第一,要具体清晰。投标书的具体内容,如目标、造价、技术、设备、质量等级、安全措施、进度等,都要详细写明,力求具体、明确,一目了然。如果交代不清,笼统含糊,无法使招标单位认可,就难以中标。

第二，要准确准时。招标单位之所以招标，意图是利用招标人之间的竞争来达到优选买主或承包、租赁、合作的目的，所以投标书的信息要准确无误。招标又规定了明确的时限，所以，标书必须在开标之前投出(以寄到为准，不以邮戳为准)，才有中标的可能。

××市建设工程投标报名申请书

＿＿＿＿＿＿(招标人)：

根据贵单位＿＿＿＿＿＿招标公告，我单位拟参与该招标工程的投标报名。特此申请。

我单位基本情况：

1. 资质类别与等级：

2. 企业业绩、信誉：

3. 其他说明：

(1)本企业和本次所报的项目总监均无因违约和重大质量、安全事故而被有关部门暂停投标资格；

(2)我单位将对本次投标中所有资料的真实性负全部责任，如有不实将承担由此造成的一切后果(本地企业停止一年的投标，外地企业三年内不得参与投标并通告当地建设行政主管部门)；

(3)如果我单位中标，将按有关规定和招标人的要求在规定时间内办好相关手续。

地址：　　　　　　　　邮编：

联系人：　　　　　　　电话：

E-mail：

申请单位名称(公章)
企业法人代表(签名章)
年　月　日

这是一份工程投标报名申请书。标题由项目名称和文种组成；标题下，顶格写明称呼即招标人，以示尊重。正文首段，开门见山写明投标根据为招标公告，接着表明参与投标活动，并特为此提出申请；之后，写明投标单位基本情况，包括"资质类别与等级""企业业绩、信誉"，同时，列出了其他说明事项，然后写明投标单位地址、邮编、联系人、联系电话、邮箱地址等信息。最后,双重签署和双重用印,将申请单位公章和企业法人代表签名章分行上下排列,并在其下一行写明投标申请的具体日期。

思考与训练

一、问答题

1. 广告文案有哪些写作技巧?
2. 商品说明书有哪些特点?
3. 《中华人民共和国民法典》规定的典型合同一共有多少种?这些合同应该包括哪些主要条款?
4. 《中华人民共和国民法典》中,各类合同不同的写作要求是什么?

二、选择题

1. 属于调研性文书的文种是(　　)。
   A. 广告　　　B. 商业信函　　　C. 市场调查报告　　　D. 招标投标书
2. 经济文书是为经活动服务的文本,因此,特别需要注重(　　)。
   A. 广告性　　　B. 实用性　　　C. 宣传性　　　D. 流畅性
3. 广告文案是一种特殊的应用文体,其特殊性表现在要考虑(　　)的心理。
   A. 广告主体　　　B. 广告受众　　　C. 广告工作者　　　D. 广告管理者
4. 商品说明书,应该多用(　　)的语言以便消费者理解。
   A. 专业拗口　　　B. 通俗易懂　　　C. 夸张渲染　　　D. 深奥晦涩
5. 商品说明书写法自由灵活,形式多样。为了便于消费者理解和使用,常常采用图文并茂的方式,插入图表和照片,生动形象地宣传商品的信息,因而具有很强的(　　)。
   A. 广告性　　　B. 政策性　　　C. 表达性　　　D. 材料性
6. 经济合同一旦订立,对于合同订立的双方,都具有法律约束力,任何一方不得违反合同的约定。它体现的是经济合同的(　　)特点。
   A. 合法性　　　B. 强制性　　　C. 规范性　　　D. 平等性
7. 招标本身是(　　)的经济活动,凡是投标人需要知道的信息,都应在招标书中予以公开说明。
   A. 横向　　　B. 纵向　　　C. 纵横交叉　　　D. 其他形式
8. 招标书不仅是一种"广而告之"的文本,还是签订(　　)的依据,是一种具有法律效力的文件。
   A. 协议书　　　B. 意向书　　　C. 合同　　　D. 契约书
9. 招标书涉及的是经济贸易活动,是交易活动中的一个重要环节。因此,招标书的语言,应该(　　)。
   A. 坚定有力　　　B. 诚恳平等　　　C. 谦虚礼貌　　　D. 盛气凌人
10. 投标书是一种表明自己实力、经营策略、管理手段等的书面材料,又是一种可以在招标答辩会上发表自己意见的演说稿,而招标单位则要通过投标书择优选择中标者,所以,投标书具有很强的(　　)。
    A. 真实性　　　B. 竞争性　　　C. 针对性　　　D. 复杂性

11. 在当今经济社会形势下,我国通过立法,将合同纳入法律的保护体系,将合同视为市场交易的(　　)形式。
    A. 法律　　　　B. 法规　　　　C. 规章　　　　D. 制度
12. 任何通过胁迫、威胁、利诱等手段逼迫对方签订的合同,都视为(　　),不受法律的保护,法院可以给予撤销。
    A. 有效合同　　B. 无效合同　　C. 部分有效合同　　D. 部分无效合同
13. 赠与人在赠与财产转移之前(　　)撤销赠与合同,但经过公证的赠与合同(　　)撤销。
    A. 可以、不可以　B. 不可以、可以　C. 可能、不可能　D. 不可能、可能
14. 委托人可以特别委托受托人处理(　　)事务,也可以委托受托人处理一切事务。
    A. 一项　　　　B. 两项　　　　C. 一项或者两项　　D. 一项或者数项

三、写作实践题

1. 请你对自己(或团队)感兴趣的产品开展一项调查活动,为该产品撰写一份新的广告文案,使之在销售中起到更为有效的广告作用。

2. 学校元旦晚会需要采购一批舞台演出服装,请根据演出服装采购的需要,拟写一份演出服装买卖合同。

3. 大量阅读相关网站中的招标公告,掌握招标公告的写作规律,尝试为某招标工程撰写一份招标书和投标书。

第七章 法律文书写作

知识目标

了解法律文书的含义、特点及作用,熟悉该类文书的格式和写法,认真了解法律文书在工作、学习和生活中的意义。

能力目标

通过理论学习,掌握法律文书的相关知识并能熟练运用到法律文本的写作实践中,学会撰写起诉状、上诉状、申诉状、答辩状等法律文书。

学习方法

法律文书的写作,涉及的都是相关法律的问题,因此,撰写者必须认真学习和研究相对应的法律条款和相关知识,在合法的前提下,字斟句酌,周全严密,以过硬的写作本领真正维护好自己和单位的合法权益。在学习的过程中,应多阅读和研究相关法律文本和实际案例,方能在写作时得心应手。

第一节　法律文书写作概述

任务设计

章俊与徽商银行签订了一份借款合同用以购买商品房,借期为 20 年。按照借款合同的约定,章俊应该每个月还款 2000 元人民币给徽商银行。在章俊还款的第四年,他因重病无力还贷,已经有 6 个月没有还款给徽商银行。按照国家相关法律规定以及合同约定,章俊已经造成了事实上的违约。如果贷款人超过 3 个月没有还款的话,银行有权追究借款人的违约责任。请问,银行在多次催缴无果的情况下,要解决该问题,需要向法院提交一份什么样的文书来保障徽商银行的利益?

案例解析

章俊与徽商银行签订借款合同,是一种法律形式下的经济交易行为。其中的任何一方,都应该按约办事。章俊超过了规定的期限,未能按时还款给银行,造成了事实上的违约,给银行带来了经济损失。在这种情况下,银行有权按照合同的约定向法院起诉章俊,要求章俊及时还款并补交所欠款项。为此,银行需要撰写一份民事起诉状,状告章俊违约,并要求章俊按约赔偿。

一、含义

法律文书,是指司法机关、公民、法人和其他社会组织依照法律规定的诉讼程序参加诉讼活动,在诉讼活动过程中制作的各类有法律效力和法律意义的文书。或者说,法律文书主要是指公安局、检察院、法院、司法行政机关以及诉讼当事人,依法制作的、具有法律效力或法律意义的文书的总称。法律文书有固定的格式,行款严格,语言庄重,注重以事实为依据,以法律为准绳。

法律文书一般包括两大类:一类是具有法律效力的司法文件,如判决书、裁定书、抗诉书等;一类是具有诉讼意义的文件,如起诉状、上诉状、申诉状、答辩状等。本教材主要介绍后一类,即诉讼类法律文书。

二、特点

(一)依法制作

依法制作是法律文书最明显的特征。如在刑事案件中,人民检察院作出起诉决定的法律依据是《中华人民共和国刑事诉讼法》第一百七十二条的规定;人民法院对盗窃罪判决的法律依据是《中华人民共和国刑法》第二百六十四条的规定;公民、法人或其他组织对行政单位的诉讼依据是《中华人民共和国行政诉讼法》的相关规定等。法律文书的制作根据,都来自于相关部门的相关法律规定。

(二)特定主体

即一种法律文书必须由与之相适应的特定主体来制作,否则不仅达不到文书制作的目的,甚至会违反法律规定。如刑事、民事、行政判决、裁定书只能由人民法院制作,其他组织和个人不得制作这种判决、裁定书,如若制作,就是违法犯罪;民事起诉状只能由认为自己的合法权益遭受侵害或与他人发生争执的公民、法人或其他组织来制作,别的与此不相干的主体制作的,都不会达到文书制作的预期目的。

(三)法律事实

法律文书的产生应有现实根据,这一点也是法律文书与其他文学作品的又一区别。这一特征有两方面的含义:其一,现实生活中,并不是任何事实、行为或社会关系都会受法律调整,进而也并不都能引发诉讼,只有受法律调整的事实行为和社会关系才可能引发诉讼;其二,法律文书不能是没有现实的凭空想象、夸大,必须以事实为根据,以法律为准绳。这样才能彰显法律的严肃性。

(四)格式规范

每一种法律文书都有自己的特定内容、专用范围、适用对象和专有功能,因此在制作格式上有严格的、规范化的结构形式,写作时只能按照各种文体规定的形式来填写相关内容。

三、作用

(一)进入诉讼程序的基本标志

法律文书的形成是整个诉讼程序开始的标志。要进入诉讼程序,司法机关首先要对案件进行审查,而审查之后就是起诉、上诉等相关书面信息的形成,即便是口头

告诉,也要形成笔录,至于人民法院的判决书、裁定书就更不用说了。

(二)诉讼活动的重要组成部分

法律文书是诉讼活动的依据。诉讼活动本质上是处理刑事、民事或行政案件的活动,其中的起诉、应诉、上诉、判决以至执行等各个环节,无一能离开相应的法律文书。一方面是因为法律的规定,另一方面是因为法律文书是诉讼信息的重要载体,没有法律文书,诉讼的诉求等信息不明白,从而导致整个诉讼活动无法顺利进行。

(三)诉讼活动公正性、合法性的记录

法律文书可以真实地记录从起诉直到判决作出及执行的全过程。根据法律文书对整个诉讼过程的记录,可以分析整个诉讼活动的合法性与公正性。一方面表明诉讼过程的公正性、合法性,另一方面也为检察机关对诉讼活动进行法律监督提供了文书资料。

(四)能显示出诉讼活动的严肃和法律的尊严

诉讼过程是一种法律实施的过程,其严肃性是不言而喻的。而法律文书的制作则能显示当事人、司法人员对诉讼的重视。无论是进行刑事评价、民事评价还是行政诉讼,无论是当事的哪一方,都要维护法律的尊严,而法律文书则能充分显示诉讼活动的严肃和法律的尊严。

(五)法制宣传的重要阵地

法律文书制作得好,对当事人和其他公民来说都是一个形象化的活生生的教材。通过法律文书对案件的发生、审理过程、审判结果的完整记录,公民可以从实际出发形象具体、更深入地理解法律的内容,学会运用具体的法律知识,增强法治意识。

(六)法制建设的重要文字记载和经验积累

法制建设是一个长期的历史的发展过程,每一步都离不开对前人经验的借鉴,提高办案水平,显然也是司法人员的必修课。而法律文书则是前人经验和教训的集中体现,司法人员应该积累经验、吸取教训。

四、写作要领

第一,真实合法。制作者应该尊重客观事实,遵守国家法律,以保证法律文书制作、使用的正确性和合法性。

第二,内容明确。法律文书具有明确的告诉性,不管是哪一种类型的法律文书,

都一定要将自己的诉讼要求清楚明白地说出来,别人才能明白你的诉求,诉讼当事人才能作出相关的正确判断。

第三,表述简洁。法律文书用语须准确、精练、高度概括。当和诉讼相关联的事项很多、很复杂的时候,就需要重点突出,分清主次。表述简洁,有利于实现自己的诉讼请求。

第四,及时有效。法律文书的制作者应该在符合法律规定的诉讼时效内写作,在规定的时间将法律文书递达相关单位,整个诉讼程序才能顺利有效地运作。超过法律规定的诉讼时效,诉讼活动便无法开展。

第二节 起 诉 状

任务设计

孙××与北京海淀区某科技公司签订劳动合同,合同约定,在孙××正常履行劳动合同且工作满3年的条件下,科技公司按每年5万元(3年共计15万元)支付其股票期权金。在孙××向科技公司进行股票期权转让后,科技公司需在5日内付款,每拖欠一日按应付金额的1‰支付罚金。劳动合同期满后,孙××向科技公司进行股票期权转让,但科技公司却拒绝支付股票期权金,海淀劳动仲裁委员会认定该争议不属劳动争议,于是引发诉讼。(注:本案例选自法大律师网)

案例解析

孙××与北京海淀区某科技公司签订的劳动合同中有明确的约定,且孙××是在期满后,按约定转让股票期权并要求公司支付股票期权金。该行为完全符合国家相关法律的规定,应该受到法律的保护。北京海淀区某科技公司拒绝支付股票期权金,属于违约,按照约定,不仅要支付15万元股票期权金还应该按照合同的约定支付相应数额的罚金。

一、含义

起诉状,就是在刑事、民事或行政、经济案件中,刑事、民事原告或其诉讼代理人,在原告的权益受到侵害时,为维护原告的合法权益向人民法院控告被告人提出诉讼请求,请求人民法院作出公正裁判的诉讼文书。

起诉状，俗称状子或呈子。诉讼，就是俗话所说的打官司。打官司的第一步，就是制作具有法律效力或法律意义的应用文书——起诉状。起诉状便成为引起诉讼行为的有效文本，具有引起第一审判程序发生的作用。

起诉状同起诉书不同，起诉书是由人民检察院就较重大的刑事案件，认为犯罪事实已经查清，证据确凿充分，依法应当追究被告人刑事责任时，代表国家机关，向人民法院提起公诉的文书，也称公诉书。两者的诉讼行为主体不一致。

二、特点

(一)有明确的行为主体

起诉状是由公民、法人及非法人团体向人民法院提起诉讼的书状。任何公民、法人及非法人团体，当他们的合法权益受到非法侵害，都有权向人民法院提出刑事或民事诉讼。

(二)有具体的被告与明确的请求

起诉状不仅要有具体的指控对象，还要将自己的诉讼请求明确具体地写在书状的开头，以便人民法院有针对性地依法来维护原告的权益。

(三)用语要高度概括而明确

起诉状叙述的，是事情大体的、主要的发展脉络，是关系重大的典型细节；不需要详尽地交代事情的来龙去脉。

起诉状的说理，是分析事实，引用法律条文。无论是叙事还是说理，表达都要高度概括、凝练，用语清楚、准确。

三、种类

根据诉讼案件的性质分类，有刑事起诉状、民事起诉状和行政起诉状等。

(一)刑事起诉状

刑事起诉状指刑事案件的自诉人或其法定代理人，依据有关法律和事实，直接向人民法院控告刑事被告人，侵犯自身权益，要求追究被告人刑事责任的诉状。

(二)民事起诉状

民事起诉状指原告在自己的民事权益受到侵害或与他人发生纠纷时，依据有关法律和事实向人民法院提呈的要求法院给予法律保护的诉状。

(三)行政起诉状

行政起诉状指公民、法人或其他组织认为行政机关和行政机关工作人员的具体行政行为侵害其合法权益或不作为导致其受侵害,根据有关法律和事实,向人民法院提呈的诉状。

四、写作

(一)起诉状的写作格式

由于起诉状具有不同的种类,其格式也有差别。就其总体而言,可包含以下几个构成部分:首部;正文(诉讼请求、事实与理由、证据及证据来源、证人姓名及住址);尾部及附项。

××起诉状

原告:姓名、性别,出生年月日、民族、籍贯、职业或工作单位和职务、住址、电话等。

委托代理人:姓名、性别,××律师事务所律师。

被告:姓名、性别,出生年月日、民族、籍贯、职业或工作单位和职务、住址、电话等。

诉讼请求:××。

事实与理由:××。

此致

××人民法院

起诉人:×××
××××年×月×日

附:

1. 本状副本:×份
2. 证据、证人证言×份

(二)起诉状的写法

起诉状主要分为首部、正文、尾部三部分,外加附项。

1. 首部

（1）标题。根据具体案件的性质，写明起诉状的类别。如刑事起诉状、民事起诉状、刑事附带民事起诉状等。

（2）当事人的身份等基本情况。在原告栏内和被告栏内，分别写明原告（自诉人、起诉人）和被告人的姓名、性别、年龄（出生年、月、日）、民族、籍贯、职业（工作单位、职务）和住址、联系电话。如果同时有几名原告或被告，则分别写明以上情况。有法定代理人的，也分别写明姓名、性别、年龄、民族、籍贯、职业（工作单位、职务）和住址、联系电话等。

民事起诉状中，企业事业单位、机关、团体作为民事诉讼当事人提起公诉的，应写明其名称、所在地址和法定代表人的姓名、职务等。

2. 正文

正文是起诉状的核心部分。包括以下几项必备的内容：

（1）诉讼请求。具体写清起诉人提起诉讼的目的和要求，也是原告请求人民法院给予支持、保护的事项。即通过打官司要达到什么目的，解决什么问题。目的要明确，要求要具体。如果属于刑事起诉状，就要写明追究被告人的刑事责任；如果属于民事起诉状，就要写明请求人民法院依法解决原告要求的有关民事权争议的具体事项；如果属于刑事附带民事起诉状，就要明确提出刑事和民事两方面的具体要求。如果有多项请求，可用序码分列。

（2）事实与理由。这是起诉状的主体部分，事实即摆事实，理由即讲道理，就是列举相关证据，引用有关法律条款，有理有据。

如果是刑事案件，刑事起诉状就要写明被告人犯罪的具体行为，即犯罪的时间、地点、动机、目的、情节、手段、危害结果。

如果是民事案件，民事起诉状就要写明被告人的侵权行为或当事人双方纠纷的具体情形，要把争议的起因、经过、现状，特别是争议的焦点集中在什么问题上具体地写清楚。理由部分，应写清楚诉讼请求的根据，即在说明事实的基础上，对上面所写事实进行分析，认定被告的罪名或侵权行为，并引用适当的法律条文，证明提起诉讼合理合法。

叙述事实要如实反映情况，突出主要情节，举证有力；阐述理由，援引法律、法规要适当，定性准确。

这部分写不好，诉讼请求就有可能落空。

（3）证据及证据来源、证人姓名及住址。这一部分主要是对证据（物证、书证、证人证言等）和证人情况依次列举，说明陈述的事实是客观存在的，证明证据的可信性，以便人民法院查证、核实。

证据对案件事实和诉讼请求起着支撑作用,必须确凿、合法,当事人绝不能提供伪证。最好能提供互相印证的证据链。

在正文结束前,通常要加"根据法律有关规定,特向贵院提起诉讼,请依法公正裁判"等用语。

3. 尾部

尾部要求按信函格式写,有两项内容:

(1)写明送达人民法院的名称。写法是前面空两格写"此致",并单独成行,再另起一行顶格书写"××人民法院"。

(2)起诉人签名或盖章。在下几行的右下角写上"起诉人"之后用冒号,由起诉人签名或盖章。刑事案件写"具自诉状人×××",民事案件写"具状人×××"。如果诉状是律师代书,应写明××法律顾问处×××律师代书,以示负责。

4. 附项

附项应具体说明起诉状副本的份数和证据的种类、名称、数量以及证人的姓名、住址等。

在署名和日期之下,分行写附项。有的在最后一页的左下方。格式为:

附:

1. 本状副本×份

2. 物证×件

3. 书证×件

(三)起诉状的写作要领

第一,请求对象必须明确,即写清楚被告人的相关情况。如果有两个以上的被告人,则应按其承担责任的大小、主次顺序排列。

第二,诉讼请求必须明确,即写清楚提起诉讼要解决的问题,要求具体明确、合情合法。诉讼请求要具体明确,所提要求事项能够履行,数字等应明确,避免笼统抽象。比如,对于给付之诉的,要具体写明给付的标的(如金钱、有价证券、物品等)、给付的金额,特别是赔偿的数额,要准确估算,适度合理;对于确认之诉的,要具体写明确认标的所有权归属及行为的有效无效。如果请求不明确,人民法院将无法受理,或无法支持你的诉讼请求。同时,原告要使自己的诉讼请求获得人民法院的支持,诉讼请求就必须合乎法律法规的规定;原告的诉讼请求不能过高,要合乎情理。

第三,提出诉讼请求所依据的事实与理由必须得到充分阐述。事实部分,主要写明被告侵权行为的具体经过和当事人双方权益争执的具体内容,一般按事实发生、发展的顺序,围绕中心来写。叙述事实必须实事求是,不夸大有利于自己的事实,不缩小不利于自己的事实;不夸大有利于原告的事实,不缩小不利于被告的事实。理由部分,是起诉状中的说明文字,先以简练的语言概括所发生的事实,然后指出被告行为的性质,论证双方的权利关系,引用法律条文,主要是说明起诉的事实可靠,提出的要求和理由要有法律依据。理由应该是从事实中得出的结论,不能脱离所叙述的事实凭空产生。援引的法律、法规要与案情相吻合,针对性要强,不生拉硬扯,不要产生差错。

第四,证据要确实、充分。原告对自己的诉讼请求、所叙述的事实,有责任向人民法院提供证据。如果提不出证据,所叙述的事实将得不到证实,人民法院也无法辨明案件的有无和当事人双方的是与非。证据要确实,是指原告提供的证据必须能够查证属实,只有准确可靠、来源合法,才能支撑自己的事实与诉讼请求。证据要有一定的数量,最好能提供互相印证的证据链,足以证明事实的客观存在。防止孤证,因为孤证的说服力会大打折扣。

民事起诉状

原告:吴××,男,汉族,19××年××月××日出生,住址:市××区××小区××幢××室,电话:159××××××××

被告:××房屋开发公司,地址:××市××区××路××大厦××室,电话:×××××××××,法定代表人:张××

案由:房屋拆迁安置补偿合同纠纷

诉讼请求:

1. 请求贵院判令被告履行原协议,或向原告支付赔偿金×××××元;
2. 本案的诉讼费用由被告承担。

事实与理由:

原告原先居住××市××区××路××号,20××年××月××日,被告要对原告住地实施土地开发与房屋改造,遂与原告签订了房屋拆迁安置补偿协议(合同编号:××××××××),协议约定拆迁补偿方式为产权调换,且约定了房型、面积、房屋号。

20××年××月××日,被告通知原告,置换房屋已竣工,要求原告回迁。但原告到已建楼盘实地观察才发现,房屋的户型也与原先签订的协议不符,餐厅部位多了一根承重柱,大大缩小了餐厅的实际使用面积。且原先被告承诺的幼儿园也已经被当做物业管理部的办公用房。

根据《合同法》之规定,当事人一方不履行合同义务或者履行合同义务不符合约定的,应当承担继续履行、采取补救措施或者赔偿损失等违约责任。被告的加层行

为、修改户型行为,致使原告在签订协议时所预期的房屋状况与被告交付房屋的状况出现较大的差异,被告的行为已构成实质上的违约,应当承担相应的违约赔偿责任。

被告的设计规划改变了房屋的户型设计、将幼儿园移作他用,首先要经过××市规划委的许可,其次要通知原告,以便原告重新确定对回迁房屋的选择权。但时至今日,被告在未履行任何相关告知义务的情况下,就贸然强迫原告回迁,并告知如果不及时回迁,到期就收回周转房。

原告本想就上述问题与被告友好协商,达到一个理想的效果,无奈被告一直态度强硬,拒绝原告提出的任何合理提议,从而给原告带来了精神和经济上的双重压力。

综上所述,根据《中华人民共和国民事诉讼法》第一百零八条,特向贵院提起民事诉讼,请求贵院判令被告履行原协议,或向原告就户型的改变支付赔偿金×××××元,兑现关于幼儿园的承诺,以保护原告之合法权益。

此致
××区人民法院

具状人:吴××
20××年××月××日

附:
1. 本状副本:×份
2. 房屋拆迁安置补偿协议复印件×份

这是一份民事起诉状。该状叙述事实确凿、可信。清楚地阐述了拆迁安置纠纷的前因后果,重点突出,为诉讼请求提供了事实依据。该状诉讼请求具体明确、切实可行、合法合情,提出的要求和理由有法律依据。人民法院完全可以据此便很容易分清当事人双方的是与非,从而作出公正恰当的判决。

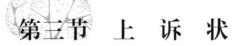

第三节 上 诉 状

任务设计

孙××与北京海淀区某科技公司的股票期权金和违约罚金的案件,经过海淀区人民法院审理,认为劳动合同的约定有效,判决科技公司支付15万元股票期权金,但

对于孙××的要求按照约定支付罚金的诉讼请求未能支持。请问，孙××要求科技公司支付罚金，应该向上一级人民法院主张自己的权利，需要撰写哪一类法律文书？

案例解析

孙××为了取得按照劳动合同约定科技公司应该支付的股票期权金违约的罚金，应该向上一级人民法院提交民事上诉状。因此，需要撰写一份民事上诉状。（注：经审理，北京市第一中级人民法院认为，双方约定的关于股票期权金的条款有效。维持了海淀区人民法院关于科技公司支付15万元股票期权金的判决，同时认为罚金的约定是有效的，撤销了海淀区人民法院关于罚金的判决，支持了孙××的一审诉讼请求，判令被告按照贷款利息的4倍向孙××支付违约金。）

一、含义

上诉状，是诉讼当事人或其法定代理人，不服地方各级人民法院第一审的判决、裁定，在法定期限内，依照法定程序，请求上一级人民法院依法撤销、变更原审判决或裁定，或者重新审理而制作的诉讼文书。它既是诉讼当事人不服人民法院作出的一审裁判的"声明"，也是第二审人民法院开始第二审程序的依据。

上诉是法律赋予诉讼当事人的诉讼权利。《中华人民共和国民事诉讼法》《中华人民共和国刑事诉讼法》《中华人民共和国行政诉讼法》都有相关的规定。按照法律规定，当事人上诉要向人民法院递交上诉状。上一级人民法院只要受理上诉状，就要依照法定程序进行重新审理。它对及时纠正有错误的判决或裁定，保证国家审判权的正确行使，保护当事人的合法权益，具有不可忽视的作用。

我国现在实行"两审终审制"，二审的判决、裁定为终审判决、裁定，诉讼当事人不得再上诉。最高人民法院的一审判决、裁定也为终审判决、裁定，不能上诉。

上诉状分为民事上诉状、刑事上诉状和行政上诉状三种。

二、特点

(一) 必须是有权提起上诉的才能提起上诉

原告或被告当事人或其法定代理人有权提起上诉；原告或被告的辩护人和近亲（夫、妻、子女、同胞兄弟姐妹），经原告或被告同意，也可以提起上诉。如果没有得到原告或被告的同意，即使是认为判决和裁定有误，也无权提起上诉，提起上诉也不具有引起第二审程序的法律效力，他们只能提出申诉，按照法定的审判监督程序处理。

(二)上诉的理由为不服一审判决或裁定

必须是在当事人不服地方人民法院第一审判决或裁定而有上诉请求的情况下,才有书写上诉状的必要。

(三)必须在法定期限内上诉

当事人或其法定代理人要在人民法院第一审判决或裁定尚未发生法律效力而不服时,可以书写上诉状,提起上诉。

注意:对刑事上诉状,不服判决的上诉和抗诉期限为 10 天,不服裁定的上诉和抗诉期限为 5 天。对民事上诉状和行政上诉状,对判决提起上诉的期限为 15 天,对裁定提起上诉的期限为 10 天。

三、种类

(一)民事上诉状

民事上诉状是民事诉讼当事人及其法定代理人不服人民法院作出的未生效的第一审民事判决、裁定,在法定期限内向上一级人民法院提交的请求重新审理、并撤销或变更原审裁判的法律文书。

(二)刑事上诉状

刑事上诉状是被告人或者刑事自诉案件的当事人及其法定代理人不服人民法院作出的未生效的第一审刑事判决、裁定,在法定期限内向上一级人民法院提交的请求重新审理、并撤销或变更原审裁判的法律文书。

(三)行政上诉状

行政上诉状是行政诉讼的当事人及其法定代理人不服人民法院作出的未生效的第一审行政判决、裁定,在法定期限内向上一级人民法院提交的请求重新审理、并撤销或变更原审裁判的法律文书。

四、写作

(一)上诉状的写作格式

××上诉状

上诉人(原审×告或第三人):姓名、性别、年龄、民族、职业或工作单位和职务、住所(或常住地)、电话。但上诉人为单位的,应写明单位名称、法定代表人姓名及职务、单位地址、电话。

法定代理人:姓名、性别、职业或工作单位和职务、住所、与上诉人关系、电话。

被上诉人(原审×告):姓名、性别、年龄、民族、职业或工作单位和职务、住所(或常住地)、电话。

上诉人因×××(写明案由,即纠纷的性质)一案不服×××人民法院(写明一审法院名称)××××年×月×日×字第×号民事(刑事或行政)判决(裁定),现提出上诉。上诉请求及理由如下:

上诉请求:

1. 撤销原判决,裁定发回重审或者依法改判为×××××× ;

2. 判令被上诉人承担本案诉讼费用。

上诉理由:××。

综上所述,上诉人认为,一审判决中事实认定不清,证据不足,且缺乏必要的法律依据和根据。为此,特向贵院提起上诉,请依法作出公正裁判。

此致
×××人民法院

上诉人:×××(签名或盖章)
××××年×月×日

附:

1. 上诉状副本:×份
2. 物证×件
3. 书证×件

(二)上诉状的写法

上诉状一般由以下几个方面组成:

(1)标题。一般在文书上部居中写"民事上诉状""刑事上诉状""刑事附带民事上诉状""行政上诉状"等。

(2)当事人身份等基本情况。刑事上诉状,先写上诉人,再写被上诉人。二者均要写明姓名、性别、年龄、民族、籍贯、机关、职业、工作单位和住址、电话。同时要注明当事人在一审中是原告还是被告。

如果上诉是法定代理人或者委托代理人提起的,也应该写明法定代理人或者委托代理人身份等基本情况。民事上诉状、行政上诉状,当事人身份等基本情况写法和刑事上诉状基本相同。

(3)案由。写明因为何案,不服从何处人民法院、于何时、以何字号判决或裁定而提起上诉。

(4)上诉请求。主要写明请求第二审人民法院撤销(一部分或全部)、变更原审判决、裁定,或者请求重新审判。

(5)上诉理由。这是上诉状的核心部分,要根据民事、刑事、行政案件的不同特点,根据事实和法律,针对第一审人民法院的判决、裁定中存在的不当,予以申辩。

刑事上诉状的上诉理由,应该针对以下四个方面上诉:第一,针对原审判决、裁定认定事实方面的错误进行申辩,或指出认定事实有出入,或指出遗漏了重要事实,或指出缺乏证据,或另外提供证据,从而阐明原判决认定事实不准确。第二,针对原审判决、裁定认定性质的不当进行申辩,提出法律依据,或作罪轻的申辩,或作无罪的申辩。第三,还可以针对原审判决、裁定量刑畸重进行辩解,并提出正确量刑的理由和法律依据。第四,也可针对原审判决、裁定在审判程序上的不当进行申辩,指出在审判程序上违反了什么法律规定,从而导致实际处理不当。

民事、行政上诉状的理由,除针对原审判决、裁定认定事实有误和违反诉讼程序外,主要还要围绕权利和义务以及行政机关的侵权行为来写,并写明原审判决、裁定适用法律条文不当,提出纠正的法律依据。

(6)上诉状递交的人民法院名称。

(7)上诉人签名或盖章,注明年、月、日。

(8)附注事项。标明附件的名称及份数。

(三)上诉状的写作要领

第一,上诉请求和理由要有针对性。上诉请求和理由必须针对第一审人民法院判决、裁定的不当提出。有几处不当,就要列出几个需要反驳的论点。

第二,上诉状要有严密的逻辑性。摆出的事实、证据要能证明第一审人民法院判决、裁定的不当,理由要充足、具体,条理要清楚、逻辑性强,要能支撑自己的诉讼请求。

第三,不无理缠讼。提出的上诉请求和理由要实事求是,合法、合情、合理。不抱侥幸心理,不无理缠讼。

上 诉 状

上诉人(原审原告):×××,男,19××年××月××日出生,身份证号:××××××××××××××××××××,住址:××市××区××小区××楼××号,电

话:××××××××××

被上诉人(原审被告):××××汽车有限公司,住所地:××市××区××路××号,法定代表人:×××,汽车有限公司董事长,联系电话:××××-×××××××××

案由:劳动争议

上诉请求:

一、请求撤销(20××)××民初字第××××号民事判决书;

二、请求判决被上诉人向上诉人支付解除劳动关系经济补偿金×××××元及50％额外经济补偿金;

三、判决被上诉人向上诉人支付拖欠的加班工资×××××元及25％的经济补偿金;

四、本案一、二审诉讼费××××元由被上诉人承担。

事实与理由:

上诉人不服××市××区人民法院20××年××月××日作出的(20××)××民初字第××××号民事判决书,特向××市第一中级人民法院提起上诉。一审法院对本案事实认定不清,证据不足,适用法律错误,应当撤销其作出的判决书,依法改判,支持上诉人的上诉请求。

理由如下:

一、一审法院对是否存在拖欠加班费的事实认定不清,证据不足,适用法律错误,且对举证职责的分配错误,请求二审法院改判。被上诉人在劳动仲裁答辩书中彻底否认上诉人存在加班及其拖欠加班费的事实,后在上诉人出示的加班证据面前,竟又狡辩,将上诉人20××年的年终奖说成是"加班费"。一审法院在被上诉人未依法出具充分有效证据证明其已按时足额支付加班费的状况下,错误认定支付加班费的事实,并将举证职责强加给上诉人,违反法律法规规定,请求二审法院依法改判。根据《××省工资支付规定》第9条、第13条之规定,用人单位应当按月、足额支付劳动者工资,并且应当编制工资支付记录表,并至少保存二年备查。工资支付记录表应当主要包括用人单位名称、劳动者姓名、支付时间以及支付项目和金额、加班工资金额、应发金额、扣除项目和金额、实发金额等事项。同时根据《最高人民法院关于民事诉讼证据的若干规定》第6条、《劳动争议调解仲裁法》第6条规定,对减少劳动报酬的争议事项由用人单位负举证职责;与加班费争议相关的工资记录、考勤记录等属于用人单位掌握的证据,依法应由用人单位承担举证职责;用人单位不举证的,应当承担不利后果。

本案中,上诉人已经证明了自己存在加班的事实,根据前述法律法规之规定,被上诉人应当就其是否已经足额发放了加班费的事实进行举证。被上诉人于20××年

××月××日向上诉人支付的××××元,系上诉人20××年年终的一次性奖金,而不是被上诉人在一审辩称的20××年"加班费"。对于该费用到底是属于加班费还是奖金,被上诉人应当提供足够的证据进行证明。其不能向法院提供充分有效的证据证明其主张的,应当依法承担不利后果,即该奖金不能被肆意认定为是"加班费"。一审法院不能仅依据被上诉人口头称已经支付了加班费,而不查清事实、忽略证据,判决驳回上诉人的诉求。

综上,请求二审法院依照法律法规规定,严格恪守法律对用人单位举证职责的要求,在被上诉人没有充分有效的证据证明已向上诉人及时足额支付了加班费的状况下,应当撤销一审判决,依法支持上诉人的上诉请求,判决被上诉人向上诉人支付拖欠的加班工资××××元及25%的经济补偿金。

二、一审法院对被迫解除劳动合同经济补偿金的年限及离职前12个月月平均工资标准计算均有错,请求二审法院改判。根据《劳动合同法》第38条规定,只要用人单位存在"未及时足额支付劳动报酬"的行为,劳动者即可依据该规定提出解除劳动合同,并依法获得被迫解除劳动合同的经济补偿金。

而根据本案审理状况可知,被上诉人并没有依照法律规定,按月及时足额向上诉人支付加班工资。因而,上诉人依据该法第38条之规定解除劳动合同,能够依据第46条之规定要求支付经济补偿金。但一审法院对上诉人应得经济补偿金计算标准及工作年限计算错误,请求二审法院依法改判,理由如下:

1. 20××年××月××日,上诉人因被上诉人存在《劳动合同法》第38条规定之情形,而被迫通知用人单位解除劳动合同。根据《劳动合同法》第47条规定,经济补偿金应从20××年××月××日上诉人入职之日起开始计算,而不是从20××年续订劳动合同起计算。请求二审法院依法查明,并支持上诉人的请求。

2. 根据《劳动合同法》第47条规定,计算经济补偿金的月工资标准是指劳动者在劳动合同解除或者终止前十二个月的平均工资。同时,根据《关于工资总额组成的规定》第4条规定,劳动者工资包括劳动者的工资、奖金、津贴和补贴、加班加点工资、特殊状况下支付的工资。上诉人离职前12个月工资包括12个月标准工资××××元/月及两项奖金××××元+××××元,合计××××元,即上诉人离职前12个月平均工资为××××元/月。一审法院仅以上诉人标准工资××××元/月计算上诉人被迫解除劳动合同经济补偿金,未考虑到上诉人的奖金、津贴和补贴、加班工资、特殊状况下支付的工资。属于对上诉人工资总额的认定错误,请求二审法院依法改判。依照上诉人离职前12个月平均工资××××元/月,计算上诉人被迫解除劳动合同的经济补偿金,判决被上诉人向上诉人支付解除劳动关系经济补偿金××××元及50%额外经济补偿金。

综上,请求二审法院依法撤销一审判决,支持上诉人的上诉请求!

此致

××××人民法院

上诉人:×××
××××年××月××日

附:

1. 上诉状副本:×份
2. 书证×件

这是一份民事上诉状。该状上诉目的明确,就一审法院对事实的认定不当及举证责任的不当加以陈述,条理清晰,逻辑严谨。所列举的原审人民法院认定的事实有错误,针对原审判决的程序、认定的事实进行辩解,并提出正确审判的理由和法律依据。列举的理由和自己的诉讼请求之间有很强的逻辑联系,论证性强。引用的法律条款针对性强,较好地支持了自己的诉讼请求。

第四节 申 诉 状

任务设计

江苏省盐城市某科技有限公司因买卖合同纠纷一案不服盐城市中级人民法院〔2009〕盐民二终字第0005号民事判决书,依法向江苏省高级人民法院提起诉讼。请问,该科技公司应该向江苏省高级人民法院提交哪一类法律文书?同时应该注意什么问题?

案例解析

依据《中华人民共和国民事诉讼法》之规定,民事案件中再审程序的申请书名称为"民事再审申请书"(简称"申诉状"),并且应当在判决、裁定生效之日起6个月内提出。江苏省盐城市某科技有限公司因不服二审(即终审)判决,应该在6个月内向江苏省高级人民法院递交民事再审申请书。因此,该科技公司应该及时撰写一份民事再审申请书递交给法院。

一、含义

申诉状是指刑事、民事、行政案件的诉讼当事人及其法定代理人、被害人及其家属或者其他公民,对已经发生法律效力的判决、裁定、不起诉决定等不服,认为确实有错误,按照审判监督程序向人民法院或者人民检察院提出申请复查纠正、重新处理的诉状。它是运用特殊程序维护申诉人合法权益的文书。

申诉状可以分为民事申诉状、刑事申诉状和行政申诉状。

二、特点

(一)内容的针对性

根据有关法律的规定,申诉状的制作及提呈,必须有一个前提条件,即一定要针对法院确定的、已经发生法律效力的判决、裁判或不起诉决定的错误或不妥之处。申请再审要符合下列条件:

(1)有新的证据,足以能够推翻原审判决、裁定的。
(2)原判决、裁定所认定事实的主要证据不足的。
(3)原判决、裁定所适用的法律确实错误的。
(4)人民法院审判过程中违反法定程序,可能影响案件正确判决、裁定的。
(5)审判人员在审理该案件时有贪污受贿、徇私舞弊、枉法裁判的。
(6)当事人提出证据证明调解协议违反自愿原则和调解协议内容违法的。

(二)申诉人的法定性

根据有关法律规定,刑事申诉状的制作、提呈者是刑事案件的当事人、法定代理人、被害人及其家属或其他公民;民事申诉状的制作、提呈者则必须是民事案件的当事人或其他法定代理人;行政申诉状的制作、提呈者是行政案件的当事人或其他法定代理人。因此,并不是每个人都有资格提呈申诉状。

(三)提呈的无时限性

申诉状的制作及提呈,除申请再审外,一般不受时间限制。

三、申诉状与上诉状的区别

申诉状与上诉状两者都是对原判决、裁定有异议而要求依法重新审判、处理的诉讼文书,但是两者的区别较大。

(一)条件不同

申诉状是针对已经发生法律效力的判决、裁定、不起诉决定等,包括二审法院终结的、甚至已经执行完毕的判决、裁定等;而上诉状只限于对尚未发生法律效力的第一审判决、裁定。

(二)案件管辖不同

接受申诉的可以是原审人民法院或其上一级人民法院,如果是刑事案件,还可以向人民检察院提起申诉;而接受上诉的只能是作出判决或裁定的第一审人民法院的上级人民法院。

(三)受理与否不同

申诉状是否被受理,进而引起审判监督程序的发生,要视原判决、裁定在认定事实或适用法律上是否确有错误来认定,既可以受理,也可以驳回。也就是说,申诉不具有直接引起审判监督程序的效力,也不能停止判决、裁定的执行。只有在人民法院对案件经过重新审理,决定撤销或者变更原判决、裁定时,才能依法停止原判决、裁定的执行。而上诉状则必然会被受理,引起下一轮审判程序发生。

(四)受理期限不同

申诉除申请再审外,一般不受时间限制;而上诉则应该在法定期限内提出,无人民法院认定的正当理由耽误期限的,逾期则不能上诉。

四、写作

(一)申诉状的写作格式

××申诉状

申诉人:姓名、性别、出生年月、民族、文化程度、职业或工作单位和职务、住址、电话(申诉人如为单位,应写明单位名称、法定代表人姓名及职务、单位地址)。

被申诉人:姓名、性别、出生年月、民族、文化程度、职业或工作单位和职务、住址、电话(被申诉人如为单位,应写明单位名称、法定代表人姓名及职务、单位地址)。

申诉人因×××(写明案由,即纠纷的性质)一案不服××××人民法院(写明原终审法院名称)××××××第×××号××判决,现提出申诉。申诉请求及理由如下:

请求事项:××××××××××××××××××××××××××××

××××××××××××××××××××(写明提出申诉所要达到的目的)。

事实和理由：××(写明申诉的事实依据和法律依据,应针对原终审判决认定事实、适用法律或审判程序上存在的问题和错误陈述理由)。

此致
××××人民法院

申诉人：(签名或盖章)
××××年××月××日

附：
1. 原审书抄件一份
2. 本申诉状副本×份
3. 物证×件
4. 书证×件

注：民事、行政、刑事自诉各类案件申诉状的格式基本相同。

(二)申诉状的写法

申诉状一般由以下几个方面构成：

1. 标题

根据案件性质分别写明"民事申诉状""刑事申诉状""行政申诉状"。

2. 申诉人的基本情况

申诉人应写明姓名、性别、出生年月、民族、文化程度、职业或工作单位和职务、住址,电话等基本情况。如果是刑事案件的在押人申诉的,应写明现押处所；如果是被告人的辩护人、亲属或者其他公民申诉的,应该写明申诉人姓名、职业以及同被告人的关系,并加写被告人的基本情况。

如果是民事案件当事人申诉的,还应该将对方当事人(被申诉人)的基本情况写明。

如果是行政案件当事人申诉的,要写明被申诉机关的名称及其法定代表人的姓名、职务。

3. 案由

写明何人因何案,不服何人民法院(原处理机关)何字号的判决、裁定而提出申诉的意愿。

具体表述为"申诉人×××因×××(案件性质)一案,不服××××人民法院于××××年×月×日×法(刑、民、经、行)初字第×号刑事(或民事等)判决(或裁定),现提出申诉(或申请再审)"。紧接着用"申诉请求和理由如下"来过渡。

4. 请求事项

应当简明扼要地写明申诉人（或申请人）的申诉目的，提出请求人民法院撤销、变更原审判决、裁定再审等需要人民法院或人民检察院解决的具体问题。

5. 申诉事实与理由

不论民事、刑事还是行政案件，均应写明以下主要内容：

（1）如实写明客观事实。在叙述事实时，针对原审判决、裁定认定事实方面的不当重点阐述，提供完全、准确、最新、真实的事实。

（2）列示证据。为了说明申诉的事实准确可靠，列示与请求目的相符合、相佐证的人证、物证、书证，加强对所陈述事实的充分论证。

（3）依法说理。要抓住原审判决、裁定在使用法律条文方面的不当之处，用法学原理和法律条文进行申辩。指出原审人民法院适用实体法不当，抑或适用程序法的不当之处。

在申诉理由之后，自然引出申诉或申请重审的具体请求，用"为此，特向你院申诉，请求依法撤销（变更）原判决（或裁定），予以改判（或重新审理）"来收束正文。

6. 申诉书送达机关

申诉书递交的人民法院名称即为送达机关。

7. 申诉人签名或盖章，注明年月日

申请人或申诉人署名，如系法人或其他组织的，应写明全称，由法定代表人或代表人签名，加盖单位公章。

8. 附注事项

标明附件的名称及份数、原审人民法院的判决书（或裁定书）。

（三）申诉状的写作要领

第一，申诉机关明确。要按案件管辖范围向主管机关申诉，如向原审人民法院或人民检察院以及上一级人民法院或人民检察院申诉。

第二，申诉理由充分。由于申诉没有法律规定的时间限制，随时都可以提起，所以申诉理由要充分，要有新的理由或新的事实与证据，足以支持自己的申诉请求。

第三，请求要明确。提出的请求人民法院撤销、变更原审判决、裁定再审等需要人民法院或人民检察院解决的具体问题，要明确可行，合理合法，便于人民法院或人民检察院把握。

第四，说理要充分。对已经发生法律效力的判决、裁定、不起诉决定等，包括二审法院终结的、甚至已经执行完毕的判决、裁定等，人民法院一般不会轻易改动。要达到申诉目的，说理要充分。摆出的事实要准确、精要，因为这是推理的前提。理由和结论（即申诉目的）之间要有必然的内在联系，不应是孤立的、脱节的。只有言之有

据,理由充分,司法机关才会启动审判监督程序,进而研究案情,作出公正的判决。

民事申诉状

申诉人:刘××,男,汉族,××××年××月××日生,住××县××镇××村

被申诉人:肖××,男,汉族,现住××市××区××路7号

张××,男,汉族,现住××市××区××路7号

申诉事由:申诉人不服××县人民法院(20××)城民再初字第12号判决书,向贵院申诉。

申诉请求:请求××市中级人民法院依法判处上述二被申诉人因其过错造成申诉人小孩死亡赔偿金,误工费,资料费,差旅费,精神抚慰金合计××万元。

被申诉人承担一二审的全部诉讼费用。

申诉事实理由:

20××年××月××日被申诉人肖××,在家举办酒席,席间劝酒,导致申诉人之子刘××饮酒过度死亡。

××县人民法院判决书中认定的事实有误。对酒席的举办人也未给予相应的处罚。

一、××县人民法院判决书中认定的事实有误。××县人民法院判决书中采信了申诉人之子刘××同桌饮酒的吴××的证言,认定张××没有实施劝酒行为,且积极实施救治,无法律规定的过错行为,故不承担法律责任。判决书中认定的事实有误。被申诉人张××席间曾劝申诉人之子刘××大量饮酒,只是被申诉人张××正准备职务升迁,担心此举会影响自己的前程,故劝说同桌饮酒的吴××替他出具了没有劝酒的证词。他的劝酒行为也与申诉人之子刘××饮酒过度死亡有着直接的关联。这有同桌饮酒的其他亲戚朋友证实。依据《民法通则》的相关规定,被申诉人张××依法应当共同承担刘××死亡的部分赔偿责任。请求××市中级人民法院依法判处被申诉人张××因其过错造成申诉人小孩死亡赔偿金,误工费,资料费,差旅费,精神抚慰金合计××万元,承担一二审的部分诉讼费用。

二、××县人民法院判决书中对酒席的举办人也未给予相应的处罚。酒席的举办人肖××,因为自己家中添了孙子,举行了一个宴会,然后邀请自己的亲朋好友共同庆贺,从这个角度讲,作为宴会的主办者对于他所邀请的客人比较熟悉,负有保障他们人身安全、财产安全的义务,其没有尽到相应的义务。根据我国《民法通则》第一百零六条第二款:"公民、法人由于过错侵害国家的、集体的财产,侵害他人财产、人身的,应当承担民事责任。"被申诉人肖××依法应当共同承担刘××死亡的部分赔偿责任,即因其过错造成申诉人小孩死亡赔偿金,误工费,资料费,差旅费,精神抚慰金合计××万元,承担一二审的部分诉讼费用。

请求××市中级人民法院依法判处被申诉人张××因其过错造成申诉人小孩死亡赔偿金,误工费,资料费,差旅费,精神抚慰金合计××万元,承担一二审的部分诉讼费用。被申诉人肖××因其过错造成申诉人小孩死亡赔偿金,误工费,资料费,差旅费,精神抚慰金合计××万元,承担一二审的部分诉讼费用。

综上所述,一审判决认定事实错误,处分不当,请求贵院依法查清事实,支持上诉人的诉讼请求。

此致
×××市中级人民法院

申诉人:×××
××××年×月×日

附:
1. 原审书复印件一份
2. 书证×件

这是一份民事申诉状。申诉人刘××,不服××县人民法院(20××)城民再初字第12号判决书,依法向××市中级人民法院提起申诉。该申诉状申诉请求明确,针对两被申诉人不同的过错予以申诉。申诉理由充分,摆出的事实准确、精要,证据确凿、充分,援引法律法规支撑自己的诉讼请求。全文条理清晰,逻辑严谨,富有说服力。

第五节 答 辩 状

上诉人张××因房屋拆迁一案,不服××市××区〔200×〕民字第19号的判决,提出上诉。××市××××房地产开发总公司需要在开庭审判时,对上诉人张××的上诉请求提出答辩。作为该房地产开发总公司的代表何××(公关部经理)需要准备好哪一类法律文书来进行答辩?

> **案例解析**
>
> 当上诉人对一审判决表示不服,向上一级人民法院提交民事上诉状后,被上诉人应该充分利用法律赋予的权利,提出答辩。作为该房地产开发总公司的代表何××应该针对上诉人的上诉请求,撰写一份针对性强的答辩状,以维护本单位的合法权益。

一、含义

答辩状是被告(人)、被上诉人、被申请(诉)人针对起诉状、上诉状、再审申请(诉)书的内容,在法定期限内根据事实和法律进行回答和辩驳的文书,是诉状中使用频率最高的文种之一。

答辩是法律赋予处于被告地位的案件当事人的一种权利,当事人有处置答辩权的自由,可以答辩,也可以沉默。由于答辩状有利于保护被告(人)的正当合法权益,有利于人民法院在全面了解案情的基础上,判明是非,作出正确的判决,具有不容忽视的意义,因此,被告(人)应该对答辩权给予足够重视,积极以答辩状的形式提出答辩。

答辩是应诉行为,也是法律赋予被告和被上诉人、被申诉人的诉讼权利。写作答辩状的目的是当事人通过回答、反驳对方诉状的诉讼请求,阐明自己的理由和要求,提出事实和证据,证明自己的观点,维护自己的合法权益,以减免自己的责任。

答辩状可以分为民事答辩状、刑事答辩状和行政答辩状。

二、特点

(一)针对性强

答辩是一种相对于起诉、上诉和申诉的应诉行为,是被告和被上诉人、被申诉人依法享有的一种诉讼权利。法律赋予当事人答辩的权利,是为了保障当事人平等地行使诉讼权利,依法保护自己的合法权益。同时,允许应诉方答辩,有利于人民法院全面了解案情,正确实施法律,保障诉讼活动双方当事人的合法权益。

(二)说理性强

在答辩状中,答辩人可以承认对方所诉事实部分属实并接受其部分诉讼请求,也可以认为对方所作的陈述不符合事实或所提出的诉讼请求不合法律要求进行反驳,但却不得用答辩状提出反诉。如果具备反诉的条件,应用反诉状或答辩与反诉状。

无论哪一种情况，都要展开充分的论证去驳倒对方的观点和论据，因此，答辩状具有很强的论辩性、说理性。

(三)有明确的答辩期限

《中华人民共和国民事诉讼法》规定："人民法院应当在立案之日起五日内将起诉状副本发送被告，被告应当在收到之日起十五日内提出答辩状。……人民法院应当在收到答辩状之日起五日内将答辩状副本发送原告。被告不提出答辩状的，不影响人民法院审理。"该规定适用于一审、二审及申请再审程序。

三、种类

(一)民事答辩状

民事答辩状是指民事诉讼的被告或其代理人在收到原告的起诉状副本后，针对民事起诉状提出的依据、事实和理由进行回答和辩驳的诉讼文书。《中华人民共和国民事诉讼法》第一百二十五条规定："人民法院应当在立案之日起五日内将起诉状副本发送被告，被告应当在收到之日起十五日内提出答辩状。答辩状应当记明被告的姓名、性别、年龄、民族、职业、工作单位、住所、联系方式；法人或者其他组织的名称、住所和法定代表人或者主要负责人的姓名、职务、联系方式。人民法院应当在收到答辩状之日起五日内将答辩状副本发送原告。被告不提出答辩状的，不影响人民法院审理。"

(二)刑事答辩状

刑事答辩状是指刑事自诉案件的被告或其代理人根据刑事自诉状的起诉内容，针对原告提出的诉讼请求作出答复，并依据事实与理由进行辩驳的诉讼文书。虽然被告人可以不提交答辩状，但为了更好地保护自身的合法权益，有利于人民法院全面了解案情以作出公正的判决，最好不要放弃陈述理由的机会。

(三)行政答辩状

行政答辩状是指行政诉讼的被告或其代理人根据行政起诉状的起诉内容，针对原告提出的诉讼请求作出答复，并依据事实与理由进行回答和辩驳的诉讼文书。《中华人民共和国行政诉讼法》第六十七条规定："人民法院应当在立案之日起五日内，将起诉状副本发送被告。被告应当在收到起诉状副本之日起十五日内向人民法院提交作出行政行为的证据和所依据的规范性文件，并提出答辩状。人民法院应当在收到答辩状之日起五日内，将答辩状副本发送原告。"

四、写作

(一)答辩状的写作格式

××答辩状

答辩人:姓名、性别、出生年月、民族、文化程度、职业或工作单位和职务、住址、电话(答辩人如为单位,应写明单位全称、法定代表人姓名及职务、单位地址、电话)。

答辩人因×××××(写明案由,即纠纷的性质)一案,进行答辩如下:

请求事项:××(写明答辩所要达到的目的)。

事实与理由:××(写明答辩的事实依据和法律依据,应针对原告、上诉人、申诉人,即被答辩人提出起诉、上诉、申诉所依据的事实、法律和所提出的主张陈述其不能成立的理由)。

此致

××××人民法院

答辩人:(签名或盖章)
××××年×月×日

附:

1. 本答辩状副本×份(按被答辩人人数确定份数)
2. 书证××份

注:民事、刑事、行政各类案件答辩状的格式基本相同。

(二)答辩状的写法

答辩状一般由以下几个方面构成:

1. 标题

写明答辩状的类型、性质和审级,如"民事答辩状""刑事答辩状""行政答辩状""民事被上诉人答辩状""刑事被上诉人答辩状""行政被上诉人答辩状"。

2. 答辩人基本情况

应写明答辩人姓名、性别、年龄、民族、职业、单位、住址、电话。答辩人如属企业事业单位、机关、团体,则要写明单位全称,地址和法人代表的姓名及职务、电话,有委托代理人的应写明其基本情况。

3. 答辩事由

(1)一审答辩状一般表述为:"因原告人×××诉我××(案名)一案,现答辩如下。"

(2)二审答辩状一般表述为:"上诉人×××因为不服×××人民法院(年度)字第×号判决,提起上诉,现就上诉状所列各点,答辩如下。"

4. 答辩理由

这是答辩状的主体部分,或者说是关键部分,这部分应该针对起诉状、上诉状或申诉状提出的具体问题来确定,可以从以下两方面进行答辩:

(1)从事实方面进行答辩。指出诉讼请求不合理,所依据的事实有错误。针对起诉状、上诉状、申诉状中提出的事实和证据的不实,用符合客观真实的事实和证据进行辩解,大致有以下两种情况:一种是起诉状、上诉状、申诉状中提出的事实和证据,全是虚假、捏造的;还有一种是一部分证据和事实是真的,一部分证据和事实是假的。写答辩理由时,要针对以上两种情况,各有侧重,分别予以答复和辩解。

(2)从运用法律方面进行答辩。指出诉讼请求不合理,所使用法律不当。一般可以从两个方面入手:第一,指出原告对法律条文理解错误,以致提出不合法的要求;第二,指出原告起诉时违背法律程序。

答辩理由要有针对性,针对起诉状、上诉状、申诉状提出的具体事实、理由进行答复和辩驳,把反驳对方的理由和对案件的意见鲜明地表达出来。

5. 答辩主张

在进行答辩时,概括提出自己对本案处理的主张和请求。一审答辩状要求被告针对原告起诉状中提出的诉讼请求是完全不能接受,还是部分不能接受;上诉答辩状则是被上诉人针对上诉人的上诉请求恳请第二审人民法院维持原审人民法院的判决或裁定;再审答辩状则要求被申请人针对申请再审人的再审请求,提出相对应、具体的答辩意见及理由。

6. 结束语

可用一两句话来结束答辩,例如,"根据所答,请驳回原告起诉"或者"请详查事实,予以公正审理"等。

7. 答辩状送达的机关名称

8. 答辩人署名、答辩状递交的日期

9. 附项

答辩状副本×份,书证×份等

(三)答辩状的写作要领

第一,当事人基本情况的表述不能随意。答辩状在开头部分要写明有关当事人称谓和基本情况的具体内容,作为正文的前置部分。由于当事人在诉讼过程中所处的法律地位不同,享有的诉讼权利和承担的诉讼义务不同,因而各自的称谓以及所要反映的自然状况也不完全相同。就当事人称谓而言,常常出现将"原告""被告"误写为"原告人""被告人"。根据我国法律规定,"原告人""被告人"是刑事诉讼中的专用名词,原告和被告则是行政诉讼、民事诉讼中的专用名词。就当事人的基本情况而言,应严格按照法律规定的要素写,不能随意增减。当事人的身份要素要按照法律规定的顺序写,不要随意颠倒。

第二,叙述事实不应模糊笼统。有些人忽视叙述事实的重要性,往往把具体、复杂的案情写得笼统、简单,使人既弄不清案件发生的前因后果、来龙去脉,又把握不住案件的全貌。在答辩状中叙述纠纷事实或犯罪事实时,还必须注意叙述事实和列举证据的紧密联系,以有据可查的材料尽可能地逼近和解释案件事实的本来面目。人们易犯的毛病是主观臆断、牵强附会,法律要求人们在叙述事实时尽可能地与客观事实趋近,所以不能感情用事,过分夸大,更不能提供虚假事实,否则可能招致不利的法律后果。

第三,事实、理由和请求三者不能出现偏移。在写作诉讼文书时,分析说理是至关重要的一环。如果语焉不详,没有充分地阐明答辩理由,或曲解法律、强词夺理,这样的答辩状自然难以令法官信服,诉讼目的也就难以实现。理由是请求事项的支柱,诉讼当事人无论提出什么样的要求,都必须说明充足的理由。阐述理由要以事实和法律为依据,不能空发议论。还要有针对性地引用有关法律、法规,论定案件实施性质,指出对方应负的责任,为诉讼请求提供可靠而充分的依据。

第四,引述法律条文不能出错。常见的错误是引用法律名称表述不准确,如将《中华人民共和国刑事诉讼法》简称为《刑诉法》;具体条款引用不准确,款项书写不准确,如将第×条第×款写成了第×条第×项等。

刑事答辩状

答辩人:谢××,女,40岁,汉族,××省××市人,住××市××路××小区××栋××号。电话:××××××××,邮政编码:××××××

被答辩人:郭××,男,55岁,汉族,××省××市人,住××市××路××小区××栋××号。电话:××××××××,邮政编码:××××××

答辩事项:

答辩人请求人民法院依法驳回被答辩人郭××指控答辩人犯诽谤罪一案,现提出答辩如下。

事实和理由:

一、答辩人的行为不构成诽谤罪

依照《刑法》第145条之规定,诽谤罪指故意捏造事实并加以散布,公然损害他人人格和名誉，情节严重的行为。构成诽谤罪的主要条件，一是要有捏造并公然散布有损于他人名誉、人格的事实；二是出于故意，目的在于损害他人名誉和人格；三是必须情节严重。

从本案情况来看，首先，我没有捏造有损郭××名誉和人格的事实。20××年××月××日，郭××在办公室内收受他人的财物，计两瓶酒、两条烟。当时我边走边和我儿子视频，推开办公室门，在转换摄像头时无意按下摄录键，录到相关视频（当时郭××并不知情）。后来我还向办公室主任赵××做了反映，并非我的故意捏造；其次，我没有有意损害郭××的名誉和人格。我是在××月××日单位党组织生活会上对郭××收受他人的财物问题提出批评的，目的在于希望郭××能引以为戒，吸取教训，加以改正，做一名合格的共产党员，这是很正常的同志式的批评意见，怎能被视为故意损害他人名誉和人格呢？我的所作所为并非捏造，并不具备诽谤罪成立的条件，所以不构成犯罪。

二、郭××在办公室内收受他人的财物行为应当受到舆论和道德的谴责，纪委也应该对其进行党纪、政纪处分。郭××犯了错误，本应吸取教训，注意改正，但郭××却采取恶人先告状的错误做法，向人民法院提起诉讼，请求人民法院以"诽谤罪"追究我的"刑事责任"，并对他给予"精神损失赔偿"。在这里，我请求人民法院查明事实真相，驳回郭××的诉讼请求，以保护公民合法权益。

此致

××省××市××区人民法院

答辩人：谢××
20××年××月××日

附：

1. 证人赵××证言
2. 视频原件

这是一份针对起诉状的刑事答辩状。该状针对原告的诉讼请求，逐一加以反驳，针对性强；所陈述的事实清楚明白，精要凝练；对自己不构成"诽谤罪"定性准确，说明构成"诽谤罪"的要件不成立，较好地支持了自己的诉讼请求。该答辩状的答辩主张明确具体，合乎情理，切实可行。

 思考与训练

一、问答题
1. 法律文书有什么特点？它们在当今法治时代，可以发挥哪些作用？
2. 起诉状有哪些类别？为什么要写起诉状？撰写起诉状应该注意什么问题？
3. 上诉状有哪些类别？什么情况下需要撰写上诉状？撰写时应该注意什么问题？
4. 申诉状有什么特点？它与上诉状有什么区别？
5. 答辩状有哪些类别？其特点是什么？撰写时需要注意什么问题？

二、判断题
1. 依法制作，是法律文书最显著的特点。（　　）
2. 每一种法律文书都有自己的特定内容、专用范围、适用对象和专有功能，因此，在制作格式上有严格的、规范化的结构形式。（　　）
3. 法律文书的制作者应该在法律规定的诉讼时效内写作法律文书，超过法律规定的诉讼时效，诉讼活动便无法开展。（　　）
4. 诉讼请求所依据的事实与理由，可以夸大或缩小。（　　）
5. 原告对自己的诉讼请求、所叙述的事实，没有责任向人民法院提供证据。（　　）
6. 上一级人民法院，只要受理上诉状，就要依照法律程序重新审理。（　　）
7. 最高人民法院的一审判决、裁定为终审判决和裁定，不能上诉。（　　）
8. 如果上诉是法定代理人或者委托代理人提起，也应该写明法定代理人或者委托代理人身份等基本情况。（　　）
9. 申诉不具有直接引起审判监督程序发生的效力，也不能停止判决、裁定的执行。（　　）
10. 接受申诉的可以是原审人民法院或其上一级人民法院，如果是刑事案件，还可以向人民检察院提起申诉。（　　）
11. 申诉状在申诉事实与理由时，要依法说理，要抓住原审判决、裁定在使用法律条文方面的不当之处，用法学原理和法律条文进行申辩。（　　）
12. 答辩是一种相对于起诉、上诉和申诉的应诉行为，是被告和被上诉人、被申诉人依法享有的一种诉讼权利。（　　）
13. 人民法院应当在立案之日起五日内将起诉状副本发送被告，被告应当在收到之日起十五日内提出答辩状。（　　）
14. 通过答辩状，被告可以充分阐明自己的观点和主张，还可以提出事实和证据证实自己的观点，用正确的事理驳斥错误的事理。（　　）
15. "原告""被告"是行政诉讼和民事诉讼中专用的名词；"原告人""被告人"则是刑事诉讼中的专用名词。（　　）

三、写作实践题
根据下列给出的材料和要求，完成写作任务。
【材料】
2011年×月×日，一名自称是龚×妻子张××的网友发微博称，张××遭到丈夫龚×家

庭暴力，并配发数张一名女子额头被打肿，膝盖、耳朵受伤的照片。其后该女子在微博中表示"为了女儿"要求与龚×离婚。经龚×妻子的友人证实，该网友确系龚×妻子张××本人。2012年×月，龚×妻子张××在微博上发出了一条消息，称龚×在和她结婚的时候"并没有和前任妻子正式离婚"。2013年×月×日上午，历时一年多的龚×因家暴离婚案有了结果。法院认定龚×家庭暴力行为成立，准予龚×和妻子张××离婚；女儿继续由龚×妻子抚养，龚×需每年支付××万元人民币的抚养费，直到女儿18岁成年；龚×向妻子支付精神损害抚慰金×万元人民币、财产折价款××××万元人民币。此外，法院根据龚×妻子的申请，向龚×发出人身安全保护裁定，禁止龚×殴打、威胁张××。

【要求】

1. 请你根据以上材料，代张××拟写一份民事起诉状。
2. 请你根据以上材料，代龚×拟写一份民事答辩状。
3. 请你根据以上材料，代龚×拟写一份民事上诉状。
4. 假设龚×不服二审人民法院判决，请你代龚×拟写一份民事申诉状。

第八章 论文写作

知识目标

了解论文的概念、特点和作用,明白各级各类论文在相关专业领域的学术地位和价值。

能力目标

通过论文写作的实践训练,掌握论文写作的基本要素和方法,学会撰写有一定学术价值的学士毕业论文、硕士毕业论文、博士毕业论文以及相关专业的专业论文或著作。

学习方法

论文写作的学术性很强,它是人们对某一项学术问题进行独立研究,得出自己独特结论的逻辑表达。因此,在学习论文写作的过程中,写作者必须认真学习和研究论文的逻辑层次、思想深度以及学术内容的独创性,把握好论点、论据、论证三者的关系,努力做到论点鲜明正确有深度,论据充分有力量,论证严密合理。

第一节 论文写作概述

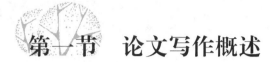

任务设计

罗佳是某大学外语系大二学生，万俊是某大学化学系大三学生。大四的学长和学姐告诉他们，要想在毕业前完成合格的毕业论文写作，就要尽早做准备。如果将来想继续读研，走学术道路，就更应该早一点学习论文写作的方法，掌握科学研究的基本思路和论文的基本结构。请问，罗佳和万俊应该如何来进行论文写作的学习？

案例解析

论文写作是应用文写作的重要内容之一。论文是专业理论与社会实践紧密结合的产物，写作者将所掌握的专业理论知识与社会实践高度结合，通过归纳、综合、判断等逻辑手段分析现象、找出规律，在论证的过程中阐明个人观点和独特看法，这种写作呈现的是科学研究活动的成果。罗佳和万俊在大二、大三时就得到学长和学姐的提醒是很幸运的。因为，论文写作需要写作者对所研究的对象进行长期的观察和思考，在掌握大量的第一手资料（亲自实践）和第二手资料（他人的研究成果）并对其进行对比分析、综合判断的基础上，才能得出较为科学、合理和有价值的观点和看法。大二的罗佳需要进行大量的阅读，大三的万俊则需要进行大量有针对性的化学实验，并在阅读或实验的过程中，认真记录所思所感，结合专业理论做深入的思考。只有经过这样的努力和准备，他们在撰写毕业论文时才能够得心应手，顺利完成毕业论文的写作任务。

一、含义

论文，是探讨或论述某个问题的文章，是人们在从事专业学习或科学研究以及生产建设中，为总结这些领域的新成果，传播新信息而撰写的具有独立、创新特点的学术研究成果的呈现，强调原创性。

论文写作对高校毕业生、科技工作者以及科研机构、事业单位工作人员来说，是一项非常重要的工作。

二、特点[①]

(一)论点客观科学

论文应提供新的科技信息,其内容应有所发现、有所发明、有所创造、有所前进,而不是重复、模仿、抄袭前人的研究成果。

(二)论据真实准确

论文的主要观点需由大量的事实和理论进行论证,其涉及的论据要确凿无误,这样写出的论文才真实可靠,令人信服。

(三)论证严密有逻辑

论证过程本身就是一个严格推理、不断完善的过程,在证明论点的过程中,需采用各种论证方法,才能很好地"提出问题—分析问题—解决问题"。

(四)结构完整规范

写作者应根据《中华人民共和国国家标准·科学技术报告、学位论文和学术论文的编写格式》(GB 7713—87)的规定来安排论文的结构,使论文结构完整规范。这样的论文,可以很清晰地呈现其内容的完整、论证的严密、论据的丰富以及写作者态度的严谨科学。

(五)语言准确简明

论文必须做到语言准确、简明、精练,能具体、真实地反映事物的本质,可以反映事物发展变化的整个过程及最终结果,从而获得规律性认识。

三、种类

按其性质和功用的不同,论文可分为学位论文和学术论文两大类。

(一)学位论文

学位论文顾名思义是指为申请学位而撰写的论文,通常也被称为毕业论文。学位有学士、硕士、博士三级,与此相对应,学位论文也有学士论文、硕士论文、博士论文三种。学位论文也是考核能否授予申请者学位的重要参考依据。

---

① 叶润平主编:《应用写作》,合肥:合肥工业大学出版社,2005年,第277~278页。

本教材着重介绍学士学位论文的写作。

(二)学术论文

学术论文又称报刊论文,发表在学术期刊上,或在学术会议上交流,目的是为了介绍新技术、新方法、新观点等,是对人文科学和自然科学的理论与实践进行探讨和研究的文章。它是广大科研工作者研究成果的体现,也是考核业务、评定职称的必要依据。

第二节 毕业论文

任务设计

赵亮是中文系汉语言文学专业即将毕业的一名本科生,大四的学习任务主要是实习和毕业论文的写作。目前,他的实习任务已经完成,而论文才开始着手写作。他一直对《西游记》感兴趣,电视台每到假期必播放的六小龄童主演的电视剧《西游记》更是他童年最美好的记忆之一。他打算毕业论文就写有关《西游记》的研究文章。请问,赵亮在撰写论文时需要注意哪些事项?

案例解析

本科生毕业论文写作是大学四年的最后一个实践环节,也是决定是否授予学生学士学位的重要条件之一。赵亮的选题是可行的,但具体如何切入对《西游记》的研究,还有待提炼和优化。毕业论文写作要从专业、个人兴趣、现实意义等方面全面考量,力图出新,尽可能为日后科研写作能力夯实基础。

一、含义

毕业论文是指高等院校应届毕业生在专业教师指导下,按照教学计划要求独立撰写完成的含有一定学术价值的论文。它既是学生完成学业的标志性成果,更是检验高校毕业生掌握知识程度、分析问题和解决问题能力素养的标尺。

二、类型

根据学历层次高低,毕业论文一般可分为以下四种类型:

(一)普通毕业论文

一般指高职高专毕业生撰写的,用已有理论知识表达对某一课题内容见解的毕业论文。字数为5000字左右。

(二)学士论文

指本科毕业生为申请学位,运用所学领域专业知识对某一课题进行初步研究而撰写的毕业论文。字数一般为1万字左右。

(三)硕士论文

指硕士研究生为申请学位,运用所学领域专业知识对某一课题进行深入研究而撰写的毕业论文。字数一般为三四万字。

(四)博士论文

指博士研究生为申请学位,运用所学领域专业知识对某一课题进行独到研究而撰写的毕业论文。字数一般为10万字左右。也常有博士以书稿或已出版的专业书籍的形式进行博士论文答辩。

三、特点

本教材重点阐释本科毕业论文。

《中华人民共和国学位条例》规定:"高等学校本科毕业生,成绩优良,达到下述学术水平者,授予学士学位:(一)较好地掌握本门学科的基础理论、专门知识和基本技能;(二)具有从事科学研究工作或担负专门技术工作的初步能力。"

本科毕业论文,一般有以下几方面的特点:

(一)与学术论文相同的特性

1. 科学性

毕业论文是对科研成果的忠实记录。写作者需本着客观求实的态度,对研究对象进行深入、缜密的观察、分析、研究和总结,探索规律,揭示本质,得出真理,从而帮助人们认识世界,改造世界。因而毕业论文写作讲究严密的逻辑推理性,须经受得住实践检验。

2. 理论性

毕业论文的写作要有浓郁的理论色彩,不可就事论事,不能罗列现象,也不要以叙代议,论文应充分表现框架的完整性和论证的系统性。整个写作就是从对事物表象的感性认识上升到理性感悟的过程。运用分析、综合、归纳、演绎、比较、分解、求同、辨异等手法来阐述观点和看法,灵活求证。

3. 创造性

创造性是衡量一篇论文价值的关键。创造性有大小,水平分高低,对大专生、本科生来说,他们的论文只要在选材、切入角度等方面有一些自己的心得,有一些独特的看法或见解,在论述时比较巧妙,就可以被认为是合格的毕业论文。当然,能发现新问题、解决新问题、得出新结论,则更能体现论文的创造性。

(二)毕业论文自身的特殊性

1. 指导性

毕业论文写作自始至终都离不开专业老师的指导帮助,从选题、开题、列提纲、撰写、修改直至最后的答辩,答疑解惑,每一步,教师都要给予具体指导。教师的悉心指导像明灯和导航仪,贯穿始终,不可或缺。

2. 习作性

毕业生运用已有的专业基础知识,独立进行科研活动的尝试,是把知识转化为能力的实践探索。只有具备综合运用所学知识解决实际问题的能力,才能为以后写作更专业的学术论文打好坚实的基础。

3. 层次性

相对于学术论文来说,毕业论文的层次要求比较低。专业的学术论文,往往反映该领域最新的研究成果,学术价值高,对科研工作起推动作用。而毕业论文是一种作业性质的论文,主要培养学生的科研能力和科学思维方式。

4. 专业性

高等院校不同专业有不同的理论体系和科学术语,隔行如隔山。毕业论文在选题、材料、框架、语言等方面都体现明显的专业性。相对来说,只有在自己研究的领域才能驾轻就熟,自如表达。

5. 时效性

毕业论文须在毕业之前规定的时间内完成,不能随意推迟。除特殊原因如生病、事假等可适当延迟外,一般不得迟交毕业论文和延误答辩,因而具有时间的约束性。

四、结构要素

具体说,本科毕业论文包括以下几个方面:

(一)封面和标题

封面,是毕业论文的封面页,一般由学校统一印制。

主要信息:学院名称、论文标题、所属系别、专业、学生姓名、学号、指导教师姓名及职称、论文字数、成文日期。

标题,即论文题目。要求以最恰当、最简明的词语反映论文中最重要的特定内容,做到文题贴切。标题中不使用不规范的缩略语、符号、代号或公式,通常不采用问句形式。标题中所使用的每一个词语都必须有助于选定关键词和编制题录、索引等。标题中的字数一般不超过20个字。

(二)摘要

摘要是对论文内容不加注释和评论的简短陈述。即全文要点的摘录,供读者在最短时间内了解论文的主要内容。用200～300字的篇幅简介论文的研究目的、方法,概括文章的要点,特别要说明论文的新见解和创造性成果。采用第三人称进行叙述。摘录时避免出现公式、序号、图表等不规范情况。

(三)关键词

关键词就是概括论文内容的主题词,是从论文标题和正文中选择、提炼的术语和单词,它也是最具价值的检索词语。按照相关规定,每篇论文中可选择3～8个词语作为关键词,而常见的关键词以5个左右为宜。关键词之间可加分号隔开,或者直接以空一格、中间不需要添加任何标点符号形式书写。一般应按照研究的对象、性质(问题)和采取的手段等顺序进行,不应任意排列。

(四)目录

目录由毕业论文各部分内容的顺序号、名称和页码组成。一般单独设页。目录使论文层次更加分明,便于阅读和查找。编制时,切记目录上章节标题的文字和正文中相应章节的标题文字要完全一致,不可随意增减。

(五)正文

正文通常由绪论、本论、结论三部分组成。

1. 绪论

也叫引言,指论文的开端。主要说明研究工作的目的、范围、对前人工作的评述及理论分析、研究设想、研究方法和实验设计、预期结果和意义等。用一定量的文字来表达,要求精练、准确、集中,不能冗长。一般不单独设章。

2. 本论

本论是论文的主干和核心部分,是作者研究成果的集中体现。本论中论文的三要素"论点""论据""论证"缺一不可,要求论点要正确、深刻,论据要新颖、翔实,论证要深入浅出,环环相扣。

本论常用的结构形式为并列式、递进式、混合式、分总式、总分式等。当然,这些结构形式并不是机械地运用其中的一种,往往是灵活地综合表现,以达到最佳的论证效果。

3. 结论

文章最终的、总体的结论,更是作者逻辑推理和深入论证的升华。应当准确、完备、明确、精练。如果不能得出应有的结论,也可以没有结论而进行必要的讨论。可以在讨论中提出建议、研究设想、尚待解决的问题等。

(六)致谢

致谢一般位于正文之后空一行的位置,也可单独一页专门表达。内容主要简述撰写论文的感受,并对在论文撰写过程中提供帮助的相关人士表示感谢(包括指导老师、提供资料的人员、答辩老师、家人等)。致谢词要简洁真诚,它是一种礼节性表达,也是个人修养的体现。

比如,下面这份"致谢"就是一篇上佳之作。

致　　谢

转眼之间,我在华东师大美丽的校园里度过了四年的时光,在论文即将完成之际,写下"致谢"两个字,心中无限感慨。回眸过去,一路走来需要感谢的人很多,是简单的文字所不能承载的。

首先,我要诚挚地感谢我系各位恩师的悉心传授,从你们身上,我不仅学到了严谨的学术态度,更学会了如何工作,学会了如何做人。特别是我的导师——××副教授对我的严格要求和悉心指导。恩师这四年来对我的指导和帮助令我感激不尽,在本科学习期间,××老师所教授的课程和对我毕业论文的指导,对我来说都十分宝贵。导师渊博的学识、敬业的工作作风、独特的人格魅力始终感染和激励着我,这些成为我终身受用的宝贵财富。

此外,我还要感谢我最亲密的××系的同学们,是你们给了我建议以及灵感,使我得以顺利完成论文,你们对我的关心、帮助和支持是我不断前进的动力之一,我的大学生活也因为有你们而更加精彩。

我还需要感谢我的母亲对我的无私奉献和对我学习的全力支持。作为华东师大××××届的师姐,母亲不仅是我的良师益友,也是我学习和工作中的榜样。母亲不仅培养我从小就对知识产生热爱之情,更是在最困难的时刻给予我更多的鼓励和支持。这篇毕业论文不仅代表了我对以后学术生涯的追求,也是我在大学毕业时交给自己和母亲的一份答卷。

最后,再一次对关心、帮助我的老师和同学们表示衷心的感谢!

评析:全文紧扣"致谢"主题,十分鲜明地表达了感谢之意;结构十分清晰,从感谢"恩师"到"同学"再到"母亲",层次分明,首尾呼应;语言充分体现了简洁真诚的特点。

(七)注释

注释是对引文出处进行说明。一般放在致谢之后,参考文献之前,称为文后注。当然,如果有文中注或脚注,则不需要文后注了。

(八)参考文献

参考文献指在文中引用他人论著、期刊、学位(术)论文等中的数据、观点、图表等,以出现的先后顺序标明数码,注明出处的文字形式。它是论文不可缺少的组成部分,反映该论文的取材来源、材料的广博程度和可靠程度,也是作者对他人知识成果的承认和尊重。同一文章被多次引用只著录一次,以不同序号标明即可。常见的文献类型及其标识为:专著[M]、期刊论文[J]、报纸文章[N]、论文集[C]、学位论文[D]、专利[P]、古籍[O]、标准[S]、档案[B]、报告[R]、汇编[G]、参考工具[K]、联机网上数据库 DB/OL、网上电子公告 EB/OL、磁盘软件 CP/DK、光盘图书 M/CD。比如:

(1)专著

[序号]作者. 文献题名[文献类型标识]. 出版地:出版者,出版年:起止页码.

[1]胡胜. 明清神魔小说研究[M]. 北京:中国社会科学出版社,2004:3—4.

(2)期刊

[序号]作者. 文献题名[文献类型标识]. 期刊名称. 出版时间,卷号(期号):起止页码.

[2]李宝龙.《西游记》中的生命观[J]. 辽宁大学学报(哲学社会科学版),2009,37(7):65—70.

(3)报纸

[序号]作者. 文献题名[文献类型标识]. 报纸名,出版日期(版次).

[3]孙军. 大学讲座如何叫好又叫座[N]. 中国教育报,2013-04-05(2).

(4)电子文献

[序号]作者. 电子文献题名[电子文献类型标识]. 出处或网址,发表或更新日期/引用日期.

[4]张焕前. 浅议教育过程中的师生关系[EB/OL]. http://shanxixxjs.2011.teacher.com.cn/feixueli2011admin/UserLog/UserLogView.aspx? UserlogID=25969 /2011-10-10.

一般情况下，本科生学位论文所列参考文献不少于15篇；硕士学位论文参考文献50篇以上；博士学位论文参考文献100篇以上。

（九）附录

收录与论文关系密切的材料、数据、图表等。

以上所列举的是一篇毕业论文所具备的基本格式要求，除"注释"和"附录"部分根据需要而定之外，其他部分都是不可缺少的。论文写作完成后，要求打印并装订成册，其中字体大小、页面设置等都有相应的要求，毕业生应在指导教师的具体要求下，认认真真地完成论文写作的每一个步骤。

五、写作过程

毕业论文工作的全过程包括"论文选题""材料的搜集和整理""论文写作"和"论文答辩"四个阶段。下面介绍毕业论文的写作过程。

（一）论文选题

选题就是具体确定研究的对象和范围。俗话说"题好文一半"，好的选题是成功的一半。课题一旦选定，就决定了研究的方向和目标，不可轻易更改，可见选题是论文写作至关重要的第一步。选题得当与否，将直接影响论文的写作质量，决定写作的成败。

1. 选题的原则

（1）选择有现实意义的题目。选题时，应优先考虑课题对社会现实问题的关注和解决能力，体现实际的国计民生问题。如中国的老年化问题、环境污染的治理问题、独生子女的教育问题、旅游资源的开发问题，等等。

（2）选题要适中。选题应根据自己的能力、兴趣，根据自己的专业特色，扬长避短，有的放矢。避免选择那些范围过大过空的选题，像《红楼梦》研究》《论美国文化》《旅游资源研究》等这样的大题目，则不适合本科生在毕业时撰写。本科生撰写毕业论文选择那些切入点小却有拓展空间的选题较好。

（3）选题要有新意。选题时应充分考虑该课题是否能出新。无人涉猎的领域，包括很少有人研究的选题，较为容易写出新意。但即使是别人已经研究过的课题，如果有独特的视角，能提出不同的见解，且能自圆其说，也算有新意。在别人研究的基础上，能更深入一步，或对其有进一步补充，这样的论文也是很有价值的。

2. 选题的类型

（1）综合型。综合型论文围绕某一问题搜集众多资料，概括介绍其发展的不同阶段、主要理论及著述特色，总结其发展状况和趋势。相对来说，这类论文难度较低，属于归纳总结性质,大多数本科生毕业论文都属于此类。

(2)辩论型。辩论型论文属于提高性文章。要求有较敏锐的思维和独特的视角,凭借充分的论据,对前人研究过的领域发表自己的看法和见解。或对别人已研究过但还有争议的地方,有自己独到的研究视角。

(3)创新型。指前人没有研究过的课题。这类选题难度较大,需要写作者对这一领域有相当深入的了解和研究。

(二)材料的搜集和整理

选题之后,就要搜集相关资料。"巧妇难为无米之炊",无论写作者的视角多新颖,写作技巧多高明,手头没有必要的材料,也是"瞎子点灯白费蜡"。郦道元的《水经注》引用书籍多达437种,马克思的《资本论》仅读书摘录就写了近3万页纸,这说明搜集材料在学术著作写作方面起着十分重要的作用。本科生在正式写作毕业论文之前也要广泛搜集材料,仅"开题报告"一项,就明确要求列举出不少于10篇相关的专业资料。

1. 材料的搜集①

(1)材料类型。毕业论文需要收集的材料大致有三类:

基础性材料:指该课题研究的所有研究成果,包括著作、论文、资料汇编、工具书等,在阅读的基础上,力图获得最大启示。

论据性材料:特指用来论证主旨或直接立论的古今中外的诸多公理、定义、事实材料等。

关联性材料:指排除以上两种材料之后,与课题相关的其他材料。

(2)搜集方法。搜集方法多种多样。可以查阅纸质文本、典籍等,比如相关专业的著作、期刊、工具书(如索引、书目、年鉴)等;可以通过调查研究得到,如采访、问卷调查、实地考察、做实验等;还可以借助互联网查阅相关信息,等等。

2. 材料的整理

材料的整理通常包括两种情况:一种是将材料分门别类,便于查找使用;另一种是整理出对表现主旨有用的材料。对保留下来的材料,一定要在比较、提炼、分析和概括的基础上形成自己的观点。材料不足,论证达不到理想的效果时,则需要再补充。

(三)论文写作

1. 编写论文提纲

就是写作者梳理思路的过程,即对文章的内容与形式进行全盘的部署。一般来

---

① 李秋主编:《大学应用写作新编》,杭州:浙江大学出版社,2007年,第279页。

说,论文的提纲可以包括题目、总论点、分论点和内容提要。

拟写论文提纲的步骤:首先,定好题目名称;其次,写出总论点即中心论点,要围绕总论点考虑论文的间架结构;然后,逐步安排每个分论点,写出关键句;最后,根据各论段的安排,将准备好的材料落实到位,再作必要的检查,辅之反复思考、加以逐步修改,进而设计出最佳的论文方案。

2. 运用论证方法

有效的论证方法是行文的关键之一,论证方法分立论和驳论两种。针对本科毕业生,本教材主要介绍立论的方法。

常见的立论论证方法大致有以下几种:

(1)例证法。即选择具体典型的事例进行论证分析。

(2)引证法。引用别人的论点和论据来论证自己文章的方法。这些论点和论据包括经典言论、经验俗语以及公理、定律、格言、寓言等。引证法常见的有直接引用和间接引用两种。直接引用指照录原文,须仔细核对,不能随意增删改变词句。间接引用指摘引大意,但不能嫁接自己的观点,歪曲作者本意。

(3)比较法。分对比法和类比法两种。对比法指用相反或相对的事物(或观点)进行比较,从而证明论点的方法。类比法则指对两种相同或相似的事物进行比较,从而得出令人信服的结论的方法。

(4)反证法。指通过证明与自己观点相反方观点的荒谬和错误,来证明自己观点正确的方法。

(5)比喻法。指运用通俗易懂的事物、典故作喻,通过比较对论点进行论证的方法。作喻事物和论题只要求某点相通,并不要求是同类,只要能说明论点即可。

(6)归纳法。指从一些个别零散的事例中归纳、综合出它们共同的本质属性,得出带有普遍性的论点的方法。

(7)演绎法。同归纳法相反,是从一般到个别,即根据已知的一般道理推断出新论点的论证方法。

当然,一篇文章往往要综合运用几种论证方法,要视具体情况具体对待,不可一概而论。

3. 修改、润色、定稿

一篇优秀的毕业论文不是一蹴而就的,而是要经过多次润色,精心修改,才能逐渐趋于完善并成为定稿的。

(1)修改的范围。包括斟酌主题、增删材料、调整结构和修饰语言四个方面。

斟酌主题:使观点能更好地反映材料的本质,避免产生片面和错误的观点。

增删材料:使观点与材料完全统一;使论据充分、典型,更有说服力;使论文结构匀称、合理。

调整结构:使论文的脉络更加清晰,加强论证的逻辑力量。

修饰语言:语言要力求生动活泼,简练鲜明,合乎语法规范。

(2)修改的方法。主要有读改法、冷却法、商讨法、求助法等。

读改法:就像鲁迅建议的那样"写完后至少看两遍,竭力将可有可无的字、句、段删去,毫不可惜",在字、词、句方面精益求精,使论文进一步优化。

冷却法:即鲁迅所说:"等到成后,搁它几天,然后再来复看,删去若干,改换几字。"因为写的时候,往往一气呵成,头脑容易发热,所以最好等一等,放几天,"冷却"后再修改,就容易发现问题了。

商讨法:指自己修改时还要与别人多商量讨论,虚心听取别人的意见。

求助法:指文章写好后请师长或同行专家阅读修改,提出建设性意见,帮助改正和提高。

(四)论文答辩

论文答辩指由专业教师或相关专家学者构成的答辩小组或答辩委员会就毕业论文中的相关问题进行当面问答的考核方式,一般让学生略做准备后直接以口述的方式回答。它是论文完成的最末环节,也是审查论文的补充方式。答辩合格通过者,方能授予其相应专业的毕业证书和学位证书。这种面对面口头陈述的考核方式最能真实了解论文写作者"为何写""写什么"和"怎么写"的问题。

论文答辩既能有效地考查论文写作者的基本学风、写作态度是否认真严谨,检测论文写作的真实性,又能进一步培养学生的创新意识,以及综合运用已学知识的能力和流畅的口头表达能力。最终发现并指出论文中存在的问题,指导写作者如何修改和完善。

1. 论文答辩评价标准

毕业论文的评价标准通常采用五级记分制,从高到低为优秀、良好、中等、及格和不及格。论文成绩先由指导教师、评阅人和答辩小组分别评定,最后由答辩委员会确定并公布。

2. 论文答辩准备

论文答辩准备,大致包括思想准备和物质准备两个方面。

(1)思想准备。要从论文本身涉及的问题着手思考答辩事宜。即除考虑答辩规定的作者陈述写作思路、研究方法、核心论点、论文层次等,更要考虑如何回答答辩专家可能提出的问题,以便积极应对,有的放矢。

比如,陈桂良在《大学应用文写作》(浙江大学出版社,2002年)一书中提醒论文写作者:

选题的价值何在？你又在研究中具体做了哪些工作？当前的研究现状及主要成果有哪些？具体某一则引文的出处及相关背景是怎样的？你立论的根据以及你是如何一步步论证的？有没有发现新问题？还有哪些没解决或暂时解决不了的问题？下一步打算如何处理等。

（2）物质准备。参加答辩要携带必要的纸质资料和纸笔。纸质资料，如论文完整打印稿及相关资料、准备回答提问的材料及思考的答案。纸笔，是为记录答辩小组提的问题及答辩老师的意见而准备的纸张和用笔。

3. 论文答辩程序

毕业论文答辩，先由院系成立答辩委员会，其下再分设若干个答辩小组。答辩小组由3～5名本学科中级职称以上的教师组成，其成员可以是本系的教师，也可以从外校聘请。

现场答辩的具体程序包括：

（1）答辩主持人介绍答辩小组成员，宣布答辩事宜及答辩次序。

（2）论文作者陈述。时间为5～10分钟。

（3）答辩小组老师提问。围绕论文选题范围，每人提1～3个问题。

（4）学生回答问题。在答辩小组提问的时候，学生应认真记录，然后退场到旁边进行准备，时间10～30分钟，时间一到，再回到答辩席回答答辩小组提出的问题。

（5）答辩小组评议。全体答辩生答辩结束后，论文作者退场，答辩小组进行全面评议后，为每篇论文写出评语，给出成绩。

（6）答辩小组复会。答辩主持人当场宣布表决结果及论文评语，答辩结束。答辩记录表也一并交院系办公室存档。

4. 答辩注意事项

（1）态度要谦逊。认真记录和虚心听取答辩老师所提问题和意见。

（2）应答要明确。本着实事求是的原则，对无把握或不会回答的问题可如实作答。

（3）礼仪要周全。答辩开始，应礼貌问候；答辩结束，要礼貌退场，对答辩组成员的劳动表示感谢。

试论推普背景下方言与普通话的共存（略有删节）

作者：×××，××学院中文系，××（专业）××班 学号×××××××

摘要：由于普通话在社会生活中有着重要的作用，推广普通话也就成了当前的重要工作,这是适应经济社会发展的大事,人们也因此把更多的注意力转向了普通话,有人甚至提出要消灭方言,似乎方言成了推普工作路上的"拦路虎"和"洪水猛兽",而方言的消失就意味着推普工作的实现。实际上,方言作为地域文化的载体和历史文化的活化石,在社会生活中有着重要的作用,而且和普通话之间也有着割不断的联系,两者是相互依存、相互促进的。本文就方言的生存现状、变异原因以及方言的作用作了具体的阐述,最后得出方言应该和普通话和谐相处的结论,并对两者如何共存提出了自己的设想。

关键词:方言;普通话;变异原因;价值作用;和谐共存

[英文摘要]××××××××××××××××××××(略)。

[Key Words]×××;×××;××××××(略)

前　言

我们都知道普通话是现代汉民族共同语,当前人们学普通话、教普通话、讲普通话,注意力大多放在了普通话上。比方说,国家为普通话的推广制定了相关的法律条文,规定在学校课堂、新闻媒体、服务行业等领域必须使用普通话,现在很多工作岗位都会对人们的普通话水平提出要求。这样一来,人们的地方"母语"——方言,日渐淡出人们的视野,更有人提出要消灭方言以此来更好地推广普通话。这样说来,方言是不是真的百无一用而应该消灭呢?让我们分别从方言的内涵、方言变异的原因以及方言的作用几个方面来探究一下,方言和普通话是否应该和谐相处?是否能够和谐相处?

一、方言的内涵和生存现状

……

二、现代方言为何向普通话靠拢

……现在大多数方言正在朝普通话方向靠拢,其原因大致有以下几方面:

……

三、方言和普通话共存的原因

……

四、方言与普通话如何共存

……针对方言和普通话该如何共存这一问题,我自己做了如下设想:

……

以上仅是个人所做的一些关于如何让普通话与方言共存的设想,至于是否具体可行还有待学者专家们去进行研究论证。

结束语

在国家大力提倡构建社会主义和谐社会的今天,语言的和谐也成了和谐社会的题中之意。普通话当然要推广,但方言也要保护,因为只有既体现语言的主体性(即以普通话为通用语言)也体现语言的多样性(即多样的方言并存),才能构建语言的和谐。

……因此我们要正确对待、妥善保护方言,促进不同地域文化的发展,为方言的使用与发展提供空间保障。不论方言的适用范围是大还是小,我们都应该保证它的生存和发展有足够的空间,这才是符合我国现阶段乃至今后较长时期的语言生活实际,也是符合国家、民族利益和个人利益的。

参考文献:

[1] 黄伯荣,廖序东.现代汉语[M].北京:高等教育出版社,2002.

[2] 叶蜚声,徐通锵.语言学纲要[M].北京:北京大学出版社,1997.

……

评析

该篇论文为××学院××专业本科生的优秀毕业论文。限于篇幅,本书编者对之进行删节,使之以大体纲要方式呈现。该论文以推普背景下方言与普通话的共存为论述话题,从"方言的内涵和生存现状""现代方言为何向普通话靠拢""方言和普通话共存的原因"和"方言与普通话如何共存"四个方面进行了具体详尽、深入浅出的论述。论文巧妙地运用现代汉语理论对现实方言进行解释和阐述,提出了较为新颖的看法,对传统方言与普通话关系的认识进行了必要的修正和补充。

第三节 学术论文

任务设计

李然是某高校某系的青年讲师,长得帅,书也教得好,是系里学生公认的"最受欢迎的老师",而且科研能力也很强,接连主持了院级课题、厅级课题,现在正在积极申报一个国家级课题。李然还把他的课题研究内容和方向放在系里网站上,欢迎毕业班学生积极参与相关的科研写作活动。请问,李然在进行院级及厅级课题结题时,必须要完成的科研文章属于哪一类科技应用文写作?

案例解析

李然在进行院级及厅级课题结题时,必须要完成的科研文章属于典型的学术论文。课题结题一般要求必须在国内外公开发行的刊物上发表两篇以上的学术论文。这些文章要密切关注最新前沿动态,具有一定的学术性、科学性、理论性及创新性,又称为杂志论文。

一、含义

学术论文,简称论文,又叫科学论文或科技论文,是指在哲学、社会科学和自然科学领域内专门探讨学术问题、反映研究成果的理论性文章。它既是实现科学研究的手段,也是进行学术交流的工具。

《中华人民共和国国家标准·科学技术报告、学位论文和学术论文的编写格式》(GB 7713—87)中详细阐述了它的定义、作用和要求:"学术论文是某一学术课题在实验性、理论性或观测性上具有新的科学研究成果或创新见解和知识的科学记录;或是某种已知原理应用于实际中取得新进展的科学总结,用以提供学术会议上宣读、交流或讨论;或在学术刊物上发表;或作其他用途的书面文件。学术论文应提供新的科技信息,其内容应有所发现、有所发明、有所创造、有所前进,而不是重复、模仿、抄袭前人的工作。"

二、特点

(一)学术性

它是学术论文存在的基础条件。即学术论文侧重于对事物或现象进行抽象的论述,探讨事物发展的内在规律和本质变化,而不停留于对客观事物外部形态的探讨。

(二)创新性

创新性是衡量学术论文价值的根本标准。要求是新观点、新理论、新思维、新方法和新突破,甚至在某一方面能够填补学科领域的空白,反映出写作者对科研对象研究的独特视角。

(三)科学性

科学性是学术论文的核心所在。学术论文要能正确地揭示客观真理,本着实事求是的精神,绝对忠实于事实和材料,研究的态度公正、客观、求实,论证富有逻辑性和说服力。

(四)理论性

学术论文不能就事论事,不能从现象到现象,不能停留在具体的介绍和说明层次。一定要通过论证、阐释,将自己的认识和发现提升到理论的高度,论述过程中还要旁征博引,充满理论色彩。

(五)文献性

学术论文论述和表达的是客观真理和自然规律。学术论文可以长期保存,供检索和查阅,作为后人进行更深入研究、探讨时的借鉴,它也是对人类精神文明进步成果的记载。

三、分类

学术论文是论文中的高级形式。它可以有不同的划分方法:

1. 按学科门类来划分

可以分为人文社会科学论文与自然科学论文两大类。

2. 按社会功用来划分

可以分为报告论文、杂志论文和学位论文三大类。

3. 按研究方法来划分

可以分为理论性论文、描述性论文和试验性论文。

四、写作过程

学术论文的写作一般经过选题、搜集资料、草拟大纲、撰写成文几个阶段。

(一)选题

1. 选题原则

(1)客观性原则。即选题的内容真实不虚构。

(2)应用性原则。即选题要应用于社会实践,有益于人们生产、生活的需要。

(3)可行性原则。即指要从主客观两个方面来判断选题实现的可能性。

(4)创新性原则。即指选题要有新意,富有批判精神和开拓意识,能开创新的领域。

2. 选题方法

从理论与实践的结合上选题;从自然科学的内部矛盾中选题;从学科交叉的领域中选题;随机选题。

(二)搜集资料

要有目的地搜集资料,了解和掌握前人已有的科研成果、相关学科的发展为研究课题提供的信息、所研究课题的最新资料。这三方面的准备将为我们提供纵向资料、横向资料和最新资料。

另外,还要懂得对资料进行分类和优选。

(三)草拟大纲

拟定大纲可以帮助作者更好地围绕主题搜集资料,进而确定文章的整体框架结构。

拟定大纲的方法大致有两种:第一,只列出简要大标题,标明全文思路,搜集资料加以补充。第二,详细列出大小标题,在各标题下列出要讨论的问题,根据细目查找资料书写。

(四)撰写成文

1. 初稿

撰写初稿需注意三点:第一,力求完整,避免遗漏、残缺不全;第二,力求翔实,充分铺展,便于取舍删改;第三,力求清晰,即结构层次要清晰,语言表达也要清晰畅达。

2. 修改

修改是完成学术论文的最后环节,也是不可或缺的程序。好的论文不可能一次定稿,须经过多次的修改,加以充实完善、深化提高。当然,除自己认真修改以外,还可以请同行、老师或专家审阅,虚心征求他们的意见。

修改论文可以从四个方面入手,即订正论点、修改论据、调整结构、推敲语言。

3. 定稿

论文在标题、摘要、关键词、正文、致谢、参考文献等各部分的内容都完善的情况下,就可以定稿并发表。

五、写作格式①

根据《中华人民共和国国家标准·科学技术报告、学位论文和学术论文的编写格式》(GB 7713—87),学术论文的编写格式包含以下内容:

(一)题名

题名即所研究的课题名称,具体地说,也就是论文的标题,要求以最简明恰当的词语概括出文章特定内容的逻辑组合。

题名具有新颖醒目的功能,可以用准确得体、简练精短的形式来表现。一般情况

---

① 叶润平主编:《应用写作》,合肥:合肥工业大学出版社,2005年,第279~281页。

下,汉语字数不宜超过20个字,外文题名不宜超过10个实词,如果题名字数偏多,可以采用正、副标题形式。

题名中应尽量避免使用缩略词、字符、代号和公式等。居中书写,上下各空一行。

(二)署名

署名写在标题的正下方。学术论文中署名只限于课题制定者、主要参与者及撰写论文并对其内容负责的人。论文作者如果有多位,按贡献大小排名次,要注明作者单位、职务、邮编等。署名一是表示文责自负,二是对作者劳动成果的记录,三是便于读者与作者联系及进行文献检索(即作者索引)。

(三)摘要

摘要写在作者和正文之间,是对论文内容不加注释和评论的简短陈述,包含与论文同等量的主要信息,便于阅读者不看全文,也能了解文章大意,获得必要的信息。大致包括:从事这一研究的目的和重要性;研究的主要内容,指明完成了哪些工作;获得的基本结论和研究成果,突出论文的新见解;结论或结果的意义等。文字书写要求简练、概括。中文字数一般在200~300字,外文摘要不宜超过250个实词。

(四)关键词

关键词另起一行写在摘要下方。即从标题或论文中选取,用来描述论文主题或主要内容并便于进行论文搜索的单词或术语。一篇论文可选取3~8个词语作为关键词。

(五)绪论

绪论又称引言或前言,是整篇文章的引论部分。主要用来概括说明研究的目的、背景、理论依据、实验基础、前人的工作、预期的结果及其在相关领域的作用、意义等。篇幅可视需要而定,长可达千字,短亦可百字。

(六)本论

本论亦是正文,为学术论文的主体,篇幅最大,也是作者研究的精髓所在。无论文理科学术论文,在写法上不外乎"提出问题—分析问题—解决问题",但其总体要求需客观真实,内容完备,层次分明,合乎逻辑,简明扼要。

(七)结论

结论是论文的总体结果,亦可对课题进行讨论,提出设想或建设性意见。不能是某一局部或分支问题的结论,也要避免出现正文中各段小结的简单重复。

(八)注释

注释指对文中读者不易理解的材料、不便展开说明的资料或引用文献资料的出处加以说明。常见的有文中夹注、当页脚注、被注释章节注和正文集中尾注等形式。

(九)致谢

致谢一般放在正文后,感谢提供帮助的组织或个人。

(十)参考文献

学术论文最后要列出相关参考文献。一般将文中引用的最重要、最关键的文献资料列出即可。

常见的有顺序编码制(按文献在文中出现的先后顺序排列)、"著者—出版年"制(按文献出版年的先后顺序排列)两种形式。

人工智能在临床医学中的应用与思考(有删节)

(《第二军医大学学报》,2018年4月第39卷第4期)

于观贞[1*],刘西洋[2],张彦春[3],杨晶东[4],田建辉[1],朱明华[5]

1. 上海中医药大学附属龙华医院肿瘤科,上海 200032

2. 西安电子科技大学软件学院,西安 710071

3. 复旦大学计算机科学技术学院医疗健康大数据研究中心,上海 201203

4. 上海理工大学光电信息与计算机工程学院,上海 200093

5. 海军军医大学(第二军医大学)长海医院病理科,上海 200433

[摘要] 人工智能(AI)已成为发达国家的国家战略。在医疗健康领域的各个环节(如虚拟助理、医学影像、药物挖掘、营养学、医院管理、健康管理、精神疾病、可穿戴设备、风险管理、病理学和临床诊疗活动等),AI已取得极大的发展。本文就医疗活动中较为成功的AI研究,即AI与病理诊断、眼部疾病、皮肤疾病、医学影像、中医药、心电监测、手术机器人、肿瘤治疗、医学科学研究作一系统性的评述,阐述医疗领域AI应用存在的问题与展望。相信随着AI技术的发展,AI将会推动医疗领域革命性的进步,使广大病患受益。

[关键词] 人工智能;病理;治疗;机器人;中医药

[中图分类号] R604 　[文献标志码] A 　[文章编号] 0258-879X(2018)04-0358-08

发达国家已将人工智能(artificial intelligence,AI)上升为国家战略。世界各国均意识到AI是未来科技发展的战略制高点,谁掌握了AI,谁就将成为未来核心技术的掌控者。我国亦充分意识到这一点,早在2015年5月即提出《中国制造2025》,2016年5月又提出"互联网＋"人工智能三年行动实施方案》,2017年11月在北京召开"新一代人工智能发展规划暨重大科技项目"启动会,这些都标志着新一代AI发展规划和重大科技项目进入了全面启动实施阶段。2017年12月我国工业和信息化部提出了《促进新一代人工智能产业发展三年行动计划(2018—2020年)》,明确指出对医疗影像辅助诊断系统的具体要求。AI时代已经到来,其发展关系到国家现代化建设的重大任务,也关系民众的切身利益。

……

1 AI在临床医学中的应用

1.1 AI与病理诊断

近年来AI在病理学中的应用突飞猛进,于观贞等[2]就AI在肿瘤病理诊断和评估中的应用作了全面综述,阐述了AI应用的具体病理场景,肯定了病理AI的应用前景,并首次提出肿瘤细胞的标注流程和标准。……

1.2 AI与眼部疾病

眼部疾病的检查多依赖光学设备对眼表和眼底影像的抓取,在眼底病方面,青光眼、黄斑变性和糖尿病性视网膜病变是最常见的不可逆致盲眼底病。……

1.3 AI与皮肤疾病

由于皮肤的外露特性,皮肤疾病的影像资料大多相对容易获取,这为皮肤病的AI自动诊断提供了便利。……

1.4 AI与医学影像

自医学影像数字化以来,研究人员一直致力于计算机辅助诊断系统(computer-aided diagnosis, CAD)的研究。……

1.5 AI与中医药

传统中医邂逅AI,从传统中医针灸、推拿等行业O2O(online to offline)平台的兴起,到普通病、常见病的中医在线咨询和问诊服务,再到互联网中医馆,中医的智能化传承和发展模式正如雨后春笋般出现[27]。

……

1.6 AI与心电监测

心电图数据是临床和日常护理中常见的生物医学数据,对于心脏健康相关的临床诊断、监护、手术和日常保健有着重要意义。目前,心电数据分析领域也朝着智能化的方向大步迈进。

……

1.7 AI与手术机器人

AI手术机器人包括机器人技术、可视化技术、仪器仪表、数据分析4大技术。未来AI手术机器人还需实现自主学习,根据3D视觉对病变区点云图像进行三维重建,采用卷积神经网络对大量三维点云图像进行训练,机器人通过图像特征匹配和多传感器数据融合综合技术对患者进行手术。……

1.8 AI与肿瘤治疗

IBM Watson是肿瘤治疗领域较为知名的诊疗系统,该系统的知识库中包含300多种医学期刊、250多种医学书籍和1 500万页论文数据研究,数据定时更新。……

1.9 AI与医学科学研究

医学科学研究是促进医学发展的重要手段,对于基础理论的理解以及新技术和新方法的引进与应用具有重要作用。……

此外,基于动物模型的药效评估和基于人体病理样本的免疫组织化学分析也需要AI的参与。目前对于科研中病理切片的评估主要依靠病理医师的光镜下描述和判断,具有很强的主观性和偏向性,采用深度学习算法获取动物模型疾病特点或免疫组织化学特点,必将颠覆科学研究领域的评判标准。

2 问题与展望

目前医疗领域AI的应用存在两大问题:(1)样本数量少、标记质量差。目前用于AI算法训练的数据量不够多,也缺乏大量资深医师参与样本的标注,这种没有大数量、高质量的训练集直接导致AI算法的准确率和实用性无法满足临床应用的需求。(2)与医疗实际需求和应用场景脱节。由于缺乏大数量、高质量的训练集,AI企业一般只能根据现有样本开展具体算法和应用,而无法落地医院,不能满足实际临床和科研需求。

随着AI技术的发展及其与医疗需求、医疗场景更紧密的结合,AI有望承担部分枯燥重复工作,提升医师的工作效率,有望缓解医师短缺的困境;提升诊断与治疗准确率,促进优质医疗资源的优化配置和推动三级分诊、医联体的高效运转;提供大规模定量分析,推动医疗诊断进入量化分析的新高度,并催生出新的诊断方法与治疗方案。

[参考文献]

[1] MILLER D D, BROWN E W. Artificial intelligence in medical practice: the question to the answer?[J]. Am J Med, 2018, 131: 129—133.

……

[38] CAPPER D, JONES D T W, SILL M, HOVESTADT V, SCHRIMPF D, STURM D, et al. DNA methylation-based classification of central nervous system tumours[J]. Nature, 2018, 555: 469—474.

评析

本论文由国家自然科学基金(81572856)资助,是上海中医药大学附属龙华医院高层次人才引进项目(LH02.51.002)成果。第一作者于观贞先后在海军军医大学(第二军医大学)获得病理学硕士和临床肿瘤学博士学位,2011～2012 年在美国德州大学 MD Anderson 癌症中心从事脑外科博士后研究,入选 2013 年上海市浦江人才计划。作者在写作本论文时视野开阔,立足于本学科最新前沿动态信息,论述精要,能带给同行和后来学者更多的启示和思考的空间。

思考与训练

一、问答题

1. 毕业论文的结构要素有哪些?论文答辩的注意事项是什么?
2. 学术论文分哪几类?它由哪些部分组成?
3. 参考文献的规范格式是怎样的?

二、判断题

1. 论文应提供新的科技信息,其内容应有所发现、有所发明、有所创造、有所前进,而不是重复、模仿、抄袭前任的研究成果。( )
2. 学位论文是考核能否授予申请者学位的重要参考依据。( )
3. 毕业论文的写作要有浓郁的理论色彩,不可就事论事,不能罗列现象,而应当充分运用分析、综合、归纳、演绎、比较、分解、求同、辨异等手法来阐述观点和看法,灵活求证。( )
4. 本科毕业论文可以不需要老师的指导,自己想怎么写就怎么写。( )
5. 有没有创造性,是衡量一篇论文有没有学术价值的关键因素。( )
6. 摘要是对论文内容的不加注释和评论的简短陈述。( )
7. 关键词是最具有价值的检索词语,一般应按照研究的对象、性质(问题)和采取的手段等顺序排列。( )
8. 致谢一般在正文之后空一行的位置,也可以单独一页专门表达。( )
9. 选题应根据自己的能力、兴趣,根据自己的专业特色,扬长避短,有的放矢,避免选择范围过大过空的选题。( )
10. 论文答辩能有效地考查论文写作者的基本学风,检测学术论文写作的真实性。( )
11. 学术论文论述和表达的是客观真理和自然规律,它也是对人类精神文明进步成果的记载。( )
12. 一般情况下,学术论文的题名汉字不宜超过 20 字,外文题名不宜超过 10 个实词。( )
13. 绪论或引言,主要用来概况说明研究的目的、背景、理论依据、试验基础、前人的工作、预测的结果及其在相关领域的作用、意义等。( )
14. 结论是论文的总体结果。( )

15.注释是对文中读者不易理解的材料、不便展开说明的资料或引用文献资料的出处加以说明。   （ ）

三、写作实践题

1.有关戴望舒的几个备选论文题目:《浅谈戴望舒》《戴望舒诗歌研究》《论戴望舒诗歌意象》《戴望舒〈雨巷〉新论》《古典情怀下戴望舒的婚恋生活》和《戴望舒诗歌对中国古典诗歌意象的接受》等,请你根据毕业论文选题的要求,选择可以完成的题目,并说明理由。

2.撰写学术论文:请根据学科的需要,利用课外时间,按照学术论文的写作要求,撰写一篇6000字左右的学术论文。要求:学术观点新颖,论证逻辑严密,结论合乎规律,表达严谨深刻,力求达到专业学术杂志投稿的水平。

第九章 申论写作

知识目标

了解申论的概念,明白申论不是一般意义上的文章写作,也不是一般意义上的应用文写作,它有着自己独特而丰富的内涵,是国家或地方公务活动中,非常重要的一项实践活动。

能力目标

掌握申论考试的特点,具备申论写作的应试能力。

学习方法

申论写作,是公务员考试中的重中之重,是决定胜负的关键考试项目之一,应试者在思想上要十分重视,认真做好备考准备。在学习的过程中,应多学习和研究国家或地方公务员考题的思路和答题的方法,多进行模拟写作实践。考试时,必须从公务员的视角来思考和回答每一道题,只有这样,写作的角度才会是正确的,写作的结果才符合"公务"二字。

第一节 申论的概念

任务设计

小王在大学期间,担任国内某知名大学学生会主席,曾经在校内刊物上发表了几篇文学作品,毕业时,信心十足地参加了国家公务员考试,谁料,尽管行政职业能力测试成绩较好,但因申论得分过低而无缘进入面试。请问,小王应该在哪些方面努力,才能在今后的考试中脱颖而出,成功进入公务员队伍?

案例解析

虽然小王写作文学作品能力强,但文学作品写作的目的、作用与申论写作的目的、作用有很大的差异。痛定思痛,为了准备来年再战,小王仔细查找失败的原因,发现自己的失误主要在三个方面:不了解申论的概念,没有掌握申论考试的特点,缺乏申论实际应试能力。因此,他下决心要好好掌握申论的写作本领。

一、什么是申论

一般认为,"申论"一词源于孔子《论语》中的"申而论之",其实这是不准确的。关于"申论"一词的来源,最早见于清朝编撰的《四库全书御制读史记儒林传》:"直以为文王后妃时所作盖本毛苌之义可谓具有卓识而未言三家之失扵传讹兹故申而论之。"①该提法又见《四库全书钦定日下旧闻考卷八十》:"恐后人之谬为比拟,是以申而论之。"②这两处的"申而论之",与我们今天的"申论"一词意思基本相同。

"申论"既可以作动词解,也可以作名词解。从字面来理解,"申"为引申、申述,"论"为议论、论证。"申论"则指针对特定话题提出自己的观点,并展开论述。作为动词,它指的是一种应答方式,表示申述和论证这个动作;作为名词,它特指我国公务员选拔考试中所实行的一种考试类型。

---

① (清)张照等撰:《清史稿》(第三十五卷),北京:中华书局,1986年。
② (清)张照等撰:《清史稿》(第三十五卷),北京:中华书局,1986年。

二、申论考试的由来

今天,申论已经成为公务员考试的必考科目,也是其他各类选拔考试的首选科目。提到申论考试,我们就不能不联系中国古代的选官制度。

(一)隋之前的选官制度

(1)禅让制。贤德者受让为王,主要存在于黄帝、尧舜禹时代。

(2)世袭制。王侯将相,家族世袭,如魏晋南北朝有九品中正制,唐朝有门荫之制。不同程度存在于整个中国封建社会。

(3)分封制。最高统治者给中小统治者分权,主要存在于夏朝及西周、春秋战国时期。

(4)举荐制。由地方官员或民间组织向上级政府推荐厚德博学者。不同程度存在于中国社会各历史阶段。

(5)考察制。由政府要员或机构根据政绩考察提拔官员。不同程度存在于中国社会各历史阶段,有时成为其他考试制度的补充。

当然,为了更好地选拔人才,有时候几种制度需交互使用。这些选官制度中,前三种封建色彩十分浓厚,后两种稍有进步,甚至影响至今。其中值得一提的是,后来直接导致科举制度产生的策试与我们今天的申论关系较为密切。公元前165年,在举荐制的基础上,汉文帝就曾尝试过"策试"。具体操作是这样的:诏命有司、诸侯王、三公、九卿及主郡吏推荐"明于国家之大体、通于人事之终始、及能直言极谏者",让被荐者把自己的意见"著之于篇",加以密封,由皇帝亲自打开,亲自考查他们的见解恰当不恰当,透彻不透彻。如确有辅佐之才,即可被朝廷录用。由于当时没有纸张,被荐者的意见都写在竹简上。送交皇上考查的,都是好几张竹简穿联起来的简策,所以这种选拔方法又被称为策试。

汉文帝以后,策试有了新的发展,分为两种:一种叫射策,一种叫对策。"射策者,谓为难问疑义书之于策,量其大小属为甲乙之科,列而置之,不使彰显。有欲射者,随其所取得而释之,以知优劣。射之,言投射也。对策者,显问以政事经义,令各对之,而观其人文辞定高下也"(见《汉书·萧望之传》)。这两种方式的区别,一是密封若干问题,抽签作答(射策);一种是公开提问,当场应对(对策)。汉代有些大臣就是通过射策选拔上来的,著名的如倪宽、萧望之等;有的则是通过对策选拔上来的,最为著名的是董仲舒。而不论是射策还是对策,都是被选拔者根据一定的问题,在竹简上逐条应对。汉代的策试虽然较为实用,但显然不够公正透明,选拔范围过于狭窄,手段也过于单一(见国公网《申论及其应试技巧》)。

(二)隋之后的科举考试

为了更好地选出国家政权的管理者,公元605年,隋炀帝首设进士科,采用分科取士的办法,标志着我国科举制正式创立。科举考试吸取了汉文帝以来好的文官选拔制度,它创始于隋,形成于唐,完备于宋,曲折于元,强化于明,衰落于清,1905年正式废止,前后延续1300年之久。这种文官制度,其实也是精英政治的一种,对中华文化的形成与发展,产生了不言而喻的深远影响。

隋朝属科举考试初创阶段,这一时期的科举考试为地方荐举与中央考试相结合。唐代科举考试逐步完善,分为常科(岁考一次)与制科(由皇帝主持,按形势需要临时举行)两种。宋朝科举考试更为完备,其科目以进士为重,增加殿试,由皇帝亲策。考试内容从宋神宗起改以经义为主。元代一度取消科举考试,后恢复,将理学作为重要考试内容。明代科举考试仅进士一科,规定试卷应"代圣人之言",以程朱理学观点指导作文。同时规定试卷需用八股文体写作。清代科举考试弊端已暴露无遗。除分满人、汉人两榜录取以优待八旗子弟外,其余皆承明之旧制。1905年,随着近代科学文化的传入和国内民主革命运动的高涨,清廷不得不"停科举以广学校",废除了行之千年的科举考试制度。

今天看来,科举制度弊端丛生,自五四运动以来,受到人们一致批判,为社会所唾弃。科举考试与缠小足、吸鸦片等同被看作落后丑恶的东西,被国人称为"酱缸文化"。但若据实以陈,科举考试应该是中华民族除四大发明之外的又一大发明,是中国人送给世界的免费礼物,通过《马可·波罗游记》等著作以及其他传教士的宣传介绍,13世纪以后,其影响不断扩大,不仅至东亚,而且远及欧美。因为当时的世界各国,苦于无法找到一种行之有效的选官制度,科举考试制度的引进无疑让他们摆脱了困境。当然,我国的科举考试是被他们稍加改造过的,他们抛弃了八股文风、脱离实际、单一笔试等做法,采取密切联系实际、考核形式多样的办法,真正形成了"墙内开花墙外香"的局面,致使当今现代世界强国都受益于这种文官制度。在中国人多对科举考试制度加以批判的20世纪20年代,早年便出洋并长期接受西方教育的孙中山说出的话石破天惊:"现在欧美各国的考试制度,差不多都是学英国的。穷流溯源,英国的考试制度原来还是从中国学过去的。所以,中国的考试制度,就是世界中最古最好的制度。"的确如此,科举考试制度的流弊并不在于选拔形式而更多地在于考试内容。因此,如果对考试内容加以彻底改革,科举考试的形式依然可以古为今用,这也正是今天世界各国依然沿用考试这一形式的原因所在。

(三)今天的申论考试

今天,我国选拔公务员实行的是凡进必考的原则,这是为了充分保障国家管理人员队伍业务上的高素质。自 2000 年国家公务员考试开始,申论成为最为重要的考试科目,而从 2013 年起,申论成为所有参加公务员考试的考生的必考科目。

今天的申论考试,已经形成了既具中国特色又与国际接轨的基本模式。一方面,申论考试沿袭了汉代的策试和隋以后科举考试的有效形式,另一方面,申论考试又借鉴了发达国家公务员管理的有效做法,内容上摒弃了科举考试中的八股文,也摒弃了一般作文考试中的"务虚"成分,除继续强调语言文字表达能力之外,增加了综合分析概括能力、据实提出对策能力和有效解决现实问题能力的内容,同时实行了分类考试(不同层次与类型的公务员分别选考不同的申论试卷)。

可以说,在现实条件下,申论考试是符合我国国情的人才选拔方式。尽管目前报考人数居高不下,但可以相信的是,随着政治体制改革的不断深化,这种"千军万马过独木桥"的"盛况"将会逐步回归到一个正常的状态。

第二节　申论考试的特点

任务设计

小金报名参加省级公务员考试,不知道该做哪些考前准备。如果你是专业培训人士,请问,该如何对小金等报考人员进行有针对性的培训?

案例解析

公务员考试的内容,都涉及公务活动,因此,小金等报考人员应在平时的学习中,多关注时政要闻,多关心民生大事,做一个有胸怀、有理想、有担当、有抱负的人。只有做有心人,才能发现国家或地方政府当下亟需解决的问题,同时做到勤于思考、善于分析,才能在答题时,抓住要点,与时代紧密相连;才能对所涉及的问题,给出符合申论考试要求的答案或文本。

一、申论的试卷结构

申论试卷主要由以下三部分组成,整张试卷一般要作答 1300～2000 字。

(一)提出注意事项(多年基本不变)

第一,申论考试与传统作文考试不同,它是分析驾驭材料的能力与表达能力并重

的考试。

第二,作答时限:阅读材料 40 分钟,作答 110 分钟。

第三,仔细阅读给定材料,按照后面提出的申论要求依次作答。

(二)给定背景资料(关注社会热点)

材料一般为三四千字甚至七八千字,近年材料文字有逐步增多的趋势,大多为一万余字。材料内容不局限于某一方面,对政治、经济、法律、文化、教育等均有涉及,一般都是社会热点或者大众媒体关注的焦点,即背景不生僻,具有普遍性。

(三)明确基本要求(每年略有变化)

一是用一定的篇幅(大约 150 字),概括出给定材料所反映的主要问题。

二是用一定的篇幅(大约 350 字),提出给定材料所反映问题的解决方案。要有条理地说明,要体现出针对性和可操作性。

三是就所给定材料反映的问题,用一定的篇幅(800~1200 字),自拟标题进行论述。要求中心明确,语言通畅,层次清晰,论述深刻,有说服力。近年来,出现了一些新的变化,除要求完成一篇申论作文外,还要求根据同样的材料,完成一篇小型应用文。

二、申论考试的题型

申论考试的题型每年各不相同,主要有这样几种:

(一)概括归纳题

自 2000 年中央、国家机关公务员录用考试设置申论考试以来,试题中对概括的要求主要有以下四种情况:

(1)概括主要问题。要求考生概括出所给资料反映的主要问题。

(2)概括主要内容。要求考生概括出所给资料的主要内容。

(3)概括主要后果。要求考生概括出所给资料反映的后果,包括正反两方面的后果。

(4)概括简述。要求考生从材料所罗列的几种不同意见中概括不同思路并对此加以简要评述。

(二)提出对策题

有时要求考生从政府职能部门的角度出发,以国家公务员的身份对材料中的问题或现象提出解决办法,篇幅一般在 300~400 字。有时则要求写一篇解决问题的报告、建议、措施或情景谈话等,篇幅一般在600~1000字。

(三)分析综述题

有时要求考生以全部材料为对象进行综合评述,有时要求考生对部分材料先进行概括再进行分析论述。

(四)论证表述题

大多要求考生就材料中的全部或部分内容自拟标题,单独作文,写一篇议论文,字数在800~1200字,这就是大作文。有时在大作文之前,还要求考生完成倡议书、建议信、编者按、导游词等小作文,字数一般为500字左右。

三、申论考试的答题

(一)阅读理解材料

阅读理解材料是答题的前提与基础,建议先看答题要求再读材料,通过通读与复读,了解材料的主旨。

(1)通读材料。要求应试者一字不落地阅读整则材料,在第一次阅读时,考生每阅读一个自然段,都会在头脑中形成一个小"点",这个"点"就是文字表面的含义,随着阅读的段落越来越多,印在头脑当中的"点"也会越来越多,当阅读完整则材料时,头脑中的"点"就会自动地串联,形成一个大致的轮廓:这些材料中包含哪些印象深刻的事件,这些材料之间大概是一种什么样的关系,从而在整体上得出该材料是事关哪方面问题的材料的结论。

例如,2005年申论材料第十二段:

一位学者指出,农民工问题是中国的大问题。过去毛泽东讲过农民是中国革命的根本问题,实际上今天农民问题仍是中国建设的根本问题。他认为,促进城市经济发展、沟通城乡贸易,都是农民工完成的,许多犯罪活动也是农民工干的,出现这种情况的一个原因就是农民工的权利没有得到保障。他还认为,农民工的作用,非常了不起。首先作为广大农民解放思想的一个主体力量,他们把城市的许多观点、想法带到农村,带给父母,带给兄弟姐妹,使农民开拓了眼界,知道了自己的地位、自己的弱势。同时他们又是带领广大农民奔小康的主体力量。他们不仅繁荣了城市经济,还繁荣了农村经济,引进了一些基本技术,把更多的兄弟姐妹带到了城市。

通过阅读这一段材料,我们的头脑中会出现这样一个非常重要的判断:农民工问题是中国的大问题。

(2)复读理解。就是趁着通读形成对整个材料的大致轮廓,再阅读一遍,印证与自己第一次阅读形成的印象和反映的内容是否一致,是否隐含着第一遍没有明白的材料。第二次的阅读非常重要,通过第二次的阅读应该能形成一个相对明确的主题。复读就是要正确把握每个段落的关键信息,哪些段落之间存在关联,它们之间是一种什么关系,从而得出给出的材料是针对社会上哪种现象或问题的结论。

例如,2006年的申论材料中,有这样一个段落:

D部长:任何一个国家、任何一个民族,它的政府就代表一种有组织的力量。而在突发事件中,有组织力量比无序的民众更能有效地抑制突发公共事件的蔓延。所以政府在突发公共事件中的作用是非常关键的,应当起到主导的作用。政府面对突发公共事件的处理能力,取决于政府常设机构官员的素质和能力。

平常有没有正常的官员晋升机制,能不能把最有能力的干部放在岗位上,在突发事件来临的时候就一目了然。如果提升没有能力的干部,政府遇到突发公共事件,肯定要遇到很大的困难。如果都是平常选出来的精兵强将,不管是自然灾害,还是社会根源的突发公共事件,这些官员都能够合情合理、冷静、科学地处理。

主持人:人的因素非常的重要。

D部长的回答中,关键的句子即"政府在突发公共事件中的作用是非常关键的,应当起到主导的作用"。但是还有一个需要在复读中进行总结和归纳的,就是第二段的内容,表面看,好像是说官员的晋升机制,而且主持人也随声附和,认为人的因素非常重要,但是背后有没有更深层次的意思呢,从最后的概述看,这里还包含着另外一层意思,就是为什么会发生突发公共事件,除其他因素外,这里主要点出是因为官员的素质和能力不足。

(3)把握主旨。主旨又叫中心思想,就是材料所关注的重点。把握主旨有三个原则:

原则一:首尾句原则。一般来说,写文章总是要讲究起承转合的,大部分材料都可以从首句或尾句中找到主旨。

原则二:关联词原则。比如,转折连词出现的地方,强调的一定是后面的内容,后面的内容一定是应该选的答案。再比如,因果关系中,强调原因的情况比较多见。常见的关联词有:因为……所以、虽然……但是、不但……而且、然而、同时、于是、其实、还,等等。

原则三:常见词原则。在申论考试的材料中,往往涉及事件或问题的表现、原因或解决措施等,与此相关的词语也经常出现,这就是材料的主旨所在。如,根源、危害、教育、体制、领导、法律法规、监督、落实、经验教训;经调查、资料显示、反映、看出、告诉、据报道、初步推断、分析、强调、指出、认为,等等。

334

(二)根据要求答题

1. 概括归纳题

对于概括主要问题的题目,一定要严格控制字数。在考试时,要求非常简练地回答这个问题。

一般来讲,可以用三句话来表述答案:

回答的第一句话,就是概述材料反映的主要问题。基本形态为:材料中的内容、问题,暴露或反映出主要问题,已经成为影响我国社会生活正常秩序的主要问题。例如:"阜阳奶粉事件、毒豆芽事件等食品安全问题频频发生,反映出我国食品安全问题形势严峻,已经成为影响我国社会生活正常秩序的主要问题。"

回答的第二句话,就是简要分析该问题产生的原因,或简述该问题的表现形式等。基本形态为:原因1、原因2、原因3,是该问题产生的主要原因;或者,该问题暴露出问题1、问题2、问题3等。例如:"它暴露出在社会主义市场经济建设中,一些食品企业唯利是图、安全意识薄弱、食品安全相关职能部门监管不力、缺乏完善的食品安全法规等问题。"

回答的第三句话,就是总结材料反映的主要问题,一般为对策性的结论。基本形态为:建立和完善对策,刻不容缓,成为当前亟待解决的问题。例如:"建立完善的食品安全监管机制成为当前亟待解决的问题。"

例如,2002年的申论其中一题的作答:

给定资料反映了网络给社会生活带来的种种影响,用不超过200字对这些影响进行概括。要求:全面,有条理,有层次。

答案:

一、网民诞生,有越来越多的人使用互联网,将网络融入生活;二、电子商务和电子政务应运而生,为商务和政务提供了更快捷有效的途径;三、网络使基础设施、远程教育、远程医疗、远程工作等成为可能,人们的生活空间扩大,不再受地域所限;四、成为人们交流和传递信息的重要手段,并以更快捷更方便的方式服务于人民;五、伴随网络出现的网络侵权、网络犯罪成为新的犯罪方式;六、网络经济初露锋芒,网络在人们心目中和生活中的份额增大,网络经济也逐渐成为重要的经济来源。

分析:这段文字从六个方面全面分析了网络给人们社会生活已经带来或即将带来的种种影响,条理清晰,语句精练,非常符合答题要求。

2. 提出对策题

(1)对症下药

a. 涉及人的对策——奖惩措施,针对职能部门决策、执行、监管问题,思想认识方面的问题,人才问题,领导人问题,人的能力问题,做事方法问题,宣传、教育问题等。

  b.涉及政策、法律、法规、规章制度的对策——补充制定,内容正确、完备,可执行,进行和加大宣传、教育等。

  c.涉及经济利益的对策——发展生产、提高效益的问题,改进、完善取得经济利益的方式、方法,保证安全,人的问题等。

  d.涉及科学技术的对策——加快、提高科技研发,科学与实际情况结合,提高从业人员的素质等。

  e.涉及宣传、教育的对策——通过媒体和各职能部门扩大宣传、落实等。

  (2)注意事项

  a.先概括后具体。每个对策应保持句式相同,字数相当,先概括提纲后展开论述。

  b.体现层次。由浅入深,由表及里,由治标到治本,由一般解决到制度建设;或者反过来。

  c.明确具体。结合材料,用自己的语言写出来。不是喊口号、贴标签式的。

  d.多写几条。提出对策应关注国家大政方针、政策法规、当前热点难点问题的讨论与看法,形成自己的思想认识与基本观点。总有几点会合乎答案要求。

  e.有针对性。提出的对策必须是依据材料的主要问题提出的解决方案,而且表达要分清主次、突出重点。

  f.有可行性。要有直接解决问题的政府部门或职能机构;要有解决问题的具体步骤和方法;要选择最为可行的、成本最低的办法。

  g.合乎情理。要符合社会的伦理道德,以及党和国家的路线、方针、政策、法律、法规等。

  h.有虚拟性。身份可以是职能部门、一般工作人员、某一部门的负责人等,要有所区分。

  i.理性对待万能八条。有关负面现象的材料,尤其是事故类问题的对策,可从八个方面考虑,但要有选择地使用,切忌面面俱到:第一,领导重视、提高认识;第二,加强宣传,营造氛围;第三,教育培训、提高素质;第四,健全法规、完善制度;第五,组织协调、形成机制;第六,增加投入、依靠技术;第七,加强监管、全面落实;第八,总结反思、借鉴经验。

  例如,2000年的申论有一题要求以省政府调研员的身份(给出的虚拟身份)提出解决给定资料所反映问题的方案。

解决问题的方案如下：

(1)印刷厂与居民 H 在法院的努力下尽量达成民事调解。虽然居民 H 突发脑溢血与印刷厂没有直接因果关系，但印刷厂也是致病的诱因之一。环保局的裁定基本上是合理的，至于具体的赔偿金额，双方可以在 21500 元的基础上协调下调，使双方尽量满意。假若由法院直接判决，无论什么结果，双方均不会满意或一方不能满意，会影响判决执行效果，同时对全市其他类似的案件会产生一些意想不到的负面效应。

(2)印刷厂应尽快建起隔音墙，并按环保部门的规定时间进行生产，尽量减少噪音对居民正常生活的干扰，以取得附近居民的谅解。

(3)由于印刷厂生产车间所在地已逐渐成为人口密集的繁华地区，地价升值比较快，因此，从长远和经济效益上考虑，有关部门应着手计划该厂向郊区搬迁的问题。

分析：从该方案的语气看，像是上级的主管领导或者是处理该问题的法官；从提出的对策措施看，又像是该厂的主要领导；从最后一条内容看，还像一位投资商。这与要求的省政府调研员身份根本不相符，所以只能归为不合格答卷。

3. 针对分析综述题

(1)利益分析法

a. 确定利益的主体及其性质。

b. 分清利益的层次和地位，为目标选择和正确决策提供依据。

c. 依据分析出的原因，提出相应合理、可行、有效的对策。

例如，将利益分析法与因果分析法相结合对污染反弹现象作出分析。

污染反弹→(为什么?)→企业追求高利润，环保意识薄弱→(为什么治理后还会反弹?)→处罚力度不够→(为什么不够?)→政府的地方保护行为，规章制度有缺陷→(政府为什么会保护这些污染企业?)→地方官员追求政绩。

(2)供需分析法

适用于分析市场经济中存在的供需问题，如就业问题、交通拥堵问题、储蓄与投资问题、价格问题、能源问题等。

例如，将供需分析法与因果分析法相结合对交通拥堵问题作出分析。

(3)内外因分析法

所谓内因，就是内部矛盾；所谓外因，就是外部矛盾。在事物的发展中，内因与外因同时存在，缺一不可。事物的发展是内因和外因共同起作用的结果。但内外因在事物发展中的地位和作用是不同的。

例如，将内外因分析法与因果分析法相结合对网络游戏成瘾现象作出分析。

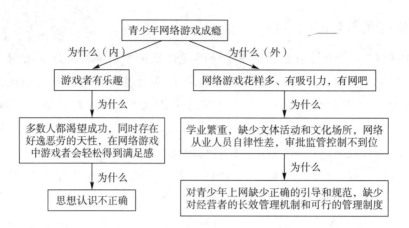

4. 论证表述题

(1)基本套路

虽说文无定法,但是不同文体的文章,还是有各自值得遵循的简易法则。与高考作文不同,申论作文的写作往往不需要标新立异,追求形式上的创新,而是以内容和观点上的独到,思路上的敏捷,措施上的切实可行取胜。

a. 审题。一要读,读出限制条件;二要审,从不同角度,分析材料反映的主要问题,得出不同观点。

b. 立意。一要正确,观点态度错了,文章的中心就不可能正确,思想内容也就不可能健康;二要论点突出(确保论点突出应注意做到:文章的题目就是论点;第一段或第二段单独为一段,点明论点;最后一、二段总结论点);三要论点新颖,立别人意料之外的观点。

c. 写作(以 1200 字为例)。有人经过分析比较、归纳整理总结出申论作文的三部分法则:第一部分为引论(简要概括材料全部或部分内容),第二部分为本论(针对上述引论,提出自己观点并结合材料和实际加以论证),第三部分为结论(也可看成总结)。

下面加以具体说明:

a. 标准式(使用频率很高)

引论	第一段	引述原材料(概括材料的主要问题,300 字)
	第二段	过渡句(承上启下,50 字)
	第三段	提出自己论点(陈述句或判断句,100 字)
本论	第四、五、六段	从原因、目的、意义等方面论证自己论点,提出措施、方法、步骤等(结合材料和实际,600 字)
结论	第七段	总结全文观点(呼应第三段,50 字)
	结尾段	结尾(一般是发出号召或预示未来,100 字)

b. 起承转合式（又称"引议联结"式，操作简便）

常常采用下面的句式来安排文章的起承转合：

"时下……"——起：点题（破题、提出问题）

"其实……"——承：展开、拓宽

"然而……"——转：换角度，从反面论证

"总之……"——合：扣题、收束全文

优点是适用性强、广度深度兼顾、富于变化，也便于把握。

c. 总分式（使用频率不高）

引论	第一段	引论（概括材料全部或部分内容，即点明材料主旨，300字）
	第二段	提出自己的总论点（陈述句或判断句，100字）
分论	两段以上，每个分论点一段	结合材料，从原因、目的、意义等方面论证自己论点，提出措施、方法、步骤等（分论点必须有两个以上，根据重要程度排列，重要分论点字数可适当多，共600字）
结论	结尾段	结尾（重申问题及解决的意义，发出号召或提出希望，200字）

（2）注意事项

a. 减少错误。申论考试，多数考生都感觉良好，但其实得高分者寥寥无几，常见错误有以下几种：

一是违背客观公正原则。申论材料来自于客观实践，又是用来检测考生行政能力的。因而，申论考试拒绝虚构和夸张，拒绝个性化与情绪化。要做到客观公正，就不应掩饰对好人好事的认同和赞许，也不应隐藏对坏人坏事的否定和批判。

二是违背表达要求。申论是一种虚拟行政行为，其行为应当具有行政机关行文的一般特征：准确、简明、平实、通俗、生动。但申论考试中，用词不当、语句冗长、文学化、专业化、抽象化等问题普遍存在。

三是违背技术要求。如没写标题、字数太多或太少、书写潦草、段落失衡、格式混乱、层次不清、标点缺失等，这类错误多是由习惯造成的。

b. 避免"四忌"。

一忌"偏"：首先是忌思想偏激；其次是忌偏心，即心态不正。此二"偏"根源在于，答题人长期形成的对事物的习惯性思维和判断，以致答题时提出过激的观点和举措，或立场不公正，只代表问题的一方说话，不能客观公正地看待和处理问题。

二忌"离"：一是指假设前提，脱离材料答题；二是指答题时前后主题相脱离。部分考生在对申论考试第一题（概述主要问题或主要事实）和第二题（提出解决方案）作答时常犯这种错误，特别是在提出方案时常有考生大列"如果有什么什么情况，就怎么怎么办""若这样不行，就那样处之"之类的所谓措施，严重脱离材料中所内含的既定要求，假设种种前提，看似考虑周全，实则未得要领。

三忌"散":主要是指考生作答主题不明,内容繁杂,层次模糊不清,逻辑混乱,系统性不强。部分考生不能有效立足于整体思维谋篇布局,分析材料时分不清主次;概述问题不集中,陷入零散的材料中,抓不住要害;设计方案时,没有系统,层次不清,逻辑混乱;论证方案时,取小舍大,弃本逐末。整个作答杂乱,不能把握既定主题。

四忌"虚":指对主要问题的判断不透彻,不能抓住问题的根源,找出其症结所在。对问题概述模糊不清;设计方案泛泛而谈,脱离实际,缺乏可操作性;论证方案用词华丽,冗杂不实。总之,整个作答游走于要害之外。

c. 贯彻"八要八不要"。

"八要":要有公务员的视角;对策要全面、准确;要有可操作性;议题要鲜明、新颖;要有较强的层次性;语言要平实、准确、简练;要"一分为二",把握问题实质;文章要主次得当、突出和把握重点。

"八不要":不要"标语口号"和空话套话;不要仅仅靠口号发人深省,而应该重点申述解决办法;不要涉及重大争议的观点,尤其是政治方面的;不要有偏激的言辞;不要使用华丽的辞藻;不要有过长的句子和长篇段落;不要有过多的描述性、抒情性语句;不要字迹潦草和过多地涂改。

第三节 申论应试能力的培养

任务设计

顾俊生今年法学硕士毕业,他立志考国家公务员。但由于平时过于注重法律专业的学习,忽视了对申论考试的准备,还有两个月就要进考场了,顾俊生现在应该怎么办?

案例解析

作为法学硕士毕业生,顾俊生已经具备了较强的逻辑思维能力和语言表达能力等。在备考时间紧张的情况下,他应该尽快熟悉往届的考试真题,熟悉考试的流程和考题的特点,分析考题要求及答案,找出答题规律和技巧,学会运用已有的知识,按照发现问题、分析问题、解决问题的逻辑步骤,来解决当下遇到的备考难题,从而实现自己成为公务员的梦想。

第九章 申论写作

一、申论应试 40 问

(1)问：申论申论，何为"申"，何为"论"？

答："申"为引申、申述，"论"为议论、论证，"申论"是一种针对特定话题提出自己的观点，并展开论述的文体。

(2)问：申论是话题作文还是材料作文？

答：是材料作文。考生需要针对题目中给出的一系列文字材料，概括出主要问题，提出解决方案，并对自己的观点进行详细阐述和论证。

(3)问：申论和传统作文的考查点一样吗？

答：不一样，申论非常务实(解决实际问题)，传统作文相对务虚(拓展思维空间)。

(4)问：申论和古代科举考试中的策论一样吗？

答：不一样，申论在内容上比策论更具现实针对性，在形式上比策论更加灵活多变。策论侧重考查解决问题能力，申论是全面考查发现问题、分析问题、解决问题能力。

(5)问：申论的阅卷成员来自一所单位还是多所单位？

答：申论阅卷，是由录用笔试主管部门从各机关、高校或科研单位抽调命题人员和具有丰富阅卷经验的人员组成的阅卷小组来进行的。

(6)问：申论考试的阅卷公正吗？

答：申论阅卷会指定地点，集中封闭进行。参考答案及评分细则掌握准确。阅卷期间，阅卷人员不能擅自与外界联系。所以是比较公正的。

(7)问：申论如何阅卷？

答：阅卷教师根本不知道自己评阅的是谁的试卷，也不知道谁在与自己阅同一份试卷。

(8)问：申论阅卷可以看到考试信息吗？

答：看不到。电脑按照预先设定的程序，将试卷随机发送到各台联网电脑上，考生的考号和姓名等个人信息是被遮蔽的，能够有效防止阅卷教师舞弊。

(9)问：申论如何给分？

答：阅卷教师在自己的电脑前，看着屏幕上的试卷打分，对照标准答案和评分标准，将分数敲进电脑屏幕的指定位置。

(10)问：试卷评阅有时间要求吗？

答：为了保证阅卷教师认真看完答案再打分，电脑软件可以设定每份试卷必须最少看多长时间。这可以有效地避免个别阅卷教师打"神仙分"，打"印象分"。

(11)问：申论如何计分？

答：每份试卷分别由两位老师评阅，由电脑将两位阅卷教师的有效评分相加除以2即为本题最终得分。

(12)问：什么是教师的有效评分？

答：为了保证申论阅卷的公正性，专家组会根据不同分值设定一个分数误差值，误差的浮动范围，各级各地并不完全相同，一般以 10% 为准。如果超过分差，电脑会将同一份试卷自动传送给第三位阅卷教师重判；如果仍然超过规定的浮动标准，电脑就会把这份试卷传送给专家组会审。

(13)问：申论是机器阅卷还是人工阅卷？

答：全部采用电脑显示答卷，人工评阅的方式进行。

(14)问：申论阅卷是一位老师阅全卷吗？

答：不是。阅卷采用流水作业方式，按题型将阅卷人员划分为若干小组，每人电脑上只能显示一题且每人只可评阅一题。

(15)问：申论阅卷老师的评分标准是怎么确定的？

答：评分标准与评分细则由专家组结合试卷试评决定。阅卷前，阅卷教师要组织专门学习，明确工作任务和要求，并反复进行抽样试评，在熟练掌握评分标准与细则后，才可以进入正式阅卷环节。

(16)问：申论命题是如何选取材料的？

答：从报刊上公开发表的新闻中选取素材。既要符合真实性，又要具有普遍性，还要有深度。语言通俗易懂，无太多专业术语，以中学生能读懂为度。

(17)问：申论通常下设哪些问题？

答：主要是三个(间或出现选择、判断、名词解释等小分值题型，有时作文也有大小作文之分)。一是概括给定材料反映的主要内容(或主要问题)，字数在 150～300 字。二是提出对策(建议、方案)，要求具有可行性和可操作性。可行性是指理论上具有实现的可能，可操作性是指问题归口管理、措施得当、手段适宜、目标明确。300 字左右。三是论证表述。根据给定材料申而论之，即由具体到一般，由微观到宏观，由问题到对策，由解决当前问题到解决长远问题，由解决个别问题推广到解决普遍问题。800～1200 字。

(18)问：申论考试常见的错误有哪些？

答：①阅读材料不仔细，分析材料不深入，盲目求快，匆忙下笔。②对申论写作的特殊要求不甚了解，不能严格按要求写作。③提出的对策缺乏针对性和可行性。

(19)问：申论考试怎样分配时间才算合理？

答：一般应该是阅读资料 40 分钟左右，概括内容 20 分钟左右，提出对策方案 30 分钟左右，阐述论证不少于 60 分钟。

(20)问：申论写作三大题的表达方式都一样吗？

答：不一样。概括主要运用叙述，解决方案用说明，分析论证则以议论为主、辅以叙述和说明。

(21)问:申论三大题的语体风格都一样吗?

答:不一样。概括部分的文字应质朴准确,方案部分的文字应简明扼要,议论部分的文字要有逻辑性和说服力。

(22)问:如何判定你提出的对策是否具有"针对性"?

答:依据便是你所提出的解决问题的方案是否紧扣概括的主要问题。

(23)问:什么样的对策才算具有可行性?

答:一是能否保证正确解决提出的问题;二是解决问题的成本是否尽可能小;三是承担的风险是否较小;四是产生的副作用是否最小;五是获得的效益(经济效益和社会效益)是否最大。

(24)问:申论的万能模板——引、议、联、结有用吗?

答:可作参考,不可机械套用。"引",引用原文材料,概括命题,一定要精练。"议",展开议论,分析问题的原因。由浅入深找到根源,把复杂的问题分类并有机组合,把一般性的问题归纳为规律性的问题。忌空谈,原因从材料中来,以3~5个要点为宜。"联",联系实际,提出可行性对策。"结",结论,要简洁明快有力,总囊全文,归纳中心。

(25)问:申论写作时文采是否重要?

答:不重要,因为主要考的是分析问题、解决问题、给出对策的能力。

(26)问:申论是否可以写驳论文?

答:不可以,只能写立论文。(驳论文——找毛病;立论文——开药方)

(27)问:申论考试选取的热点材料有哪些特点?

答:既是时政又不尖锐,如村官涉黑,为避免激化矛盾,出卷人一般会避而不谈,又如台湾问题也不会考,因为这属于过于敏感话题。因此一般考的都是既是政府关心,而又不涉及过多专业知识的问题,且必须有"易谈性",人人可谈。

(28)问:如何写成好的申论卷子?

答:分析问题不能太宏观,也不能太微观,应注意把握好"中观性"。

(29)问:申论改卷有运气成分吗?

答:无论何种考试都有一定的运气成分,比如你的答题风格是否与专家的风格相符合。

(30)问:申论第一题概括主要问题时该注意些什么?

答:答题时不要囿于细枝末节,要统观全局,高瞻远瞩,从宏观的范围来把握主要问题。可以认为,主要问题是文中带有倾向性的问题,它在文中决定或支配着思路走向或观念的变迁。

(31)问:概括主要问题时可以跳出材料吗?

答:只能在给定材料中概括,不能跳出材料圈定的内容而去旁征博引或随意发挥。

(32)问:申论可以引用原材料吗?

答:可以少量引用,建议概括引用,大量引用原材料是申论的大忌。

(33)问:如何才能高效又快速地阅读好申论材料?

答:一般可以通过阅读材料、勾画重点、初步浓缩、排列编号等方式加以解决。先通读全部给定材料,将重点字句勾画出来,然后初步浓缩,几句话的,强于一句话;一句话的,强于一个词或词组。最后按序列进行编号以便查找使用。

(34)问:概括主要问题时应该如何表述最合适,可以引用数据吗?

答:要求答案覆盖全文主要内容,语句精练简明,不冗长,不啰嗦。一般不直接引用具体事例或数字。

(35)问:申论文章的开头该怎么写?

答:开门见山,开宗明义。有时由中央最新精神引出,有时通过引用原文引出,视情况而定。有那么一两句即可,不要啰啰嗦嗦,导致引文过长。

(36)问:如何提高申论的语言表述?

答:要靠平时随时随地搜集,积少成多,做个有心人。比如同样一个意思,你这样说,"各个部门要加强联系和交流,加大对黑恶势力的打击力度",我换个说法,"各个部门要加强联动,形成对黑恶势力的强大打击合力",前者是一般机关的行文,虽没错但也没啥味道,后者明显高个档次,行文更漂亮。

(37)问:申论答题的字迹有要求吗?

答:字迹不是硬性评分点,但阅卷教师出于职业习惯,看到一笔烂字心情肯定好不起来。所以一笔四平八稳、端正秀美、规规矩矩装在框子里的字,使阅卷教师有理由相信,这个人性格稳重,思想端正,是机关能够放心录用的人选,自然在打分时手下留情。

(38)问:卷面整洁重要吗?

答:评分标准中也没有硬性规定,但涂涂改改、肮脏难看甚至信笔涂鸦都是不符合阅卷教师职业特性的,所以为此而丢分是完全没有必要的。

(39)问:小的不完美有什么后果?

答:的确,有些题目答案无可挑剔,但常见这样的情形:字数多了或少了,出现明显的错别字,文章缺少标题,标点符号不清晰,段落层次不明确等,这些小的不完美导致的直接后果就是无法得到最高分。

(40)问:平时准备申论应该看什么资料?

答:《半月谈》《南风窗》《南方周末》《人民日报》等。另外,还可以浏览与南方周末相类的天涯社区、世纪沙龙、新华网、人民网等具有思想性的网上论坛。

二、申论考试的检测项目

(一)阅读理解能力

阅读能力,就是读者运用本身已有知识、经验和方法顺利进行阅读的能力。这些能力包括认读能力、理解能力、欣赏能力、记忆能力及其阅读速度。在阅读理解的过程中,读者需要不断完成由事实上升到观点、由具体问题上升到本质属性,把一堆材料划分为几类材料,把分散的事物综合为具有一定内在联系的事物,由给定材料内的事物联系到材料以外的其他事物。所谓"横看成岭侧成峰",同样一则材料,角度不同,往往会从中获得不同的信息。有的应考者能看得深些,有的应考者则看得浅些,这样就可以充分反映应考者阅读理解能力的高低。

(二)分析归纳能力

申论考试给出的材料并不是完整的文章,一般是半成品,这些材料有些是按时间顺序编排的,有些则根本没有什么规律可言;有些内容反映了质的东西,有些内容完全是滥竽充数,是为了增加对应考者的迷惑性。这就要求应考者能够在众多材料中抓住事物的主要矛盾和矛盾的主要方面,把握具体事物运动的客观规律。要完成这个任务,一要分析给定材料的量的方面,即反映的内容和问题、方面和层次;二要分析给定材料的质的方面,即给定材料所表达的观点和意见。在实际应考的过程中,应考者不但要抓住矛盾的特殊性,具体问题具体分析,还要充分考虑材料所包含的"两极",避免片面化、绝对化。这样对于后面提出方案,尤其是议论部分,都会有基础性的作用。

(三)提出问题和解决问题能力

这方面的能力是申论的主要考查目标。公务员每天面对的就是许许多多具体的事务,怎样应对这些事务便反映了公务员的真正能力。公务员的能力一般分为两种:一是处理一般事物的能力,二是处理突发事件的能力。当然,这两方面能力常常是融合在一起的。

(四)文字表达能力

公务员要对材料所反映的主要内容进行书面汇报,就需要有一定的文字表达能力。主要表现为:用词规范准确、内容简明扼要、评述说理透彻。申论的问题虽然每年各不相同,但不管是对问题的分析概括,还是大小作文的写作,都有对文字表达能力方面的要求。总之,公务员是国家政策的制定者与执行者,必须具备较好的文字处理功底。

三、申论应试能力的培养

(一)阅读理解能力的养成

1. 阅读理解能力的构成

申论考试给定的材料一般都很长,内容很繁杂,必须认真阅读,才能掌握材料内容,提取有用的信息。阅读材料要求的首要和基本的能力就是阅读能力。阅读能力是阅读者运用自己的知识、经验和一定的方法顺利地进行文字阅读的能力。主要包括以下几种能力:

(1)认读语言的能力。认读语言的能力,就是对文字符号的感知能力,即对阅读材料中的单字、词语、句子的认识能力。它是最基本的阅读能力,是整个阅读过程的基础,也是对阅读的最起码要求。顺利进行认读的心理特征,主要有两项:一是视读的广度,即视知觉范围的大小;二是认读的准确度,主要表现在对一些音形义混淆,容易错读、错写的字以及对同义词、反义词的辨析等,同时注意在认读时避免增字、减字、重字。读得准确,不仅能锻炼语言的感知能力,而且能促进对语言的理解和记忆等。

(2)理解语言的能力。理解语言的能力是在认读的基础上,对阅读信息进行消化、加工的能力,它是阅读能力的核心,衡量阅读能力最主要的是看理解能力。理解语言的能力包括以下几个方面:理解词语的能力、理解句子的能力、理解语言结构的能力、理解文章表达方法的能力等。整个理解过程是按照从对语言形式的理解到对语言内容的理解、从对部分的理解到对整体的理解,然后在这个基础上,加深对语言形式和部分内容的理解这样的规律来完成的。在这个循环往复的过程中,从字词句入手,经过判断和推理、抽象与概括的思维活动,达到对材料主旨的理解。

(3)评价语言的能力。评价语言的能力是指对阅读材料的体验和评价能力,包括对从材料的思想内容到表现形式、语言文字、写作风格等进行评价,就是能从评价的角度进行阅读。

(4)应用语言的能力。应用语言的能力指通过阅读,将获取的种种信息加以灵活使用,以获得新闻知识的能力。应用语言的能力的最大特征是由此及彼,举一反三。这是一种较高的思维活动,需要掌握精读、速读、浏览、质疑、比较等方法,具有独立性和研究性。

2. 阅读理解容易出现的问题

(1)审题不准。我们先来比较一下以下三种提出方案部分的试题要求:

第一种要求是:"以省政府调研室工作人员的身份,用不超过 350 字的篇幅,提出解决给定资料所反映问题的方案。要有条理地说明,要体现针对性和可操作性。"

第二种要求是:"假定你是某职能部门的工作人员,请你就PPA风波所引发的问题提出善后处理意见。可以全面谈,也可以就某一方面谈。(30分)要求:①意见合理,具体可行;②条理清楚,语言简明;③字数不超过300字。"

第三种要求是:"请用不超过500字的篇幅,分析形成给定资料所反映的主要问题的原因,提出解决问题的方案。分析要有条理,方案要具有针对性和可操作性。"

可以看出,第一、二种要求与第三种要求之间有一个明显的不同就是前两者要求考生假设自己是具有特定身份的国家工作人员(如省政府调研室工作人员或某职能部门的工作人员),而第三种没有这一要求。很显然,就算面临同一问题,不同身份的人提出解决问题的方案肯定有着较大的不同,而对于政府职能部门的公务员来说,所提方案应该具有特殊的内容。如果考生审题时没有把这一点弄清楚,势必会对其考试得分产生较大的影响。

(2)粗枝大叶。出现这个问题的应试者往往是因为阅读不细致而把所给资料的内容弄错。

比如,把资料中的一些概念、名称搞错、搞混,以至于在运用资料时张冠李戴,有时甚至得出完全相反的结论,当然其考试得分就会很低。这一问题比较容易出现在那些粗心的考生身上,因此,如果考生觉得自己平时做事就有粗枝大叶的毛病,应该特别留心。在阅读理解时,尽可能小心,必要时可用铅笔在关键部分做些记号,把重要的内容标出来,以便在作答时能够较快较准地找到所需资料。

(3)不讲技巧。阅读技巧是有讲究的。有些应试者由于不懂阅读技巧,不知道如何将通读与精读有机结合起来,结果是既浪费了宝贵的时间,又未能通过阅读为概括、提出方案以及方案论证打下良好的基础。

需要注意的是,申论测试资料中提供的材料并不是字字句句都有用,有些材料在写作时并不一定要用上。作为考生,应该掌握必要的阅读技巧,不一定都要逐字逐句地读,逐字逐句地读既浪费时间,又没能抓住要点,反而影响后面作文的写作。

3. 阅读理解能力的养成

(1)认读能力及其养成。认读能力是阅读中应具备的基本能力。缺乏这种基本能力,阅读就无法进行,因为阅读是借助对文字符号的感知而进行的。培养这种能力,旨在积累有关语言文字的感性材料。

认读能力,就是认字、读字、识词的能力,即通过对文字符号的认读和词义的感知,来了解字词所包含的意义和表达的内容。从学语言到学写作,是从认字、识词、造句开始,然后进入写作、创作阶段。就一篇文章或一部作品而言,字是组成词的因素,词是组成句子的基本单位,句是组成段落的基本部分。因字组词,以词成句,合句成段,缀段成篇,形成有组织的书面语言——文章或作品。

汉代思想家王充说:"文字有意以立句,句有数以连章,章有体以成篇。"刘勰也说

过:"夫人之立言,因字而生句,积句而成章,积章而成篇。"这就是说,字、词、句按照作者的意图和思路组合起来,才能成为篇章。这就强调了字、词、句在文章中的基础作用,所以我们在阅读中不能忽视认读能力的培养。

如何培养认读能力呢?这就必须进行认识性阅读的基本训练。这种阅读从字词入手,扫清阅读中有关字词的障碍,通过对文字符号的感知和词义的理解,能读懂读通一篇文章,从而积累有关语言的感性材料,掌握一定的语言知识。认识性阅读,着重字词能力的训练,是整个阅读的基础。

据统计,现存汉字 6 万多个,用这些字组成的词则难以计数。汉字数量之多,汉语词汇之丰富,汉语的精确与优美,在全世界语言中是屈指可数的。据有关资料统计,认识 2700 个汉字,则可以阅读一般文章;掌握 3000~4000 个汉字,则可以从事写作了。所以,要学好汉语写作,首先必须学会汉语的基本知识,并将之运用到写作实践中。

(2)理解能力及其养成。所谓理解能力就是培养阅读的悟意明理能力,是由认字、识词的感性阶段向理解内容的理性阶段的深化。阅读中的理解消化能力,要求在了解一字一词表面意思的基础上,进而理解语言文字之间的内在意义及其内部联系,理解文章的思想内容、篇章结构、写作方法。理解是阅读的深化,是阅读的关键,是阅读诸能力中至关重要的一种能力。

理解能力与思维能力密切相关。因为理解的过程就是一个思维的过程,离开了思维,理解就无法进行。例如,我们在阅读一篇文章时,要理解文章的全部内容和精神实质,就必须把整体分解为局部,把集中的内容分散理解,这就是分析;然后又由部分到整体,由分散到集中,这就是综合;由个别到一般,从现象到本质,这就是概括;由此及彼,温故知新,这就是联想。分析、综合、概括、联想等,都是思维能力在阅读中的表现。所以,阅读中理解能力的培养,实际上就是阅读中对思维能力的训练。以分析、综合而言,从分析到综合,既是阅读中对文章内容的理解消化过程,也是阅读中思维活动的整体性表现。通过分析与综合,我们才有可能达到对文章全部内容和精神实质的把握与理解。

如何培养理解能力呢?必须进行理解性阅读的基本训练。理解性阅读又叫分析性阅读,它是以理解文章全部内容为中心的一种阅读活动,是认识性阅读的必然延伸,是阅读的理性阶段。古人云:"善读者,始熟读而明其章句,继融会而究其义蕴。"这反映的就是理解性阅读。认识性阅读可"明其章句";理解性阅读则"究其义蕴",要求从文章的立意构思、篇章结构、语言运用、表现技巧等多方面入手,对文章进行全面分析和深刻理解。培养理解能力,可以训练思维能力,促进智力的发展。

(3)评论能力及其养成。评论能力,是指对文章的内容与形式进行全面评价和深入品评的一种能力。评论能力,不仅是写作中十分重要、应用十分广泛的一种能力,而且是阅读的各种能力中较高的一种能力。

写思想评论、政治评论、文艺评论、学术论文、报刊社论需要评论能力,就是写说明文、应用文也需要这种能力。评论能力,除通过实践活动提升自己的思想水平,培养自己的专业能力进行锻炼外,还需通过阅读培养。

怎样培养评论能力呢?必须进行评论性阅读的基本训练。评论性阅读是对文章进行全面、深入的阅读;是对文章进行正确评论,提出自己见解的阅读。

(二)分析归纳能力的养成

1. 分析归纳能力的构成

(1)分析理解能力。分析,是指把整体分解为部分进行认识和思维。一般来说,分析是以具体材料和事实为基础的,是从思维的具体到思维的抽象。

分析理解能力是人思维能力中非常重要的一种能力,也是申论考试着重考查的能力之一。从重要性上说,分析理解能力在申论考试中意义重大,它可以使人抓住给定材料所反映的主要内容,把握问题的本质。

在申论考试中,考生需要完成的分析理解任务主要包括两个方面:一是分析给定材料反映的内容或问题、方面或层次;二是分析给定材料所表达的观点和倾向。

在实际应考过程中,要注意以下两点:

第一,要有重点论,能抓住矛盾的特殊性,具体情况具体分析。给定材料的内容可能是多方面的,包含的意思可能是多层次的,反映的观点可能是差别甚大的,这就需要考生抓住主要矛盾,有所侧重,有所选择,着力点是:根据给定材料所包含的倾向性,进行理解、分析、综合。

第二,要有两点论。给定材料反映的论点可能带有明显的侧重性,在分析时不仅要注意这个侧重面,还要考虑与之相反、相对的另一侧重面,避免片面性、绝对化。这不仅是因为在概括材料所反映的主要内容或问题时,需要涵盖不同方面,而且对于后面的提出对策部分,尤其是议论部分,都有基础性的作用。

(2)综合概括能力。综合,是指把对事物各个部分的认识有机结合起来,形成对事物整体的认识和思维。分析和综合是同一个思维过程的两个侧面,分析是从对事物的外部观察和思维出发,然后深入事物内部探求其本质;综合则是从事物本身出发,通过事物的内部联系把各个部分综合成整体。就思维的一般过程而言,分析理解是第一位的,综合概括是第二位的,先有分析,后有综合,而分析的结果又必须依赖综合概括表现出来。

概括,就申论考试而言,就是通过对给定材料进行全面的归纳,找出其共同点,予以归类。当然,这里的概括和归类与专门的科学研究不同,既不可能又不必要对各种事物进行完全的归纳性研究,更多的时候是对事物或事物的部分属性作分析和概括。因此要求考生必须既立足于给定资料进行整理,又跳出给定资料予以归纳。

从材料的组合形式上看,申论测试材料是由诸多信息"拼合"而成的。有些信息(无论是客观陈述的,还是评析议论的)具有相关性或连带性,但有些信息之间是没有什么关联的。申论测试材料不是一篇文章,各则"子材料"的排放,可能是错落、杂乱的,不一定体现严格的时空顺序或严密的逻辑顺序。所以,考生要提高分析归纳能力,就必须在阅读过程中,注意两点:一是弄清给定材料所反映的问题。二是善于对复杂问题进行综合分析,分清主要问题和次要问题,分清有关联的问题和无关联的问题,分清可解决的问题和不可解决的问题。

2. 分析归纳容易出现的问题

(1)概括分类混乱。部分应试者在概括分类时,内在逻辑不清,反映其阅读不够细致。

(2)概括不够深入。不能抓住主要问题进行升华,只是在一些枝节问题上做文章,或者是就事论事做表面文章。说明考生理论水平与对问题的分析处理能力较差。

(3)材料驾驭不好。有的应试者概括部分的答卷只是概括一部分材料,不能驾驭全部材料。

(4)综合分析能力不强。有的答卷也能找出几个问题,但是不能进一步深入分析,找出相互之间的有机联系,说明考生的综合分析能力不强。

(5)概括表述不畅。因为有的应试者基本功较差特别是文字水平较差,结果在概括时概念混乱,语言啰嗦,病句较多。

3. 分析归纳能力的养成

(1)角度要准确。叙述的角度,就是作者以哪种叙述的口吻、身份在文章中出现。只有按照题目给定的身份和角度,才能准确概括主要问题,恰当地提出解决问题的方案。这方面无须赘述,但考生必须注意。

(2)要素要清楚。叙述要素包括人物、事件、时间、地点、原因、结果等。其中,人物和事件是叙述的核心,有了这两个要素,叙述才有中心、有实体。在叙述中,它们是不可缺少的,也是不可忽略的。时间和地点是人物活动和事件发生、发展的环境和舞台,对人物和事件有一定的影响,在通常的叙述中要将时间、地点交代清楚,但有时也可以适当省略。原因和结果是事件的起讫点,有了这两个要素,叙述才完整、交代才清晰。在交代这些要素时要简略,要突出其与人物、事件、中心联系的一面,而对人物和事件,则要进行细致的叙述,因为这二者是叙述的核心、重点。

(3)顺序要合理。对材料作了选择和加工,而要使它们成为一个有机的整体来表现主题和中心,还需按一定的顺序来组织,这样,才会给人条理清晰、结构严谨的感觉。安排得巧妙,还会产生波澜起伏、引人入胜的艺术效果。一般说来,写作可以以时间为序,也可以以空间为序。

(4)主旨要突出。对于一般的写作,中心主旨要鲜明突出。在概括时,要从表现中心主旨的角度来考虑如何选材、如何组材、如何叙述、如何确定繁简重点等,这属于整篇文章的构思。要构思好一段概括材料,应该学会如何运用线索来选择、组织、加工材料,学会怎样通过线索的穿插使文章成为一个有机的整体,从而纲举目张,更好地表达中心。

(5)详略要得当。哪些材料该写,哪些材料不该写;哪些地方该详,哪些地方该略;哪些环节要叙述得快,哪些环节要叙述得慢,这种选择与剪裁的艺术,是区分文章写作水平高低的关键因素之一。无论写哪种体裁的文章,如果没有主次,不讲详略,像记流水账,平均使用笔墨,文章就会失去吸引力。详略处理的标准,不同的题材、文体虽有所不同,但概而言之,都要符合所要表达的内容、主题的需要。当然,对文体的容量也得注意。要紧扣中心内容选材剪裁,务求集中笔墨,把主题思想明确地表达出来。

(6)线索要明晰。线索是贯穿全文的主线,是组织材料的思路在文章中的反映。每篇文章都要有一条主线,把相关材料连接起来,从而统贯全篇,使文章条理清晰,结构严谨,使读者对文章有个清晰明了的印象。

(三)提出问题和解决问题能力的养成

1. 提出问题和解决问题能力的含义

公务员在工作中经常需要解决各种实际问题。申论考试中的"提出对策",就是模拟机关工作中遇到的实际问题,要求考生对此提出切实可行、具体翔实的对策建议及方案等,并要论证表达这样实施的充分理由。主要考查考生是否具备独立解决问题的能力。

解决问题是一个包含多个环节的复杂过程。问题解决的过程并非是一个按照事先确定的顺序机械地予以实行的过程。随着问题解决的深入,新的关系的暴露,已有的想法很可能会发生改变,并产生一些新的想法,原先被认为很有希望的途径可能成为没有前途的"死胡同",所以必须对自己提出的对策进行评估。即对初步方案进行全面的评估和论证,并在此基础上选定最佳的方案。在实践中,为了评估各种方案,要求决策者多采用发散思维、逆向思维和求异思维,多挑毛病和不足,多找漏洞。对评估方案进行思考时,又要多采取收敛思维、正向思维和求同思维,目的在于齐心协力,产生思维共振,共同解决方案带来的问题,以期使方案达到最优化。

从理论上说,评估方案的两个最主要指标,就是效益和可行性。

所谓效益评估,就是按照解决实际问题这个要求,综合评价和估计每个方案实施后能给人们带来什么效益和能够带来多大效益,此处的效益可能既包括经济效益,又包括社会效益。这实际上是一种利害得失分析。原则上,在实现目标的各种条件中,不可控因素所占比重越大,欠缺的必要条件越多,其风险也就越大。因此,要综合比较，求得最佳方案。

在进行可行性评估时，一般要考虑这样几种情况：一是能否保证解决提出的问题；二是付出的代价尽可能小；三是承担的风险尽可能小；四是产生的副作用尽可能小；五是获得的收益尽可能大，等等。

在申论考试中，考生提出对策应注意把握两点：一是对策与党的大政方针相一致，不能是歪理邪说；二是对策具有可操作性，不能是空中楼阁。

2. 提出问题和解决问题容易出现的问题

方案缺乏针对性和可操作性。方案缺乏针对性意味着应试者没有抓住要害，没有抓住问题的实质。其原因是应试者没有对材料反映的问题进行正确的分析、理解、概括、综合，不知道问题在哪里，当然也就无从提出解决问题的方案了。

有的应试者不是提出解决问题的方案，而是大谈自己熟悉的专业知识。结果虽然提出了方案，却一点也不实用。出现此问题的原因是应试者忽视了申论考试的特殊要求。

下面对一位考生在完成2000年申论考试第2题时提出方案部分的答卷加以分析。

就红星新村5号楼居民H状告××印刷总公司一案所反映的问题，我们提出以下的解决方案：

①鉴于此案已进入二审程序，故市中级法院应依法予以审理。我国法律中有集体诉讼的制度，故多方利益可以在法定的程序中予以协调（另外法院考虑：此案的审理会对其他案件造成影响，这是必要的，但因为我国不实行判例法，故法院所考虑的影响并不是绝对的）。

②此案若经二审仍未解决，双方继续向上反映，可依我国法律的有关规定，走申诉或人大监督的程序（在此之前，二审法院尚未判决时，不宜由政府或其他机关插手此事）。此时，可以设立类似于听证的程序来予以解决，具体步骤如下：第一，当事人申请。第二，由主管机关公布此申请，并规定期限，让与申请事项有利害关系的各方申请参加，逾期未申请者视为放弃权利。第三，主管机关公布涉及此问题的当事人及各方参加人，并公布解决问题的日期。第四，各方陈述自己的态度及理由。第五，主管机关综合各方利益对此作出处理决定。

③其他类似问题参照此办法解决。

分析：这是一份不得要领的作答材料。考生没有向政府机关提供解决问题的参考意见，而是浓墨重彩地对有关法律问题加以解释，对法院如何审理案件进行评议。考生根本不顾自己的"虚拟身份"，而是一味地讲自己所了解的专业知识，这样作答和申论测试的基本要求相去甚远。要知道，申论测试，要求考生提出和解决的问题大多属于行政公务方面的问题,属于政府职能部门的一般性工作问题。申论要检测的是考生发现问题、解决问题的基本能力,而不是检测考生的专业知识。

另外,该生的作答还存在以下几方面的缺陷:

一是提出的对策缺乏可行性。有些答卷所提出的对策不能说不对,但往往是远水解不了近渴,或者是大而空,或者是长远的规划,缺乏对现实问题的针对性。从这一点来说,这样的对策既缺乏针对性,又缺乏可行性。

二是所提出的方案不合情、不合理、不合法。合情,是指合乎国情与实际情况;合理,是指合乎一定的社会伦理道德规范,说得过去,讲出来有理有据;合法,是指合乎我国的法律法规、党的路线、方针、政策。有些考生由于水平问题,这方面能力比较欠缺;特别是有些材料尚存有争议、没有定论,这方面他们就注意得更不够了。

三是挂一漏万,以偏概全。有的考生所提出的方案有一定的合理性,但失之偏颇,甚至遗漏了重要的方面。申论考试给出的材料所反映的问题不是一个方面,而是多个方面。有的考生没有注意到这一点,只概括出一点,结果自然是挂一漏万,以偏概全,整个方案也必然会失之偏颇,当然不能让测试者满意了。

3. 提出问题和解决问题能力的养成

申论考试主要模拟公务员处理日常工作中遇到的实际问题,考查考生这方面的处理能力。作为应试者,平时要十分注意培养这方面的能力,以使自己具有提出问题、解决问题的能力。具体说,应该注意从以下几方面入手:

第一,细心审题,准确定位。考生应仔细审题,看清出题者为其设定的身份(即"虚拟身份")。例如,2000年国家公务员录用考试"申论测试"的"第2题",要求考生以"省政府调研室工作人员的身份"提出解决"某省某市红星新村居民 H 状告××印刷总公司"所反映问题的方案。这就是说,你只是作为省级政府的一般工作人员,而不是承担专项职能并有独立解决问题权力的决策人员。你提出的"方案",是供省政府领导机关或省级职能部门在决策时参考的。在考生作答的试卷中,有一些"方案"就与考生的虚拟身份不相称,有的是以省政府领导机关的口吻向辖属职能部门下达指令、兴师问罪的,有的是替代法院审理案件的……身份定位错了,提出的问题一定"走偏",问题更是无法得到解决的。身份定位准了,就有可能"抓准"问题,提出切实可行的处理意见。当然,在"虚拟"身份时应从切身实际出发,扬长避短;如果"身份"定得很醒目,一说全是外行话,效果会更差。这点,请考生务必注意。

第二,主次分明,抓住主题。作为应试者,应在概括材料内容的基础上,进一步分清层次,理顺关系,对问题排排队,分清主次、轻重、缓急,做到胸有成竹。把握主要矛盾,确定解决问题的关键点。关键点就是解决问题的突破口,突破了这个关键点,问题就解决了一大半。诚然,做到这一点的前提是在综合分析"材料"时弄清"材料"究竟反映了什么问题。但是,遇到"材料"所反映的问题比较复杂时,根据"身份",抓住

要害,切忌面面俱到或舍本逐末。例如,2000年国家公务员申论考试试题反映的问题很多:企业在"环保"与生产效益方面的"两难",法院在断案时不得不考虑到的"连锁反应",公安干警对扰民事件爱莫能助……但这都不是"本",很难针对这些情况提出有助于从根本上解决问题的方案,只有从加强环保立法、执法和改造城市建设规划入手,才有可能从根本上解决噪声污染等扰民问题。

第三,确定步骤,写出草稿。找准问题的关键以后,接着就应该确定解决问题的基本步骤,提出可行意见。所谓可行意见或办法,应具备三个基本要素:一是"问题"要明确"归口",要有直接能解决"问题"的政府部门或职能机构去处理、落实;二是要有解决"问题"的具体步骤、办法;三是要考虑到解决"问题"的时效性和必备条件,切忌模糊、脱离实际或坐而论道。

第四,认真修改,完成定稿。方案草稿写出来以后,还应加以修改。内容上,要前后一致,逻辑严密,去掉细枝末节;形式上,要文从字顺,一气呵成。

以上几个方面有着紧密的内在联系,考生在拟订方案时要通盘考虑,尽力克服相悖因素,使对策合理、具体,便于落实。

(四)文字表达能力的养成

文学表达能力的提高非一朝一夕之功,它靠的是长年累月的积累,坚忍不拔的训练。要想培养良好的文字表达能力,就必须在平时的工作、学习、生活中多听、多说、多读、多写,特别是要有意识地写。只有反复进行写作训练,才有可能培养出出众的文字表达能力。

申论作文一般都是议论文,议论文包括论点、论据和论证三部分。但申论的议论问题不同于简单的议论文章,而是要密切联系实际,引发的议论要立足于材料所反映的主要问题,根据这一主要问题,展开论述,从而分析问题,解决问题。因而有更强的能力要求,主要是论证分析能力。这一能力要求在对所给材料精读和理解的基础上,高度概括主题,再用充分的论据来论证自拟的标题,论述要准确,条理要清晰,语言要精练。论点和论据之间要有紧密的联系,二者要相辅相成。

要提高论述问题的能力,关键在于:文章要重点突出,有详有略,全文有内在的连贯性和逻辑性,不能出现突兀性的跳跃和转折,亦即遵循事物的内在联系和逻辑规律。

论证分析能力贯穿申论考试的始终,报考省级以上(含副省级)综合管理类职位的考生尤其要注意训练自己这方面的能力。当然,报考市(地)以下综合管理类和行政执法类职位的考生也不可小视论证分析能力的训练。

应试者应该尽力从以下几个方面来培养自己的文字表达能力:

第一,拟好标题能力。题目是文章的"眼睛",传达文章的基本思想,是传递文章

主要信息的重要部分。由于它位居文章结构之首,所以申论题目的优劣会直接影响阅卷者对文章的第一印象。所谓"题好一半文",有个好的题目,文章就成功了一半。好的论述题目,既能以"目"传神,也能以"目"传情。而有一个不成功的题目,文章也就失败了一半。

申论题目的基本要求是新颖、精练、独到。申论的标题可以是提示性的标题,比如,《试论当前如何构建公共卫生预警体系》;体现论点性的标题,比如,《实践是检验真理的唯一标准》;表明态度类的标题,比如,《打假尤须治"假打"》;引发兴趣类的标题,如《"无烟城":仅仅是闹剧》。确定题目,必须要审题,弄清楚题意,根据论证要求作答。

申论拟题的基本要求是:在准确的基础上力求醒目、舒畅。具体而言,可鲜明,可形象,可简洁,可别致,可整齐等,不一而足。总之,以能激发阅卷者阅读兴趣,或使之有耳目一新之感为佳。申论议论文的题目,要求符合文体特征,要求鲜明,使人见其题而知其旨。观点鲜明的文章最受阅卷者欢迎,因为它能够传达文章内容之大概,便于阅卷者准确而快速地把握整篇文章的基本内容。在鲜明的基础上追求形象、生动和个性,则是议论文拟题的更高要求。这类文题能吸引阅卷者的视线,使之观其题便欲睹其文,效果奇佳。

第二,编好提纲的能力。提纲是申论的观点、提要以及层次脉络。

提纲的形式一般有三种:标题式,即用简洁的标题形式把文章各部分的内容要点概括出来;提要式,即用较完整的句子把文章各部分的内容要点概括出来;图表式,即用图表的形式把文章各部分的内容要点概括出来。

草拟提纲因人而异,可以是腹稿,也可以是简单的文字稿。建议考生最好采用文字稿,这样有利于对自己的思维过程进行全面检查、修改和补充。提纲草稿可以勾画得非常凌乱,但正是在这一涂抹圈点的过程中,考生的思路会变得越来越清晰、明朗。很多人写作时喜欢列出简单的提纲,其道理也在这里。

第三,写好开头的能力。议论文的开头要注意以下问题:

一要简洁,最好一两句成段,引入本论。开头短,不仅可避免冗长之病,而且短句成段,在空间上,突出其内容的重要性。

二要入题快,最好三言两语就点明文章的观点或议论的话题。因为评分标准中有"中心明确"的要求,开篇确定中心,有利于阅卷者按等级计分,也有利于考生展开论述,不致犯主旨不清、中途转换论题等作文大忌。

三要精彩,这也是传统文论中所说的"凤头",即精彩的开头,最明显的效果是吸引阅卷者,给阅卷者留下好的印象。文章开头要精彩,多用比喻、类比、排比等修辞引入论点,还可引述名言,讲述寓言故事导入话题。

第四,写好中间段落的能力。

申论作文作为议论文,其结构是否严谨,条理是否清楚,论证是否严密,论据是否

典型,关键在中间段的写作。而结构、条理、论证和论据等是议论文评分的重要细则,因此,写作议论文要尽量符合此标准。

常见的论述模式是:首句为小论点或承上启下的过渡词句;中间段围绕小论点,运用恰当的事实、理论论据,或针对现实生活中的某些现象,分析说理;最后结合论述内容写一两句小结的话语。其中首句和末句的写作最重要,它能直接勾勒文章的脉络,显示全文的论述思路。另外,文章的整体论证结构常用正反对比式。许多道理只要从正反两面说了,就基本上可做到论述严密。

第五,写好结尾的能力。结尾是全文内容发展的必然结果,是文章结构的重要组成部分。

当代作家冯骥才说:"我构思的习惯是,还必须有一个好的结尾,我以为结尾比开头重要得多。一件艺术品成功与否,很大程度上在于它最后的工作是否恰当。最后的一句台词,最后的一笔油彩、尾声等等。最容易成功和最容易失败之处往往都在这里。"好的结尾当如"豹尾",响亮有力,令人警醒,催人奋进。其实,文章的结尾有时比开头还重要。由于阅卷者看完结尾后即开始打分,因此,它的好坏还直接影响阅卷者的评分心理。李渔曾说:"篇际之终当以媚语摄魂,使之执卷流连,苦难遽别。"结尾如有此种效果,整篇文章将增色不少。议论文结尾的写作,要收束全文,突出中心论点;要体现全文结构的紧凑、完整,不能草率收兵,也不能画蛇添足;语言要干脆有力、清音留响,富有启发性和鼓舞性。

结尾的写作切记不可拖泥带水,装腔作势,否则会让人啼笑皆非,望而生厌。用口号来代表热情,用标语来代表号召力,这些都是不可取的。所以,结尾处理要简练干脆,看看是否要强调一下自己的观点,是否需要补充一点什么意见,是否需要说明一下值得注意的问题,是否需要提醒读者对某一问题作出进一步的思考。

四、申论备考的一般策略

申论备考是一个长期的过程,公务员申论考试主要通过应试者对给定资料的分析、概括、提炼、加工,测查应试者解决实际问题的能力、阅读理解能力、综合分析能力、提出问题和解决问题的能力以及文字表达能力。这些能力绝非一朝一夕地应急努力就能获得。成功=艰苦的劳动+正确的方法+少说空话。考生必须从当前做起,制定计划,扎实复习,才有可能取得应试的成功。

(一)制定备考计划,明确备考目标

第一,奠定基础阶段。时间是一个半月,主要是了解申论考试的基本内容、作答要求、命题规律、搜集热点素材,建立对申论的基本认识。这是备考的初始阶段,也就是打基础阶段,要把准备的重点放在阅读材料上。围绕申论所需的知识体系,全面广

泛地涉猎申论考试命题可能涉及的社会科学知识，有重点地阅读各学科的基本教材和经典名著，重点牢记"矛盾普遍性和特殊性原理"等基本理论定律，了解什么是"内涵""外延"，什么构成"矛盾冲突"，以及"国情决定论"和"具体情况具体处理"等中国特色理论。同时，要系统阅读有水平、高质量的申论教材，了解申论的基本特点和解题思路。掌握名言警句，理解其中意思，巩固基本的语言理解表达能力。

第二，重点强化阶段。时间是一个月，集中作答各类申论真题，加深对申论的感性认识，掌握申论作答的重点原则、涉及的重点知识，掌握基本作答技巧和能力。这是备考的中期阶段，即重点强化阶段，要集中精力做题。建议考生可以通过大量作答真题和高仿真的模拟试卷，加深对申论的切身体会和认识，进一步熟悉作答要领和解题思路。

第三，巩固提高阶段。时间是半个月，了解专业机构对申论命题的分析预测，或结合有关信息线索，自行分析预测，有针对性作答申论模拟试卷，掌握作答模板和范文基本结构、主要观点，针对自身弱项查漏补缺，发挥优势，弥补弱势，巩固有关申论的知识要点，提高实际作答能力。这是备考后期，也即临战训练阶段，要把准备重点放在背诵和记忆对于作答最实用的知识上。要记忆命题热点、答案模板、范文的结构套路和观点，也要记忆作答所需的名言警句、领导人的权威论述、最新的政策文件要点。

在备考全过程，要始终保持时事敏感度，始终关注党和政府的大政方针、施政重点，关注当前社会各个方面出现的热点、焦点问题，以及政府有关部门对于这些热点问题的看法、解释和对策思路。要把阅读、练习和背诵记忆结合起来，不断提高对申论考试的认知水平，提高作答申论考试的实践能力。

要保证自己能够在笔试中脱颖而出，考生要按照上述阶段，结合自身的知识、能力、经验基本情况和时间安排，制定一份系统的申论备考计划，对每一个阶段的备考目标、学习和练习内容、阅读和做题重点、准备参加的培训、听的课程、学习时间等作出细致的规划和安排。

(二)勤做实题训练，锤炼写作技巧

申论考试归根结底还是要落实在笔头上。考试时很多考生出现眼高手低现象的原因就是平时看得多写得少。

提高申论应试能力，途径不外乎观察、学习、实践。就是要观察社会生活，在阅读中学习借鉴前人的智慧和技巧，这对于提高申论能力有实质意义。但是最关键的是必须有足够丰富的实践经验，才能有足够深刻的认识和感悟，作答技巧也才能越来越纯熟。而丰富的作答经验，肯定不能全靠亲上考场，而要通过大量做题与练笔来实现。

申论练习,平时应做到每周一篇(一套试题),而在临考训练阶段,更应加大练习量,务求短期提高。靠投机取巧和临战训练装点起来的应试者,只能是"纸老虎"和"花架子"。

(三)关注时事热点,留意真知灼见

申论考试的资料虽涉及范围广,包括政治、经济、文化、法律等社会生活的各个层面,但万变不离其宗。

申论考试的目的就是为了考查考生搜集、分析、整理资料和概括问题、分析问题、解决问题的能力。如果我们能从考试的目的着手,有的放矢,那么在考前准备过程中,就不会摸不着头脑,耗费过多的精力。

目前国家十分注重"素质教育"与"能力教育",因此,试题的方向也较多地偏向于对考生能力的考查。

申论考试的试题、资料,一般都源于社会生活中的时事热点,而这些时事热点都是我们日常生活中通过媒体可以接触到的。因此在考前准备阶段要注意了解国内外,尤其是国内近期发生的事件,以及对这些事件的跟踪报道,要注意社会各界对这些事件的看法,我们自己也要全面地掌握事件的来龙去脉,在综合各方面意见后,尽量拿出自己的观点。提出观点要有一个前提,那就是符合社会的主流观点,符合社会主义精神文明,符合社会主义法制和道德。这是明确方向的第一步。第二步是在明确观点的基础上提出与之相对应的解决问题的方案。这两步只需在头脑中形成即可,每次遇到相关事件,便可以有意识地去分析问题并提出解决方案。久而久之,自己对问题的理解会逐渐深入,而做到透过现象看本质,"去粗取精,去伪存真,由此及彼,由表及里",形成自己的真知灼见,是我们的最终目的。只有抓住事件的本质,我们才可能正确进行分析,得出最佳的解决方案。

(四)消除负面心理,强化意志品质

沉闷压抑的竞争气氛是对考生身心负荷能力的一种挑战,它往往会使部分考生产生恐惧心理。想到即将到来的考试,想到即将面对一个个高深莫测的对手,想到50∶1甚至100∶1的录取比例,想到亲人和朋友的期望,想到这几年接触书本的时间少了……紧张、担心、恐惧以及压迫感便会涌上心头,特别是随着考试日期的逐渐临近,考生承受考试负荷的心理或生理机能都将日渐减弱,在解答试题时,就会感到思维紊乱,无从下手,大大影响自身真实能力与水平的发挥。要摆脱这种困境,必须战胜自己,强化自身的心理力量,在思想和习惯上同自己的惰性和畏怯等弱点进行斗争。恐惧并不等于软弱,也绝不意味着无能,关键是要相信自己,将自己从高度的焦虑和恐惧中解脱出来。

应该明白,有考试就会有竞争,有竞争就会有成功和失败。对于众多的考生来说,注意强化自我意识、保持积极健康的心态,就一定能消除或减轻恐惧心理,使备考产生应有的效果。

实际上,人的意志力是可以培养的,它首先来源于一个明确的目标。对于备考公务员的考生来说,其目标就是通过备考赢得考试的成功。在备考过程中,严格按照自己制定的备考计划准备,就是对自己意志力的一种培养和锻炼。培养意志力的另一个方法就是树立正确的苦乐观,把备考的过程作为提高自身素质、增长才智的过程,以此消除备考过程中的枯燥和焦虑,就会苦中有乐,从而培养自己坚定的信念。

 思考与训练

一、什么是申论?
二、申论与古代科举考试中的策论有什么异同?
三、申论试题训练

下面是2018年安徽省各级机关录用公务员考试《申论》试卷(A类)真题(略有修改),请认真阅读并完成答卷。

一、注意事项

1. 申论考试与传统作文考试不同,它是分析驾驭材料能力与表达能力并重的考试。
2. 作答时限:阅读材料40分钟,作答110分钟。
3. 仔细阅读给定的材料,按照后面提出的申论要求依次作答。

二、试题

【给定资料一】

如今在中国常看到这样的场景:出门上班前,通过打车软件叫一辆车;坐在车上,通过手机浏览最新最火的帖子,下班回家太累不想做饭,通过APP请一位厨艺达人到家做饭;消费者在支付终端前摇晃手机或通过扫描二维码完成交易……

调查显示,中国消费者是全球最倾心于移动支付系统的。2016年,中国移动支付的金额是英国的50倍以上,同时,随着收入增加,消费者既注重产品质量,又强调服务,这也为新经济模式提供了进一步发展的动力。预计未来五年,中国市场以互联网为依托的新经济年均增长速度将在40%左右,到2020年其规模占GDP的比重将达到10%以上。美国媒体称,互联网时代协同消费模式在中国比在其他任何地方看起来都拥有更加光明的未来。这意味着全球互联网经济行业中的很多创新都将在中国诞生,而不是美国的硅谷。中国将成为教会全世界该如何分享的老师,中国人民不断证明他们不缺创新或创业精神。

互联网的风起云涌,不仅从根本上颠覆了许多传统行业,同时也创造了新的行业和机遇。

21世纪初,有学者提出了互联网时代协同消费的理念和发展模式,并将其分为若干阶段。最初是代码共享,即通过互联网向用户提供信息,但信息流是单向的,用户不能参与其中进行评论和交流。当互联网进入Web2.0时代,用户开始通过网络平台向陌生人分享信息、表达观点,但其分享局限于内容或信息,不涉及实物交易,一般也不存在金钱报酬,仅仅是内

容共享。

随着物物相联时代到来,网络平台公司通过互联网重新整合社会闲散资源和富余劳动力,然后再按需精准配置,实现物尽其用,社会分配从专业化向社会化转变,真正实现了离线资源的共享,即线上的分享协作渗透和延伸至线下,并由此改变了我们的文化和经济世界。如今需求方不但可以享受到低价与个性化服务,也得到了社交机会。对企业而言,随着加入网络的节点及节点间的连接增加,网络的价值会随着用户数量的平方数增加而增加。作为一种新的商业模式,其势必会对现行制度和秩序造成冲击,为此,政府应积极提供相应的法律制度保障,才能实现可持续发展。同时,任何商业行为都是以盈利为目标,任何市场的开发也都需要资金的支持,但过度的资本运作可能导致市场滥用其优势地位,甚至违背市场规律采取不正当竞争。政府理应鼓励相关企业采取科学的商业模式,新经济应当创造真正的消费者,而不仅是通过补贴来吸引消费者。

在新经济模式中,个体成为自由劳动者,劳动力价值能充分实现并完全由自己支配。供求双方通过互联网发布自己可供分享或需求的物品,不仅能为特定的供给者或需求者提供可选择的交易对象,还有助于掌握交易对象更多的信息,避免不公平交易,降低了交易成本。对闲置物资的再利用使得前期投入的成本要么已得到回收,要么当做沉没或折旧成本而收费较低廉,从而令闲置物资的边际成本更低,体现出更大的成本和资源利用效率优势。由于这一系列商业活动完全有别于过往经济行为,加强政府的监督与引导,显得尤为重要,建立新的监督规则体系迫在眉睫。在新的规则出台之前,可以运用相关的法理,借鉴现行的法律法规,引导市场建立内部自律监督机制,维护市场的正常秩序。

【给定资料二】

美国某房屋租赁公司曾发生一起恶性事故。一名房东发现她的公寓被从该公司网站上招来的房客洗劫一空。她在给该公司的信上写道:"他们在我的柜子上凿了个洞,劫走了里面的护照、现金、信用卡和我奶奶的珠宝首饰,不仅如此,他们还搜走了我的照相机、老式电脑和装有我所有相片、日志等备份的外接硬盘。他们掠走了我的一切。"这大概是所有人对互联网时代协同消费经济模式的顾虑了。某调查公司针对美国用户对这一经济模式的调研数据显示,参与其中的人群中,57%的人表示,"对这种消费模式感兴趣,但是仍有顾虑",而在熟悉这种经济模式的人群中,69%的人认为,"除非信任的人推荐,否则将不会相信。"

共享充电宝在成为许多食品生活"标配"的同时,也引发了不少争议,使用者可能会面临个人信息泄露的风险。曹先生是一位互联网公司的程序员,他说:"每次看到有人使用共享充电宝,我都为他们捏把汗。其实它本质上就是一台电脑,有电脑的地方就会有黑客。现在大数据、算法不断发展,数据公司和社交软件合作,无孔不入地对个人信息进行收集。如今,我们消费时常扫二维码,通过第三方支付对其进行授权,但是第三方支付其实都绑定了个人身份信息、银行卡信息,在扫码过程中,就存在信息泄露的可能。"

本应更方便、更优惠的互联网协同消费经济,有时还会让人陷入更大的麻烦。随着家庭用品加速升级换代,如何让闲置物品流转起来,使旧物出售和消费变成"动动手指就能办成的事",成为商家瞄准的一片蓝海。不过,由于买卖无需"打照面",交钱与交货环节分离等原因,网络二手交易平台的信誉难以尽如人意,"省时省力不省心"是不少人的共同印象。与一般商

品不同，非标准化是二手商品的最大特点，其损耗程度、保养情况等很难得到最合理的评估、考证。如何让踏实放心取代买卖双方的彼此猜忌，除了考验平台的服务智慧，相关部门的治理决心，还有赖于社会征信体系的建立。

由于制度建设的相对滞后，经济活动过程中产生的纠纷，也让人颇费思量。租车、私厨、保洁……"互联网+"催生了很多以APP为平台的服务业务，通过APP和客户建立联系进行服务，是否就算是和APP的运营公司建立了劳动关系？邓先生、孙先生等7名厨师，通过某公司的APP网约客户，成为上门掌勺的"私厨"。日前，他们起诉要求法院确认自己和该公司存在劳动关系，要求节假日加倍支付酬劳。该公司认为，根据双方签订的商务合作协议，孙先生等通过其旗下的APP平台，依照客户需求接单提供服务，是否接单和何时工作均由孙先生等人自行掌握，他们不接受公司管理，因此双方非劳动关系。有法律界人士认为，"互联网+"劳务是近年来兴起的劳务形式，网络服务平台运营方与加入平台的劳动者间是否构成劳动关系是一个尚有争议的法律问题，这就造成劳动权益被侵害的风险加大。

某些网站只需付费即可杜撰发布不实词条，让人对这场新经济的盛宴又多了几分忧虑。有人指出，互联网平台在实现"与世界分享你的知识、经验和见解"的同时，也在分享着以假乱真的故事。一方面，这一创新模式让人们醉心于知识的汪洋；另一方面，利益架构起来的知识岛屿往往会误导人们求知的航向。一位哲人曾说，一切背离了公正的知识都应叫做狡诈，而不应称为智慧。平台的开放性与真实性从来都不是背道而行，更不容许贪婪的欲望主导信息的传播。每个人不管是主动分享，还是被动接收，都应遵守规则，承担责任，用客观理性的观念培育知识的植株。

【给定资料三】

近日，某个国产知名品牌校园洗衣房正式入驻R市大学城，18台物联网自助洗衣设备开始投入使用，为大学生提供自助洗衣服务。与过去的自助投币式洗衣机不同，大学生只要扫描下载该品牌的洗衣APP，就可以随时随地实现在线预约排队、在线支付及在线状态查看等。

由于有着对中国当代大学生的长期观察和了解，该品牌依托物联网打造出这一创新模式。这种自助洗衣设备一入驻R市大学城，就受到了大学生们的喜爱。课间查看空余机位、一键下单、手机支付，逐渐成为大学生校园生活的一部分。"自从学员有了这种自助洗衣设备，之前排队洗衣的时间可以用在逛书店和学习上了。现在我们宿舍的六个室友，每个人都装了洗衣APP，给我们带来了很多便利。"一名收到洗衣APP取衣提醒后前来取衣的学生告诉记者。

其实，这样的场景每天都在全国200多个城市600多所高校上演。有数据统计，该品牌洗衣APP注册用户数达541万，且日增7000余新用户。事实上，从上世纪90年代起，该品牌以更好服务用户为导向，主动适应市场，就在学校中设立投币式自助洗衣设备，让学校成为其洗衣服务的"重要阵地"。如今，在行业还停留在探索如何刷卡投币解决大学生洗衣排队难题时，该品牌又开始以物联网的理念运作自助洗衣。让在校学生足不出户便可享受到智能预约洗衣、手机下单、在线支付、完成提醒功能等一站式贴心服务，彻底解决了大学生的"洗衣难"问题。此外，通过与全国600多所高校合作，借助第三方资源入驻，该品牌还为大学生提供O2O模式下的校园社交、学生生活、投资机构和商家对接等全方位服务，在资源扩大的同时实

现自我升级。

无独有偶,S机床厂通过创新商业模式,实现了在国内为机床行业市场规模整体萎靡之时的逆势上扬。"我本人在机床行业工作近30年,这些年,我冷静下来思考,总结了四句话——第一,我们的员工不满意。任何员工都希望工资越来越高,我们拿什么来给他们发工资?第二,我们的用户不满意。虽然设备都是进口的,但是一些顶尖的机床,国外根本就不卖给我们。第三,我们的领导不满意,说你们什么时候才能赶超日、美、德呢?第四,我自己也不满意。回顾过去,基本啥也没干。"该公司董事长不无幽默地说道。2007年,S机床厂彻底摒弃模仿和跟随的道路,公司科技部的一帮年轻人从源代码开始写起,用了6年时间,原创了多项数控核心技术,诞生了拥有自己知识产权的"智能5代系统"。该系统具有一个很重要的特性:在运行的过程中可以及时采集和传输数据。有了这些数据,客户在手机上就能通过S机床的大数据系统随时查看自己工厂的运转情况、机台的生产情况,从而替代了传统的管理,由于掌握了这些最真实的数据,S机床厂又能通过互联网,为客户在线提供技术解决方案,实现人才共享,数据的共享,还为S机床厂开启了一条与众不同的商业模式——不再是传统的机床买卖,加价销售、赚取利润,而是以"零首付"租赁给客户,按小时或者按加工量收费,结算的依据就是机床运转所传输回来的数据。通过赢取用户对企业和产品的信任,让机床的销售从单纯买卖,走向了即时分享,S机床厂已经从过去单纯的产品制造商,转身成为系统解决方案提供商和工业制造服务商。

【给定资料四】

只需缴纳99元押金,便可免费把书从书店带回家;10天内归还可享免费借阅,押金随时退还;3个月内读完12本书可享返还押金的8%作为"阅读奖学金"。日前,W省新华发行集团旗下的某书店以首创"共享书店"的身份正式亮相。这家书店一度走红网络,有着"全国最美书店""全国首家O2O智慧书城"等称号,"共享书店"实现了由买书到借书,把书店变成自家书房,由个人阅读到共享阅读的重大转变。

"共享书店"是基于对用户需求的分析和把握,依托实体书店的原有资源,通过运营模式的颠覆式变革,实现阅读服务的转型升级,该集团总经理说:"近年来消费者阅读习惯和购买方式发生巨大变化,我们相信未来所有的书店都会实现共享。如今,我们的'阅+线上平台'已经进驻100多家全国知名泛娱乐、自媒体、新媒体,未来还将推出更多理财产品、研学游产品等等,打造'阅+生态圈'。"

与W省新华发行集团异曲同工,商务印书馆的《新华字典》APP日前正式上线。据了解,这款APP提供了单字、词语、汉语拼音、部首、笔画数、四角号码等检索渠道,并且支持手写、摄像头取字和语音输入等功能,全面满足了用户查字、输字需求。它还具有两大特色功能:一是提供了动态和静态两种标准笔顺,并支持屏幕跟写,用户可识别、掌握3500个基础汉字的笔画;二是由专业播音员对1万余个汉字进行播读,用户也可以点击"朗读"键测试自己普通话的准确性。此外,该APP还开发了生字本、知识问答、汉字游戏等增值服务,并完整收录《新华字典》最新纸质版全部内容,提供数字版与纸质版对照查阅功能。但同时,该APP每天仅有2个字免费体验、完整版需付费40元的情况也引发了争议。有媒体认为《新华字典》的收费行为是"思维落后""缺乏诚意",单靠权威不足以赢得市场;也有媒体称,"《新华字典》作为一本工具书,具有较强的社会服务功能,但它本身也是一种文化产品,是商品。通过有偿服务来维护版权以及促进软件研发是行业通行惯例,有其合理性。"从现有的手机应用市场来看,国际流行的语言字典价格均在百余元甚至数百元人民币,远超《新华字典》的40元定价。

知识付费近年来已被社会逐渐接受,这是对知识的一种尊重,也是保持产品持续发展、服务用户的必要方式。《新华字典》作为有价值的知识产权,出品方推出APP时考虑营利因素,无可厚非。但是,直接向用户收费的方式是否与现阶段新媒体产业的发展有些脱节?开放和共享是互联网经济的主要特征,一款收费的APP既相对封闭,也无法体现共享精神。《新华字典》要在互联网时代取得成功,前提是满足互联网产品的逻辑、适应互联网发展生态。

【给定资料五】

"观众想细看养心殿的文物,不用再趴窗户了。"据媒体报道,从2017年9月28日到2018年2月,深藏于故宫博物院养心殿的268件文物"移驾"首都博物馆,接受公众的检阅,这也是养心殿文物首次"出宫"。大批珍贵文物走出故宫,不仅仅是博物馆系统内部的一次完美合作,而且有着更为深广的意义。即文物不再一味地深"藏"不露,矜持内敛,而是正在以越来越开放姿态,越来越亲民的路径,融入老百姓的生活。正如一位学者所言,一个一流的博物馆并不在于藏品有多么丰富,而在于人们要有机会看到这个馆里大量最珍贵的藏品,并将博物馆文化融入自己的生活中去,从中汲取有助于现实生活的灵感。

如今飞入寻常百姓家的王谢堂前燕,可谓比比皆是。如公众像"追剧"一样密切关注海昏侯墓的考古挖掘。无论是展示时间,还是展览手段,均创下了纪录。这样的努力,既是一种文化普及,也是一次全民性的价值提升。遗憾的是,从全国范围看,文物休眠的情形不在少数。由于资金缺乏,在许多县级文保所,众多国宝级文物多年深藏在地库之中,有些文保所甚至连一个像样的仓库都没有,大量宝贵的出土文物就随意堆放在地上,令人叹息,第三次全国文物普查数据显示,全国登记的不可移动文物高达76万处,而全国重点文物保护单位为4295处。这里面有多少文物常年深藏"冷宫",不为人知?听任文物闲置,无疑是一种极大的文化浪费。而国内不少地方,虽然也建起了宏伟富丽的博物馆,但由于理念的落后以及过度保护的错误意识,能够展出来与公众见面的文物仍十分有限。文物就应该走出封闭状态,接受公众的观赏、让民众共享。文化的传承、历史的重现、艺术的熏陶,往往在这种亲炙一面中得以完成。一个人若有幸在众多传承有序、历史和文化价值极高的文物精品中获得滋养,也一定会受用终生。

【给定资料六】

从16世纪开始,关于梁祝故里的争议就一直不断。在各地反映梁祝故事的戏曲和民间文艺作品中,梁祝的故乡一直没有得到确定。据考证,梁祝故事的流传涉及多个城市。一直以来,各地都言之凿凿,声称自己是正宗嫡派。相对于竞争故里的热闹,中国民俗保护开发研究中心的陈教授在田野调查时发现,如今能原汁原味将梁祝传说从头至尾讲一个钟头的人,只剩寥寥几位老人了。"人们所熟悉的梁祝,只剩一个简单的故事、一个概念。它所蕴含的精神实质和文化内核,实已到了濒危的境地!"面对这样的危机,各地都认识到,合作才能共赢,一花独放不是春,百花齐放春满园。经过多方协商,这些城市达成共识,共同发布"梁祝传说"联合申遗倡议书,确立起"天下梁祝文化是一家"的理念。终于,"梁祝传说"进入我国第一批非物质文化遗产名录。

在这些城市的共同协作下,对梁祝遗存的保护与抢救也取得了很大成绩:抢救了一批梁祝文化传承人的录音、录像;整理了一批梁祝传说、歌谣;收集了一批历代有关梁祝的记载与相关文物、资料;保护了一批与梁祝传说有关的遗址遗迹;创作了一批关于梁祝的文艺作品,出版了《梁祝文化大观》《梁祝文库》等专著。与此同时,共享"梁祝"品牌资源,也给各遗存地注入了发展活力。依托梁祝文化资源,有的城市举办中国梁祝婚俗节、建设梁祝文化园,有的打造梁祝文化小镇,以此带动婚纱摄影、婚庆、休闲旅游等文化产业发展,有的对景区进行改造,恢复传统的观蝶节等。

2011年,全国美术馆开始实行免费开放,在一片叫好声中,也有人担心,面对国内美术馆缺少固定陈列、展览参差不齐的现状,观众愿不愿意走进去?即使走进去了,在公众审美需求不断变化的今天,怎样吸引他们驻足?从2012年开始,文化部年年组织推出"全国美术馆馆藏精品展出季"活动,除以国家重点美术馆为代表的一些大型综合类美术馆每年都推出重磅展览之外,还有一些地市级甚至县级的基层美术馆也积极参与其中。参与的美术馆多了,藏在深闺的作品露脸频繁了,公共教育与推广的手段也丰富了。各美术馆打破自身馆藏资源的局限和束缚,加强合作,惠民措施层出不穷。像D省美术馆的"水印年华——省美术馆馆藏版画作品精选"巡展至西部多个省,某著名画家私人艺术馆的"艺术回顾展"巡展至公立美术馆,都吸引了大量观众,C省美术馆将展出的所有馆藏精品用微信平台展现,方便观众查阅,分享和收藏,吸引了3500余名观众参与。5年来,"全国美术馆馆藏精品展出季"共推出展览150余个,展出藏品近18000件(套),观众总最约800万人次。一位知名学者说,当一件件文物、一幅幅佳作走出高墙深闺,来到寻常百姓中间,虽然它的容颜依旧,它的价值却早已跨越了市场定位,带给百姓的不仅仅是自豪,还有自信,让他们更加坚定地沿着自己民族的道路走向未来。

三、作答要求

(一)请根据【给定资料二】,用简洁的语言概括"互联网协同消费经济"存在的一些问题。要求:(1)全面准确;(2)分条概括;(3)不超过150字。(15分)

(二)【给定资料三】具体介绍了我国两家企业在新经济环境下谋求发展获得成功的做法,请从中归纳总结出着若干条经验,以资其他企业借鉴。要求:(1)准确全面,体现普适性;(2)分条列出,简洁明了;(3)不超过250字。(20分)

(三)某省出版发行集团拟召开部分下属企业负责人参加的座谈会,集团总经理将在会上就"推进企业在信息化时代下转型升级"作主旨讲话。请结合【给定资料四】提供的有益启示,为总经理草拟一份讲话提纲。要求:(1)针对性强,内容全面;(2)条理清楚,层次分明;(3)简明扼要,450字左右。(25分)

(四)有知名学者说,"当一件件文物、一幅幅佳作走出高墙深闺,来到寻常百姓中间,虽然它的容颜依旧,它的价值却早已跨越了市场定位,带给百姓的不仅仅是自豪,还有自信,让他们更加坚定地沿着自己民族的道路走向未来。"(见【给定资料六】划线部分)请根据对这段文字的理解,自拟标题,自选角度,写一篇1000~1200字的文章。要求:(1)立意明确,论述透彻;(2)联系实际,不拘泥于"给定资料";(3)思路清晰,语言流畅。(40分)

(2018年安徽省各级机关录用公务员考试《申论》试卷(A类)答案要点、2018年安徽省各级机关录用公务员考试《申论》试卷(B类)及答案要点,均见文末延伸阅读部分)

延伸阅读

一、2018年安徽省各级机关录用公务员考试《申论》试卷(A类)答案要点

第一题：
1. 形式虚拟 经济受损 民众不信任 产生顾虑心理
2. 收集个人信息 导致信息泄露 信任危机 产品受争议
3. 虚拟交易 钱货分离 信誉无法保障 产品评估非标准化 买卖双方互不信任
4. 制度建设滞后 存在法律盲区 无法保障劳动关系 侵害劳动权益 经济纠纷无法律保障
5. 准入门槛低 发布不实信息 误导公众思维

第二题：
1. 经营理念先进 物联网技术 解决用户需求
2. 品牌定位精准 以服务客户为导向 主动适应市场 有针对性定位市场 开拓市场
3. 商业模式创新 互联网营销模式 赢取用户信任
4. 服务内容丰富 加强多主体合作联系 提供全方位服务 资源整合同时自我升级
5. 技术创新加强 摒弃旧发展模式 注重人才培养和技术研发、核心原创技术 知识产权保护
6. 反馈机制科学及时 及时收集信息 在线提供解决方案 做好人才共享

第三题：
关于"推进企业在信息化时代下转型升级"的讲话提纲

一、欢迎大家参加此次座谈会。日前，W省新华发行集团旗下的某书店以首创"共享书店"的身份走红网络，实现了由买书到借书，由个人阅读到共享阅读的重大转变。

二、"共享书店"之所以能走红，是因为对用户需求的分析和把握，依托实体书店的原有资源，通过变革运营模式，实现阅读服务的转型升级，未来还会推出更多产品，打造"阅＋生态圈"。

三、《新华字典》APP日前正式上线，其具有两大特色功能：一是提供了动、静态标准笔顺；二是由专业播音员进行播读。此外，还开发了各种增值服务，但完整版需付费40元引发了社会争议。一方认为收费行为思维落后，靠权威不能赢得市场；另一方认为通过有偿服务来维护版权以及促进软件研发有其合理性。

四、知识付费近年来已被社会逐渐接受，这是对知识的一种尊重，也是保持产品持续发展、服务用户的必要方式。但是直接向用户收费的方式与现阶段新媒体产业的发展有些脱节。开放和共享是互联网经济的主要特征，收费APP既封闭又无法体现共享精神。

五、所以，企业在互联网时代下转型升级，前提是满足互联网产品的逻辑、适应互联网发展生态。

谢谢大家。

第四题：
1. 是否充分结合题干。题干与材料主题不一样。
2. 文化、非物质文化遗产能否贴近百姓以及它们的作用。

3. 深入论证。

标题：文化应贴近生活

第一段：文化可以发挥很多作用,例如市场、民族精神的重塑、坚持、传承的作用。

第二段：为什么超越市场经济作用,它的作用是软作用,深入骨髓。

第三段：文化是宝贵财富。

第四段：文化体现了我们民族精神,例如奋斗、不屈。（不拘泥材料）

第五段：提出这对我们的启示。

第六段：总结。

二、2018年安徽省各级机关录用公务员考试《申论》试卷(B类)(略有修改)

【给定资料一】

以下是某地报纸"读者来信"专栏刊登的有关Y县乡镇招商引资工作的三封来信：

A镇张某：乡村振兴,需要吸引外来的人才、资本、技术"加盟",为农村发展注入强劲动力。但有的招商引资脱离实际、贪大求洋,导致项目长期落不了地,产生不了实际效益,成为"空头招商"。

我们镇遇上稍有投资意向的企业,便承诺送地、免税、贷款,包办工商、环保、用地等各种手续。可是,真正签订了投资协议,许多手续牵涉到法律规定、部门管理职能等问题,承诺最终要么成了空头支票,要么只能违法强行让企业上马。

为了完成招商引资任务,对投资方不加甄别,往往被皮包公司、诈骗集团利用。前不久,就出现了引进的企业非法融资后跑路,造成群众上访事件,损失巨大。

3年前,我们镇与华南的一家投资公司洽谈,合作开发一个乡村旅游项目。签订合同框架协议后,投资方承诺将在3年内投资数千万元。镇政府和村"两委"很重视,抓紧做好土地流转、基础设施建设等工作。可是接下来的几年,投资方却毫无动静,没有投资一分钱,这个项目成了"半拉子工程"。前期投入的数百万元,只能全部由镇里承担。类似的情况还有不少,比如喜欢招大商,为了引进大项目,舍得投入,先后征用土地数千亩,可由于区位无优势、缺乏竞争力等原因,往往项目"泡了汤",导致土地长时间撂荒,让农民空欢喜一场。

B乡武某：近几年,沿海发达地区在环境整治过程中,淘汰了一批污染严重的企业。对这些企业,内地一些地方像捡到宝一样,纷纷伸出橄榄枝。通过降低门槛、提供优惠政策,一个个被沿海地区淘汰的污染企业又在经济不发达的农村冒了出来,最终遭罪的是老百姓。我乡从某沿海城市招商引资进来一家水暖器材厂,即是一个典型的例子。这家所谓的水暖器材厂,其实是把招商地的水龙头、淋浴器等半成品,拉到这里进行镀锌加工,整个车间都弥漫着有毒的雾气。由于该厂采取的是"计件工资"制度,老百姓又缺乏健康知识,为了图省事、多挣钱,不要说戴防毒面具,有的甚至连口罩都不戴。经群众多次举报和强烈要求后,引起上级相关部门的重视,责成乡里关闭了这家害民的工厂。

C镇应某：我们镇有两个偏远山村同时搞招商引资。一个村招来了石英矿开发项目,投资方财大气粗。不到两个月村子里就车来车往,后山上炮声隆隆,好多村民当上了矿工,一时间挣了些钱。另一个村,一位退伍军人兴办养羊场,一开始经营不是很顺利,第一年投资买了500只羊,当年并没有给当地带来立竿见影的致富效应。

然而3年过后,光景却大不相同。石英矿采完了,投资方撤走了,留下满目疮痍的后山和被重型车辆压坏的水泥路,让村里收拾"烂摊子"。而养羊场在退伍军人精心打理和镇、村的帮助下,规模发展到了4000多只,不仅在村里聘用了20多个村民当"羊倌",而且帮群众在坡地种上苜蓿,每年按市场价收购苜蓿作青贮饲料,还探索出了入股分红、托养代管、借种收草等多种经营模式,引导该村及周边群众参与到养羊产业中来,带动了乡亲们致富增收。

【给定资料二】

茉莉花香扑鼻而来,村屯道路干净整洁,一派山水田园风光——这是H县石井村的新景象。

"这风光来之不易呀。"村书记老李感叹。村头屯尾越来越多的垃圾,曾让他头疼不已。"乡亲们腰包鼓起来了,消费向城里看齐,垃圾也与城里'接轨',包装袋、农药瓶、农膜、塑料袋等'难消化'的垃圾越来越多。"老李说,"不讲究的,随意丢在房前屋后;讲究些的,扔到村里偏僻的角落。"依山傍水的清秀小村,被垃圾搞得邋里邋遢。蚊蝇满天飞、污水遍地流,石井村一度被县里通报批评。

省里启动"美丽乡村"建设活动,以此为契机,H县垃圾分类开始从城区走向农村,石井村借鉴县城垃圾分类的经验,实行"乡村版"垃圾分类法:厨余类湿垃圾投入沼气池;可燃类垃圾,由村里统一集中焚烧;可回收垃圾由保洁员分拣为废品变卖;有毒有害类垃圾,则集中送至垃圾处理中心处理。

乡村垃圾分类,H县打的是有准备之仗。县委牵头成立"高规格"项目实验小组,谋篇布局,制定出工作路线图,有计划、有步骤地推开,不管县委县政府领导班子如何变,对垃圾分类工作的人、财、物支持始终如一。

随后的实施当中,居民分类投放、环卫分类收集、车辆分类运输、终端分类处理。环环相扣、无缝对接,确保了常态化、制度化。工作中讲求策略,既有"大棒",也有"胡萝卜"。分不好的,居委会大妈、村干部、分类监督员轮番上阵;屡教不分的,拒收垃圾;乱丢乱倒的,电视曝光,依规重罚;分得好的,每月会得到洗衣粉、肥皂、牙膏等小奖励。

村民每人每年缴纳36元的垃圾费,用于村里聘请保洁员、垃圾清运员、焚烧员等。村里聘请的垃圾清运员,每天负责清运全村14个自然屯的生活垃圾,月薪达6000元。

包括民众环保意识启蒙在内的宣传教育培训及时跟进,座谈、宣讲、会演,乡镇、街道、村落一处不落,为"垃圾分类——举手之劳,保护环境"理念造势。"H县所有学校都有垃圾分类制度,并将其与学生的操行分挂钩。同时,还鼓励各学科老师在课堂'借题发挥',引导孩子养成垃圾分类的好习惯。"县教育局李副局长说,"全县中小学生15万人,把他们引导好,影响带动的至少是15万个家庭。"

从老人到小孩,如今都能遵守分类"规矩"。原先收垃圾要花三四个小时,现在可以直接拉走,一两个小时就能处理完毕。

H县在垃圾分类上取得的成功,已成为该县一张新名片,国内不少城市前来考察取经。国际组织的专家考评组实地考察后,也称赞H县为"中国小城市村居垃圾回收利用和环境保护的典范"。

【给定资料三】

近期,某电视台制作了一期以"实施乡村振兴战略,加快推进农村现代化"为主题的访谈节目,受邀参加讨论的是种粮大户老郑、基层干部郭书记和"三农"专家叶教授三位嘉宾。嘉

宾就加快推进农业农村现代化，实现乡村振兴，从不同侧面，围绕三个问题，谈了自己的观察和思考。

对第一个问题的讨论：

老郑：现在种地，不换个种法不行。对普通农户来说，每亩地的毛收入也就1500元上下，但农资、机械等各项成本就超过了1300元。大户收益靠规模，但风险也更高。今年我们市遭遇的旱灾比往年严重得多，对稻米产量影响不小。另外，现在我们市稻米价格每斤1.6元上下，比其他地方好些，但与去年相比，还是降了1角多。农民种粮，要面对自然和市场双重风险，真希望政策能给我们撑起更强的保护伞。

郭书记：我们县是农业大县。作为基层干部，我经常与农民打交道，深知一亩三分地对农民的重要性，农业农村农民问题是"饭碗"问题，是发展问题，更是民生问题。尽管今年我们县遭受了自然灾害，但在全县干部群众努力下，小麦总产量还是达到了34.73万吨，略高于去年水平。

叶教授：总体来说，当前农业结构调整有序推进，农业绿色发展大步迈进，农村改革稳步推进，农业农村发展取得了历史性成就。这得益于新世纪以来，中央强调要把解决好"三农"问题作为全党工作的重中之重，先后提出了多予少取放活、统筹城乡发展、城乡发展一体化等重大方针，先后采取了取消农业税、实行农业直接补贴、加强农村基础设施建设、建立农村社会保障体系等重大举措。

对第二个问题的讨论：

叶教授：实现农业农村优先发展，必须要把"重中之重"落到实处。抓"三农"，对做大地方GDP、增加地方财政收入难有明显贡献，导致一些地方不愿意把精力放在"三农"工作上，不愿意把稀缺资源投向农业农村。比如，我们在基层调研时经常发现，尽管农产品储藏、加工项目有利于带动当地农业发展和农民增收，但由于产生的固定资产投资、地区生产总值、税收有限，一些地方不愿为这类项目安排新增建设用地指标，一些产业园区不愿意引进这类项目。

改变这种现状，关键在于转变政绩观。衡量一个地方工作的好坏，要看工业，更要看农业；要看城市，更要看农村；要看经济总量，更要看民生改善。要坚持农业农村农民优先发展，在领导决策拍板、财政资金分配、重大项目安排时真正做到向农业农村倾斜。

老郑：这些年合作社日子好过，得益于党的政策好。拿农机来说，国家给补贴，我们合作社里有51台"大铁牛"，今年秋收，接了周边区县不少收割的活儿，没闲着。再说科技，我们种有机水稻，每个生产流程都要技术，没有农技部门专家常年在田间指导，肯定干不成。这几年种地规模越来越大，对硬件条件的要求也越来越高。地多了得用大型农机，但我们这里丘陵多，还有不少泥土路，过去大农机根本进不去，多亏县里修了不少"农机路"。我们发展生态农业，要安装杀虫灯，原来山里不通电，相关部门了解情况后，帮我们解决了用电难题。农田水利设施也逐渐完善。种地条件越来越好，就是给我们吃了"定心丸"。

郭书记：上面千条线，下面一根针，基层干部就是穿针引线的人，要把党对"三农"的重视切实传递到田间地头。虽说粮食连年丰收，农民生活越来越好，但"三农"问题历史欠账多。就我们县而言，农业基础设施的短板还要补，农业规模化经营水平不高，农业的结构性矛盾还未完全破解。

对第三个问题的讨论：

老郑：这些年，村里的道路越来越宽，房子越盖越好，娱乐活动越来越多。但也不能说完

全没有愁事儿,有的村里还没有垃圾桶、垃圾站,满地垃圾影响村容村貌。有些偏远的地方,没有路灯,晚上村民不敢出门。现在,不少村里的年轻人都外出打工,大家都关心以后谁来种地,留在村里的老人娃娃谁管。

郭书记:补齐"三农"发展短板,增强农业农村活力,关键要促进资源要素在城乡间流动。我们县积极引进资本,吸引农民工、高校毕业生返乡创业。大力发展乡村旅游、创意农业,实现"科技+""教育+""健康+"等新业态,促进一二三产业融合,提升农业的附加值。

叶教授:实现国家现代化,必须补齐"三农"这个短板。实现农业农村现代化,也不能平均发力,而应抓重点、补短板、强弱项。从目前"三农"领域情况看,这几年全国脱贫攻坚取得明显成效,农村贫困人口快速减少。下一步除继续做好剩余贫困人口的脱贫攻坚外,还应注重提高脱贫质量、夯实长久脱贫的基础。贫困人口观念改变、能力提高,贫困地区基础设施和营商环境的改善取得实质性进展,这才是高质量的脱贫。

经过多年努力,农村公共服务体系实现了从"无"到"有"的历史性转变。目前主要问题在于公共服务领域的城乡差别仍然太大,农村公共服务的保障水平太低。应把从"有"到"好"作为主攻方向,继续推动城乡义务教育一体化发展,完善城乡居民基本养老保险制度,完善统一的城乡居民基本医疗保险制度和大病保险制度,统筹城乡社会救助体系。

随着大量农村人口的转移进城,部分地区出现了"空心屋""空心村",这是现代化进程中的必然现象,也是正常现象。我们要做的,是为乡村聚人气、添活力。要以县城为单元,规划好村镇体系,把传统民居和古村落保护好,把今后将长期存在的村庄建设好。

主持人:结束语(略)

【给定资料四】

在Z市农村,一般管厕所叫"栏"或"圈"。数尺见方,放块木板或者水泥板就成为了方便之处。农村家里养猪,厕所还与猪圈相连,污物直接排入猪圈,也就是连茅圈。夏天如厕,蝇蚊乱飞,令人十分难受;冬天如厕,寒风刺骨,让人瑟瑟发抖。"上个厕所浑身味儿,晚上还得带手电"。北坪村党支部石书记抱怨。

北坪村党支部石书记在这个位子上已经干了10年。这些年,村里为村民做了许多好事,石书记却年年为一件事发愁。北坪村隶属于仙台镇,有125户人家,村民们大部分以务农为生,庄稼离不开农家肥。村里多是连茅圈,攒土肥,不仅味儿大、占地方,还没有防渗措施,可能污染地下水。

石书记愁了10年,仙台镇西单村的孙大娘却愁了两个10年。20多年前,孙大娘的儿子娶了城里的媳妇,村里人都羡慕她。一开始,孙大娘挺乐呵,可往后每次过年她心里就堵。原来,儿媳妇不习惯连茅厕,每年过来过年,儿子一家吃完午饭就往城里赶。小孙女童言无忌,直言奶奶家不如城里的外婆家楼房干净。孙大娘无奈感慨,卫生环境不好,留不住年轻人。

"农村土茅房、旱厕和连茅厕,污染空气和地下水,还成为蚊蝇孳生地、病菌传播源。据统计,80%以上的传染病是由厕所污染和饮水不卫生引起的。"Z市农工办调研科汪科长说。

从2014年10月开始,Z市将农村厕所改造列为美丽乡村建设的重要项目,这可解了石书记和孙大娘多年的愁。

可是厕所虽小,改造却是大工程,牵扯到方方面面。

钱从哪里来,每家每户出多少?这是农民群众非常关心的问题。Z市专门出台农村改厕

专项资金管理办法,村民改建一个旱厕可享受省、市、县三级补贴,各镇、村根据财力状况也制定了相应的扶持奖励政策。"改造一间水冲厕所,基本不用农民自己花钱。"汪科长说。

村民小钱在翻新房子时,趁着政府包改厕,给厕所来了个升级换代。他给厕所地面和内墙贴了瓷砖,装配了淋浴设施,放上了洗衣机,加装了暖气片。他兴奋地说:"既干净又整洁,跟城里的一个样。"

村里所有改造好的厕所外面,都竖着一根白管,用于排放化肥池发酵产生的沼气,以防爆炸着火等意外发生。

为保证改造效果,Z市严把改厕入口关,采取"统一招标耗材、统一施工队伍、统一施工规范、统一检查验收"的方式,从物料准备、厕所改造、便器安装等方面实行全程服务。改厕后,每家每户都有编号,这些农户和对应的编号都会记录在册并上网,为以后清淘、修理打下"大数据"基础。

"改厕要因地制宜,我们几乎把全国的改厕模式、厕具都拿来研究了一遍,最后选择了几种符合Z市农村实际的。"汪科长坦言,"具体到每个村的情况还不一样,村里就召集村民开大会,商量村里具体采用哪种方式。"

在双林镇辛庄村,每五户就有一个小型生物一体化处理设备。粪便污水经过化粪池沉淀过滤,通过管道流入这个设备。经过处理后,排放出来的水可以作为绿化用水。

"我们这里的农村,厕所大部分都在室外,冬天易结冰,便盆到化粪池的管道就得由弯取直,防止结冰。"汪科长说,"但是取直后容易反味,所以就在管道中间加了一个皮阀,冲水的时候随水流冲击力方向打开,水流完就自动关闭。"

化粪池总有满的时候,大约多久淘一次呢?西江镇负责改厕的任副镇长作了介绍。"配置1.5立方米大小的三格化粪池,差不多一年到一年半淘一次。三格化粪池,三格由连通管相连,第一格起到截留粪渣、沉淀虫卵和使粪液分层的作用,第二格继续发酵,经第三格贮存发酵后,病菌和寄生虫卵基本被杀灭。"

在任副镇长看来,农村改厕向洁净乡村建设迈出了一大步,但更重要的是像淘粪这样的后续管护该怎样运营。

为了建立农村无害化卫生厕所后续管护长效机制,Z市建立了"有场所、有牌子、有车辆、有人员、有电话、有制度、有经费、有配件专柜、有活动记录、有粪液利用"的改厕管护服务组织,并坚持市场化、社会化运作,因地制宜选择管护模式,对改造后的厕所进行统一管理,定期统一收集、统一运输、统一无害化和资源化利用。

在后续管理资金保障方面,Z市按照政府补助引导、集体和社会资助、群众自筹相结合的原则,探索多方筹集机制。对长效管护运作较好的地方,安排专项资金给予适当奖补。对改厕后续管护组织的设备购置,各级财政给予适当补助。市级财政还出资在49个乡镇建立农厕管护服务组织。各区县都建立了适合当地实际情况的管护组织。

为防止粪液粪渣随意倾倒造成二次环境污染,更好地开展资源化利用,Z市鼓励依托合作社或家庭农场注册成立清运公司进行改厕管护清运服务。"我们村子也成立了清运公司。"北坪村的石书记说,"村里正在发展好几百亩的有机农业生态园,这粪液粪渣正好当作有机肥。"

改厕后,村子里不见粪水,蚊蝇较少,各家各户也干净了不少。不过,村民长期形成的如

厕习惯也不是一时半会儿能改掉的。一些旱厕虽改成水冲式厕所,但一些村民如厕后忘记冲水,有的随手乱扔厕纸,有的不能定期洗刷等。为此,Z市利用广播、电视、报刊、标语等多种形式,促进用上干净厕所的农民养成讲卫生的好习惯。

截至2017年10月底,Z市2500个应改村的37万农户,全部完成改厕任务并顺利通过省级验收,比上级的要求提前一年半整建制实现农村无害化卫生厕所全覆盖。

[作答要求]

问题一:请根据【给定资料1】,概括Y县在乡镇招商引资工作中存在的一些问题。要求:(1)全面准确;(2)分条概括;(3)200字以内。(15分)

问题二:【给定资料2】介绍了H县实施乡村垃圾分类工作的一些做法,请从中归纳出几个方面的经验。要求:(1)准确全面;(2)分条列出;(3)简洁明了,不超过200字。(20分)

问题三:【给定资料3】共讨论了涉及推进农村现代化,实现乡村振兴的三个方面问题,每个问题的聚焦点不同,访谈结束时,主持人作了简要的总结,请为主持人撰写访谈的结束语。要求:(1)写成一篇450字左右的短文(不加标题);(2)内容全面,主体部分须涵盖各个问题的聚焦点;(3)条理清楚,简明扼要。(30分)

问题四:【给定资料4】介绍了Z市农村改厕的情况。相邻的F市近期也准备启动农村改厕工程,假设你是F市有关部门工作人员,请借鉴Z市的做法,拟写本市改厕工程的工作方案。要求:(1)内容充实,可操作性强;(2)思路清晰,结构完整;(3)语言简洁顺畅;(4)篇幅700~800字。(35分)

三、2018安徽省各级机关录用公务员考试《申论》试卷(B类)答案要点

第一题:

一是"空头招商"。脱离当地实际,还没确定投资意向,就承诺送地、免税、贷款,包办各种手续,最终导致承诺落空,或违法强行让企业上马。

二是盲目招商。不加甄别盲目招商、招大商,导致投资无法落实,项目半途而废,造成重大损失,破坏社会稳定。

三是污染招商。引进污染企业,损害群众身体健康。

四是短视招商。只顾眼前利益,引入能带来一时发展却会给生态和基础设施带来严重破坏的项目。

第二题:

1.前期准备:成立小组,总结经验。

县委牵头成立项目实施小组,制定工作路线图,有计划、有步骤地推开,对垃圾分类工作的人、财、物支持始终如一。总结县城里垃圾分类经验,按照厨余类垃圾、可燃烧类垃圾、可回收类垃圾、危险垃圾类制定垃圾分类方法。

2.具体实施:环环相扣,个性施策,收费聘工。

实现居民分类投放、环卫分类收集、车辆分类运输、终端分类处理,环环相扣、无缝衔接,确保常态化、制度化。根据居民垃圾分类实践情况采取个性化措施保证分类效果。村民缴纳垃圾费,用于村里聘请保洁员、垃圾清运员、焚烧员等。

3.后续保障:培养理念,清除垃圾。

环保宣传教育培训及时跟进,座谈、宣讲、会演,乡镇、街道、村落一处不落;所有学校实行

垃圾分类制度,将其与学生的操行分挂钩,鼓励老师引导孩子养成垃圾分类的好习惯。研发实用型生态垃圾焚烧炉解决垃圾去处问题。

第三题:

今天我们同三位访谈嘉宾围绕推进农村现代化,实现乡村振兴共同讨论了"三农"政策的制定、落实、发展短板三方面问题,三位从不同角度为我们分享了各自的看法,我们可简单总结如下:

从"三农"政策制定是否合理方面可知,中央重大方针、措施的提出、采取使当前"三农"发展取得了历史成就,但仍存在农业收入低成本高,农民要面对自然和市场双重风险的问题,应从注重民生问题角度完善政策。

从农业农村优先发展是否落到实处方面可知,目前政策落实情况良好,农业条件显著改善,但仍需转变一些地方政绩观,使其把精力放在"三农"工作上,基层干部应积极向农民宣传党对"三农"的重视,解决"三农"历史问题。

从"三农"发展存在哪些短板方面可知,目前,农村存在基础设施不完善,劳动力流失严重,贫困问题等短板。应采取吸引人才返乡创业,发展新业态,提高脱贫质量,缩小公共服务领域城乡差距,规划好村镇体系等措施解决。

可见,"三农"发展虽势头良好但仍任重道远,实现国家现代化,还需从"三农"问题出发全速发力。

最后,非常感谢三位访谈嘉宾的精彩分享。

第四题:

F市关于启动农村改厕工程的工作方案

当下,我市农村厕所多是连茅圈,条件简陋,卫生环境、如厕体验较差,不仅占地方,污染空气、地下水,还成为蚊蝇孳生地、病菌传染源,引发大量传染病。这既有损农村形象,也留不住年轻人。为改善农村群众如厕条件,建设美丽乡村,我市决定启动农村改厕工程,现制定以下工作方案:

一、工作目标

到2018年年底前,所有应改村全部完成改厕任务并通过省级验收,整建制实现农村无害化卫生厕所全覆盖。

二、具体措施

(一)因地制宜确定改厕模式

研究全国改厕模式和厕具,选择几种符合本市农村实际的,通过召集村民开大会,确定每个村具体采用哪种方式。

(二)出台农村改厕专项资金管理办法

在改建旱厕过程中,给予省、市、县三级补贴,各镇、村根据财力状况给予扶持奖励,减轻农民群众负担,调动其对厕所进行升级换代的积极性。

(三)严把改厕入口关

采取统一招标耗材、施工队伍、施工规范、检查验收方式,从物料准备、厕所改造等方面实行全程服务,以保证改造效果;改厕后给每家确定编号,记录在册并上网,为清淘、修理打下"大数据"基础。

(四)建立后续管护长效机制

按照政府补助引导、集体和社会资助、群众自筹相结合的原则,探索多方后续管理资金筹集渠道,给予适当奖补、补助;市级财政出资,高标准建立适合当地发展实际的改厕管护服务组织,坚持市场化、社会化运作,合理选择管护模式,进行统一管理、收集、运输、无害化处理和资源化利用;鼓励依托合作社或家庭农场注册成立清运公司进行改厕管护清运服务,发展有机农业生态园利用粪液废渣。

(五)加强宣传引导

利用广播、电视等多种形式加强如厕后冲水、如厕后厕纸扔进纸篓、定期洗刷等宣传引导,促进用上干净厕所的农民养成讲卫生的好习惯。

参考文献

[1] 杨靖,傅样编著.新编应用写作实训教程[M].合肥:安徽大学出版社,2012.
[2] 魏建周编著.新编党政机关公文写作[M].北京:红旗出版社,2012.
[3] 张保忠编著.党政机关公文处理工作条例释义与实务全书[M].北京:人民出版社,2012.
[4] 张保忠编著.党政公文写作规范技巧范例全书[M].北京:研究出版社,2012.
[5] 张保忠编著.党政机关公文格式国家标准应用指南与范例全书[M].北京:研究出版社,2012.
[6] 陈庆元,高兰编著.应用文写作[M].北京:北京师范大学出版社,2011.
[7] 陈子典,胡欣育主编.应用文写作[M].北京:北京师范大学出版社,2011.
[8] 于成鲲等主编.公务与事务文书写作规范[M].上海:复旦大学出版社,2011.
[9] 曾昭乐编著.现代实用写作[M].广州:中山大学出版社,2011.
[10] 张文英主编.新编应用文写作教程[M].天津:南开大学出版社,2010.
[11] 陆琳,陶德胜主编.现代应用文写作精编[M].南京:南京大学出版社,2010.
[12] 李昌宗主编.经济应用写作[M].重庆:重庆大学出版社,2010.
[13] 夏京春编著.应用写作新编[M].北京:首都经济贸易大学出版社,2010.
[14] 王首程.秘书写作技能[M].广州:广东高等教育出版社,2009.
[15] 姚国建主编.应用写作[M].合肥:安徽大学出版社,2008.
[16] 陈子典等编.应用文写作[M].北京:北京师范大学出版社,2007.
[17] 李秋主编.大学应用写作新编[M].杭州:浙江大学出版社,2007.
[18] 叶润平主编.应用写作[M].合肥:合肥工业大学出版社,2005.
[19] (清)张照等撰.清史稿.第三十五卷[M].北京:中华书局,1986.
[20] 刘舸.述职报告写作四要四忌[J].秘书,2002,(10):39～40.